应用写作

（第五版）（含习题集）

主　编　阮　航

副主编　曾　杰　任丹丹　阮　菲

编　委（以姓氏笔画为序）

　　　　方　舟　刘德军　宋伶俐　周东升

　　　　周红霞　袁　菡　熊群花

西南交通大学出版社

·成都·

内容简介

本书系统地介绍了应用写作的一般原理及党政机关事务、企业行文、经济交往等方面几十余种文体的性质、特征、格式及写作方法、范例。党政机关公文根据 2012 年 4 月 6 日中共中央办公厅、国务院办公厅联合印发的《党政机关公文处理工作条例》以及中华人民共和国国家质量监督检验检疫总局、中国国家标准化管理委员会 2012 年 6 月 29 日联合发布的《党政机关公文格式》国家标准（GB/T 9704—2012）编写；法规和规章文书根据由第十二届全国人民代表大会第三次会议于 2015 年 3 月 15 日通过实施的《中华人民共和国立法法》编写。本书每章均有习题，使读者不仅有写作样板，还能将理论及时地消化并运用于写作实践中。该书内容丰富、实用、时代性强，可作为大学本科、专科、高等职业教育的教材，也可作为企事业单位管理人员的培训教材。

图书在版编目（CIP）数据

应用写作：含习题集 / 阮航主编. —5 版. —成都：西南交通大学出版社，2017.3（2022.7 重印）
ISBN 978-7-5643-5349-0

Ⅰ. ①应… Ⅱ. ①阮… Ⅲ. ①汉语–应用文–写作–教材 Ⅳ. ①H152.3

中国版本图书馆 CIP 数据核字（2017）第 056258 号

应用写作（第五版）
（含习题集）

主编　阮　航

责 任 编 辑	吴　迪
封 面 设 计	墨创文化
出 版 发 行	西南交通大学出版社
	（四川省成都市二环路北一段 111 号
	西南交通大学创新大厦 21 楼）
发 行 部 电 话	028-87600564　028-87600533
邮 政 编 码	610031
网　　　　址	http://www.xnjdcbs.com
印　　　　刷	四川森林印务有限责任公司
成 品 尺 寸	185 mm × 260 mm
印　　　　张	18.5
字　　　　数	464 千字
版　　　　次	2017 年 3 月第 5 版
印　　　　次	2022 年 7 月第 16 次
书　　　　号	ISBN 978-7-5643-5349-0
定　　　　价	39.80 元

图书如有印装质量问题　本社负责退换
版权所有　盗版必究　举报电话：028-87600562

第五版说明

本书在第四版的基础上进行修改，实用性更强。党政机关公文根据2012年4月6日中共中央办公厅、国务院办公厅联合印发的《党政机关公文处理工作条例》以及中华人民共和国国家质量监督检验检疫总局、中国国家标准化管理委员会2012年6月29日联合发布的《党政机关公文格式》国家标准（GB/T 9704—2012）编写；法规和规章文书根据由第十二届全国人民代表大会第三次会议于2015年3月15日通过实施的《中华人民共和国立法法》编写。本书尽可能选用最新材料，每章内容后附习题，使理论、范文、写作实践联系更紧密。

第四版说明

本书吸纳了部分使用者的建议,在第三版的基础上进行修改,考虑到目前已有专用的《司法文书》教材,故删除了"诉讼文书"一章,增加了述职报告内容。党政机关公文根据 2012 年 4 月 6 日中共中央办公厅、国务院办公厅联合印发的《党政机关公文处理工作条例》以及中华人民共和国国家质量监督检验检疫总局、中国国家标准化管理委员会 2012 年 6 月 29 日联合发布的《党政机关公文格式》国家标准(GB/T 9704—2012)编写,更新了例文,每章内容后附习题,附录增加了《党政机关公文格式》,使理论、范文、写作实践更紧密地联系在一起。

第三版说明

本书吸纳了西南交通大学讲授"应用文写作"课程的教师们多年来的教学科研成果，是集体创作的产物，是参编教师智慧的结晶。应广大师生的要求，本书在第二版的基础上进行了修改，减缩了部分章节的内容，列举了大量最新的实例，更加突出科学性、实用性、通俗性、专业性和创新性，使读者能比较快捷、方便地掌握这些应用文体的写作技能。

第二版说明

为了适应各类院校的教学和人们在社会、经济生活中写作应用文的实际需要,本书吸纳了西南交通大学讲授"应用文写作"课程的教师们多年来的教学科研成果,是集体创作的产物,是参编教师智慧的结晶。应广大师生的要求,本书在第一版的基础上进行了修改,增加了教案、毕业论文、申论等内容,列举了大量最新的实例,更加突出科学性、实用性、通俗性、专业性和创新性,使读者能比较快捷、方便地掌握这些应用文体的写作技能。

目　录

第一章　应用写作概论 ………………………………………………………………… 1
　第一节　应用文概述 ………………………………………………………………… 1
　第二节　应用文的特点 ……………………………………………………………… 2
　第三节　应用文主旨的确立和材料的收集 ………………………………………… 4
　第四节　应用文写作的受体与客体 ………………………………………………… 9
　习　题 ……………………………………………………………………………… 11

第二章　党政机关公文 ………………………………………………………………… 15
　第一节　概　述 ……………………………………………………………………… 15
　第二节　决　定 ……………………………………………………………………… 19
　第三节　公告　通告 ………………………………………………………………… 22
　第四节　意　见 ……………………………………………………………………… 26
　第五节　通　知 ……………………………………………………………………… 29
　第六节　通　报 ……………………………………………………………………… 33
　第七节　报　告 ……………………………………………………………………… 38
　第八节　请示　批复 ………………………………………………………………… 43
　第九节　函 …………………………………………………………………………… 46
　第十节　纪　要 ……………………………………………………………………… 48
　习　题 ……………………………………………………………………………… 50

第三章　法规和规章文书 ……………………………………………………………… 67
　第一节　概　述 ……………………………………………………………………… 67
　第二节　条例　章程 ………………………………………………………………… 69
　第三节　规定　办法 ………………………………………………………………… 79
　第四节　制度　规则　规程 ………………………………………………………… 83
　第五节　守则　细则 ………………………………………………………………… 90
　习　题 ……………………………………………………………………………… 94

第四章　经济文书 ……………………………………………………………………… 104
　第一节　概　述 ……………………………………………………………………… 104
　第二节　经济合同 …………………………………………………………………… 107
　第三节　市场调查报告 ……………………………………………………………… 112

第四节　可行性研究报告 …………………………………………………… 120
　　第五节　经济活动分析报告 …………………………………………………… 126
　　第六节　招标书和投标书 ……………………………………………………… 136
　　第七节　审计报告 ……………………………………………………………… 140
　　习　题 …………………………………………………………………………… 146

第五章　传播文书 …………………………………………………………………… 156
　　第一节　概　述 ………………………………………………………………… 156
　　第二节　消　息 ………………………………………………………………… 158
　　第三节　商业广告 ……………………………………………………………… 164
　　第四节　启事　声明　海报 …………………………………………………… 170
　　第五节　说明书 ………………………………………………………………… 175
　　第六节　简　报 ………………………………………………………………… 177
　　习　题 …………………………………………………………………………… 184

第六章　日常事务文书 ……………………………………………………………… 195
　　第一节　概　述 ………………………………………………………………… 195
　　第二节　计　划 ………………………………………………………………… 196
　　第三节　总结和述职报告 ……………………………………………………… 200
　　第四节　书　信 ………………………………………………………………… 207
　　习　题 …………………………………………………………………………… 219

第七章　大学生实用文书 …………………………………………………………… 231
　　第一节　概　述 ………………………………………………………………… 231
　　第二节　教　案 ………………………………………………………………… 232
　　第三节　毕业论文 ……………………………………………………………… 244
　　第四节　申　论 ………………………………………………………………… 253
　　习　题 …………………………………………………………………………… 255

附　录 ………………………………………………………………………………… 267

参考文献 ……………………………………………………………………………… 288

第一章 应用写作概论

第一节 应用文概述

一、应用文写作的意义

从广义角度看,一切文章都是应用的,如果不能应用,便没有必要写文章了。按文章用途可将文章大致分为两大类,即应用类和文学类。应用类文体的基本特点体现在"应用"二字上。这类文章是办理各种公、私事务的工具。不论是写一份简单的会议通知,还是写一则情况通报或是求助于对方帮助的信件,或者写一篇科研成果论文,其目的都是写明自己的意图,让对方准确、方便地理解你的意图,以达到办成公私事务的预期目的。

应用文在我国已经有三千多年的历史了,可谓历史悠久,源远流长。应用文在这漫长的岁月中经历了从简到繁、由粗到精的发展与演变。如今,应用文种类日趋多样化,体系日趋规范,成为和文学作品分庭抗礼的文体类型。

应用文写作在社会科学领域发挥巨大的作用,在自然科学领域的作用同样不可小觑。

英国科学家法拉第研究电磁现象三十年,最后发表了他的研究成果论文,并把他做过的实验整理成《电学实验研究》一书。可是由于他的文字表达"模糊不堪",其观点提出几十年后,仍然受到非议,得不到科学界的公认。

美国的麦克斯韦在中学时参加数学和诗歌比赛都获得第一名。由于他有极强的阅读能力和理解能力,第一次读到法拉第的《电学实验研究》时,就看出了其见解的新颖与合理,只是表述存在问题。于是麦克斯韦发表论文,把法拉第的思想准确地表达出来。由于其出色的表达,论文发表后,立即得到科学界的一致承认,评价极高。

一项伟大的科研成果,由于表述的原因,使人类社会晚受益了几十年,而年轻的麦克斯韦,却得力于高超的读写能力而一鸣惊人,为科学做出了卓越的贡献。

陈景润的故事也很能说明问题。他的"1+2"在1965年已被证出。他的老师闵嗣鹤教授看后,认为论证正确,只是论文太长,表达不够简洁。于是,陈景润继续修改。八年后,即1973年,他的论文才得以正式发表。

当前,社会对应用写作的需求空前高涨,应用写作主体数量剧增,而应用写作活动的频度随工作方式的现代化而大幅提高。应用文写作已经成为现代社会人们应对工作和生活必需的一种基本技能和本领。因此,提高应用写作能力是当代大学生的当务之急。

二、应用文的含义

应用文,又称实用文或应用文书,凡机关、团体、企事业单位和个人在工作、生产、学习和日常生活中，为处理公务或私务所使用的具有实用价值和相对固定格式的文字信息载体，均可称为应用文。

应用文分公务应用文和私务应用文，本书探讨的主要对象是机关、团体、企事业单位和个人由于公务活动而使用的应用文及其写作，私务应用文涉及极少。

我们经常看到文书、公文、文件等术语，实际上文书就是应用文的别称，应用文包括公务应用文和私务应用文，外延最大；公文是公务应用文中的一种，专指党和国家机关的法定公务应用文，文种由相关的法规明文作出规定。有时，人们并不能从文种上区分公务应用文和私务应用文。从广义上来说，文件可以包括公务文件和私务文件。狭义的文件，就是公文。

三、应用文的类别

应用写作涉及的范围极其广泛，上至国家政治、军事、经济、科技、教育、卫生等大事，下至各基层单位的各项事务甚至个人的日常生活，因此，应用文的分类有多种方法，从应用文内容和使用范围来看可分为两大类：专用应用文和通用应用文。

（一）专用应用文

专用应用文是指专业性较强，在各系统、各行业甚至个人使用的应用文。根据所属的业务系统，专用应用文主要有：

军事应用文：命令、指示等。

司法应用文：立案报告、破案报告、通缉令、起诉书、公诉书、笔录、开庭通知书、判决书、调解书和抗诉书、起诉状等。

外交应用文：国书、外交护照、外交声明、公约、协定等。

经济应用文：经济活动分析报告、市场调查报告、市场预测报告、经济合同、催款通知书、协议等。

（二）通用应用文

通用应用文指人们在办公或办事中普遍使用的应用文。包括计划、总结、调查报告、公务书信、告启文书、礼仪文书、各类证书等。

第二节　应用文的特点

一、写作目的的实用性

各类文章均有各自的功能：新闻作品提供人们新的信息，使人们足不出户能知天下事；文学作品给人以审美愉悦，以陶冶人们的性情；理论文章给人以思想，使人们能够客观地认识世界、改造世界；应用文以实际应用为目的，是用来办事、解决实际问题的。具有实用性的文章并不限于应用文，但最能体现实用性的则是应用文。不管是国家的政务、军务，企事业机关和社会团体的公务，还是个人的私务，各种应用文的写作都有切实的内容和明确的对象，并且要在一定时间内发挥作用，具有很强的实用性。因此，实用性是它区别于其他文体的基本特征，是应用文写作中必须遵守的基本原则。如果所写的文章不务实，不办事，不反映问题，不解决问题，或不提出建议，不提供方案，总之一句话：不实用，那就不是应用文。

二、写作效用的及时性

文学创作可以千锤百炼，甚至"语不惊人死不休"，如曹雪芹写作《红楼梦》，"批阅十载，增删五次"。但是，应用文的写作应具有时效性，应用文的写作是为了解决实际问题，若要在传递信息、解决实际问题方面取得好的效果，必须注意时间、效率，讲究时效性。一般来说，应用文往往是在特定的时间来处理特定的问题，尽快地传递相关信息，尤其是公文类应用文，都是为了处理事务、交流信息、解决问题而写的，往往在一定时间和范围内起作用，这就要求在时间上给予保证——快办，快发，不允许拖延时间。在信息化、网络化的今天，时间就是金钱，效率就是生命。因此，应用文不仅行文要及时，内容和形式都要与时俱进，符合时代的要求。

三、写作格式的约定俗成性

文学作品讲究不拘一格，不管是内容还是形式都要杜绝雷同，但应用文的写作格式在一定程度上是约定俗成的。应用文有其惯用的外观体式和主体风格。有不少体式是社会长期约定俗成的，也有一些体式由国家统一规定，如公文。还有一些应用文格式比较简单。不论体式如何，都是为了提高办事效率，更好地发挥工具作用。

值得注意的是，虽然应用文写作的格式有一定的约定俗成性，但也不能简单地认为懂得格式就能写出好的应用文。应用文的形式是为内容服务的，而应用文的格式也不是一成不变的，要根据实际情况和需要来具体运用。

四、写作风格的独特性

实用性的原则决定了应用文写作应实事求是，不仅材料、数据要准确，同时要以说明为主，结合叙事、议论进行综合表达。这不同于文学创作"天马行空"的写作风格。

曾经有一个汛情报告是这样写的：

青山壁立，直至蓝天，沟壑深邃，似乎无底……昨夜狂雨一阵，烈马水位上升，山间雾气腾腾，雨量400毫升。

可想而知，看到这则报告，人们是多么的焦急。可见，文学写作的抒情性在应用文写作中是不适用的。

应用文语体风格的基本特点是明确和简要。

1. 明　确

应用文的性质决定它的语言表达必须十分准确，不允许模棱两可，似是而非。一个词或一个数目的不准确，一个句子意义的含糊或有歧义，都可能造成不良后果。因此，应用文语

3

言最基本的一条要求，就是能恰如其分地表达思想内容，能"让人不折不扣地了解你所要说的是什么"，使人一看就懂，一懂就可执行、答复或办理，不能模棱两可，不能有再更改的余地。人们阅读一篇应用文时，一般不包含有欣赏的因素，只要求全文能准确、通顺地把客观事实说清楚，使读者一目了然。

2. 简　要

简明扼要就是指要字斟句酌，做到要言不烦，避免语言重复。我们所处的社会信息量越来越大，信息的传递速度和处理速度也越来越快，信息的度量要求越来越高密。因此，应用文力求用最小的篇幅将所涉及的内容表达清楚，力求做到文约意丰。

第三节　应用文主旨的确立和材料的收集

一、确立主旨

（一）主旨的含义

主旨，又称主题、题旨或立意，是作者通过文章的具体材料和表现形式，在阐明事理、说明事物、对客观事物的评价过程中体现出来的基本思想和观点。

应用文主旨的内涵应包含三方面的因素：一是所表达的中心思想，即应用文要表达的意见、要求、办法、主张、措施等；二是所表述的事项原委、背景；三是写作目的和意义。三个要素从不同的方面服务于主旨。

一般情况下，应用文的主旨包含三个要素，如决定、通告、指示性通知、指导性通知、大型工作会议纪要以及机关应用文中的综合性总结及综合性调查报告等。特定的文种可能有一个或两个要素。

（二）应用文主旨的作用

主旨是文章的统帅，应用文书写质量的高低、价值的大小、作用的强弱都受到主旨的影响。

1. 主旨决定材料的选取

文章材料的搜集、剪裁、舍取，都是围绕主旨展开的。主旨对材料具有统摄作用。作者要围绕主旨找到主要、次要材料，并对材料进行选取，按一定的顺序贯穿、组合、对比，运用到文章当中。只有先确立主旨，后选择材料，才能谋篇布局、从容成章；否则就会手忙脚乱。倘若主旨不好，材料再典型，结构再完善，语言再符合要求，仍然缺少灵魂，这样的文章不是好文章。

2. 主旨决定结构的安排

确立主旨并提炼好材料后，就要安排文章的组织形式：先写什么，后写什么，怎样开头，怎样结尾，如何过渡和照应，哪详哪略都要根据主旨而定。文章的各意义段应是层次的组成部分，也是主旨的分论点，随着论点的层层深入，依次推进，使文章层次有序，布局得当，逻辑结构顺畅。

3. 主旨决定文章的语体风格

文学作品内容不拘一格，注重铺陈抒情，饱含个人感情，常常使用构成藻丽风格的比拟、比喻、夸张，以及构成含蓄风格的双关、反语等修辞手法。应用文词语的选择、句式的运用、表达方式的选择等则都受到主旨的制约，要以工作、生活的实际需要为出发点，以解决工作、事务、生活交往中出现的问题为目的。

（三）应用文主旨的特点

和文学作品相比，应用文的主旨有以下特点：

1. 直言性

应用文的主旨通过观点、意见、要求、政策、措施、步骤、方法直接体现出来的。应用文的主旨要求明确，没有歧义且一文一旨。而文学作品的主题有时是含蓄的，甚至是多义的。正如鲁迅先生评价《红楼梦》："一部《红楼梦》，经学家看到易，道学家看到淫，才子看到缠绵，革命家看到排满，流言家看到宫闱秘事。"

2. 形成时间短

应用文往往在一定时间和范围内起作用，这就要求快，不允许拖延。在信息高速发展的今天，尤其如此。应用文要迅速反映工作、生活中的新情况、新问题和新经验，成文时间必定短。

（四）应用文主旨确立的要求

应用文主旨的确立，要符合相关法律的规定，要合法合理。同时，也要实事求是，从实际出发，并能切实可行地达到目的。当情与理相违背时，当虚与实相抗衡时，要审视夺度，有理、求实、有节。

应用文的主旨要求：正确、鲜明、集中、完整。

1. 正　确

要求作者坚持正确的立场、观点和方法，认真领会与贯彻国家的路线、方针、政策、法令、法规，准确地反映客观实际，对工作起积极的指导作用。

2. 鲜　明

文章的基本思想十分明确，毫不含糊。对问题的认识，对事物的评价，主张什么，反对什么；应该怎样做，不应该怎样做；解决什么问题，达到什么目的，都要旗帜鲜明地表达出来，不能含糊其辞，模棱两可，要用"直笔"。

3. 集　中

一篇应用文应紧紧围绕一个问题组织材料，谋篇布局，遣词造句，集中表达一个主旨。即使篇幅较长的应用文，也应通过不同侧面说明同一个主旨，以一个主旨贯穿全篇，其他的分论点紧紧围绕一个中心，从属全篇的主旨，达到有机的统一。

4. 完　整

一般情况下，应用文主旨包含的要素要齐备。

二、收集并加工材料

（一）材料概说

材料，是指作者为完成文章的写作，体现自己的写作意图和目的，从实际工作、学习、生活中搜集到的或写入文章中的一系列事实根据和理论根据，如人物、事件、数据、例证、原因、定理等。它包括经过作者选择提炼后写进具体文章中的材料，以及作者在写作之前搜集积累的原始材料。

材料是形成文章的物质基础。材料是写作活动的基础，是构成文章的一个基本要素，应用写作的过程，就是作者将各式各样的原始材料进行分析、提炼、综合加工的过程。有了切实、充分、具体的材料，构思才有依托，剪裁加工才有对象。

材料是文章的血肉。丰富而又翔实的材料是文章活力的来源。如：一篇文章中写道："中华人民共和国成立以来，我县教育事业蓬勃发展。中华人民共和国成立前，全县仅1所中学、十几所小学，现在已有小学635所、普通中学40所、职业中学4所、中专技校10所、高等学校4所；各级各类在校学生已达23万人，专职教师共2 300多人；适龄儿童入学率达99.6%，全县1986年已普及初等教育；幼儿教育、特殊教育、成人教育也都有较大发展。"这段材料用具体的数字说明了某县教育事业的发展状况，直接明了。

材料是形成主旨的基础，又是说明主旨的支柱。主旨是灵魂，所引事实是主旨的根据，没有材料，主旨便站不住脚。

（二）材料的分类

缺乏材料或材料失当，就不能很好地表明主旨。因此材料的收集和选取至关重要。收集材料首先要把握材料的不同特性，分清材料的不同类型。

1. 按照来源分为直接材料和间接材料

"纸上得来终觉浅，绝知此事要躬行。"这是南宋诗人陆游在谈及写作经验时的精辟言辞。也就是说，要想得到真谛，就需亲身实践。一般来说，直接材料取自于作者自身的社会实践、生活阅历和对事物的研究，真实可靠，是行文的主要依据，是材料的重要组成部分，通常被称为第一手材料。

2016年8月的一篇《关于大学生消费状况的调查报告》中写道：在关于月平均消费一栏的调查中，1 000元以上的人占30%，500～1 000元的人占50%左右，500元以下的人占20%左右。在被调查的学生当中，超过85%的学生拥有电脑，约90%的大学生拥有手机，因此网络与通信费用支出较以往在大学生的消费支出中占据了更大的份额。

这段数据分析有说服力，为后面原因的阐明做了很好的铺陈。这些材料都是调研者实际考察，通过问卷和抽样的方式得出的结论，是直接材料。

但由于种种原因，写作者获取的材料不可能都是直接材料，还有许多间接材料，如图书、报刊、档案、音像制品、网络作品等都是写作材料的重要来源。

2. 按照内容分为事实材料和理论材料

事实材料主要包括人物、事件、现象、数据、图表、工作情况等一切客观事实；理论材料则来自著作、法律法规、科学定理和公理、文件、报纸杂志、重要社论和重要理论文章、格言、谚语等。

李克强总理代表国务院于 2016 年 3 月 5 日在十二届四次会议上所作的《政府工作报告》中说："全国居民人均可支配收入实际增长 7.4%，快于经济增速。去年末居民储蓄存款余额增长 8.5%，新增 4 万多亿元。又解决 6 434 万农村人口饮水安全问题。扶贫攻坚力度加大，农村贫困人口减少 1 442 万人。"

这段话罗列了具体数据，用事实说明了人民生活得到了进一步改善。

应用文写作同样离不开理论材料。比如，关于用"一个国家、两种制度"来实现国家统一的观点；关于执政党的党风关系党的生死存亡的观点；关于按照独立自主、完全平等、互相尊重、互不干涉内部事务的原则，发展同外国共产党和其他政党的关系的观点；关于和平与发展是当代世界的主题的观点，等等，都是具有现实性的理论观点。巧用理论材料，可以深刻地揭示事物的本质，增强说服力，达到写作目的。

应用文的理论材料，不应该只满足于具有一般客观真理性的要求，更重要的是要求它对社会实践具有正确无误的指导作用和行之有效的实用功能。这就要求写作者对已有的理论材料，从指导社会实践的正确和有效的角度作出自己的考查、分析和判断。凡是对社会实践具有正确有效指导作用的就运用，否则即使是名人名言也不用。不要迷信理论权威，而要以社会实践作为检验一切社会真理的唯一标准。

3. 按照时空界限分为纵的材料和横的材料

纵的材料指现实材料和历史材料。横的材料指不同地区、不同领域、不同行业的材料。纵横材料的使用可以立足现实和本单位、本领域、本系统，了解历史，找出差距，总结优势，探寻有规律性的经验。

4. 按照材料性质分为正面材料和反面材料

任何事物都有正反两面，在实际工作中，正确和失误也是并存的。在应用文写作过程中，使用反面材料来辅佐正面材料，可以在鲜明的对比中全面呈现事件的全貌，以突出文章的主旨。

5. 按照材料所指范围的大小可以分为点的材料和面的材料

点的材料，就是某项具体工作的材料；面的材料，就是总体工作的材料。表现一个事物，点的材料运用得好会增加深度，而面的材料用得恰当就突出广度，点面结合，文章才具有说服力。

（三）材料的收集

收集材料应遵循丰富、全面和准确的原则，采用多种途径。观察是获得写作材料的重要手段，调查是收集第一手材料的主要方法，也是公认的有效方法。另外，收集材料的方法还有做读书笔记、文献摘录、查阅网络资源等。

1. 观　察

观察是作者凭借自己的感觉对对象进行有目的、有计划、比较持久的感知、记录所得的材料。这是取得第一手材料的主要途径。

2. 调 查

调查是获取有效材料的最佳方法，主要有以下几种：

（1）开会调查。了解全面情况，或重点搞清某些问题，可以采用开会调查的办法。开会前根据调查的目的、要求，列出提纲，使与会人员心中有数。开调查会可以在较短时间内对本地区、本系统、本单位的主要问题有大致的掌握。

（2）个别访问。通过向知情人、有经验的人询问以了解真实情况，获得材料。有时还可通过个别访问的形式以核实开会调查后的情况，发现问题并及时解决问题。

（3）亲自实践。置身于对象所处的环境之中，这是一种最直接的调查方式，可以得到值得借鉴的材料。

另外还有问卷调查、现场调查、电话调查、信函调查等调查方法。

3. 查 阅

身处信息时代，亲身实践获得第一手材料的方法，只能获取有限资源，因此需要运用获得间接取材的方法。获取间接材料通常采用的方法是查阅。过去主要通过对书籍、报刊和文献档案的查阅来收集资料；现在，网络成为生活的一部分，办公也开始朝向自动化、无纸质化发展，因此，我们可以充分利用网络资源查阅相关材料。例如，我们可以通过网络资源查阅大到党中央、国务院和上级领导机关所颁布的有关法规、政策、计划、决定以及其他有关文件精神；具体到本地区、本部门、本单位的有关情况，包括各种统计数字，反映和研究有关问题的信息、简报、报告、会议资料以及报纸、杂志、书籍或官方网站的报道文章等。

（四）应用文写作对材料的要求

材料的筛选应当符合相关、可靠、典型、现实的要求。

1. 相 关

相关指要选择那些能表现主旨和支撑观点的材料。只有在表现主旨的前提下，每一则相关的材料才能发挥作用。不相关的材料选进文章，不仅对文章毫无用处，还会影响主旨的表达。

2. 可 靠

可靠即真实。一是指客观存在的、准确无误的材料，二是指反映了客观事物的本质和规律的，而不是表象、个别或偶然的。真实是应用文的根本。只有材料真实，应用文的主旨才能指导行文目的得以完成。若弄虚作假，歪曲事实，不仅不利于主旨的表现，也不能达到写作目的。虚假的、未经核实的材料，不能用于应用文写作。

3. 典 型

典型指材料所具有的代表性和普遍意义，最能体现事物的本质和规律，最具说服力，能起到以少胜多、以一当十的作用。选材贵在精，精就精在"典型"上。

以一则请示的修改为例。某学校要求上级领导机关拨款重建校舍，理由是：校舍陈旧，教学环境受到影响等。这些理由虽然都是事实，但不具有说服力，呈报后未获批准。后经反复研究，突出了请示的理由：校舍破旧，如墙体微斜，尤其校舍漏雨给教学带来了极大的困难等。这样一写，拨款修建校舍显得势在必行，否则就会影响教学。修改后的材料，切中安全、影响正常教学等要点，因此是典型的材料。

4. 现　实

所谓现实性，一要符合党和国家现时的路线、方针、政策；二要解决广大人民群众的实际问题。现实性是与历史性相对而言的，因为社会是不断向前发展的，社会的政治经济形势也是不断变化的，所以必须在社会现实的发展变化中摄取新材料，才能充分发挥应用文的作用。否则，应用文就会为陈旧过时的材料垃圾所充斥，丧失对社会实践的指导作用。譬如：近年来国内房价上涨过快，人民群众购房困难。因此，政府部门多次颁发了相关文件，如2016年2月2日中国人民银行、中国银行业监督管理委员会发布《关于调整个人住房贷款政策有关问题的通知》、2016年5月17日发布了《国务院办公厅关于加快培育和发展住房租赁市场的若干意见》等文件，体现了政府对民生问题的高度重视。这样的应用文现实性非常强。

（五）材料的加工

材料选定之后，就要进行加工，使其符合写作的目的，服从主旨的要求。材料加工可以采用概括、剪裁和润色语言等方式，也可用推论、统计、分析、预测、联想、转述等方法来提炼材料。概括就是把体现同一个观点的几个材料归纳成一个材料，概括可以把反映个别情况的材料，转化成带有综合性和全面性的材料，说服力更强。对材料进行概括后，还需要进行妥善剪裁，首先，要对冗长的文字进行缩减，以少胜多；其次，着重突出能证明应用文主旨的材料。而对材料的进行文字润色，目的是使之符合应用文主旨要求，符合文章整体基调，深入且不造作，能有效达到行文目的。例如：有一篇文章在说到老百姓的评价最公道时这样说："金杯银杯，不如老百姓的口碑；一等奖二等奖，不如老百姓的夸奖；熊掌鹅掌，不如老百姓鼓掌。"由于使用了群众的语言，读起来十分亲切，印象也自然深刻。

第四节　应用文写作的受体与客体

现代写作学认为，写作是一个由写作主体、写作客体、写作受体、写作载体这四个要素综合作用所形成的系统活动。应用文写作的受体，即读者；客体，即应用文所反映的对象。读者作为写作活动中的一个要素，其价值和地位正随着网络时代的到来日益受到人们的重视。写作客体往往制约、引导着写作主体的主观能动性的发挥，因此，有必要着重强调。

一、应用文的写作必须关注受体

写作应用文，以实用目的为主，要求能解决问题，因此，必须关注读者的求实、求新、求尊、求近、求简心理。

（一）求实心理

应用文的内容越真实，就越可信，越能说服、教育、号召或鼓励、指挥受文对象按要求办事。尊重受文对象的求实心理是时代的要求。

（二）求新心理

内容陈旧的应用文是不能激起读者的阅读兴趣的。时代的发展日新月异，人们期待应用文研究新情况、发现新问题、解决新矛盾、认识新事物、总结新经验、宣传新风貌、探讨新理论，因此，应用文应尽可能给受文对象提供新信息，同时，在写作形式上既遵守规范，又不断创新，给人以耳目一新之感。

（三）求尊心理

需要尊重，这是人们高层次的心理需要。要写出受到受文对象理解、认同、支持、办理的应用文，首先必须给予受文对象必要的尊重，满足其求尊的心理。

下面是一则函的末尾：

> 为提高我校教育质量，恳请贵处设法在贵校给解决住宿问题。但不知贵处是否有什么困难。如果需要我校给贵处办什么事情，请尽管提出，我校会竭力去办。再说一句，贵处如能解决我校进修教师住宿问题，我们以我校领导的名义向贵校领导深深地表示谢意。

这样的结尾未突出尊重之意，带有条件交换的意味，显然和平行文应该具有的谦恭、洽商的语气相悖，且啰唆，让受文者无好感。

（四）求近心理

应用文的接受者喜欢知道发生在自己周围、同自己有关的事情。这种求近心理是受文者自身直接或间接的需要，也是传播学的"距离论"在应用文写作中的具体体现。

2015年新年前夕，习近平主席通过中国国际广播电台、中国中央人民广播电台、中国中央电视台发表2015中国新年贺词中提到："为了做好这些工作，我们的各级干部也是蛮拼的。当然，没有人民支持，这些工作是难以做好的，我要为我们伟大的人民点赞。"

运用"蛮拼的""点赞"这些人们上网时常用的网络语言，既形象生动，又接地气，一下就拉近了与听众的心理距离。

（五）求简心理

在信息爆炸的社会，人们的生活节奏加快，办事讲求效率，希望开短会、说短话、看短文。应用文的写作要适应这种要求。

应用文有诸多文种，有的文种以短小为宜，如公务文书中的请示、批复；传播文书中的启事、海报。一般来说，应用文书都有一定的篇幅和长度，这就要求写作应用文应言简意赅，一针见血地反映问题。

下面是习近平主席在庆祝中国共产党成立95周年大会上讲话的开头：

> 今天，我们在这里隆重集会，庆祝中国共产党成立95周年，回顾中国共产党团结带领中国人民不懈奋斗的光辉历程，展望党和人民事业发展的光明前景，表彰全国优秀共产党员、优秀党务工作者、先进基层党组织，动员全党全国各族人民更加

充满信心朝着实现全面建成小康社会奋斗目标、实现中华民族伟大复兴的中国梦胜利前进。

这段文字言简意赅，点明主旨，说明内容，严谨不拖沓。

二、应用文写作客体的特点

应用文写作的客体具有多变性和稳定性统一的特点。事物在不断发展变化，公务活动中的新情况层出不穷，应用文的客体是多变的。但另一方面，应用文的客体又是相对稳定的，这是由于公务活动要受到国家法律法规以及党和国家的方针政策的规范和制约，而政治方向和总路线是稳定的。例如，适用时间比较短，内容比较具体的通知、报告等，其内容也表现出多变性的特点。而适用时间较长、内容广泛的条例、章程、制度、守则等则相对稳定；但不管变化与否，其基本精神应该是一贯的，同党和国家的、上级机关的命令、决定、会议精神等不能抵触，和本机关已经发布的有关规定不能矛盾。

因此，应用文的撰写者在写作中应注意：首先，内容应符合执政党的路线、方针、政策，符合上季度有关规定，与有关部门现行规定相吻合。坚持以大局为重的原则。其次，内容应以法律为依据，有法可依，有规可查，不能与现行的法律法规相抵触。最后，内容实事求是。总之，只有不断了解发展变化着的客观社会和生活实际，研究公务活动，才能使应用文写作更好地发挥作用。

××××××××××××××××××××××××××××××××

习　题

一、单项选择题

1. 应用文、公务应用文、公文、文件这四个概念中，外延最大的是（　　）。
   A. 应用文　　　B. 公务应用文　　C. 公文　　　D. 文件
2. 应用文又可称作（　　）。
   A. 实用文　　　B. 文件　　　　　C. 文书　　　D. 公文
3. 从内容和使用范围划分，应用文可分为（　　）。
   A. 专用应用文和通用应用文
   B. 军事应用文和外交应用文
   C. 公务应用文和私务应用文
   D. 司法应用文和经济应用文
4. 应用文的出发点及其归宿是（　　）。
   A. 明确的时效性　　　　　B. 客观的真实性
   C. 特定的程式性　　　　　D. 实用性

5. 应用文中兼用的表达方式是（　　）。
   A. 议论、描写、说明　　　　B. 说明、议论、抒情
   C. 叙述、议论、说明　　　　D. 说明、描写、叙述
6. 应用文语体风格的基本特点是（　　）。
   A. 多变性、丰富性　　　　B. 具体性、鲜明性
   C. 明确性、简要性　　　　D. 抽象性、凝练性
7. 应用文选择的材料按内容可分为（　　）。
   A. 直接材料和间接材料　　B. 事实材料和理论材料
   C. 正面材料和反面材料　　D. 点的材料和面的材料
8. 应用文中材料的典型和文学作品中的区别在于，前者更注重（　　）。
   A. 事例和数据　　　　B. 本质和细节
   C. 情节和人物　　　　D. 原因和结果
9. 在应用文材料的加工过程中，将反映同种问题的几个统计材料中同一口径的数字相加的方法称为（　　）。
   A. 妥善剪裁　　　　B. 文字润色
   C. 合并同类项　　　D. 归纳概括
10. 应用文写作的客体具有的特点是（　　）。
    A. 广泛性和局部性的统一　　B. 随意性和固定性的统一
    C. 偶然性和必然性的统一　　D. 多变性和稳定性的统一

二、多项选择题

1. 下列文种中，属于专用应用文的有（　　）。
   A. 命令　　B. 协定　　C. 守则
   D. 启事　　E. 公约
2. 下列文种中，属于通用应用文的有（　　）。
   A. 立案报告　B. 调查报告　C. 经济合同
   D. 各类证书　E. 商务书信
3. 应用文的基本特点是（　　）。
   A. 写作目的的实用性　　　B. 写作活动的群体性
   C. 写作效用的时效性　　　D. 写作格式的规范性
   E. 写作风格的独特性
4. 一般情况下，应用文主旨的内涵应包括（　　）三个因素。
   A. 叙述事件的语体风格　　B. 中心思想
   C. 所述事项的原委、背景　D. 写作目的　　E. 领导意图
5. 应用文和文学作品相比，主题具有什么特点（　　）。
   A. 主题的确立是主动的　　B. 主题是直接体现出来的
   C. 主题形成的时间短　　　D. 主题发挥作用的时间短
   E. 主题反映的内容复杂
6. 应用文主题的要求是（　　）。
   A. 正确　B. 鲜明　C. 多义　D. 集中　E. 完整

7. 应用文写作前，收集材料的方法有（　　）。
A. 亲自实践　　B. 现场调查　　C. 个别访问
D. 查阅资料　　E. 专家论证
8. 应用文对材料的要求是（　　）。
A. 相关　B. 可靠　C. 典型　D. 完整　E. 现实
9. 应用文必须关注受体的（　　）。
A. 求实心理　　B. 求新心理　　C. 求尊心理
D. 求近心理　　E. 求简心理
10. 应用文写作客体自身的基本要求有（　　）。
A. 突出社会重大问题　　　B. 从实际出发
C. 关注时事热点　　　　　D. 以法律为依据
E. 反映执政党的执政主张和各项方针

三、判断说明题

（一）判断分析（判断正误，正确的在题后的括号内画"√"，错误的画"×"，并简述理由）
1. 应用文可以分为公务应用文和私务应用文两大类。公务应用文是公务文书，私务应用文就是私务文书。（　　）
2. 凡应用文都能从文种上区分出是公务应用文还是私务应用文。（　　）
3. 《××市人民政府关于加强环境保护工作的报告》不属应用文。（　　）
4. 计划、总结、命令、指示都属于通用应用文。（　　）

（二）判断改错（正确的在题后的括号内画"√"，错误的画"×"，并改正错误）
1. 应用文的特点是实用性、时效性、格式的约定俗成性和语体风格的独特性。（　　）
2. 应用文的文种，必须按照有关法律、法规和行政规章及其他有关规定选定，不能乱用。（　　）
3. 应用文也像文艺作品一样，讲求"艺术的真实"。（　　）
4. 正因为应用文有规范的写作模式，因此应用文写作只要掌握其格式即可。（　　）

四、简答题

1. 什么是应用文？
2. 应用文有何特点？
3. 应用文主题的作用有哪些？
4. 什么是材料？
5. 材料分为几类？
6. 收集材料的方法有哪些？
7. 加工材料的方法有哪些？
8. 材料加工过程中，务必注意哪几个方面？
9. 怎样理解应用文写作中接受对象的求尊心理？
10. 应用文客体自身的基本要求是什么？

五、阅读分析题（分析下面两段文字在主旨、表达及文种、标点上存在的问题）

1.

通　知

全体职工：

　　总公司反腐倡廉小组本次年底大检查，发现各单位年底宴请频繁，名目繁多的请客送礼，导致很大浪费，广大职工对这种腐败现象极为不满。各单位要为了加强廉政建设，刹住歪风邪气，维护企业利益，所以总公司办公会议研究决定，各单位必须成立纪检小组，加强自检，并在一个月内，将自检报告上报给总公司。

　　特此通知。

××市工业总公司
201×年×月×日

2.

关于201×年招生计划的申报

市教育委员会：

　　我们对教委文件《关于申报 201×年招生专业计划的通知》进行了认真学习，大家一致表示要落实教委的意见，积极发展高等职业教育，办好社会所需要的各种新型专业。经我校各院系研究，决定201×年申报25个专业，招收本专科学生共3 000名。特申报给你们。

×××大学
201×年×月×日

六、阅读下面的短文，归纳其主旨

1. 各种收费、摊派、罚款名目繁多，内容庞杂，是造成区街企业的负担重的重要原因。据被调查的企业反映，目前通常发生的各类收费主要有绿化费、环保费、排污费、污水处理费、验证费、职称评定费、培训费、表彰费、咨询费、保险费、登记费、消防费、检验费、质检费、卫生保洁费、治安联防费、综合治理费、暂住人口管理费、车辆运行费、监理费、噪声费、车管费、道路建设费、验资费、审计费、义务兵优待费、执照变更费、参赛费、参展费、管理费、协会会费、证照年检费、证照工本费、垃圾管理费、养路费、报表费、禁区通行费、货物附加费、警民共建费、鉴定费40多种。以上尚不包括与基本建设有关的34种收费。

2. 宝祥金店于1985年由中国人民银行南京分行组建，所有的黄金珠宝原料都由国家权威机构认证认可，在南京和宝祥竞争的还有宝庆、通灵等实力雄厚的企业。近两年来，南京黄金珠宝价格战不断，但有媒体揭露，其中有相当一部分是虚假打折，先涨后降，因此消费者对于各大黄金珠宝企业降价销售的广告已司空见惯,降价广告对消费者的吸引力大打折扣，甚至形成逆反心理，愈是降价的黄金珠宝愈少光顾。宝祥为了吸引消费者决定不打折，不搞价格战，在消费者购买黄金珠宝时，与消费者签订协议，承诺凡在店内镶嵌饰品一年内免费调换，终身免费清洗，免费维修及改制圈口，免费咨询服务。宝祥金店自建店以来，几乎没有任何消费者前去投诉，为江苏省消费者信得过企业。

第二章 党政机关公文

第一节 概　述

一、党政机关公文的概念

2012年7月1日起开始实行的《党政机关公文处理工作案例》第三条给党政机关公文下的定义：党政机关公文，是党政机关实施领导、履行职能、处理公务的具有特定效力和规范体式的文书，是传达贯彻党和国家方针政策，公布法规和规章，指导、布置和商洽工作，请示和答复问题，报告和交流情况等的重要工具。

二、党政机关公文的特点

（一）作者的法定性

党政机关公文的作者有严格的限制，即党的组织或依法成立并能以自己的名义行使职权和承担义务的机关、团体或企事业单位。一般的文章作者可以是个人或者是个人之间的自由组合，而党政机关公文的作者只能是党的组织或法定的社会组织及其法人代表。党政机关公文作者的署名若是个人，也是以法定领导人的身份依法行使职权，代表的是党的组织或依法成立的机关、团体和企事业单位，而不是以私人的身份行使职权。党政机关公文的执笔者，只是组织的代笔人。公文作者的法定性，受国家法律的保护，任何伪造公文的行为都是违法的。

（二）拟制和办理的程序性

党政机关公文的拟制和办理都有严格的程序。党政机关公文一般包括起草、审核、签发等程序。公文办理一般包括收文办理、发文办理和整理归档。收文办理的主要程序是：签收、登记、初审、承办、传阅、催办、答复等。发文办理主要程序是：复核、登记、印制、核发等。因为党政机关公文处理程序复杂，所以每一个环节都要受到严格的制约，目的是为了保证公文制发和办理的质量，也是党政机关公文法定效力和权威性的体现。

（三）鲜明的政策性

党政机关公文的政策性是由其反映的内容决定的。党和国家制定的一系列政策、法律法规都以党政机关公文的形式下达，而国家各级党政机关、团体、企事业单位都有传达、贯彻、执行的责任。各级党政机关、团体、企事业单位行文时，必须与国家的方针政策相一致，以保证党和国家各项政策的贯彻落实。

（四）法定的权威性

党政机关公文是由党或行政机关、团体、企事业单位及其领导人为了特定的目的而制作和颁发的，其法定的权威性主要是由三方面决定的：国家政权赋予发文机关或单位法定的地位和职权；公文内容的合法性能够代表最广大人民群众的根本利益；国家从法律和行政措施上对公文的权威性给予可靠的保证，要求受文者的思想、行为受到文件的约束、规范。

党政机关公文的权威性体现为一种强制力和约束性，公文一经发文机关制发，受文者和有关组织、个人必须认真、及时地按照公文的相关规定、要求和部署从事工作。这种权威性要求受文机关及有关人员对公文必须遵照执行，否则就意味着失职或渎职。一般来说，不同的党政机关公文的权威性不同，这既取决于党政机关公文制发者地位的高低，也取决于党政机关公文的文种和具体内容。

（五）体式的规范性

党政机关公文的规范性是公文的权威性和法定性的具体体现，也是公文处理的客观需要。行政公文写作必须严格按照国家技术监督局发布的自2012年7月1日起实施的《党政机关公文格式》GB/T 9704—2012的国家标准以及中共中央办公厅、国务院发布的自2012年7月1日起实行的《党政机关公文处理工作条例》这两个文件的规定执行。

（六）语言的精准性

党政机关公文的写作要求将制作者的意图庄重、朴实、准确、精练、规范地表达出来，目的是及时解决实际问题。因此，党政机关公文的语言应具有精准性，真实确切，简明扼要，服从行文目的及表现主题的需要。只有精炼、准确的语言才能让受文者尽快把握发文意图，及时处理，任何欲说还休、晦涩、歧义的语言只能延误工作。

需要特别提出公文结构用语。一是开头用语，用来表示行文目的、依据、原因、伴随情况等。如：为（了）、关于、由于、对于、根据、按（遵、依）照、据、查、奉、兹等。二是结尾用语。如：为要（荷、盼）、是荷、特此通知（报告、函告）等。三是过渡用语。如：为（对、因、据）此、鉴于、总之、综上所述等。四是经办用语。如：经、已经、业经、现经、兹经、办理、责成、试行、执行、贯彻执行、研究执行、切实执行等。五是称谓用语。有第一人称：我、本；第二人称：你、贵；第三人称：该，等等。

三、党政机关公文的基本作用

（一）明法传令，指导工作

各级领导机关的许多公文是发布法律、法令、法规和规章，传达党和国家的方针、政策，传达领导意图、实施管理职能，布置、指挥、指导工作的载体，具有明法传令，指挥、指导工作的作用。下属单位和个人必须认真、全面、及时地贯彻执行。

（二）联系公务，传递信息

党政机关公文是机关、单位、团体联系公务和传递信息最重要、最主要的渠道。上下级、同级和不相隶属关系之间联系有关重要事宜、商洽工作、交流情况、协同处理问题等，都以公文作为主要工具。公文的传递，使机关、单位、团体之间互通情况、交流经验、沟通感情、协调行动；同时，下级单位凭借公文向领导、上级反映民情、社会动态和其他重要情况，使下情上达，为领导决策提供可靠信息，促进工作开展。

（三）宣传教育，引导舆论

党政机关、社会团体和企事业单位制发公文，传达上级决策或安排部署工作时，通过阐释说理，宣传形势，宣讲政策，提出任务，正确引导舆论，以动员群众，提高认识，统一思想，推动工作。因此，党政机关公文具有宣传教育和引导舆论的作用。

（四）依据凭证，立卷归档

公文是机关、团体和企事业单位之间联系工作和开展活动的主要书面凭证，体现了制发机关的意图，是收文机关处理事务的依据。可以说，党政机关公文是各级党政机关按照党和国家统一意志协调行动的依据和凭证。同时，公文真实地记录了一个机关、单位、团体的全部活动过程，公务办理完毕后，公文经过整理转化为档案，成为历史财富，保存起来，以备查考。

四、党政机关公文的种类

根据《党政机关公文处理工作条例》（中办发〔2012〕14号，2012年4月）规定，公文种类主要有决议、决定、命令（令）、公报、公告、通告、意见、通知、通报、报告、请示、批复、议案、函、纪要。由于依照的标准不同，公文的分类不同。比较常见的分类方法有以下几种：

第一，从公文的行文关系和运行方向上划分，可分为上行文、平行文、下行文三种。上行文是指下级机关向所属上级领导、指导机关报送的公文。平行文是指同级机关或不相隶属的机关之间往来的公文。下行文是指上级机关、指导机关向所属下级机关发送的公文。

第二，从公文的机密程度和阅读范围上划分，可为公布公文、内部公文、机密公文三大类。公布公文指内容不涉及秘密、可以对外公开发布的公文。内部公文指仅限于机关内部使用的公文。机密公文指内容涉及国家或部门秘密，需要限定阅知范围和对象的公文。机密公文可分绝密、机密、秘密三种。绝密公文是指涉及党和国家重要机密的文件，一旦泄漏会使国家的安全和利益遭受特别严重的损害。机密公文指涉及党和国家一般机密的文件，一旦泄漏会使国家的安全和利益遭受较大的损害。秘密公文是指涉及党和国家一般机密的文件书，一旦泄漏会使国家的安全和利益遭受一定的损害。

第三，从公文的时限要求划分，可分为特急公文、急办公文、常规公文。公文内容有时限要求，需迅速传递办理的，称紧急公文，它又分为特急和加急两种。紧急公文应随到随办，时限要求越高，传递、办理的速度也就要求越快。社会对公文的时效性要求越来越高，即使常规公文，也应随到随办，以提高工作效率。

五、党政公文的格式规范

党政公文格式，指党政公文的外在表现形式、构成要素及其位置安排与制作要求。

目前，党政公文格式主要依据中共中央办公厅、国务院办公厅2012年4月修订的《党政机关公文处理条例》和国家质量技术监督局2012年6月29日发布的《党政机关公文格式》。

一份完整的党政公文，由版头、主体、版记三部分构成。党政公文一般由份号、秘密等级和保密期限、紧急程度、发文机关标志、发文字号、签发人、标题、主送机关、正文、附件说明、发文机关署名、成文日期、印章、附注、附件、抄送机关、印发机关和印发日期等部分构成。其中，发文字号、标题、正文、发文机关（印章）或签署、成文日期等是党政公文格式中必须具备的要素，其他是可供选择的要素（详见本书附录）。

（一）版　头

版头包括份号、密级和保密期限、紧急程度、发文机关标志、发文字号、签发人等内容。版头与主体之间由一条红色分隔线分开。

需要注意的是：紧急公文应当根据紧急程度分别标明"特急""加急"，电报应当分别标注"特提""特急""加急""平急"。发文机关标志由发文机关全称或规范化简称加"文件"二字组成，也可以使用发文机关全称或者联合行文时，发文机关标志可以并用联合必文机关名称，也可以单独用主办机关名称；发文字号由发文机关代字、年份和序号组成，联合行文时，只标注主办机关发文字号；上行文应当注明签发人姓名、会签人姓名。

（二）主　体

主体由公文标题、主送机关、正文、附件说明、发文机关署名、成文日期和印章、附注和附件等组成。

需要注意的是：公文标题应是对公文内容和性质的准确概括，一般由发文机关名称、事由、文种三部分构成，有时可以省略除文种之外的其他一个或两个部分；标题中除法规、规章名称加书名号外，一般不用标点符号；公文标题可分一行或多行居中排列，但结构紧密的词语不应拆开跨行排列；主送机关应用全称或规范化简称，上行文一般只有一个主送机关，不能多头主送，也不能越级主送；下行文中如果有两个以上的主送机关，则应按照其性质、级别等依次排列，有些公文如公告、通告、纪要等可以不标主送机关；附件说明应注明顺序和名称，"附件"二字后加全角冒号和附件名称。附件名称后不加标点符号；发文机关署名一般在成文日期之上；成文时间应用阿拉伯数字标全称，月、日不编虚位（即不编为01），成文日期一般以领导人签发的日期或经会议通过的日期为准，法规性文件以批准日期为准；印章根据规定加盖；印章与正文必须同处一面，当公文排版后所剩空白处不能容下印章或签发人签名章、成文日期时，可以采取调整行距、字距的措施解决。不得采取标识"此页无正文"的方法解决；公文如有附注（需要说明的其他事项），应加括号标注，如"（此件可在所属干部中传达讨论）"。

（三）版　记

版记包括抄送机关、印发机关和印发日期等要素。如有抄送机关，应在"抄送"后用全角冒号和抄送机关名称，中间用逗号隔开，最后用句号。

六、党政机关公文的行文规则

(一) 文种使用的规范化

撰写公文时,对于文种的选用,除了要掌握各个文种的区别和特点外,主要应该考虑两个因素:一是公文的行文目的和内容,二是行文关系。处理公文行文关系应该注意以下几方面:

1. 根据隶属关系行文

隶属关系是指同一垂直组织系统中存在直接往来关系的上下级机关之间的关系。下级对有隶属关系的上级机关行文,应使用上行文;上级对有隶属关系的下级机关行文,应使用下行文;同级机关之间,应使用平行文。对于没有隶属关系机关之间行文,也应使用平行文。

2. 根据职权范围行文

机关和职能部门之间,职权和职责不同,不同级别的机关和职能部门之间职权和职责也不同,因此,为了确保公文的严肃性和行文目的的达到,各级机关或部门应该根据自身的职能和职责确定公文的行文内容和选择适当的文种。比如有的公文具有法规性、强制性和约束力,只有上级领导机关才能使用,如"命令"。政府各部门在自己的权限内,可以互相行文,但不可越级行文,因特殊情况越级行文的,应抄送被越过机关。原则上主送一个上级机关,根据需要同时抄送相关上级机关和同级机关,不抄送下级机关。向受双重领导的下级机关行文,应同时向主送机关的另一上级机关抄送。受双重领导的下级机关向其中一个上级机关行文时,应同时抄送另外一个领导机关,不能双重主送。

3. 党政分开行文

党的组织和政府机关由于各自有自己的职权和职责,因此在党务和政务上二者各有所司。一般来说,党政不联合行文。党政如若联合行文,要根据有关规定行文,不可任意妄为。

(二) 撰制过程的规范化

公文的撰制过程,包括起草、审核、签发等程序。起草是公文形成的第一个环节,务必注意主题明确、符合政策、情况真实、结构合理、语言准确;审核的重点是:是否有必要行文、行文依据是否准确、内容是否正确、行文方式是否妥当、是否符合行文规则、格式是否规范、语言是否得体等;公文应当经本机关负责人审批签发。重要的公文和上行文,由主要负责人签发,党委、政府的办公厅(室)根据党委、政府授权制发的公文,由受权机关主要负责人签发或者按照有关规定签发。职能部门发出的公文,由职能部门负责人签发;用印之后公文便正式生效。

第二节 决 定

一、决定的定义及分类

决定适用于对重要事项作出决策和部署、奖惩有关单位及人员、变更或者撤销下级机关不适当的决定事项。

根据具体用途和内容的不同,决定可分为以下两类:

1. 知照性决定

用于传达有关事项给下级和相关各方，起到知照和依据的作用。如表彰决定、处分决定、机构设置决定、人事安排决定、发布法规性事项或对某一具体事项做出安排的决定等，如《国务院关于表彰全国劳动模范和先进工作者的决定》。知照性决定最突出的特点是，除当事者（单位或个人）外，一般只要求下属单位和有关人员知道，不要求下属单位及有关人员承办和贯彻执行，有些决定在末尾有号召性语言，但没有执行的具体意见和要求，也属知照性决定。

2. 指挥性决定

多用于对重要事项和重大行动做出决策部署、确定方针政策或提出要求等，有很强的政策性，要求坚决贯彻执行。常见的有规定性决定、规范性决定、指导性决定、指示性决定、具有有关法令性质的决定、处理重大问题的决定和安排重要行动的决定等，如《××市政府关于加快全市工业发展的决定》。指挥性决定说理透彻，措施具体，具有指令性和指导作用。指挥性决定需下属单位和有关人员承办和贯彻执行。

二、决定的格式

（一）标　题

标题一般由发文机关名称、决定的主题与"决定"组成，要求做到标题简练，主题鲜明，文题一致。

（二）正　文

正文由决定的理由、决定事项和执行要求组成。决定的理由要阐述根据、背景，应当用概括性语言，文字精练恰当，表述准确清楚。在决定理由之后，常用"特作如下决定"、"现决定如下"等承启语，过渡到决定内容部分。决定的内容是核心，若是指挥性决定，应阐明决定事项的意义、具体内容、落实措施、解决办法、执行要求与保障措施等。对内容较多的决定，可分条陈述。执行要求或号召以及保障措施，视具体情况而定。有些决定在事项部分已有执行要求，有的决定专列一段或一个部分，有重点、有针对性地就执行决定提出具体的要求。

（三）落　款

由领导人签发的决定，落款处写明发文机关名称和成文日期即可。若是经会议通过的决定，则在标题之下注明会议名称及时间，并加上圆括号。

例　文

国务院关于2015年度国家科学技术奖励的决定

国发〔2016〕2号

各省、自治区、直辖市人民政府，国务院各部委、各直属机构：

　　为全面贯彻党的十八大和十八届三中、四中、五中全会精神，大力实施科教兴国战略、人才强国战略和创新驱动发展战略,国务院决定,对为我国科学技术进步、经济社会发展、国防现代化建设作出突出贡献的科学技术人员和组织给予奖励。

根据《国家科学技术奖励条例》的规定,经国家科学技术奖励评审委员会评审、国家科学技术奖励委员会审定和科技部审核,国务院批准,授予"多光子纠缠及干涉度量"国家自然科学奖一等奖,授予"髓系白血病发病机制和新型靶向治疗研究"等41项成果国家自然科学奖二等奖,授予"硅衬底高光效GaN基蓝色发光二极管"国家技术发明奖一等奖,授予"农产品黄曲霉毒素靶向抗体创制与高灵敏检测技术"等65项成果国家技术发明奖二等奖,授予"高效环保芳烃成套技术开发及应用"等3项成果国家科学技术进步奖特等奖,授予"5 000万吨级特低渗透—致密油气田勘探开发与重大理论技术创新"等17项成果国家科学技术进步奖一等奖,授予"高产稳产棉花品种鲁棉研28号选育与应用"等167项成果国家科学技术进步奖二等奖,授予杨克里斯特·杨森教授等7名外国专家中华人民共和国国际科学技术合作奖。

全国科学技术工作者要向全体获奖者学习,继续发扬求真务实、勇于创新的科学精神,深入实施创新驱动发展战略,坚定不移走中国特色自主创新道路,为加快建设创新型国家、全面建成小康社会,实现"两个一百年"奋斗目标和中华民族伟大复兴的中国梦作出新的更大贡献。

国务院
2016年1月1日

昭通市人民政府关于表彰2015年度全市见义勇为先进个人的决定

昭政发〔2016〕6号

各县、区人民政府,市直各委、办、局:

2015年度,我市在深入贯彻党的十八大、十八届三中、四中、五中全会精神中,经济社会不断发展。在推进全面建成小康社会、实现中国梦昭通篇章的进程中,涌现出一批见义勇为先进典型,他们舍生忘死,不顾个人安危,保护人民群众生命财产安全,传递社会正能量,彰显社会公平正义,维护了社会和谐稳定,践行了社会主义核心价值观。

为表彰先进,弘扬正气,市政府决定对吴明德、宋家华、李启明3人分别授予昭通市"见义勇为先进个人"称号,奖励吴明德人民币2万元,各奖励宋家华、李启明人民币1万元。

全市各族干部群众要以见义勇为先进个人为榜样,弘扬社会正气,勇于同各种违法犯罪行为作斗争,坚决维护国家利益和人民群众生命财产安全。各县区各部门要大力宣传见义勇为先进事迹,树立榜样力量,保护见义勇为的合法权益,营造全社会关心支持见义勇为工作的良好氛围,构建平安昭通、和谐昭通、法治昭通,努力实现与全国全省同步全面建成小康社会作出更大的贡献。

昭通市人民政府
2016年2月24日

附:昭通市见义勇为先进个人简要事迹(略)

第三节 公告 通告

一、公 告

（一）公告的定义及特点

公告适用于向国内外宣布重要事项或者法定事项。公告具有庄严性和权威性，因此公告的主要特点有：

1. 周知性

一般的公文只是在国内一定范围内发布，公告可向国内外宣布，也常授权新华社和其他新闻媒体发布，范围广泛，周知性强。

2. 庄严性

公告发文机关的级别较高，一般由国家权力机关或国家管理机关发布，体现出庄严性。

3. 缜密性

周知性和庄严性的特点要求公告用语谨慎、周密，格调郑重严肃。

（二）公告的分类

根据发布机关及涉及事项的性质，公告大致可以分为三类：

1. 知照性公告

向国内外告知重要事项或法定事项的公告。例如，宣布国家领导人出访及外交活动、发布国家重大科研成果、告知大规模的军事演习等，也可以是颁布法律、法规、规章，公布选举结果等。

2. 祈使性公告

在向国内外告知某一事项或宣布某一法规、规章的同时，还要求遵守并执行有关规定的公告。例如，新华社受权公告《我国将向太平洋发射运载火箭》中不仅告知了我国将在何年何月何日何时向太平洋发射运载火箭，同时还对有关政府的通过船只进行了要求和约束。

3. 法院公告

这是专门针对司法部门具体事务情况而张贴的公告。如开庭公告、强制执行公告、宣告死亡或失踪公告、财产认领公告、通知权利人登记公告等。这类公告应根据《中华人民共和国民事诉讼法》的规定进行发布。

（三）公告的写作

在一般情况下，公告由标题、正文和落款三个部分组成。

1. 标　题

公告的标题有四种写法：

一种是标准的公文式标题，由发文机关、事由和文种三部分组成，如《中国财政部发布关于2016年凭证式（一期）国债发行的公告》；第二种标题是由发文机关和文种构成，省略了事由，如《中华人民共和国国务院公告》；第三种标题是只有事由和文种如《关于在上海银行开展定期定额申购业务的公告》；第四种标题是只写明文种，即标题为《公告》。

2. 正　文

公告的正文部分一般由公告背景、缘由、公告事项和结尾组成。有的公告也可以省略背景、缘由的说明，开门见山地写出公告事项。公告的结尾一般以"特此公告"或"此告"等惯用语作结。

例　文

中华人民共和国最高人民法院开庭公告

最高人民法院定于二〇一六年六月二十七日上午九点在最高人民法院第三法庭公开开庭审理×××与×××、×××总建筑工程有限公司民间借贷纠纷一案。

特此公告。

中华人民共和国最高人民法院
2016年5月20日

二、通　告

（一）通告的定义及分类

通告适用于在一定范围内公布应当遵守或者周知的事项。通告使用频率高，是机关单位广泛使用的公文。因此，各级机关、社会团体和企事业单位都可以使用通告。

根据通告的内容，可分为规定性通告和知照性通告两类。这两种通告是以法规性的强弱不同为标准来区分的，二者之间没有绝对的界限。法规性的通告不可能没有知照性，知照性的通告完全没有法规内容的也不多见。但二者在性质上毕竟有区别。

1. 规定性通告

一般是政府部门为确保某一重要事项的执行而公布的、突出规定性的通告。如《××市公安局关于收缴非法枪支的通告》。

2. 知照性通告

一般是在一定范围内告知相关人员或有关方面需要知晓或遵守或办理的具体事项。如《腾讯公司关于滔滔业务调整通告》《重庆市公安局关于换发残疾人专用车牌照的通告》等。

（二）通告的特点

1. 广泛性

各级行政机关和企事业单位均可使用通告，其使用面广；通告可用以宣布行政措施，也可用以告知社会生活中的一些具体事项，内容涉及广；通告采取张贴、登报或广播等方式公开告知一定范围内的群众，阅读对象广。

2. 规定性

通告大多用于针对某些事项作出规定或限制，要求告知对象支持、协助或遵照执行，所以具有一定的法规性和约束力。

3. 专业性

通告的内容多涉及公安、交通、邮电、税务、市政建设、工商管理等方面的公务活动，带有专业性质，故行文中常常使用一些行业术语。

（三）通告的写作

1. 标 题

通常使用发文机关、事由、文种三项要素齐全的标题，根据需要，前两个要素也可以省去其中一项，或者两项都省略，只标明文种。

2. 正 文

由通告缘由、通告事项和结尾构成。缘由部分阐明发布原因、目的和依据，要力求简约。事项部分要做到具体明了，含义准确，通俗易懂，便于群众理解和执行。内容较复杂的通告可分条写。专业性强的通告使用行业术语时要注意适度，不宜过多过滥。结尾可以提希望要求，也可使用"特此通告"等尾语，还可以不写结语而自然结束，这应根据行文具体情况酌定。

例 文

关于清理收缴非法枪支弹药及爆炸物品的通告

为了消除治安隐患，维护我市正常的社会治安秩序，保障人民群众生命财产安全，切实推进"平安湛江"建设，根据《中华人民共和国刑法》《中华人民共和国枪支管理法》《中华人民共和国治安管理处罚法》《民用爆炸物品安全管理条例》等法律法规的规定，特通告如下：

一、本通告所称枪支弹药是指以火药或者压缩气体等为动力，利用管状器具发射金属弹丸或者其他物质，足以致人伤亡或者丧失知觉的各种枪支及弹药，如军用枪、射击运动枪、猎枪、麻醉注射枪、气枪、彩弹枪、火药枪、仿真枪等各类枪支及弹药。

本通告所称爆炸物品是指炸药、雷管、导火索、导爆索、震源弹、黑火药、烟火剂、手榴弹、地雷、炮弹等各类爆炸物品。

二、严禁任何单位、组织和个人非法制造、买卖、走私、运输、邮寄、储存、托运、持有、私藏、出租、出借、使用上述枪支弹药、爆炸物品。

三、凡有上述情形者，必须立即停止违法犯罪活动，并向公安司法机关投案自首，主动交出非法持有、私藏的枪支弹药、爆炸物品。

四、凡在本通告发布之日起三十日内，主动到公安机关投案自首并交出枪支弹药、爆炸物品的，可依法从轻、减轻或者免除处罚；拒不投案自首或拒不交出枪支弹药、爆炸物品的，一经查获，将依法从重处罚。

五、对非法制造、买卖、走私、运输、邮寄、储存、托运、持有、私藏、出租、出借、使用枪支弹药、爆炸物品的违法犯罪行为，每一位市民都应当积极向公安机关举报。对举报并经查实的有功人员，将给予奖励；对包庇、纵容违法犯罪活动的，依法追究法律责任。

六、公安司法机关将为举报人严格保密，保证举报人及其亲属的人身和财产安全。凡对举报人及其亲属进行打击报复的，将依法从严惩处。

七、本通告自发布之日起执行。

举报受理电话：110；××××××××

举报受理邮箱：××××××××

××市中级人民法院　××市人民检察院　××市公安局
201×年5月5日

关于2015年度第九批二级建造师初始注册、增项注册人员名单的通告

根据《注册建造师管理规定》（建设部令第153号）、《四川省住房和城乡建设厅关于印发〈四川省二级建造师注册实施办法〉的通知》（川建建发〔2014〕36号）和《四川省住房和城乡建设厅关于开展二级注册建造师、二级临时建造师、建造员延续注册工作的通知》（川建建发〔2013〕178号）规定，经审核，申请延续注册的陶建等56人符合二级建造师、建造员延续注册条件，准予注册。

特此通告。

四川省住房和城乡建设厅
2015年3月6日

三、通告与公告的区别

1. 发布单位不同

公告的制发机关级别较高，一般由较高级别的国家行政机关和权力机关制发，一般的单位不能制发公告。而通告的制发机关通常没有限制，机关、团体、企事业单位均可制发。

2. 发布范围不同

公告用于向国内外发布重要事项和法定事项，范围广泛。而通告则是有一个相对确定的范围，面向有关单位或人员发布。

3. 发布形式不同

公告一般通过新闻媒体发布,如电视、报刊等。通告可以由新闻媒体发布,也可通过张贴等形式发布。

从目前行文情况看,两者混用主要表现在该用通告而误用公告。如某县因公路改建,要求过往车辆绕道行驶,本应发通告,而县交警大队使用了公告。

4. 权威性不同

公告具有法定的权威性,其内容有较强的法律效力或行政约束力。法规性通告具有一定的约束力,知照性通告则注重的是告知性。

四、公告、通告与启事的区别

第一,公告、通告属通用公文,启事属事务文书。
第二,公告、通告由法定机关单位制发,启事的制发者可以是机关单位,也可以是个人。
第三,公告、通告有严格的制作程序,启事的制作相对较自由。
第四,公告、通告具有权威性和一定的强制性,启事有所陈请也只是希望参与或协助,没有强制约束作用。这是公告、通告与启事的明显区别所在。

第四节 意 见

一、意见的定义及特点

意见适用于对重要问题提出见解和处理办法,使用广泛,既可以指导安排工作,也可以对工作作出评估和提出建议。因此,意见是党政机关、团体、企事业单位常用的公文形式之一。

意见具有以下两个方面的特点:

1. 行文的多向性

意见既可以对下级机关的工作做指导、提要求,也可以向上级机关提建议,平行机关间对工作的评估、鉴定也可以使用意见行文。

2. 作用的多样性

有的意见有指导、规范作用,有的意见有建议、参考作用,意见还可以起到鉴定、评估或者批评的作用。

二、意见的分类

按意见的性质和用途的不同,可将意见可分为:

1. 指导性意见

用于上级机关向下级机关布置、安排工作,指导性很强,有时是针对当时带有普遍性的问题发布的，有时是针对局部性的问题而发布的。

2. 计划性意见

用于对某一方面的工作进行一定时期内的计划、安排。

3. 建议性意见

建议性意见用于下级机关向上级机关就某方面的工作提出建议和想法，可分为呈报性建议意见和呈转性建议意见。

呈报性建议意见是向上级机关提出建议、出谋划策，以供上级决策参考。

呈转性建议意见是单位或部门为了开展和推进工作而提出的初步设想，呈送上级审定，经上级批转之后，再在更广泛的范围内实施。

4. 评估性意见

评估性意见是职能部门或专业人员就对某项工作进行调查、研究后，形成鉴定或评估性的结果。

三、意见的格式及写法

1. 标　题

一般由发文机关、事由和文种组成，有时可以省略发文机关。

2. 主送机关

除评估性意见外，意见都应写明主送机关。

3. 正　文

一般由前言、主体和结语构成，前言应写明行文的原因、背景或目的、依据；主体部分写具体的目标、任务、实施要求或方法等；结语一般用"以上意见供参考"、"以上意见如无不妥，请转批××执行"或"以上意见如无不妥，请贯彻执行"等惯用语。

例　文

国务院办公厅关于加强和改进行政应诉工作的意见

国办发〔2016〕54号

各省、自治区、直辖市人民政府，国务院各部委、各直属机构：

　　为贯彻落实《中共中央关于全面推进依法治国若干重大问题的决定》关于"健全行政机关依法出庭应诉、支持法院受理行政案件、尊重并执行法院生效裁判的制度"的要求，保障行政诉讼法有效实施，全面推进依法行政，加快建设法治政府，经国务院同意，现就加强和改进行政应诉工作提出以下意见。

　　一、高度重视行政应诉工作。行政诉讼是解决行政争议，保护公民、法人和其他组织合法权益，监督行政机关依法行使职权的重要法律制度，做好行政应诉工作是行政机关的法定职责。

行政诉讼法施行以来，各地区、各部门依法履行行政应诉职责，取得了积极成效。但消极对待行政应诉、干预人民法院受理和审理行政案件、执行人民法院生效裁判不到位、行政应诉能力不强等问题依然存在，有的还较为突出。各地区、各部门要从协调推进"四个全面"战略布局的高度，充分认识做好行政应诉工作对于依法及时有效化解社会矛盾纠纷、规范行政行为、加强政府自身建设的重要意义，把加强和改进行政应诉工作提上重要议事日程，切实抓紧抓好。

二、支持人民法院依法受理和审理行政案件。行政机关要尊重人民法院依法登记立案，积极支持人民法院保障公民、法人和其他组织的起诉权利，接受人民法院依照行政诉讼法的规定对行政机关依法行使职权的监督，不得借促进经济发展、维护社会稳定等名义，以开协调会、发文件或者口头要求等任何形式，明示或者暗示人民法院不受理依法应当受理的行政案件，或者对依法应当判决行政机关败诉的行政案件不判决行政机关败诉。

三、认真做好答辩举证工作。被诉行政机关要严格按照行政诉讼法的规定，向人民法院提交答辩状，提供作出行政行为的证据和依据。要提高答辩举证工作质量，做到答辩形式规范、说理充分，提供证据全面、准确、及时，不得拒绝或者无正当理由迟延答辩举证。

四、依法履行出庭应诉职责。被诉行政机关负责人要带头履行行政应诉职责，积极出庭应诉。不能出庭的，应当委托相应的工作人员出庭，不得仅委托律师出庭。对涉及重大公共利益、社会高度关注或者可能引发群体性事件等案件以及人民法院书面建议行政机关负责人出庭的案件，被诉行政机关负责人应当出庭。经人民法院依法传唤的，行政机关负责人或者其委托的工作人员不得无正当理由拒不到庭，或者未经法庭许可中途退庭。

五、配合人民法院做好开庭审理工作。被诉行政机关出庭应诉人员要熟悉法律规定、了解案件事实和证据，配合人民法院查明案情。要积极协助人民法院依法开展调解工作，促进案结事了，不得以欺骗、胁迫等非法手段使原告撤诉。要严格遵守法庭纪律，自觉维护司法权威。

六、积极履行人民法院生效裁判。被诉行政机关要依法自觉履行人民法院生效判决、裁定和调解书。对人民法院作出的责令重新作出行政行为的判决，除原行政行为因程序违法或者法律适用问题被人民法院判决撤销的情形外，不得以同一事实和理由作出与原行政行为基本相同的行政行为。对人民法院作出的行政机关继续履行、采取补救措施或者赔偿、补偿损失的判决，要积极履行义务。

七、明确行政应诉工作职责分工。要强化被诉行政行为承办机关或者机构的行政应诉责任，同时发挥法制工作机构或者负责法制工作的机构在行政应诉工作中的组织、协调、指导作用。行政复议机关和作出原行政行为的行政机关为共同被告的，应当共同做好原行政行为的应诉举证工作，可以根据具体情况确定由一个机关实施。

八、加强行政应诉能力建设。各地区、各部门要加强行政应诉工作力量，合理安排工作人员，积极发挥政府法律顾问和公职律师作用，确保行政应诉工作力量与工作任务相适应。要切实保障行政应诉工作经费、装备和其他必要的工作条件。要建立行政应诉培训制度，每年开展一到两次集中培训、旁听庭审和案例研讨等活动，提高行政机关负责人、行政执法人员等相关人员的行政应诉能力。

九、有效预防和化解行政争议。行政机关要不断规范行政行为，认真研究落实人民法院提出的司法建议，提高依法行政水平，从源头上预防和化解行政争议。要进一步加强行政复议工作，提高行政复议办案质量，努力把行政争议化解在基层，化解在初发阶段，化解在行政程序中。

十、强化行政应诉工作监督管理。要加强行政应诉工作考核，将行政机关出庭应诉、支持人民法院受理和审理行政案件、执行人民法院生效裁判以及行政应诉能力建设情况纳入依法行政考核体系。要严格落实行政应诉责任追究制度，对于行政机关干预、阻碍人民法院依法受理和审理行政案件，无正当理由拒不到庭或者未经法庭许可中途退庭，被诉行政机关负责人不出庭应诉也不委托相应的工作人员出庭，拒不履行人民法院对行政案件的判决、裁定或者调解书的，由任免机关或者监察机关依照行政诉讼法、《行政机关公务员处分条例》、《领导干部干预司法活动、插手具体案件处理的记录、通报和责任追究规定》等规定，对相关责任人员严肃处理。各级政府应当加强对本意见执行情况的监督检查。

各省、自治区、直辖市人民政府和国务院各部门要根据本意见，结合本地区、本部门实际，制定加强和改进行政应诉工作的具体实施办法。

国务院办公厅
2016 年 6 月 27 日

第五节　通　知

一、通知的定义及特点

通知适用于发布、传达要求下级机关执行和有关单位周知或者执行的事项，批转下级机关的公文、转发上级机关和不相隶属机关的公文等。通知的主要特点：

1. 应用的广泛性

通知可用于传达上级机关的指示、向下级机关布置工作、转发或批转公文、任免聘用干部等，使用范围十分广泛。同时，通知的制发单位不受级别高低的限制，行文路线也没有严格的约束，写作自由灵活，使用方便，在公务活动中使用频率高。

2. 法定的权威性

大多数通知是对下级机关的工作进行指挥和指导，上级机关要求下级机关和有关人员贯彻、执行和实施的有关公务，一般都以通知的形式做出安排，下级机关必须遵照执行。因此，通知具有一定的约束力和法定的权威性。

3. 受文对象的专指性

通知相对于公告和通告等其他周知性公文而言，其受文对象有特定的范围，一般是特定的机关或者人员，专指性明显。

4. 较强的时效性

通知事项一般都是针对现实工作的具体需要而制发的，一般要求收文机关立即处理、执行或者知晓，收文对象在处理的过程中应及时，不能延误。

二、通知的分类

按照通知的作用和内容的不同,通知可分为以下几类:

1. 指示性通知

上级机关对下级机关就某项工作有所指示和安排,根据公文内容不宜用命令、决定等文种,就采用指示性通知。这类通知使用起来比较灵活、自由,有较强的权威性和指挥性。

2. 知照性通知

用于告知某事项或某信息,起到晓谕、关照的作用。如调整、合并或撤销机构、变更组织的名称、任免或聘用人员等。这类通知周知性强,指挥性较弱。

3. 批转、转发、发布性通知

用于转发上级机关、同级机关和不相隶属机关的公文和批转下级机关的公文,也适用于制发机关颁布行政法规、规章和决定等。这类通知有一定的指挥性和权威性。

4. 事务性通知

用于安排和知照机关某些事项,可以布置工作,也可以提出要求,对布置的工作和提出的要求,收文单位应遵照执行。

三、通知的写法

1. 标 题

通知的标题一般由发文机关、事由和文种组成。如果所通知的事项需要被通知的单位尽快知道,可在"通知"之前加"紧急"二字,这就是常见的"紧急通知"。

有时也可以省略发文机关,如若省略应在文头处或落款处写明发文机关名称。有的通知,在标题处只写"通知"二字,应尽量避免,更不应提倡。

2. 主送机关

根据发文机关的职权和通知的行文目的确定主送机关是一个还是多个。一般来说普发性通知有多个主送机关,可以采用泛称形式,针对周知性的或单位内部一般事务性的通知可以省略主送机关。

3. 正 文

通知的正文主要由原因、事项和结尾构成,事项是通知的主体部分,是受文对象应该知晓、办理和执行的具体事项。

由于通知的种类较多,因此在写法上存在一定的差别,下面主要就不同类别的通知的正文部分的写法作简要介绍。

(1)指示性通知。指示性通知主要用于对下级机关布置工作,说明工作活动的指导原则,因此,在正文中应阐明"为什么做"、"做什么"和"怎么做"的通知缘由、通知事项和执行要求。

通知缘由或介绍背景、分析形势、认清状况，或说明行文的目的和依据，或肯定成绩、指出问题，也可说明意义。在概括说明通知的缘由后，以"特作如下通知"、"现将有关事项通知如下"等一类的承启语转入下文。

通知事项是正文的主体部分，也是这类通知的具体指示、安排的事项。这部分的写作要求具体、准确和完整，且指示、部署的内容要有据可寻、有理可依。

执行要求一般指提出的希望或要求，以期遵照执行。执行要求常作为结束语，有时也可以省略。

例　文

国务院办公厅关于清理规范工程建设领域保证金的通知

国办发〔2016〕49号

各省、自治区、直辖市人民政府，国务院各部委、各直属机构：

清理规范工程建设领域保证金，是推进简政放权、放管结合、优化服务改革的必要措施，有利于减轻企业负担、激发市场活力，有利于发展信用经济、建设统一市场、促进公平竞争、加快建筑业转型升级。为做好清理规范工程建设领域保证金工作，经国务院同意，现就有关事项通知如下：

一、全面清理各类保证金。对建筑业企业在工程建设中需缴纳的保证金，除依法依规设立的投标保证金、履约保证金、工程质量保证金、农民工工资保证金外，其他保证金一律取消。对取消的保证金，自本通知印发之日起，一律停止收取。

二、转变保证金缴纳方式。对保留的投标保证金、履约保证金、工程质量保证金、农民工工资保证金，推行银行保函制度，建筑业企业可以银行保函方式缴纳。

三、按时返还保证金。对取消的保证金，各地要抓紧制定具体可行的办法，于2016年底前退还相关企业；对保留的保证金，要严格执行相关规定，确保按时返还。未按规定或合同约定返还保证金的，保证金收取方应向建筑业企业支付逾期返还违约金。

四、严格工程质量保证金管理。工程质量保证金的预留比例上限不得高于工程价款结算总额的5%。在工程项目竣工前，已经缴纳履约保证金的，建设单位不得同时预留工程质量保证金。

五、实行农民工工资保证金差异化缴存办法。对一定时期内未发生工资拖欠的企业，实行减免措施；对发生工资拖欠的企业，适当提高缴存比例。

六、规范保证金管理制度。对保留的保证金，要抓紧修订相关法律法规，完善保证金管理制度和具体办法。对取消的保证金，要抓紧修订或废止与清理规范工作要求不一致的制度规定。在清理规范保证金的同时，要通过纳入信用体系等方式，逐步建立监督约束建筑业企业的新机制。

七、严禁新设保证金项目。未经国务院批准，各地区、各部门一律不得以任何形式在工程建设领域新设保证金项目。要全面推进工程建设领域保证金信息公开，建立举报查处机制，定期公布查处结果，曝光违规收取保证金的典型案例。

各地区、各部门要加强组织领导，制定具体方案，强化监督检查，积极稳妥推进，切实将清理规范工程建设领域保证金工作落实到位。各地区要明确责任分工和时限要求，并于2017年1月底前将落实情况报送住房城乡建设部、财政部。住房城乡建设部、财政部要会同有关部门密切跟踪进展，加强统筹协调，对不按要求清理规范、瞒报保证金收取等情况的，要严肃追究责任，确保清理规范工作取得实效，并及时将落实情况上报国务院。

国务院办公厅
2016年6月23日

（2）知照性通知。知照性通知的正文一般由通知缘由、通知事项和结语几部分组成。通知缘由部分主要说明制发通知的目的、依据等，应开门见山、言简意赅。通知事项部分只需告知受文对象需要知晓的事项，阐述应具体、准确。由于知照性通知重在"知照"对方，无需办理，所以一般用"特此通知"作结即可。

例　文

国务院关于印发全民健身计划
（2016—2020年）的通知

国发〔2016〕37号

各省、自治区、直辖市人民政府，国务院各部委、各直属机构：

现将《全民健身计划（2016—2020年）》印发给你们，请认真贯彻执行。

国务院
2016年6月15日

（计划略）

（3）批转、转发、发布性通知。对于批转、转发、发布性通知主要注意标题的写法。批转、转发、发布性通知的标题一般由"发文机关＋关于＋批转""转发或发布＋被批转""转发或发布公文的标题＋通知"构成，如《国务院办公厅关于批转国家税务局关于加强个体私营经济税收增管强化查账征收工作意见的通知》。值得注意的是，有些批转、转发、发布性通知被批转或转发了多次，因此标题多次出现"关于"和"通知"的字样，这时可以采用保留末次批转、转发、发布文件机关的名称和始发文件机关的名称，省去多余的"关于"和"通知"的字样的方法，使标题简略易懂。如："×××乡人民府关于转发《×××县人民政府关于转发〈×××市人民政府关于转发人事部关于×××同志享受一级待遇的通知〉的通知》"，这种标题，不好写也不顺口，因此可改写为"×××乡人民府转发人事部关于×××同志享受一级待遇的通知"。

例　文

四川省人民政府办公厅转发文化厅等部门关于做好政府向社会力量购买公共文化服务工作实施意见的通知

川办发〔2016〕42号

各市（州）、县（市、区）人民政府，省政府各部门、各直属机构，有关单位：

　　文化厅、财政厅、省新闻出版广电局、省体育局《关于做好政府向社会力量购买公共文化服务工作的实施意见》已经省政府同意，现转发给你们，请结合实际，认真贯彻执行。

四川省人民政府办公厅
2016 年 6 月 27 日

（4）事务性通知。事务性通知写法灵活，有时不拘泥于格式，只要说明具体通知的事项，让受文对象能全面准确地理解和把握即可。

例　文

××同志的任职通知

川府人〔201×〕17号

四川省××集团有限责任公司：

　　四川省人民政府第113次常务会议决定：

　　××为四川省××集团有限责任公司总经理。

　　请按有关规定办理。

　　特此通知。

四川省人民政府
201×年×月×日

第六节　通　报

一、通报的定义及分类

通报适用于表彰先进、批评错误、传达重要精神和告知重要情况。从通报的定义来看，其作用主要是在社会实践中选取具体的、典型的人和事予以报道，表彰先进、批评错误，或者是传达重要精神和交流重要情况等。

按照通报的不同作用，可以将通报分为以下三类：

1. 表彰通报

用于在一定范围内表彰先进单位或个人，介绍先进事迹，推广典型，树立榜样，鼓励学习。

2. 批评通报

用于批评在工作中发生、出现的重大事故、重大失误和错误等，目的是引以为戒，防止类似错误再度发生。

3. 情况通报

用于传达重要精神或沟通重要情况。其正文部分主要是叙述情况和传递信息，通常内容较多，写作时应主次分明，叙述清晰。

二、通报的写作

1. 标　题

通报的标题有以下三种情况：一种是由发文机关、事由和文种构成，如《××省化工总公司党委关于授予张××"优秀共产党员"荣誉称号的通报》；一种是由事由和文种构成，如《关于表彰李××勇救落水儿童的通报》；一种是直接以"通报"二字作为标题，但重要的通报不能只以"通报"作为标题。

2. 正　文

表彰通报的正文首先要交代先进事迹的背景，其次主体中要着重叙述先进、典型的业绩或事迹，并进行分析，给以恰当的评价，最后宣布表彰决定，并发出号召，鼓励学习先进。

批评性通报又分两种情况。一种是对个人的通报批评，其写法和表扬性通报基本一样，要求先写出事实，然后在分析评论的基础上叙写通报决定，最后提出希望和要求，让大家吸取教训，引以为戒。另一种是对国家机关或集体的批评通报。这种通报旨在通过恶性事故的性质、后果，特别是酿成事故的原因的分析，总结教训，从而达到指导面上工作的目的，所以写法和表扬性通报略有不同。其正文主要包括叙写事实、分析原因、提出要求和改进措施等项内容。也有的批评性通报，是针对部分地区或单位存在着的同一类问题提出批评的。这类通报，虽然涉及的面比较广，但因其错误性质基本相同，所以写法上以概括为主，大体和情况通报相近。

情况通报的写作比较灵活，有的是先摆情况，然后进行分析得出结论；有的是先通过简要分析作出结论，再列举情况，以说明结论的正确性和针对性；总之，写法多样，如何表述可因事制宜，无须强求一律。由于情况通报内容较多，写作时要求内容集中，一事一报，详略得当，重点突出。

三、通报写作的注意事项

表彰、批评性的通报重在指导，弘扬正气，因此人和事必须有典型意义和说服力，最好是那些能反映事物的本质、揭示时代特征和体现时代精神的事件。

通报所涉及事件要真实、典型，不能任意夸张或者更改。通报在分析和评议事件时要掌握分寸，对受到表彰的先进典型给予公正的评价，不能人为拔高其功绩；对受到批评的对象所犯的错误也不要任意上纲上线，刻意贬低。

通报的制发要抓准时机，及时反映，以起到交流情况、指导工作的目的。错过时机的通报，行文的意义就会削弱。

例　文

**国务院办公厅关于第一次
全国政府网站普查情况的通报**

国办函〔2015〕144号

各省、自治区、直辖市人民政府，国务院各部委、各直属机构：

为进一步做好全国政府网站信息内容建设有关工作，有效解决政府网站"不及时、不准确、不回应、不实用"等问题，维护政府公信力，2015年3月—12月，国务院办公厅组织开展了第一次全国政府网站普查。现将有关情况通报如下：

一、总体情况

《国务院办公厅关于开展第一次全国政府网站普查的通知》（国办发〔2015〕15号）印发后，各地区、各部门高度重视，迅速行动，确保普查工作顺利推进。通过普查，基本摸清了全国政府网站底数，有效解决了群众反映强烈的政府网站"僵尸""睡眠"等问题，政府网站管理服务水平不断提高，社会公信力稳步提升，正在成为各级政府提升治理能力、推进"互联网+政务服务"的重要平台。

（一）摸清了全国政府网站底数，实现整体达标合格。截至2015年11月，各地区、各部门共开设政府网站84 094个。其中，普查发现存在严重问题并关停上移的16 049个，正在整改的1 592个。正常运行的66 453个政府网站中，地方网站64 158个，国务院部门及其内设、垂直管理机构网站2 295个。经抽查，全国政府网站总体合格率为90.8%。其中，省部级政府门户网站合格率为100%，市、县级政府门户网站合格率超过95%，其他政府网站合格率达到80%以上。从地域上看，北京、上海、浙江、湖南等地政府网站合格率超过95%，山西、辽宁、黑龙江、云南、西藏、青海、宁夏、新疆等地和新疆生产建设兵团政府网站合格率低于85%。

（二）提高了政府网站管理服务水平，有序推进集约化建设。各地区、各部门强化政府网站主管职责，普遍建立了责任到人、层层督办的推进保障机制。不少地方和部门创新工作方法，通过督查、问责和考评等抓手，推动本地区、本部门政府网站管理服务水平不断提高。广东、四川和税务总局等建立了技术监测、群众监督、绩效考核等"多管齐下"的监管模式；发展改革委、农业部、气象局等部门印发文件明确责任，完善流程，优化服务，提升了网站效能。一些地方和部门还探索从源头上解决基层网站无力维护等问题，有序推进本地区、本部门网站集约化建设。江苏、安徽、贵州和海关总署等对问题严重网站关停整改，对同质同类网站归并整合，利用门户网站对分散资源进行整合迁移，集中提供服务，探索建立统一规划、统一建设、统一管理的集约化模式。

（三）建立了政府网站基本信息数据库，社会公信力稳步提升。政府网站基本信息数据库记录了全国84 094个政府网站的名称、地址、主管单位、运行状态等基本信息，形成了准确、完整的政府网站动态档案库。该数据库在中央政府门户网站开放后，两个月时间搜索量达8万余次，下载1.3万余次。据统计，国务院各部门政府网站有关内容媒体转载量较2014年上升15%，省级政府门户网站上升13%，计划单列市和省会城市政府门户网站上升17.5%，各级政府网站社会公信力稳步提升。

二、整改工作的成效

各地区、各部门对普查中发现的问题认真查找原因，着力推进整改。通过整改，全国政府网站信息不更新、内容严重错误、咨询信件长期不回复、服务不实用等问题明显减少。

（一）信息更新更加及时。政府网站空白栏目数由普查前的平均每网站20个降至2.3个，降低88.5%；更新不及时栏目数由平均每网站15个降至5.5个，减少63.3%。

（二）内容准确性普遍提高。政府网站首页不可用率由普查前的12.8%降至3.6%，降低71.9%；链接不可用数由平均每网站196个降至23.4个，降低88.1%。普查前被频频曝光的严重错别字问题大幅减少；办事表格、材料清单、联系电话、收费标准等内容不准确问题由平均每网站17个降至2.3个，减少86.5%。

（三）互动回应情况明显改善。网上信箱等咨询渠道开通率由普查前的57%上升至85.3%，公开的回复信件数由平均每网站27件增加到110件，咨询类留言长期不回复的比例降至0.7%，1年内开展调查征集活动的次数由平均每网站不足1次增加到4次。

（四）办事功能不断完善。各地区、各部门积极开展网上办事事项梳理，着力提高服务信息实用性。因内容不齐全、指南不实用造成的"办事难"、"办证难"问题有所减少。95%以上的政府门户网站规范了办事指南的基本要素，一些地方和部门还依托政府网站探索推进"互联网+政务服务"，以"数据多跑路，群众少跑腿"为目标，优化服务流程，推动线上线下资源衔接，不断提高群众满意度。

三、需要进一步解决的问题

在全国政府网站建设管理水平大幅提升的同时，一些政府网站仍存在需要进一步解决的问题。主要是：

（一）部分基层网站仍不合格，少数网站问题严重。抽查发现421个不合格网站，少数基层网站问题严重。青海省格尔木市国土资源局、新疆维吾尔自治区莎车县人民政府网站空白栏目数超过20个；新疆生产建设兵团石河子市供销合作社网首页多个栏目"开天窗"；山西省泽州县林业局、辽宁省建昌县教育局网站个别栏目7年未更新；云南省维西傈僳族自治县政府网站个别栏目5年未更新。国务院部门垂直管理机构网站中，国家统计局莆田调查队、红河哈尼族彝族自治州邮政管理局、阿里地区邮政管理局网站不合格。

（二）个别地方检查走过场、整改不彻底。湖北省浠水县巴河镇政府网站"新闻动态"栏目近60条新闻属"旧稿新发"，部分发布时间为2015年6月的新闻实际上是6年前的信息；河南省许昌市魏都区西关办事处、海南省儋州市统计局网站因存在严重问题申请关停，其计划整改完成时间超过10年；黑龙江省林口县物价局、宁夏回族自治区固原市人民政府、西藏自治区山南地区工业和信息化局等网站自查评分超过90分，而实际抽查发现问题较多，为不合格网站。

（三）一些网站便捷性、实用性亟待提升。部分网站没有提供规范清晰的服务流程，缺少可供下载的必要表格和文件，不能提供实用有效的申报、查询等办事服务；14.7%的网站互动功能缺失，政府与公众交流缺少有效途径；还有一些网站结构混乱、页面繁多、不便使用，给公众查找政府信息、网上办事带来较大困难。

四、下一步工作要求

各地区、各部门要高度重视，加强对政府网站建设和管理工作的领导，并针对普查发现的问题举一反三，进一步查漏补缺，加大对本地区、本部门网站的检查力度，巩固普查成效，避免出现整改不彻底、问题反弹等情况。要切实把办好政府网站摆到服务人民群众、提高治理能力、提升政府公信力的高度，加强督查考核，按照推进"互联网+政务服务"的工作要求，扎实推动各级政府网站持续健康发展。

对本次通报的网站问题，各有关地区和部门要采取有力措施进行整改，并于2015年12月31日前将整改情况书面报送国务院办公厅政府信息与政务公开办公室。

国务院办公厅
2015 年 12 月 4 日

关于表扬四川省赴尼泊尔抗震救灾医疗队的通报

川府函〔2015〕141 号

各市（州）人民政府，省政府各部门、各直属机构，有关单位：

2015 年 4 月 25 日尼泊尔发生 8.1 级特大地震后，在党中央、国务院和省委、省政府的高度重视下，在国家卫生计生委的统一指挥下，我省迅速组建由省卫生计生委、省外事侨务办、省人民医院、川大华西医院、省疾控中心、省人口计生宣教中心、四川电视台等单位人员组成的医疗队伍，昼夜兼程，紧急驰援，震后 48 小时内即赶到尼泊尔地震灾区。医疗队克服余震不断、气候恶劣、条件艰苦等重重困难，在中国政府赴尼抗震救灾医疗防疫工作前方指挥组的统一领导下，成功运用四川抗震救灾医疗救援的丰富经验，高效有序开展医疗卫生工作，圆满完成了救治地震伤员、增进中尼友好、展示中国形象、赢得国际赞誉的国家使命，充分彰显了新时期"白衣战士"崇高的思想品德和良好的精神风貌，赢得了当地群众、尼泊尔政府和国际社会的广泛好评和高度赞赏，为伟大的抗震救灾精神注入了新的时代内涵。

为激励先进，省政府决定对四川省赴尼泊尔抗震救灾医疗队（队员名单附后）予以通报表扬。希望受到表扬的有关单位珍惜荣誉，再接再厉，为推动四川医疗卫生事业发展、保障人民群众身体健康和生命安全作出新的更大贡献。各地、各有关部门要以抗震救灾医疗队为榜样，大力发展医疗卫生事业，以更加坚定的信念、更加饱满的热情、更加扎实的工作，为夺取四川全面建成小康社会的新胜利而努力奋斗。

四川省人民政府
2015 年 6 月 18 日

（名单略）

关于给予××等同志批评教育的通报

××发〔201×〕67号

各村委会：

　　××，××村文书，对禁烧工作认识不足，不能坚守岗位，镇督查组201×年10月14日晚上8点20分到高架桥秸秆堆放场巡查，发现××不在岗。电话通知后至晚上9点仍未到岗，再次联系××电话不接。9点45分督查组再次到高架桥巡查其仍未到岗。为严明工作纪律，根据镇禁烧文件规定，经研究，给予××通报批评，罚款×××元的处分。

　　201×年10月13日下午3点，××村保洁员××、××焚烧垃圾，201×年10月15日早上7点，××村保洁员××焚烧垃圾，经研究，给予三人扣发一个月工资，并写出书面检讨的处理。

　　希望各村加强对包保干部的责任管理，加强巡查，确保包保干部在岗在位，高度负责，严防死守，实现零火点的工作目标。

　　特此通报。

××镇政府
201×年10月15日

第七节　报　告

一、报告的定义及特点

　　报告适用于向上级机关汇报工作，反映情况，回复上级机关的询问。报告是机关、团体和企事业单位使用较多的汇报性公文，其目的就是让上级机关了解下情。报告是一种使用范围广、频率高的文种，以说明叙述为主，其基本内容就是反映情况或答复询问，是上行文。

二、报告的分类

　　报告的种类繁多，但根据《国家行政机关公文处理办法》规定，实验报告、学术报告、调查报告和可行性报告等不在此例。

（一）根据内容和性质划分

可将报告分为工作报告、情况报告、答复报告、建议报告和报送报告。

1. 工作报告

用于向上级机关汇报工作情况。包括说明工作做法、进程，反映取得的成绩和存在的问题，总结工作中的经验教训等。

2. 情况报告

用于向上级机关反映情况。包括及时汇报本地区、本部门发生的重要情况或临时状况等，目的是让上级机关及时知晓下情。

3. 答复报告

用于答复上级机关的询问。

4. 建议报告

用于向上级机关提出工作建议或具体措施。

5. 报送报告

下级机关向上级机关报送物件或文件时，随物件或文件一起发送的报告。

（二）根据内容范围划分

可将报告分为综合报告和专题报告。

1. 综合报告

用于向上级汇报一定阶段、一定范围内的全面或多方面的工作情况。反映成绩和问题，都要实事求是，不能报喜不报忧。

2. 专题报告

是指就某一工作或某一工作的某一方面向上级机关汇报。内容包括过去一段的工作情况和下一段的工作部署。

三、报告的写作

1. 标　题

报告的标题一般由发文机关、事由和文种组成，有时可省略发文机关。如所报告的事务紧迫，还可在事由和文种之间加上"紧急"二字。

2. 主送机关

报告的主送机关一般是直接上级机关，通常只有一个。

3. 正　文

报告的正文因报告种类的不同略有区别，在实际写作中应因文而异。

一般来说，报告正文由报告缘由、报告事项和结束语三部分组成。报告缘由要求开门见山，直陈其事，常用"现将有关情况报告如下"等类用语承启下文。报告事项是正文的核心部分，不同种类的报告在此写作侧重点有所不同。综合报告的内容较多，要概括说明有关工作和活动的动态；点明工作或活动中发生的问题和倾向；提出解决办法。综合报告要说明的工作项目较多，应注意突出重点，有调查，有由表及里的分析，处理好点与面的关系，做到点面结合，决不能面面俱到，平铺直叙，堆砌材料。专题报告开头要集中写情况和问题，然后以主要篇幅陈述工作意见或建议，这部分要力求从实际出发，符合政策精神，使之用得上，行得通。如果是专题经验报告，可不写问题或一笔带过。今后的打算，针对存在问题和上级机关的工作部署撰写，做到目标、任务明确，措施得当，保障有力。工作经验专题报告，不写工作打算。报告一般都采用惯用语做结，如"特此报告""专此报告""以上报告，请审阅"等。

四、报告写作注意事项

1. 陈述性

报告主要是采用叙述手法，直陈其事，向上级机关汇报自己做了哪些工作，是如何做的，有哪些经验体会，还存在哪些问题，今后有什么打算，等等。一般不展开推理论证，不要求上级机关答复，不使用祈使、请求笔法和语气。

2. 汇报性

所有的报告都是下级机关向上级机关或业务主管部门汇报工作，反映情况、答复上级机关的询问的上行文，是下级机关及时得到上级机关领导和指导的重要途径。

例　文

关于四川省 2016 年财政预算调整方案的报告

（2016 年 5 月 30 日在四川省第十二届人民代表大会常务委员会第二十五次会议上）

主任、各位副主任、秘书长、各位委员：

我受省人民政府委托，向省人大常委会报告四川省 2016 年财政预算调整方案，请予审议。

一、关于 2016 年地方政府债务举借规模

经国务院批准，财政部核定我省 2016 年地方政府债务限额 8 397 亿元，其中：一般债务 4 982.9 亿元，专项债务 3 414.1 亿元。与上年相比，新增债务限额 589 亿元，其中：一般债务 280 亿元，专项债务 309 亿元。

为筹措资金支持经济社会发展，省人民政府拟在国务院批准我省的 2016 年地方政府债务限额内，新增举债 589 亿元。新增举债构成为：一是中央转贷国际金融组织和外国政府贷款 4.9 亿元，其中：省级 0.6 亿元，转贷市县 4.3 亿元；二是发行地方政府债券 584.1 亿元，其中：省级 85 亿元（均为一般债券），转贷市县 499.1 亿元（其中：一般债券 190.1 亿元，专项债券 309 亿元）。

全省 2014 年末地方政府债务余额为 7 485 亿元；2015 年新增债务 323 亿元、偿还债务 338 亿元，2015 年末债务余额变动为 7 470 亿元；加上此次拟新增债务 589 亿元后，距国务院批准我省 2016 年地方政府债务限额 8 397 亿元尚有一定空间，债务风险继续处于可控范围。

根据《预算法》和《国务院关于加强地方政府性债务管理的意见》有关规定,省人民政府在国务院批准的限额内举借债务,报省人民代表大会或其常委会批准。以上2016年地方政府债务举借规模,请予审查批准。

二、关于2016年财政预算调整

(一)新增地方政府债务形成的预算调整

《预算法》规定,省级政府举借债务列入本级预算调整方案,报本级人大常委会批准。现报请调整全省和省级2016年财政预算。

1. 债务收入方面。地方政府债务收入全额纳入省级财政预算管理,市县政府使用债务由省级财政转贷,纳入市县财政预算管理。其中:一般债务纳入一般公共预算管理,专项债务纳入政府性基金预算管理。按此规定,新增2016年全省一般债务收入275.1亿元、地方政府一般债务转贷收入4.9亿元、专项债务收入309亿元;新增2016年省级一般债务收入275.1亿元(含转贷市县190.1亿元)、地方政府一般债务转贷收入4.9亿元(含转贷市县4.3亿元)、专项债务收入309亿元(全部转贷市县)。

2. 债务支出方面。按照财政部关于地方政府债务收入安排的支出纳入地方各级财政预算管理的要求,调整全省和省级支出预算如下:一是调增2016年全省一般公共预算支出预算280亿元、政府性基金支出预算309亿元;二是调增2016年省级一般公共预算支出预算85.6亿元(含中央转贷国际金融组织和外国政府贷款省级0.6亿元);三是调增2016年省级一般公共预算债务转贷支出预算194.4亿元(含中央转贷国际金融组织和外国政府贷款转贷市县4.3亿元)、政府性基金预算债务转贷支出预算309亿。

(二)动用预算稳定调节基金形成的预算调整

根据人力资源和社会保障部、财政部《关于调整人民警察警衔津贴标准的通知》(人社部发〔2016〕11号),从2015年1月1日起提高在职人民警察警衔津贴标准。按照提标政策和省本级在职人民警察情况,初步测算省本级需增支6.2亿元。鉴于该项政策系执行中新出台政策,未纳入2016年年初预算,且数额较大,建议动用省级预算稳定调节基金6.2亿元予以保障。此次动用后,省本级预算稳定调节基金余额为68.2亿元。相应调增全省和省级一般公共预算支出预算6.2亿元。

上述两项调整后,2016年全省一般公共预算支出预算、政府性基金支出预算分别由省十二届人大四次会议审议通过的6 573.8亿元、1 024.1亿元调整为6 860亿元、1 333.1亿元;省级一般公共预算支出预算由省十二届人大四次会议审查批准的2 210.8亿元调整为2 302.6亿元;省级一般公共预算债务转贷支出预算、政府性基金预算债务转贷支出预算由省十二届人大四次会议审查批准的零元分别调整为194.4亿元、309亿元。

需要特别报告的是:目前全省各级正在编制地方政府债券使用方案,待全省债券资金具体安排项目确定后,财政厅将相应调整2016年相关科目支出预算数,并报省人大常委会备案。

以上2016年财政预算调整方案,请予审查批准。

三、关于2016年地方政府债券发行

(一)发行规模

全省地方政府债券发行规模为584.1亿元,其中:一般债券275.1亿元,专项债券309亿元。一般债券期限为1年、3年、5年、7年、10年;专项债券期限为1年、2年、3年、5年、7年、10年。

（二）安排使用

财政部要求，新增地方政府债券使用要按照国务院确定的重点方向，依法用于公益性资本支出，优先用于保障在建公益性项目后续融资，加大对保障改善民生和经济结构调整的支持力度，重点支持扶贫、棚户区改造、普通公路建设发展、一带一路等重大项目支出。新增债券不得用于经常性支出和楼堂馆所等中央明令禁止的项目支出。根据上述要求，我省2016年新增债券安排包括：一是重大基础设施建设306亿元，主要用于普通公路、铁路、机场、重大水利等；二是城镇化项目188亿元，主要用于棚户区改造、城市轨道交通、市政道路等；三是公益性事业发展项目58.1亿元，主要用于养老服务体系、教育、医疗卫生等；四是脱贫攻坚项目32亿元。最终项目安排以各地正式报送使用方案为准。

（三）还本付息

全省本次发行地方政府债券584.1亿元，按照目前同期国债利率测算，预计2017—2026年需支付利息124.3亿元，本息合计708.4亿元；需支付债券发行费6 838万元。按照"谁使用、谁偿还"的原则，市县政府负责偿还转贷债券本息并支付相应发行费；省级用款部门（单位）负责筹集债券本金，财政厅负责支付省本级发行费。

四、关于债务资金使用管理

2016年是"十三五"决胜全面小康、建设经济强省的开局之年，也是推进供给侧结构性改革的攻坚之年。举借政府债务筹措资金，有利于支持开展"项目年"建设，有利于发挥投资对稳增长调结构的关键作用，有利于继续保障和改善民生，是落实省委工作要求的重大举措。除中央转贷国际金融组织和外国政府贷款按照外债转贷相关规定执行外，财政厅将按照省人民政府要求，精心组织安排，切实做好地方政府债券发行、分配和管理工作。

（一）做好项目落实工作

严格按照规定用途制定债券资金分配方案，要求市县更新完善2016年地方政府债券项目库，合理编制使用方案，重点支持一批社会效益突出、带动效应明显、关系发展大局的重大项目，确保项目早启动、早见效。同时，创新资金运作模式，充分发挥债券资金撬动作用，引导社会资本加大投入。

（二）积极组织债券发行

根据财政部关于债券发行的管理规定，一般债券和专项债券均由地方政府按照市场化原则自发自还。财政厅将按照省人民政府要求和省人大常委会审查批准的债券收支预算，结合项目准备情况，加快推进债券发行，确保债券资金早投入早见效。

（三）加强债券资金监管

财政厅将对市县债券资金使用方案进行备案审查，确保按照财政部管理要求，重点用于省委、省政府确定的重大项目。严格按照相关制度规定，切实做好债券资金预算管理、会计核算、项目安排和绩效评价工作，确保债券资金使用绩效。

（四）严格履行还款责任

截至2015年底，我省累计发行地方政府债券2 820亿元，已累计偿还494亿元，剩余2 326亿元将在以后年度分期偿还。2016年应偿还地方政府债券本金168亿元以及应支付利息79.6亿元，各级政府均已作了统筹安排。对今年新增地方政府债券，省级用款部门（单位）和市县政府将认真制订还款计划，严格落实还款资金来源，切实履行还款责任。

五、关于置换债券有关情况

为缓解地方政府债务偿还压力，财政部下达我省2016年置换债券控制数2 400亿元，其中一般债券与专项债券结构根据存量政府债务情况自行确定。按照财政部关于债券资金管理相关规定，置换债券由我省自主组织发行，严格用于偿还存量政府债务本金，优先考虑支付政府对企业的欠款，促进解开欠款链条，帮助缓解企业困难，支持经济稳定增长。截至目前，全省已成功发行置换债券1 320亿元，市县正有序组织开展存量政府债务置换工作。

以上报告，请予审议。

四川省财政厅
2016年5月30日

第八节　请示　批复

一、请　示

（一）请示的定义

请示适用于向上级机关请求指示、批准。对上级机关的有关方针、政策、指示或法规、规章等不明确时，在工作中出现了新问题、新情况需要处理又无章可循时，在工作中出现了涉及面广，本部门不能独立解决的问题时，开展某项工作遇到的人力、物力、财力方面难以解决的问题时，都应用请示行文。

这里有两点需要特别注意，第一，要避免事前不请示，事后不报告的情况；第二，不能事无巨细都向上级请示。

（二）请示与报告的区别

1. 行文目的不同

报告的行文目的是让上级机关知晓、掌握某部门、某时期的情况，一般不需要批复。请示则旨在向上级机关请求批准和指示，需要上级机关明确的答复。

2. 涉及内容不同

报告的内容多是反映情况、提出建议或答复询问。报告中不能写入请示事项。请示的内容具体单一，多是在下级机关无权或无力解决时向上级机关求帮助、求批准而作。

3. 行文时间不同

报告一般是事后行文，请示则必须是事前行文，等上级批复后才能付诸实践。

4. 受文机关处理方式不同

报告一般属阅件，供上级机关查阅和了解情况；而请示则属办件，有请示必有答复，没有收到答复，下级机关就不能行事。

（三）请示的写作

1. 标　题

请示的标题一般由发文机关、事由和文种三部分组成，有时可以省略发文机关。

2. 主送机关

请示的主送机关一般只能有一个,一般不得越级请示,除上级机关负责人直接交办的事情外,不得以本机关名义直接送上级机关负责人,受双重领导的机关在行文时应根据办理情况主送一个领导机关抄送另一个领导机关。

3. 正 文

请示的正文一般由请示缘由、请示事项和请示要求三部分组成。请示缘由是指提出请示的原因和依据,应情况真实,简明扼要、理由充分有力。请示事项是正文的主体,是指要求上级机关批准、帮助和解答的具体事项。请示事项应符合国家法律、法规和有关方针、政策,集中明确,符合实际,切实可行,要考虑必要性,又要考虑可能性;既要考虑本地区、本部门的需要,又要照顾到全局的利益,并注意语气得体。请示要求,即结束语。常用"妥否,请批复"、"以上意见当否,请批示"、"如无不妥,请批转××执行"等惯用语。

例 文

关于划拨社区活动中心用房租金的请示

都江堰市财政局:

根据都江堰市人民政府办公室《关于印发〈都江堰市村(社区)使用国有资产管理办法〉的通知》(都办发〔2012〕166号)文件精神,由市财政局(国资办)将都江堰新城建设投资有限责任公司和都江堰兴堰投资有限公司资产调剂予我街道新联社区和友爱社区、永丰社区、联盟社区作为社区活动中心和日间照料中心使用,统一租赁期间为5年,租金为20元/m^2·月,按文件规定,租金由市财政局统一划拨到我街道,并由我街道支付给国有公司。

截至2016年度,涉及合同面积3 294.93 m^2,租金共计2 696 839.20元。现特向贵局申请将社区用房租金划拨到我街道,用以及时支付国有公司租金费用。

妥否,请批示。

附件:永丰街道各社区详细租赁情况表

都江堰市人民政府永丰街道办事处
2016年5月19日

二、批 复

(一)批复的定义及特点

批复适用于答复下级机关的请示事项。批复最主要的特点是针对性。首先,批复只针对下级机关的请示作出答复,有问才有答,不能答非所问,也不能无问亦答,更无需旁牵他涉。其次,批复是被动行文,批复的写作以下级的请示为前提,先有上报的请示,再有下发的批复,一来一往,表现了批复的被动性。再者,批复具有权威性。下级机关对于上级机关的答复必须认真贯彻执行,不得违背。

（二）批复的写作

1. 标题

一般由发文机关、事由和文种三部分组成，如《国务院关于"十二五"国家政务信息化工程建设规划的批复》。有的批复在标题中直接表明对下级请示事项的态度，如《济南市人民政府关于同意明珠园地名命名的批复》。批复标题有时也可省略发文机关，但不能省略事由。

2. 主送机关

批复的主送机关即是请示机关。批复应请示产生，主送机关应专指，若是具有普遍指导意义的批复，可用抄送形式或另外行文。

3. 正文

批复的正文一般由批复引语、批复事项和批复结语三部分组成。

批复引语要说明来文收悉，指明批复依据，点出批复对象，一般的写法是引述来文的标题及文号，如："你市《关于老君山风景名胜区总体规划的请示》（宜府〔2016〕19号）收悉"，以"现批复如下"作为过渡，引出下文。

批复事项是批复的核心内容，它针对请示中提出的问题给予答复或指示。如果同意请示事项，就直接给出肯定性答复；如不同意，在写明不同意或不批准时还要写明原因和依据；如果是"基本上同意"或"原则上同意"，就一定要写明修正意见或补充处理办法。值得注意的是，批复态度不能含糊不清、模棱两可。

批复结语一般用"此复""特此批复"或"专此批复"等惯用语。

例　文

四川省人民政府关于同意变更县级简阳市代管关系的批复
川府函〔2016〕90号

成都市、资阳市人民政府：

《成都市人民政府关于恳请将简阳市整体交由成都市托管有关事宜的请示》（成府〔2015〕10号）、《资阳市人民政府关于变更简阳市代管关系的请示》（资府〔2016〕13号）收悉。经国务院批准，同意将资阳市代管的县级简阳市改由成都市代管。

上述行政区划调整涉及的各类机构要按照"精简、统一、效能"的原则设置，涉及的行政区域界线要按规定及时勘定，所需人员编制和经费由成都市自行解决。要牢固树立创新、协调、绿色、开放、共享的发展理念，坚持走以人为本、四化同步、优化布局、生态文明、文化传承的中国特色新型城镇化道路，创新体制机制，进一步提高城市规划、建设、管理水平，提高城市综合承载能力。要严格按照国务院"约法三章"的要求，不新建政府性楼堂馆所，不增加财政供养人员，不增加"三公"经费。要严格执行中央关于厉行节约的规定和国家土地管理法规政策，加大区域资源整合力度，促进区域经济社会协调健康发展。要强化组织领导，明确工作责任，加强行政区划调整的社会稳定风险评估，落实各项工作措施，确保行政区划调整有序稳妥实施。

四川省人民政府
2016 年 5 月 12 日

第九节　函

一、函的定义和分类

函适用于不相隶属机关之间商洽工作，询问和答复问题，请求批准和答复审批事项。

函的使用范围广泛，不仅可以在平行机关、不相隶属机关之间行文，也可用于向无隶属关系的业务主管部门提出请求，或业务主管部门答复或审批无隶属关系的机关请求的事项。

根据不同的内容和用途，将函分为商洽函、询问答复函和请批函三类。

1. 商洽函

多用于平行机关和不相隶属机关之间商洽工作或联系有关事项。

2. 询答函

多用于机关或部门之间相互询问、答复问题。

3. 请批函

向平级机关、无隶属关系的业务主管部门请求批准的函。

应当注意的是：请批函不能和请示混淆使用。针对请批函而写作的复函不能和批复混淆使用。"请示"与"请批函"在适用范围的相同点就是：请求批准事项；但不同的是："请示"是向有隶属关系的上级行文，在行文关系上属上行文；"请批函"是向没有隶属关系的有关主管部门或职能单位行文，从行文关系上看多数为平行文。

根据函的文面规格，还可分为公函和便函。公函的格式要求严格，主要用于公务活动，一般需显示标题、主送机关、正文、落款等要素。便函格式较为灵活，用于一般的事务性工作，写法相对自由。

从行文方向分，函可以分为发函和复函。

二、函的格式和写法

公函由首部、正文和尾部三部分组成。

（一）首　部

主要包括标题、主送机关两个项目内容。

1. 标　题

函的标题一般由发文机关、事由和文种组成，如《外贸部关于选拔出国人员的函》；有时也可省略发文机关,如《关于商请报价的函》。复函的标题除了"发文机关+事由+文种"的形式外,还可在文种前写明回复函的对象,如《国务院办公厅关于悬挂国徽等问题给××省人民政府办公厅的复函》。公函标题下方应有发文字号。

2. 主送机关

主送机关即受文并办理来函事项的机关单位,于文首顶格写明全称或者规范化简称,其后用冒号。

(二)正　文

其结构一般由开头、主体、结尾等部分组成。

1. 开头

主要说明发函的缘由。一般要求概括发函的目的、根据、原因等内容,然后用"现将有关问题说明如下:"或"现将有关事项函复如下:"等过渡语转入下文。复函的缘由部分,一般首先引叙来文的标题、发文字号,然后再交代根据,以说明发文的缘由。

2. 主　体

这是函的核心内容部分,主要说明致函事项。函的事项部分内容单一,一函一事,行文要直陈其事。无论何种函,都要用简洁得体的语言把需要告诉对方的问题、意见、要求叙写清楚。如果属于复函,还要注意答复事项的针对性和明确性。

3. 结　尾

一般用礼貌性语言向对方提出希望。或请对方协助解决某一问题,或请对方及时复函,或请对方提出意见或请主管部门批准等。

(三)结　语

通常应根据函询、函告、函商或函复的事项,选择运用不同的结束语。如"特此函询(商)""请即复函""特此函告""特此函复"等。有的函也可以不用结束语。

例　文

四川省人民政府办公厅关于建设叙永至威信
高速公路泸州段项目建设有关事宜的复函

川办函〔2016〕89号

泸州市人民政府:

　　你市《关于授权建设叙永至威信高速公路泸州段项目的请示》(泸市府〔2016〕20号)收悉。经省政府领导同志同意,现将有关事宜函复如下。

　　一、原则同意叙永至威信高速公路泸州段项目采取BOT方式建设。

　　二、授权泸州市人民政府,严格按照相关法律法规和《四川省高速公路BOT项目管理办法》(川办发〔2014〕94号)等文件规定,依法组织投资人招标工作,严格执行招标工作程序，通过公开招标方式选择项目投资人，并将招标结果及时报送交通运输厅。

三、泸州市人民政府是项目实施的责任主体，应依法承担政府监管责任，负责组织开展项目核准前的前期工作和投资人招标。

四、交通运输厅应依法承担行业管理责任，依法监督项目投资人招标等活动。省发展改革委等省直有关部门应按照职责加强对项目的监管和协调服务。

四川省人民政府办公厅
2016年6月5日

第十节 纪 要

一、纪要的定义及特点

纪要适用于记载会议主要情况和议定事项。纪要是根据会议情况、会议记录和会议的有关资料，经过整理形成的概括性的文件，可以上报、下达，也可以做存档之用。

纪要的主要特点：

1. 内容的纪实性

纪要注重客观、真实、准确、精炼、全面地反映会议的基本情况和主要精神，不能随意删减、更改，不能搞人为的拔高、深化和填平补齐，更不能加入个人的思想。

2. 表述的"纪要性"

纪要是依据会议情况综合而成的。撰写纪要应围绕会议主旨及主要成果来整理、提炼和概括，重点放在介绍会议成果，充分突出"纪要性"，而不是叙述会议的过程。

3. 作用的限定性

纪要下发给有关单位，要求有关单位及人员认真领会会议精神，贯彻执行会议议定事项，这种作用是有限定性的。

4. 称谓的特殊性

纪要一般采用第三人称写法。由于纪要反映的是与会人员的集体意志和意向，常以"会议"作为表述主体，"会议认为""会议指出""会议决定""会议要求""会议号召"等就是称谓特殊性的表现。

（三）纪要与会议记录的区别

1. 性质不同

会议记录是讨论发言的实录，属事务文书。纪要则是对会议情况和会议精神准确、精炼的综合性概括，是党政机关公文。

2. 功能不同

会议记录主要用于"记载"，一般不公开，无须传达或传阅，只作资料存档。纪要则通常要在一定范围内上传和下达，且有一定的约束力，要求贯彻执行。

二、纪要的写作

1. 标题

纪要的单行标题形式有两种情况，一是会议名称加"纪要"，如《全国成人教育会议纪要》；二是召开会议的机关加内容加"纪要"，如《省工商局关于扩大增值税范围会议纪要》。双行标题形式由正标题加副标题构成，正标题反映会议的内容和精神，副标题写会议名称和文种，如《探讨经济发展的新路子——省经贸委关于企业扭亏会议纪要》。

2. 正文

纪要的正文一般由会议概况和会议议定事项两部分组成。

（1）会议概况。会议概况是对会议基本情况的概述，主要包括会议名称、开会时间、地点、与会人员、会议议题和会议成果等内容。

（2）会议议定事项。会议议定事项是会议纪要的核心部分，应按照会议内容的主次写明会议的议定事项和主要精神。

根据会议性质、规模、议题等不同，会议纪要的正文大致可以有以下几种写法：

（1）集中概述法。这种写法是用概括叙述的方法，把会议的基本情况、讨论研究的主要问题、与会人员的认识、议定的有关事项（包括解决问题的措施、办法和要求等），进行整体的阐述和说明，提纲挈领，画龙点睛。这种写法多用于召开小型会议，而且讨论的问题比较集中单一，意见相对统一，操作性较强，篇幅相对短小。

（2）分项叙述法。把会议的主要内容分成几个大的问题，然后加上标号或小标题，分项来写。这种写法分析阐述较细，常常包括对目的、意义、现状的分析，以及目标、任务、政策措施等的阐述，内容相对全面，条理化、理论化较强。大中型会议或议题较多的会议，一般采取分项叙述的办法，这种纪要一般用于需要基层领会精神、深入贯彻的会议。

（3）发言提要法。把会上具有典型性的发言加以整理，提炼出内容要点和精神实质，然后按照发言顺序或不同内容，分别加以阐述说明。这种写法能比较如实地反映与会人员的意见。某些根据上级机关布置，需要了解与会人员不同意见的会议纪要，可采用这种写法。

例　文

农业防旱减灾工作会商会会议纪要

×府阅〔201×〕×号

201×年×月×日，省委常委、副省长××主持召开农业防旱减灾工作会商会，听取了农业厅、水利厅、省气象局关于全省特别是××××地区旱情汇报，研究了进一步做好防旱减灾工作的具体措施。省政府副秘书长×××，财政厅、水利厅、农业厅、省气象局、省政府应急办负责同志参加了会议。

会议指出，去年入夏以来××××地区持续干旱，部分地区农作物受灾严重，人畜饮水困难。对此，省委、省政府高度重视，×××书记、×××省长专门作出批示，省政府多次组织研究部署抗旱救灾工作。省直有关部门积极主动作为，地方各级人民政府真抓实干，认真落实各项措施，防旱减灾取得一定成效。当前，各地土壤墒情适宜，全省小春生产形势总体较好。

会议强调，去冬以来，××和××五市（州）降水依然偏少，旱情逐渐加重，旱区水利工程和田间蓄水严重不足，加之春季降水预测偏少，冬干春旱趋势明显，人畜饮水和大春水稻保栽形势异常严峻。旱区各级人民政府、各有关部门要进一步提高防旱认识，进一步明确目标任务，进一步突出工作重点，进一步强化保障措施，努力确保人饮安全、水稻栽插、农民增收和社会稳定。

会议议定：

（一）省政府办公厅会同农业厅、水利厅抓紧修改《关于进一步抓好××××地区防旱减灾工作的紧急通知》，以省政府办公厅名义尽快下发。

（二）水利部门要进一步督促检查应急水源工程蓄水和人饮安全预案的落实，同时积极配合农业部门做好引水进田保灌工作。

（三）农业部门要采取切实有效措施，做好水稻适期正常栽插工作，要保障种子、化肥等农资供应，落实好集中育秧等工作措施，要指导旱区因地制宜及早进行种植结构调整，以旱制旱。农业厅要尽快召集23个重旱区县人民政府分管领导和农业局长专门部署防旱减灾工作。

（四）气象部门要进一步做好气象预测预报，强化人工影响天气工作，早做准备，抢抓机遇，充分利用有利天气过程，适时开展人工增雨作业。

（五）财政厅要督促指导旱区人民政府把防旱减灾资金落实到位，将产粮（油）大县的奖励资金重点用于防旱物资采购和科技措施落实，根据预算会同相关部门研究落实防旱奖励资金，对防旱措施落实好、资金到位好的地方人民政府给予支持，同时要积极争取中央财政支持旱区防旱减灾。

××省人民政府

201×年×月×日

××××××××××××××××××××××××××××××××××××

习　题

一、单项选择题

1. 上行文以（　　）行文为主，除在特殊情况下才可越级行文。
   A. 多级　　　　B. 逐级　　　　C. 同级　　　　D. 直达
2. 下列发文字号中，正确的是（　　）。
   A. 晋工商[201×]第24号　　　B. 川教委（201×）5号
   C. 鄂计生〔201×〕9号　　　D. 广培[201×年]17号
3. 签发人标注在发文机关标志下空二行位置，只在（　　）公文中使用。
   A. 上行文　　　　　　　　B. 法规性公文

C. 紧急公文　　　　　　　　D. 知照性公文

4. 公文中联合行文的成文日期即（　　　）。

A. 讨论出台日期

B. 最后签发机关领导人的签发日期

C. 通过日期　　　　　　　　D. 批准日期

5. 公文一般都要加盖印章，除（　　　）例外。

A. 报告　　　B. 函　　　C. 纪要　　　D. 意见

6. 以下关于抄送机关的描述中，正确的是（　　　）。

A. 任何机关认为自己需要了解该公文的内容，都可成为抄送机关

B. 可用不规范简称

C. 除主送机关外需要执行或知晓公文内容的其他机关

D. 抄送机关标注在主题词之下左侧空两格处

7. 以下几种公文惯用语中，属于"征询语"的是（　　　）。

A. 务请　　　B. 为盼　　　C. 可行　　　D. 当否

8. 因道路整修，需改变两条公交汽车行驶路线，拟行文将此事告之市民，应使用的文种是（　　　）。

A. 报告　　　B. 通告　　　C. 公告　　　D. 通知

9. ××厂拟向市工业局汇报地震中本厂损失的情况，形成公文用（　　　）。

A. 报告　　　B. 请示　　　C. 通报　　　D. 简报

10. 下列标题中，错误的有（　　　）。

A. 中华人民共和国全国人民代表大会公告

B. ××省公安厅关于好民警×××先进事迹的通报

C. 湖南省人民政府关于大力开展农田水利建设的公告

D. 洛阳市人民政府关于承办201×年世界鲜花博览会的有关决定

11. 下列关于公告、通告的叙述不正确的有（　　　）。

A. 公告的标题有四种写法

B. 知照性通告一般是政府部门为确保某一重要事项的执行公布的，具有强制性和约束性

C. 公告的结尾一般以"特此公告"或"此告"等惯用语作结

D. 公告具有周知性、庄严性和缜密性的特点

12. ××县农业局拟行文请求市农业局邀请一些农业专家到县里进行农业知识培训讲座，要使用的文种是（　　　）。

A. 请示　　　B. 报告　　　C. 通告　　　D. 申请

13. ××乡准备新建一所小学，需要请求上级拨款，行文时应该使用的标题是（　　　）。

A. 关于新建小学拨款的请示

B. ××乡人民政府关于拨款新建小学的请示

C. ××乡关于请求新建小学的请示

D. ××乡关于新建小学拨款的请示

14. 下面几种说法中不正确的是（　　　）。

A. 请示的内容必须是属于本机关职权范围内无权或确实难以处理的问题与事项

B. 所有种类的行政公文，为了体现公文的庄重性和严肃性，其标题必须包含发文机关、事由和文种三部分

C. 向上级机关请求批示或批准宜用"请示"而不用"报告"

D. 向直属上级机关请求批准，只能用"请示"，不可以用"请批函"

15. 下列叙述中正确的是（　　）。

A. 通报根据内容和用途的不同，可以分为奖惩性通报和知照性通报

B. 公告和通告的写法很相似，但在发布单位、发布范围和对象、发布形式及权威性上有明显的差别，不可以互通使用

C. 决定缘由是决定公文中的核心部分，需要准确地写明决定事项的具体内容

D. 写作报告时，也可以在文末附带向上级机关请求批准的要求

16. ×居民住宅区发布停水停电的通知属于（　　）。

　A. 指示性通知　　　　　　B. 事务性通知
　C. 知照性通知　　　　　　D. 批转性通知

17. 下列通知的标题中，正确的有（　　）。

A. ××市人民政府批转省卫生厅关于做好防治血吸虫病的通知

B. ××县国土局转发《××市国土局转发〈省国土局转发[国家财政部关于报送来信来访工作统计的通知]的通知〉的通知》

C. ××县人民政府转发×财政〔201×〕4号文的通知

D. ××大学关于应届毕业生户籍迁移问题的通知

18. 以下关于报告的描述中，错误的是（　　）。

A. 报告一般采用公文式标题，如事务紧急，也可在报告前加"紧急"二字

B. 报告的主送机关一般为发文机关的直属上级机关，通常也可主送多个上级机关

C. 报告一般用"现将有关情况报告如下"一类用语承启下文

D. 报告一般都采用"特此报告"作为结语

19. 请示的主送机关一般只能有一个，如需同时送其他机关，应采用的形式是（　　）。

　A. 抄送　　　B. 呈递　　　C. 转送　　　D. 另报

20. 下列纪要的标题中，错误的有（　　）。

A. 艰苦的拼搏，丰硕的成果——××省商业局201×年度工作总结会议纪要

B. ××县人民政府第四次常委会议纪要

C. 社区防治教育会议纪要

D. ××学院加强大学生爱国教育会议纪要

二、多项选择题

1. 下列文种中，属于下行公文的有（　　）。

　A. 通报　　　　　　B. 决定　　　　　　C. 通知
　D. 请示　　　　　　E. 批复

2. 按照内容和性质分，决定可分为（　　）。

　A. 指挥性决定　　　B. 知照性决定　　　C. 行政性决定
　D. 奖惩性决定　　　E. 计划性决定

3. 下列叙述中，正确的有（　　）。

A. 任何法规和规章性文件，如条例、规定、办法、细则、实施方案等，都适合用通知颁发
B. 指示性通知正文部分在简明扼要地阐明行文的必要性之后，常以"特作如下通知""现将有关事项通知如后"等一类的承启用语转入下文的通知事项部分
C. 通知在下行文中的规格，同等于公告、批复、决定等文体
D. 通知的发文机关，几乎不受级别的限制。大到国家级的党政机关，小到基层的企事业单位，都可以发布通知
E. 通知一般都具有比较明确的时效性，受文机关要在规定的时间内办理完成，不得拖延

4. 下列叙述中，不正确的有（　　）。
A. 公告的标题有四种写法
B. 通告一般是政府部门为确保某一重要事项的执行公布的，具有一定的强制性和约束性
C. 公告的结尾一般以"特此公告"或"此告"等惯用语作结
D. 通告根据性质不同，可分为向国际国内宣布重要事项的通告、公布法定事项的通告和行政通告三种
E. 公告具有周知性、庄严性和缜密性的特点

5. 下列事项中，可用通告行文的有（　　）。
A. ××市国税局拟行文召开各区、县国税局长会议
B. ××市电信局将告知公众新资费标准的改动
C. ××市交通局、路桥局、建设集团拟行文召开新建市内地铁的会议
D. ××企业开业并告知公众
E. ××县公安局告知公众限期到指定地点进行第二代身份证办理事宜

6. 公告与通告的不同体现在（　　）。
A. 发布单位不同　　　　　B. 发布范围和对象不同
C. 发布形式不同　　　　　D. 权威性不同　　　　　E. 保密级别不同

7. 在下列关于公告、通告的标题中，正确的有（　　）。
A. ××县公安局关于严禁春节赌博活动的公告
B. ××火车站关于春运期间票价上浮的通告
C. ××县电力局关于全县电线线路改造的公告
D. ××铁路局关于维护铁路秩序的通告
E. ××市城管委关于严禁占道经营的通告

8. 通知可分为（　　）。
A. 指示性通知　　　　　B. 行政性通知
C. 批转、转发性通知　　D. 事务性通知　　　　　E. 知照性通知

9. 下列事项中，可用通知来处理的有（　　）。
A. ××中学准备在国庆期间放假三天
B. 教育部拟颁布一项新的教育法规
C. ××市旅游局拟召开旅游工作会议
D. ××厂拟任命王××为厂长助理
E. ××市地税局要求纳税人限期交纳税金

10. 通报的正文通常分为（　　）。

A. 通报缘由　　　　　　　B. 处理决定
C. 事实评析　　　　　　　D. 希望和要求　　　　　　E. 主要事实

11. 在下列通报的标题中，无错误的有（　　　）。
A. ××市公安局关于严厉打击春节期间犯罪行为的情况通报
B. ××县政府关于传达市政府关于保持党员先进性教育的通报
C. ××大学关于表彰××同志舍身救人的通报
D. ××××厂关于召开年终表彰大会的通报
E. ××财政局关于宁××的批评通报

12. 在下列通告、公告的标题中，错误的有（　　　）。
A. ××大学关于暑假放假时间的通告
B. ××商场有奖销售开奖公告
C. 中国人民银行关于发行第五套人民币100元券的公告
D. 中华人民共和国全国人民代表大会公告
E. ××县人民医院关于召开新设保健门诊会议的公告

13. 按内容和性质分，报告可分为（　　　）。
A. 工作报告　　　　　　　B. 综合报告
C. 情况报告　　　　　　　D. 答复报告　　　　　　　E. 报送报告

14. 下列事项中，可以用报告行文的有（　　　）。
A. ××市公安局拟向上级汇报春节期间严厉打击犯罪行为的成果
B. ××县政府拟向市政府请求增加扶贫款项
C. ××市政府准备授予××企业为"绿化先进单位"称号
D. ××分公司答复总公司所询问的问题
E. ××县参加市组织的书法绘画大赛，现将相关作品和作者资料上报到市里

15. 下列报告的标题正确的有（　　　）。
A. ××部关于××××次列车发生脱轨事故的报告
B. 国家审计署201×年年度审计情况报告
C. ××乡政府关于急需引进科技人才的报告
D. ××县人民政府关于遭受严重蝗灾的紧急报告
E. ××大学关于请求增加科教基金的报告

16. 下列句子中，属于报告结语的有（　　　）。
A. 以上报告如无不妥，请转批各地区、部门执行
B. 以上报告，请审阅　　　　C. 特此报告
D. 请批示　　　　　　　　　E. 此复

17. 请示可用于下列（　　　）事项。
A. 请求上级对有关法规、政策作出解释
B. 在工作中遇到新情况、新问题而又无章可循，需要上级作出明确批示
C. 遇到实际困难、具体问题需要上级解决
D. 需要对上级的有关规定变通处理，请求上级审定答复
E. 遇到规定权限，请求上级批准有关事项

18. 下面几种说法中不正确的是（　　）。
A. 接受抄送的机关可以向其他机关抄送
B. 公文写作中不能用夸饰的文学语言
C. 向上级机关请求批示或批准宜用"请示"而不用"报告"
D. 主送机关必须是受文机关中级别层次高的机关，抄送机关则必须是其中级别层次低的机关
E. 使用惯用语，有助于增强公文语言的简明性

19. 下列有关请示、批复的叙述中，错误的有（　　）。
A. 请示一般只有单一的主送机关，若请示所涉及的问题尚在请示过程中，可以抄送下级
B. 请示可以在标题中省略发文单位和事由，只写请示二字即可
C. 请示的结语常用"妥否，请批复""请审批""特此请示"等
D. 批复针对性强，但若有请示之外的问题急需指示，可在批复中表明
E. 批复时如果是"基本同意"或"原则上同意"，就一定要写明修正意见或补充处理办法

20. 以下标题中正确的有（　　）。
A. ××市人民政府关于同意一环路破旧房屋搬迁的批复
B. ××县财政局关于调拨贫困乡救济款的请示
C. ××县水产局关于第一季度工作总结的报告请示
D. ××市人民政府关于将××风景区划为自然保护区的报告
E. ××省移民局关于加强移民管理的批复

21. 纪要的主要特点是（　　）。
A. 作用的限定性　　　　B. 格式的规范性
C. 称谓的特殊性　　　　D. 内容的纪实性
E. 表述的"纪要性"

22. 纪要与会议记录的区别体现在（　　）。
A. 纪要主要反映了会议的成果
B. 会议记录是对整个会议过程的翔实纪录
C. 会议记录的主要作用是"记载"，一般只作为资料存档
D. 纪要体现着会议的权威性与约束力
E. 纪要可以上升为与会议对应的法定行政公文

23. 下列纪要的标题错误的有（　　）。
A. 会议纪要
B. ××县人民政府第四次常委会议纪要
C. 关于开展社区防治教育的会议纪要
D. ××学院加强大学生爱国教育会议纪要
E. 艰苦的拼搏，丰硕的成果——××省商业局201×年年度工作总结会议纪要

24. 按作用和性质，意见可分为（　　）。
A. 指导性意见　　　B. 评估性意见　　　C. 建议性意见
D. 计划性意见　　　E. 批转性意见

25. 指导性意见的特点是（　　）。
A. 使下级工作无自主权

B. 突出指导性

C. 不注重灵活性

D. 为下级开展工作留有更多自主和创造余地

E. 不注重原则性

26. 意见具有兼容性，这体现在（　　）。

A. 发文机关的不定性　　B. 意见内容的多样性

C. 行文方向的多向性　　D. 写作方式的灵活性

E. 意见作用的多用性

27. 下列句子是从公文中抽取出来的，其中有语病的是（　　）。

A. 会议是在酷热的气温中召开的

B. 这样的活动乐意使职工接受

C. 这个季度亏损减少了两倍

D. 三个学生团体分获一、二、三等奖，奖金额分别为1 000元、800元、500元

E. 这是一个很好的报告，它能引人深思，催人奋进

三、判断说明题

（一）判断分析（正确的在题后的括号内画"√"，错误的画"×"，并简述理由）

1. 行政公文代表国家的行政职权，集中体现国家的根本利益。（　）

2. 公告体现庄重性、严肃性，用语谨慎、周密。（　）

3. 公告的事项具有较强的法律效力或行政效力。（　）

4. 决定的级别高，只能由人民代表大会和政府制发。（　）

5. 任何党政机关、团体、企事业单位都可以发布公告。（　）

6. 公告可分为三个等级：绝密、机密和秘密。（　）

7. 通告和公告没有什么不同，除了权威性。（　）

8. 通知适用于批转下级机关的公文，转发上级机关和不相隶属机关的公文，传达要求下级机关办理和需要有关单位周知或者执行的事项，任免人员。（　）

9. 通知的基本结构比较固定，一般由标题、正文、发文机关和发文日期等几部分组成。（　）

10. 转发性通知的主要任务在于"转发"，只要附上被转发的文件全文即可。（　）

11. 通报适用于表彰先进，批评错误，传达上级重要精神或情况。（　）

12. 通报的时效性不强，事件过了很久以后，也可以用通报进行表彰。（　）

13. 批评性通报一定要十分谨慎，要充分了解情况，做到事实确凿；而表彰性通报则可以在事实基础上对人和事进行适当拔高，以鼓舞士气。（　）

14. 通报常在单位内部和有关方面之间使用，其指导性强于指挥性，主要起倡导、警戒启发、教育和沟通情况的作用。（　）

15. 报告是用于向上级机关汇报工作，反映情况，答复上级机关的询问的一种上行公文。（　）

16. 报告的结尾必须用惯用语"特此报告"作结。（　）

17. 情况报告具有极强的时效性，写作、制发都要及时，以便让上级和有关领导迅速了解重大、特殊、突发的种种新情况。（　）

18. 凡是下级机关无权或无力解决，以及按规定应由上级机关决断的问题，都应该向上级机关行文请示。（　　）
19. 请示的标题可以写作请示报告。（　　）
20. 批复总是针对下级机关的请示被动行文，其内容也是针对下级机关来文的请示事项作出答复，不能答非所问，节外生枝。（　　）
21. 批复和答复性报告一样，最明显的特征就是针对性。（　　）
22. 《××市政府关于本市物价水平调整的批复》这个标题表明了文章的主旨。（　　）
23. 批复内容要写得简要明确，便于执行，不能模棱两可，空发议论。（　　）
24. 函是不相隶属机关之间相互商洽工作、询问和答复问题、请求批准和答复审批事项的一种公文。（　　）
25. 请批函是向上级机关请求批准的一种公文。（　　）
26. 纪要是概括反映会议基本情况、传达会议议定事项和主要精神的公文。（　　）
27. 纪要既可以上报，也可以下达，还可以用于和其他有关单位互通情报，相互交流。（　　）
28. 纪要不仅对与会成员起作用，还可以作用于其他未参加会议的人员。（　　）
29. 纪要主要作为资料存档，一般不公开。（　　）
30. 意见是用于对重大问题提出见解和处理办法，以起到指导或建议作用的一种公文。（　　）
31. 意见属于下行文，是上级向下级传达工作原则或要求，表明态度或主张，以及对某项工作做出计划。（　　）
32. 呈转类建设性意见是"形式上的上行文，实质上的下行文"。（　　）
33. 意见具有极强的指导性和针对性，因此应多使用指令性词语。（　　）

（二）判断改错（正确的在题后的括号内画"√"，错误的画"×"，并改正错误）
1. 国家行政机关、人民团体、企事业单位或这些单位的内设机构，处、科、室等都可以向外制发行政公文。（　　）
2. 行政公文具有鲜明的政治性、强制性等特点。（　　）
3. 按照行文关系和行文方向分，行政公文可以分为上行文和下行文两种。（　　）
4. 行政公文的20多个要素不需要在一份公文中全部得以体现，如字体、主题词、签发人、抄送机关等。（　　）
5. "县国税发〔201×〕11号"指的是某县国税局发制的201×年第11号文件。（　　）
6. 公文标题一般由发文机关名称、事由、文种三部分组成。（　　）
7. 在上行文中，主送机关只能是有权批复的上级机关，可以多头主送，也可以越级主送。（　　）
8. 公文除纪要外，都应当加盖公章。联合上报的非法规性文件，由主办机关加盖印章；联合下发的公文，各发文机关都要加盖印章。（　　）
9. 决定的正文部分一般由决定缘由、决定事项和执行要求三部分组成。（　　）
10. 可由省人民政府制发关于追认叶××为革命烈士的通知。（　　）
11. 公告的正文中，公告事项应郑重宣布涉及事宜，包括时间、地点、事件、决定、要求等内容，表达准确严密。（　　）

12. 通告可用于向国内外有关方面发布，范围及对象比较广泛。（   ）
13. 通知和通告一样，都是针对一个范围，受文对象具有泛指性。（   ）
14. 通知的文种部分还可以写成紧急通知、重要通知和补充通知等。（   ）
15. 上级机关转发下级文件时所采用的通知，属批转性通知。（   ）
16. 知照性通知主要起晓谕、关照的作用。（   ）
17. 事务性通知用于安排和知照机关日常事务。（   ）
18. 普发性通知有若干个主送机关，应写明各机关的全称，以明确受文对象的范围。（   ）
19. 下级转发上级文件，平级之间，不相隶属机关、单位之间转发文件，一律用"转发"。（   ）
20. 通报所涉及事实要典型、有分量。（   ）
21. 报告具有两大特点，一是陈述性，二是指导性。（   ）
22. 报告的标题可以根据事务的紧急状况，在文种前面加上"紧急"字样。（   ）
23. 报告一般的主送机关为发文机关的直属上级机关，一般要求主送机关力求单一，但在有重大事件发生或特殊情况下，也可以越级多头主送。（   ）
24. 请示一般由标题、主送机关、正文、发文机关和日期组成。（   ）
25. 如需将请示送别的机关，应用抄送的形式，而且一般不抄送到下级机关，以免造成工作上的被动。（   ）
26. 为了全面反映情况，专题报告可一文多事。（   ）
27. 《××市人民政府关于同意新建城西体育馆的批复》这个标题体现了批复的针对性。（   ）
28. ××市信访办回答群众来信，应该使用的文种是批复。（   ）
29. ××大学拟行文与××人才资源市场建立长期合作关系，应该使用的文种是函。（   ）
30. 发函用"请批准"结束全文，复函用"此复""专此函复"等惯用语结束全文。（   ）
31. 纪要通常要采用第一人称写法，如"我们认为""我们希望"等。（   ）
32. 纪要可以采用新闻式的双标题，即正标题揭示主旨，副标题标示会议名称和文种。（   ）

四、简答题

1. 简述请示与报告的区别。
2. 某乡的广播站在一次泥石流灾害中遭到巨大破坏，灾后无法进行正常的工作。为尽快修复广播设施，正常开展工作，该站拟撰文请求上级拨款重建广播站。李×说为争取各级领导的支持，应该写成请示，主送县广播电视局、县财政局、县政府、地区广播电视局和省广播电视厅等部门。而刘××则认为，主要是反映受灾情况，因此应该写成情况报告，而且县广播电视局也拨不出经费进行重建工作，所以只需要主送到县政府就行了。这些说法对不对？你认为应该怎么办？请说明理由。
3. ××县希望小学请求县政府拨款100万元新建学生宿舍，该县副县长对校领导说："打个请示给我，我批给你们。"这种说法、做法对不对？为什么？
4. 请示和请批函的区别。

五、阅读分析题

1. 指出下列文中的错误。

通　告

我厂因铺设煤气管道，需挖断厂门外308国道公路，过往车辆需绕道而行，否则一切后果自负。

××车辆厂
20×年×月×日

2. 阅读下文，按文后要求作答。

××省无线电管理委员会办公室
关于清理整顿无线电通信秩序的通告

　　为加强无线电管理，整顿和维护空中电波秩序，根据《中华人民共和国无线电管理条例》、《中华人民共和国刑法》、《无线电管理处罚规定》和国家有关法律、法规规定，决定对我省境内设置、使用无线电台（站）和研制、生产、进口、销售无线电设备情况进行清理整顿。现将有关事宜通告如下：

　　一、清理整顿范围：凡在我省境内除军事系统外，设置、使用的各类无线电台（站）以及研制、生产、进口、销售无线电设备的单位和个人。

　　二、设置、使用无线电台（站），必须事先提出书面申请，到相应的无线电管理机关办理设台审批手续，在规定时间内领取中华人民共和国无线电台执照。未取得无线电台执照或手续不全而使用的，均属违法，按擅自设置、使用进行处罚。

　　三、任何单位和个人未经国家、省、市无线电管理机关批准，不得擅自转让无线电频率。禁止出租或者变相出租以及擅自以频率作为投资同他人合作进行经营活动；不得擅自使用未经批准的无线电频率；无线电频率使用期满，需继续使用的，必须到原批准机关办理续用手续。

　　设置、使用各类无线电发射设备，必须按照国家规定按时、足额缴纳无线电频率占用费，逾期半年未缴纳的，将采取措施，收回频率，所造成的一切后果自负。

　　四、（略）

　　设台单位或个人由于转制、重组、破产等原因更换台站名称，现设台单位或个人必须在十五日内到原设台批准机关办理更名手续。

　　各类无线电台（站）发射设备因故停用、撤销、报废和设备老化、损坏、丢失，无法继续使用的，使用单位必须在三十日内到原批准机关办理相关手续。

　　五、（略）

　　进口无线电发射设备的频率、频段和有关技术指标必须符合国家规定，报国家或者无线电管理机关批准。

　　六、（略）

　　无线寻呼台的联系、兼并、转让、转卖，必须经原批准机关同意，办理相关手续，不得非法交易，造成严重后果者的，由非法交易双方承担全部责任。

　　七、（略）

　　八、（略）

　　凡违反上述通告精神的，在通告公布之日起三十日内，必须到相应的无线电管理机关办理相关手续或说明情况。三十日内仍未办理，也不说明情况的，将依据国家的有关规定进行处理，情节严重的，予以查封或没收设备，并处以罚款或吊销其电台执照。干扰正常无线电通信，造成严重后果的，按《中华人民共和国刑法》第288条之规定，提请司法机关追究其刑事责任。

为了保证合法无线电台（站）的正当权益，省、市无线电管理机关将在全省开展长期的无线电稽查工作，望社会各界给予大力支持和协助，一旦发现违法行为，请及时向省无线电管理委员会办公室法规稽查部门举报。举报电话：×××－×××××××× 转分机×××或×××或　　　×××。

特此通告。

××省无线电管理委员会办公室
201×年×月×日

（1）本文标题_____、_____、_____三要素齐全。
（2）正文采用了_____式结构。
（3）本文属于_____通告。
（4）找出具有强制性的词语。
（5）"三"的末句"所造成的一切后果自负"是否妥当？
（6）简要分析本文特点。

3. 指出下文内容中的错误。

关于召开新建职工宿舍楼座谈会的通知

兹定于5月24日上午九点在我厂会议室召开新建职工宿舍楼的座谈会，请有关同志准时参加。

××厂办公室
××××年×月×日

4. 阅读以下报告，分析文中的毛病。

关于申请拨给灾区专项救灾款的报告

省财政厅：

×月×日，××地区遭受了一场历史上罕见的地震，灾情严重。经初步不完全统计，农田受灾总面积达38 000多亩，各种农作物损失达300多万元，农民个人损失空前。灾后，我们立即深入灾区了解灾情，并发动干部群众积极开展生产自救。同时，为了帮助受灾农民及时恢复生产，我们采取了下列措施：

一、对恢复生产所需的资金，以自筹为主。确有困难的，先从现有农贷指标中贷款支持。
二、对受灾严重的困难户，先帮助他们解决生活问题，然后考虑贷款。
三、帮助受灾群众树立重建家园的信心。

由于这次灾情过于严重，集体和个人的损失都很大，短期内恢复生产有一定的困难，仅靠正常农贷指标难以解决问题。为此，请省行下达专项救灾贷款指标××××万元，以便支持灾区迅速恢复生产。

以上报告当否，请批示。

××市人民政府
××××年×月×日

5. 阅读下面的公文，分析文中的毛病。

关于举办培训班的请示报告

教育部高等教育司：

目前大学语文教师队伍的现状与形势和任务的要求极不适应。现在根据我们的实力，拟于今年7月至9月举办"大学语文骨干教师研修班"，招收学员40名。

为适应飞速发展的新形势之需要，加强大学语文教师队伍建设，完成培养有理想、守纪律、素质高的一代共产主义新人的使命，关键是建设一支符合要求、教育理念新、教育水平高的队伍。办这个培训班就是为了这个目的。

以上意见，如无不妥，请批准。

××××大学
××××年×月×日

6. 评析下则请示。

××县邮政局关于建设宜兴街邮政营业所的请示
×县邮字〔201×〕7号

××省邮政管理局：

为合理组织网点，扩大邮政服务，我局拟在宜兴街设立邮政营业所一处。

宜兴街地处我县西郊，驻街机关、工厂、学校较多，系单位和居民密集地带。但该处距县局约二公里，用户使用邮政很不方便。

为缓解当地用邮困难状况，我局近年来定期组织流动服务组到该处服务，但由于没有固定局房，生产和生活诸多不便。且自201×年省有关部门公布我县为开放旅游区以来，当地邮政业务量激增，流动服务组的方式已远远不能满足需要。

为此，请核准增设宜兴街邮政营业所。

附件：1. 宜兴街位置图
2. 拟建局房平面图

201×年×月×日（盖印）

7. 阅读下文，指出文中内容、格式和语言上存在的问题。

× 县 财 政 局 文 件

×财政（201×）31号　　　　　　　　签发人：孙××

关于同意拨款修复县文化活动中心的通知

在201×年×月×日，我县文化活动中心因意外火灾被烧毁。现已收到县文化局《关于请求拨款修复文化活动中心的请示》，完全同意《请示》意见，并已将所要求款项拨至文化局，请尽快开展修复重建工作。

特此同意。

县财政局
201×年×月×日

8. 下面是一种函的两种写法，试比较分析哪种写法更为恰当。

关于请××车队准备提高员工
道德素质修养经验材料的函

（1）

××市公交公司：

你公司××车队狠抓员工道德素质修养，成绩突出。经市委、市政府同意，我局决定于5月末召开全市提高员工职业道德修养经验交流会，请××车队在会上介绍提高员工道德素质修养的工作经验。请速通知该单位，于5月中旬将此材料报送我局秘书处（写作要求附后）。

专此函达。

××市文化局
201×年×月×日

（2）

××市公交公司：

经市委、市政府同意，我局将于5月末召开全市提高员工职业道德修养经验交流会。据悉，你公司××车队狠抓员工道德素质修养，取得了突出的成绩，特请该车队在会上介绍提高员工职业道德素质的经验。如蒙同意，请通知该单位，于5月中旬将经验介绍材料交我局秘书处。

此致

敬礼！

××市文化局
201×年×月×日

9. 指出下则商洽函的问题并改正。

××公司关于秘书业务进修的函

××大学教务处负责同志：

您好！

现有一事，烦请你校给予解决。你校是知名高校，尤其是文秘专业，更是享誉全国。因此，我公司曾于去年准备派秘书到你校学习，但由于力量不足，未能实现。现根据国家有关部门关于尽快提高文秘工作者的素质的有关精神和上级要求，我公司为了提高秘书的业务能力，我们克服暂时困难，决定从现有秘书中抽出3名青年，到你校文秘系秘书进修班脱产进修一年，时间从201×年×月×日开始，到201×年×月×日结束。有关进修费用按上级有关文件规定缴纳。如你校能同意，不仅是对文秘事业的大力支持，也是对我公司工作的鼎力相助。对此，我们将不胜感谢。希尽快函告我们。
此致
敬礼！

××公司人事处（章）
201×年×月×日

10. 简要分析下面这份纪要的内容是否符合写作要求。

中国侨联×届三次全委会纪要

中国侨联办公室台　　　　　　　　　　　　　　　　　　201×年1月11日

二〇一×年一月十一日至十二日，中国侨联×七届三次全委会在北京召开。中国侨联主席林××在会议上指出，二〇一×年是"十三五"规划的开局之年，侨联组织要团结和动员广大归侨侨眷和海外侨胞为"十三五"规划开局之年的经济社会又好又快发展作贡献。

林××在总结了过去一年侨联的工作后指出，今年是"十三五"规划的开局之年，中国侨联将今年定为"侨联能力建设年"，旨在通过能力建设，切实增强侨联组织的学习能力、服务能力、凝聚能力、创新能力，努力将侨联建设成为学习型侨联、务实型侨联、和谐型侨联、创新型侨联。

林××说，新一年侨联工作主要围绕以下三个方面展开：一是为"十三五"规划开局之年的经济社会又好又快发展作出贡献；二是加强以能力建设为重点的侨联组织建设；三是争创一流业绩，迎接中国侨联成立×十周年。

会议通过了《中国侨联关于开展"能力建设年"活动的决定》，并举行了中国华侨历史博物馆建设资金捐赠仪式。

会议还增补了中国侨联委员和常委。

11. 请指出下面公文的语病。

（1）某市政府发布的《市区饲养家畜家禽管理规定》中有这样的内容："未经批准饲养的家畜家禽，限于×年×月×日前全部自行宰杀。违者由所在地街道办事处和乡、镇人民政府组织力量强行捕杀，并向禽畜主收取捕杀费用。"

（2）某县政府《关于撤销××等三个单位的文明单位称号的决定》中说："这三个单位的领导居功自傲，不求上进，忽视了单位的社会主义精神文明建设，在社会上危害极大。"

（3）某公司向上级写一份请示，其结尾用语是："以上请示当否，请批准。"

（4）某机关下发《关于加强廉政建设的通知》，其中有这样两句："不该收的礼坚决不收，不该吃的饭坚决不吃。"

（5）一份《关于建造大型外贸仓库的请示》中的请示事项部分是这样写的："基于上述情况，我公司想建造一座5 000平方米的大型仓库，同时想购置现代化仓库设备，共需资金人民币800万元，需市局拨款。"

（6）某厂向上级公司写了一份《关于扩建机修车间的请示》，其中有这样一段话："经研究，我厂决定扩建机修车间。我厂将责成一名副厂长分管此项工作，并请市华为建筑工程公司负责施工。"

（7）某公司对下属的工厂要求拨款200万元开发新产品的请示进行批复，其中有这样的句子："因目前公司资金紧张，现拨款 100 万元，希予以谅解。"

（8）一份要求拨款的请示，结尾是这样写的："万望视本单位的实际困难予以批准。切切。"

12. 指出下列公文标题的错误并改正。

（1）《××市公交公司关于增拨临时工工资经费问题的请示报告》。

（2）《××县电力局关于××电站第四季度用电安排的通知函》。

（3）《中国科学院××研究所致××大学齐心协力为抗震救灾、共建美好家园、科技兴川作贡献，共建美丽富饶西部生态园林绿色工程的函》。

（4）《关于因国家经济建设需要对西郊西正村附近 35 座私人坟茔进行迁移的通知》。

（5）《××县经济贸易委员会关于转发省经济贸易委员会转发的国家经济贸易委员会〈关于坚持和改进大中型企业领导干部岗位职务培训工作的意见〉、〈二〇××年上半年经贸系统企业领导干部岗位培训计划〉两个文件的通知》。

（6）《××县工商行政管理局关于转发市局〔20××〕56 号文的通知》。

六、写作题

1. 根据以下材料，拟决定。

（1）广州市为迎接第×届全国体育运动会的举办，加强了以内环路为代表的一批市政基础设施建设，同时大力加强城市环境综合整治工作，为保障"九运会"的成功举办提供了良好的场馆、环境和设施，受到了中央领导和"九运会"组委会以及各体育代表团的肯定和赞扬，并被国际组织评为"国际花园城市"。为此，中华人民共和国建设部决定授予广州市迎"九运"城市基础设施建设及环境综合整治特别奖。

（2）在处置肃宁特大持枪杀人案中，冲锋在前的薛永清同志不幸被罪犯击中，英勇牺牲。

宿舍里还没来得及吃完的饼干，有些凌乱的床铺，都在默默记录着他的离去；办公室电话机上一连串的未接来电，新翻过页的台历，仿佛都在悄悄告诉同事，他并未走远。

这是肃宁县公安局政委薛永清工作和生活的地方，台历上最后翻过的日期是 6 月 8 日，背面印着"鞠躬尽瘁死而后已"的典故。此前数日，他刚刚过完 48 岁生日。

2015 年 6 月 8 日深夜，位于河北省中部的肃宁县一村庄发生特大持枪杀人案件，一犯罪分子持枪致 2 名群众死亡、3 名群众受伤。9 日凌晨，在现场处置过程中，冲锋在前的薛永清和辅警袁帅英勇牺牲，永远离开了他们的亲人和战友。

薛永清同志的先进事迹充分体现了"人民公安为人民"的政治本色和"忠诚可靠、秉公执法、英勇善战、纪律严明、无私奉献"的新时期人民警察精神。

2015 年 6 月 11 日，人力资源和社会保障部、公安部作出决定，追授薛永清同志全国公安系统一级英雄模范荣誉称号。

决定说，近年来，全国公安机关和广大公安民警在党中央、国务院和地方各级党委、政府的坚强领导下，围绕中心、服务大局，开拓创新、扎实工作，为维护国家和社会稳定，保卫改革开放和社会主义现代化建设，保障人民群众安居乐业作出了突出贡献，涌现出一大批英雄模范人物，薛永清同志就是其中的优秀代表。他的英勇事迹真实感人，具有鲜明的时代特征，充分体现了"忠诚可靠、秉公执法、英勇善战、纪律严明、无私奉献"的新时期人民警察精神，是广大公安民警学习的榜样。

决定号召，全体公安民警要以薛永清同志为榜样，坚定理想信念、矢志不懈奋斗，锐意开拓进取、勇于改革创造，脚踏实地工作、兢兢业业奉献，更好地担负起党和人民赋予的职责使命，在新的历史起点上不断开创公安工作新局面，为维护社会大局稳定、促进社会公平正义、保障人民安居乐业，为实现"两个一百年"奋斗目标和中华民族伟大复兴作出新的更大贡献。

2. 根据以下材料，拟公文标题。

（1）××市农业局拟行文告知公众依法退耕还林诸项事宜。

（2）××县粮食局发布周知性公文，内容为秋季粮食收购价上浮。

（3）××市工商银行×支行从原址拆迁，与邻近××支行合并，需告知公众去新支行办理一切业务。

3. 根据以下材料写作。

（1）××县将于10月1日举行全县迎国庆环城长跑大赛，比赛分为老年组、成人组和少儿组进行，全县所有公众均可报名参加。报名者需执本人身份证、学生证或其他证件至县体委会报名，少儿需由家长带领报名参加。截止日期为9月25日。请以县体委会的名义写一篇周知性公文。

（2）××省农业厅承办20××年全国农业博览会，并将举办全国农业发展论坛，讨论中国农业发展现状及前景。会议将召开三天，从12月4日开始。参加会议的人员是省、市、县各级农业部、局干部，农业博览会组委会成员，前来参加博览会的国内外商贸代表等。会议由省农业厅主办。为了确保会议的顺利进行，决定将会议安排在博览会会场旁的××宾馆召开。请代拟会议通知发有关单位。

（3）××县人民医院决定于2月25日召开全院职工大会。会议由郑院长主持，由葛副院长传达省医院关于加强员工职业道德素质教育工作的会议精神，总结前一年度工作，对优秀干部及先进个人予以表彰。请拟相应公文。

（4）请阅读以下新闻，以××县卫生院的名义，写一篇关于加强传染病防治工作的通知。

去年第四季度全国报告传染病死亡3 267人

中新社北京一月十一日电（记者曾××）国家卫生部今天公布去年第四季度全国法定报告传染病疫情通报说，二〇一×年十月一日零时至十二月三十一日二十四时，中国内地共报告法定甲、乙类传染病九十万二千零十八例，死亡三千二百四十一人。

通报称，该季度除脊髓灰质炎、白喉和传染性非典型肺炎无发病、死亡报告外，其余二十四种甲、乙类传染病均有报告。甲、乙类传染病报告发病数居前五位的病种为：肺结核、乙型肝炎、细菌性和阿米巴性痢疾、淋病、梅毒，占发病总数的百分之八十七点三九；报告死亡数居前五位的病种为：肺结核、狂犬病、艾滋病、乙型肝炎、出血热，占报告死亡总数的百分之九十一点二四。

通报显示：第四季度共报告丙类传染病二十六万一千一百四十六例，死亡二十六人。报告发病数居前三位的病种为：其他感染性腹泻、流行性腮腺炎、流行性感冒，占丙类传染病报告发病总数的百分之九十七点四一。

该季度全国报告流行性脑脊髓膜炎病例三百零九例，死亡二十五例，与去年同期相比略有下降。

通报指出，目前正处于流脑流行季节，各地要加强流脑疫情的监测和报告工作，落实各项防控措施。

（5）根据以下材料，以××大学学生处的名义，拟通报。

201×年1月7日—11日，在××大学的期末考试中，有以下学生违反考试规定，利用夹带、偷看等行为作弊：2009级美术装潢1班的郑××（计算机基础）、李×（计算机基础）；2005级市场营销2班的张××（实用英语）；2008级经贸1班的郭××（统计学原理）、许××（统计学原理）；2010级企业管理1班的王××（财政与金融）、葛××（财政与金融）、傅××（财政与金融）；2009级金融2班赵××（公文写作）；2008级商务文秘班左×（国际金融）、周××（国际金融）、黄××（国际金融）、唐××（国际金融）；2010级计算机1班钱××（数据库），计算机3班吴×（模拟电路）、谭××（英语）、刘×（英语）；2011级计算机5班牛×（操作系统），8班马×（操作系统）、冯×（操作系统）、邹×（操作系统）、纪××（操作系统）。现学校决定根据《××省高等教育课程考试管理处罚暂行规定》第三条，给予上述22人严重警告处分，该科成绩为"0"分，不准参加正常补考。

（6）东河村背靠狮子山，前临清水河，而村内唯一的一所小学校位于该村的河对岸，由此造成了村内儿童上学的不便。虽然早年间村内曾自行集资修建了一座浮桥，但在一次山洪暴发中被冲毁。此后，村内儿童只能趟水过河上学。现村委会决定请求乡政府拨款5万元，帮村里修建一座水泥拱桥，以方便儿童上学。请以村委会的名义向乡政府写一份请求拨款建桥的公文。

（7）××大学准备举办第十×届大学生运动会，由于校内场地不够，拟向该市体育局借用市体育馆。请以××大学的名义写一份公文。

（8）参加学校（或系、班）组织的一次会议，就该会议议定事项或基本精神写一篇纪要。

第三章 法规和规章文书

第一节 概 述

一、法规、规章的含义

法规是国家或地方立法机关、国家最高权力机关在其权限范围内按照法定程序制定并发布实施的法令性文书的总称。

规章是各级领导机关及其职能部门、社会团体、企事业单位在其职权范围内制定并发布实施的规范性文书的总称。

法规可对政治、经济等领域的重大事项和问题予以立法性规定,以强化国家对地方各项工作的管理;可对某一组织的建立及其宗旨、任务、机构、职权范围或某些专门人员的任务与职权等做出原则性规定,以保证工作的正常进行;可对某一重要事项或问题提出具体的指导性意见,规定明确的原则性措施,制定相应的实施办法,以作为处理实际问题的依据。

规章的应用范围十分广泛,既可用来制定政党、团体的组织纲领,又可用来规定人们在工作、学习、生产、生活中必须遵守的行为准则和道德规范。制定合理的规章,可创造良好的工作和生活环境,建立正常的工作、学习和生活秩序。

法规和规章具有一定的约束力,是开展日常工作的重要手段。各级机关及其职能部门以及社会团体、企事业单位,为指导和推动工作、规范行为,都离不开规章制度的制定和颁布。

二、法规、规章的特点

(一)目的性

法规、规章的发布都有特定的目的性,要么针对一项工作、一个问题、一类事项,要么对某类行为、某类情况做出规范,以便使各项工作稳定、有序、协调地进行,使管理有法可依、有章可循、职责分明、赏罚分明,也为人们的行为规定了准则。

(二)约束性

各类法规、规章的公布尽管有时限于特定的部门、特殊的范围、特定的地区,但都具有法律的,或者行政的,或者道德的约束力。一旦正式公布,有关方面及人员必须遵照执行,以保障良好的秩序和环境。如任意为之,会受到相应的处罚。

(三)严密性

法规和规章的严密性,体现在工作目标规定的清楚,各部门职责的分明,人们行为规范的明确,能正确地表达发文机关的意图,故要求行文周到严密,防止歧义,以利于贯彻执行。

（四）规整性

法规和规章一般都采用条文式的写法，按章、节、条、款依次排列，逻辑性强。什么可做、什么不可做、必须怎么做、不能怎么做等，都必须规定得一清二楚、具体明白，让人一目了然，易于理解和记忆。

三、法规、规章的类别

（一）法　规

法规包括国家行政法规和地方性法规两种。

国家行政法规是指国务院为领导和管理国家各项行政工作，依照宪法和法律，并且按照《行政法规制定程序暂行条例》的规定制定和发布的政治、经济、教育、科技、文化、外事等各类法规。2015年3月15日施行的《中华人民共和国立法法》规定："国务院根据宪法和法律，制定行政法规。"

地方性法规是指由省、自治区、直辖市人民代表大会及其常务委员会，以及省、自治区人民政府所在地的市和经国务院批准的较大的市、经济特区所在市的人民代表大会及其常务委员会为有序地开展日常工作，在不与宪法、法律、行政法规相抵触的前提下，按照法定程序制定和发布的法规。地方性法规分为两种情况：一是省、自治区、直辖市的人民代表大会及其常务委员会依法制定和发布的地方性法规；二是省、自治区人民政府所在地的市人民代表大会及其常务委员会，经济特区所在市和经国务院批准的较大的市的人民代表大会及其常务委员会依法制定的地方性法规。

现行法规主要包括条例、规定、规则、办法等。条例只能作为法规（党内文件除外）；规定、规则、办法既可作为法规，也可作为规章。

法规有法定的严格的制发程序。

（二）规　章

按性质内容分，规章可分为行政规章、组织规章、业务规章和一般规章。

1. 行政规章

行政规章按制作者及其权限，可分为两类：

（1）国务院部门规章。是由国务院各部门根据法律和国务院的行政法规、决定、命令在本部门的权限内按照规定程序制定的规定、办法、实施细则、规则等规范性文件。

（2）地方政府规章。是由省、自治区、直辖市以及省、自治区人民政府所在地的市和经国务院批准的较大的市、计划单列市的人民政府根据法律、行政法规和地方性法规，按照规定程序所制定的普遍适用于本地区行政管理工作的规定、办法、实施细则、规则等规范性文件。

行政规章按规定以国务院部门或地方政府令的形式发布。

2. 组织规章

组织规章是对一个组织或团体的性质、宗旨、任务、组织原则、成员及权利义务、机构及职权、活动及纪律等做出系统规定的规章。常用文种为章程。

3. 业务规章

业务规章是对专项业务的性质、内容、范围及其运作规范等做出系统规定的规章。常用文种为章程。

4. 一般规章

一般规章是各级各类机关、团体、企事业单位，为实施管理、规范工作和活动，在其职权范围内制发的规章。这类规章就是通常所说的规章制度。常用文种有规定、办法、准则、细则、制度、规则、规程、守则、公约等。

四、法规与规章的区别

法规与规章的区别主要体现在效力、制作者、制发程序和文种上。法规从属于宪法和法律，具有强制执行的法律效力，违反法规就是违法行为，法院可以将之直接作为法律适用依据。而规章具有行政约束力，违反规章就是违规行为，要受到相应的行政处罚或批评教育。

法规的制作者有严格的限定。行政法规由国务院制定；地方性法规则由省、自治区、直辖市人民代表大会及其常务委员会，省会所在市和经国务院批准的较大的市（一般为计划单列市）的人民代表大会制定；民族自治地方的人民代表大会则可制定自治条例等单行地方性法规。

规章的制发者范围较广。国务院各部门、省（自治区、直辖市）、省会所在市及经国务院批准的较大的市的人民政府可制定行政规章；党的各级领导机关、民主党派、社会团体可制定组织规章；企业可制定业务规章；所有的机关、团体、单位都可制定一般的规章。

法规的制发必须遵守法定的程序。行政法规须经国务院常务会议审议或者由国务院总理审批，然后由国务院发布或者由国务院批准国务院主管部门发布。省、自治区、直辖市的人民代表大会及其常务委员会制定和颁布的地方性法规，须报全国人民代表大会常务委员会和国务院备案；省、自治区人民政府所在地的市、经国务院批准的较大的市的人民代表大会及其常务委员会制定的地方性法规，民族自治地方制定的自治条例，须报省、自治区人民代表大会常务委员会批准，并由省、自治区人大常委会报全国人大常委会和国务院备案。

在文种使用方面，法规使用的文种有条例、规定、办法等，其中条例只能作为法规（党内文件例外）。规章使用文种较多，除规定、办法兼用作规章文种外，其他规章文种有章程、细则、制度、规则、规程、守则、准则等。

第二节　条例　章程

一、条　例

（一）条例的含义和特点

条例是国家权力机关或行政机关依照政策、法令、法规，结合实际情况制定并发布的较原则系统的法规性公文之一。条例常用于对法令、法规做出补充性说明或辅助性规定，具有长期执行效力。根据《行政法规制定程序暂行条例》的规定，条例是指对某一方面的行政工作做比较全面、系统的规定时使用的行政法规。条例的主要特点有：

（1）条例是依据法律条文制定的，具有法规性和法律的约束力。条例是实施和执行某一政策、法律、法令，调整国家生活某个方面准则的一种重要辅助手段。条例一经发布生效，即具有法律效力，有关人员和单位必须遵照执行。

（2）条例须由特定机关制发、国家权力机关颁布。只有制发机关才具有修改、解释权，因此，条例具有发布的严肃性。

（3）条例所涉及的是关系国家政治、经济、科技、教育、文化等领域的比较重大的事项和长期性、经常性的工作。制定条例是国家行政机关为控制或调整国家生活中某一方面的关系而使用的立法性手段。所以，条例发布后一般不轻易修改、废止，具有相对的稳定性。

（4）条例多以条款式结构行文，具有执行的准确性。

（5）国务院各部门、地方人民政府、企事业单位、社会团体制定的规章不能称为"条例"。

（二）条例的写作

1. 标　题

条例的标题一般由事由和文种名称组成，如《出版管理条例》《行政法规制定程序条例》。标题正下方注明条例的通过时间、会议名称或批准机关名称、批准时间、发布日期及发布机关名称。若制发的条例还欠成熟，内容尚待修订或补充时，可在标题里标明"暂行""试行"等字样，例如《行政法规制定程序暂行条例》(1987年4月21日国务院批准、国务院办公厅发布)。

2. 正　文

条例的写作有以下两种结构类型：

（1）条目贯通式（条款式）。全文以条目形式顺序编号，条目下设项，各项在条目下单独编排顺序号。条例内容相对单纯的，宜采用这种形式。

（2）章条式。条例内容较多，可用章条式结构。把全文内容分为若干章，并为各章拟写小标题。第一章为总则，最后一章为附则，中间各章为实质性规定内容。每一章下设条目，条目从总则部分开始统一连续编排，章断条连。条目下设项，项目可在条目下单独编排顺序号。章、条的序码用汉字的序数词书写，项的序码用汉字的数词书写。

正文开头首先交代制文的目的、意义、法律与政策依据，突出主题与法定的行政约束力，同时说明条例所涉及的对象或适用范围，对重要概念进行解释等，为下文的正式规定奠定基础，为条例的专指对象确定明确的外延。

正文的主体部分写法比较复杂，要依据所规定的具体内容而定。但共同点是按顺序阐述实质性条规，每一章或条写一个具体问题，包括具体做法、安排或处理办法。各章、条之间界线要清楚，前后照应，按逻辑顺序排列。

条例一律要有专门结尾，说明实施要求，即本条例实施的具体要求和注意事项，包括条例的解释、修改权限、生效日期、与相关法律政策的关系及其他未尽事宜的处理办法，以增强其严肃性与行政约束力。

3. 注意事项

（1）内容要符合有关法律的规定。条例内容要符合国家法律法规，对要制定的条例内容进行深入的调查研究，不得与已经发布过的有关规章相抵触。

（2）条例的制定要在职权范围内进行，不得超越权限。

（3）观点要鲜明、具体、明确。条例内容应从具体情况和实际需要出发，条款明确，对于行政机关单位、人物、事物等都要做出细致精当的规定，对有关数字、时间、条件、地点、措施、方法等都要交代说明清楚，使之切实可行，便于操作，不搞不切实际的空洞条文。

（4）结构要严谨、周密。章、条之间要有逻辑联系，不能把并列关系列为主从关系，也不能把主从关系列为并列关系。每一个词语、概念都要有明确的含义，不能含混其词，不允许产生歧义。

（5）在用条文表达内容时，每条可以分为款、项、目，款不冠数字，项和目冠数字。

二、章　程

（一）章程的含义和特点

章程是规定一个组织或团体的性质、宗旨、任务、组织机构、成员条件、权利和义务及活动方式等方面的问题时所使用的规范性公文的名称。有时针对某一项业务做出具体而详细的说明和规定时也使用这一文种。章程包括：① 组织法，如党章、团章和各类学会、协会、校友会、联谊会的章程；② 办事准则，如《中国银行外币存款章程》《电脑培训班招生简章》等。章程的主要特点有：

（1）章程属于规范类公文，因而其内容具有一定的约束力，并有一定的规范作用。

（2）章程一般以"草案"形式发布，在广泛听取意见的基础上再经社会组织的权力机构通过发布，发布程序较为严格。

（3）章程多为党派组织和社会团体实施管理活动时使用。

（二）章程的写作

1. 标　题

一般由发文组织或社团的全称加"章程"组成，如《中国会计学会章程》；有时还在标题下方注明此章程通过的时间和会议名称。未经组织权力机构批准的章程，要加注"草案"字样，如《××市企业文化研究会章程（草案）》。

2. 正　文

可分为"总则"（又称"序言""总纲"）和"分则"（又称"细则"）两部分。其内容一般包括：组织机构名称及宗旨；组织机构及职权；成员条件及权利、义务；活动内容与程序等。正文的内容大多采用条款式或章条式写作方法。总则部分的开头要切进本题，分则部分内容安排要合理、有序。

3. 附　文

又称"附则"，它是对正文内容的一种补充说明或与正文有关的内容，如本章程的生效日期、适用对象、具体实施办法和章程的制定权、修订权和解释权等权项的归属，以及对正文中所用引文的注明等。但不是所有的章程都有附文。

4. 注意事项

（1）结构严谨。写作时要全面考虑，各部分内容有一定的连贯性，主次分明，观点明确，便于操作实行。

（2）表述明确。语言要庄重朴实，简洁明快；概念要单一，无歧义或疑问。

例　文

党政机关公文处理工作条例

（中办发〔2012〕14号，2012年4月）

《机关事务管理条例》已经2012年6月13日国务院第208次常务会议通过，现予公布，自2012年10月1日起施行。

总理　温家宝

二〇一二年六月二十八日

第一章　总　则

第一条　为了适应中国共产党机关和国家行政机关（以下简称党政机关）工作需要，推进党政机关公文处理工作科学化、制度化、规范化，制定本条例。

第二条　本条例适用于各级党政机关公文处理工作。

第三条　党政机关公文是党政机关实施领导、履行职能、处理公务的具有特定效力和规范体式的文书，是传达贯彻党和国家方针政策，公布法规和规章，指导、布置和商洽工作，请示和答复问题，报告、通报和交流情况等的重要工具。

第四条　公文处理工作是指公文拟制、办理、管理等一系列相互关联、衔接有序的工作。

第五条　公文处理工作应当坚持实事求是、准确规范、精简高效、安全保密的原则。

第六条　各级党政机关应当高度重视公文处理工作，加强组织领导，强化队伍建设，设立文秘部门或者由专人负责公文处理工作。

第七条　各级党政机关办公厅（室）主管本机关的公文处理工作，并对下级机关的公文处理工作进行业务指导和督促检查。

第二章　公文种类

第八条　公文种类主要有：

（一）决议。适用于会议讨论通过的重大决策事项。

（二）决定。适用于对重要事项作出决策和部署、奖惩有关单位和人员、变更或者撤销下级机关不适当的决定事项。

（三）命令（令）。适用于公布行政法规和规章、宣布施行重大强制性措施、批准授予和晋升衔级、嘉奖有关单位和人员。

（四）公报。适用于公布重要决定或者重大事项。

（五）公告。适用于向国内外宣布重要事项或者法定事项。

（六）通告。适用于在一定范围内公布应当遵守或者周知的事项。

（七）意见。适用于对重要问题提出见解和处理办法。

（八）通知。适用于发布、传达要求下级机关执行和有关单位周知或者执行的事项，批转、转发公文。

（九）通报。适用于表彰先进、批评错误、传达重要精神和告知重要情况。

（十）报告。适用于向上级机关汇报工作、反映情况，回复上级机关的询问。

（十一）请示。适用于向上级机关请求指示、批准。

（十二）批复。适用于答复下级机关请示事项。

（十三）议案。适用于各级人民政府按照法律程序向同级人民代表大会或者人民代表大会常务委员会提请审议事项。

（十四）函。适用于不相隶属机关之间商洽工作、询问和答复问题、请求批准和答复审批事项。

（十五）纪要。适用于记载会议主要情况和议定事项。

第三章　公文格式

第九条　公文一般由份号、密级和保密期限、紧急程度、发文机关标志、发文字号、签发人、标题、主送机关、正文、附件说明、发文机关署名、成文日期、印章、附注、附件、抄送机关、印发机关和印发日期、页码等组成。

（一）份号。公文印制份数的顺序号。涉密公文应当标注份号。

（二）密级和保密期限。公文的秘密等级和保密的期限。

涉密公文应当根据涉密程度分别标注"绝密""机密""秘密"和保密期限。

（三）紧急程度。公文送达和办理的时限要求。根据紧急程度，紧急公文应当分别标注"特急""加急"，电报应当分别标注"特提""特急""加急""平急"。

（四）发文机关标志。由发文机关全称或者规范化简称加"文件"二字组成，也可以使用发文机关全称或者规范化简称。联合行文时，发文机关标志可以并用联合发文机关名称，也可以单独用主办机关名称。

（五）发文字号。由发文机关代字、年份、发文顺序号组成。联合行文时，使用主办机关的发文字号。

（六）签发人。上行文应当标注签发人姓名。

（七）标题。由发文机关名称、事由和文种组成。

（八）主送机关。公文的主要受理机关，应当使用机关全称、规范化简称或者同类型机关统称。

（九）正文。公文的主体，用来表述公文的内容。

（十）附件说明。公文附件的顺序号和名称。

（十一）发文机关署名。署发文机关全称或者规范化简称。

（十二）成文日期。署会议通过或者发文机关负责人签发的日期。联合行文时，署最后签发机关负责人签发的日期。

（十三）印章。公文中有发文机关署名的，应当加盖发文机关印章，并与署名机关相符。有特定发文机关标志的普发性公文和电报可以不加盖印章。

（十四）附注。公文印发传达范围等需要说明的事项。

（十五）附件。公文正文的说明、补充或者参考资料。

（十六）抄送机关。除主送机关外需要执行或者知晓公文内容的其他机关，应当使用机关全称、规范化简称或者同类型机关统称。

（十七）印发机关和印发日期。公文的送印机关和送印日期。

（十八）页码。公文页数顺序号。

第十条 公文的版式按照《党政机关公文格式》国家标准执行。

第十一条 公文使用的汉字、数字、外文字符、计量单位和标点符号等，按照有关国家标准和规定执行。民族自治地方的公文，可以并用汉字和当地通用的少数民族文字。

第十二条 公文用纸幅面采用国际标准 A4 型。特殊形式的公文用纸幅面，根据实际需要确定。

第四章 行文规则

第十三条 行文应当确有必要，讲求实效，注重针对性和可操作性。

第十四条 行文关系根据隶属关系和职权范围确定。一般不得越级行文，特殊情况需要越级行文的，应当同时抄送被越过的机关。

第十五条 向上级机关行文，应当遵循以下规则：

（一）原则上主送一个上级机关，根据需要同时抄送相关上级机关和同级机关，不抄送下级机关。

（二）党委、政府的部门向上级主管部门请示、报告重大事项，应当经本级党委、政府同意或者授权；属于部门职权范围内的事项应当直接报送上级主管部门。

（三）下级机关的请示事项，如需以本机关名义向上级机关请示，应当提出倾向性意见后上报，不得原文转报上级机关。

（四）请示应当一文一事。不得在报告等非请示性公文中夹带请示事项。

（五）除上级机关负责人直接交办事项外，不得以本机关名义向上级机关负责人报送公文，不得以本机关负责人名义向上级机关报送公文。

（六）受双重领导的机关向一个上级机关行文，必要时抄送另一个上级机关。

第十六条 向下级机关行文，应当遵循以下规则：

（一）主送受理机关，根据需要抄送相关机关。重要行文应当同时抄送发文机关的直接上级机关。

（二）党委、政府的办公厅（室）根据本级党委、政府授权，可以向下级党委、政府行文，其他部门和单位不得向下级党委、政府发布指令性公文或者在公文中向下级党委、政府提出指令性要求。需经政府审批的具体事项，经政府同意后可以由政府职能部门行文，文中须注明已经政府同意。

（三）党委、政府的部门在各自职权范围内可以向下级党委、政府的相关部门行文。

（四）涉及多个部门职权范围内的事务，部门之间未协商一致的，不得向下行文；擅自行文的，上级机关应当责令其纠正或者撤销。

（五）上级机关向受双重领导的下级机关行文，必要时抄送该下级机关的另一个上级机关。

第十七条 同级党政机关、党政机关与其他同级机关必要时可以联合行文。属于党委、政府各自职权范围内的工作，不得联合行文。党委、政府的部门依据职权可以相互行文。部门内设机构除办公厅（室）外不得对外正式行文。

第五章　公文拟制

第十八条　公文拟制包括公文的起草、审核、签发等程序。

第十九条　公文起草应当做到：

（一）符合国家法律法规和党的路线方针政策，完整准确体现发文机关意图，并同现行有关公文相衔接。

（二）一切从实际出发，分析问题实事求是，所提政策措施和办法切实可行。

（三）内容简洁，主题突出，观点鲜明，结构严谨，表述准确，文字精练。

（四）文种正确，格式规范。

（五）深入调查研究，充分进行论证，广泛听取意见。

（六）公文涉及其他地区或者部门职权范围内的事项，起草单位必须征求相关地区或者部门意见，力求达成一致。

（七）机关负责人应当主持、指导重要公文起草工作。

第二十条　公文文稿签发前，应当由发文机关办公厅（室）进行审核。审核的重点是：

（一）行文理由是否充分，行文依据是否准确。

（二）内容是否符合国家法律法规和党的路线方针政策；是否完整准确体现发文机关意图；是否同现行有关公文相衔接；所提政策措施和办法是否切实可行。

（三）涉及有关地区或者部门职权范围内的事项是否经过充分协商并达成一致意见。

（四）文种是否正确，格式是否规范；人名、地名、时间、数字、段落顺序、引文等是否准确；文字、数字、计量单位和标点符号等用法是否规范。

（五）其他内容是否符合公文起草的有关要求。

需要发文机关审议的重要公文文稿，审议前由发文机关办公厅（室）进行初核。

第二十一条　经审核不宜发文的公文文稿，应当退回起草单位并说明理由；符合发文条件但内容需作进一步研究和修改的，由起草单位修改后重新报送。

第二十二条　公文应当经本机关负责人审批签发。重要公文和上行文由机关主要负责人签发。党委、政府的办公厅（室）根据党委、政府授权制发的公文，由受权机关主要负责人签发或者按照有关规定签发。签发人签发公文，应当签署意见、姓名和完整日期；圈阅或者签名的，视为同意。联合发文由所有联署机关的负责人会签。

第六章　公文办理

第二十三条　公文办理包括收文办理、发文办理和整理归档。

第二十四条　收文办理主要程序是：

（一）签收。对收到的公文应当逐件清点，核对无误后签字或者盖章，并注明签收时间。

（二）登记。对公文的主要信息和办理情况应当详细记载。

（三）初审。对收到的公文应当进行初审。初审的重点是：是否应当由本机关办理，是否符合行文规则，文种、格式是否符合要求，涉及其他地区或者部门职权范围内的事项是否已经协商、会签，是否符合公文起草的其他要求。经初审不符合规定的公文，应当及时退回来文单位并说明理由。

（四）承办。阅知性公文应当根据公文内容、要求和工作需要确定范围后分送。批办性公文应当提出拟办意见报本机关负责人批示或者转有关部门办理；需要两个以上部门办理的，应当明确主办部门。紧急公文应当明确办理时限。承办部门对交办的公文应当及时办理，有明确办理时限要求的应当在规定时限内办理完毕。

（五）传阅。根据领导批示和工作需要将公文及时送传阅对象阅知或者批示。办理公文传阅应当随时掌握公文去向，不得漏传、误传、延误。

（六）催办。及时了解掌握公文的办理进展情况，督促承办部门按期办结。紧急公文或者重要公文应当由专人负责催办。

（七）答复。公文的办理结果应当及时答复来文单位，并根据需要告知相关单位。

第二十五条　发文办理主要程序是：

（一）复核。已经发文机关负责人签批的公文，印发前应当对公文的审批手续、内容、文种、格式等进行复核；需作实质性修改的，应当报原签批人复审。

（二）登记。对复核后的公文，应当确定发文字号、分送范围和印制份数并详细记载。

（三）印制。公文印制必须确保质量和时效。涉密公文应当在符合保密要求的场所印制。

（四）核发。公文印制完毕，应当对公文的文字、格式和印刷质量进行检查后分发。

第二十六条　涉密公文应当通过机要交通、邮政机要通信、城市机要文件交换站或者收发件机关机要收发人员进行传递，通过密码电报或者符合国家保密规定的计算机信息系统进行传输。

第二十七条　需要归档的公文及有关材料，应当根据有关档案法律法规以及机关档案管理规定，及时收集齐全、整理归档。两个以上机关联合办理的公文，原件由主办机关归档，相关机关保存复制件。机关负责人兼任其他机关职务的，在履行所兼职务过程中形成的公文，由其兼职机关归档。

第七章　公文管理

第二十八条　各级党政机关应当建立健全本机关公文管理制度，确保管理严格规范，充分发挥公文效用。

第二十九条　党政机关公文由文秘部门或者专人统一管理。设立党委（党组）的县级以上单位应当建立机要保密室和机要阅文室，并按照有关保密规定配备工作人员和必要的安全保密设施设备。

第三十条　公文确定密级前，应当按照拟定的密级先行采取保密措施。确定密级后，应当按照所定密级严格管理。绝密级公文应当由专人管理。

公文的密级需要变更或者解除的，由原确定密级的机关或者其上级机关决定。

第三十一条　公文的印发传达范围应当按照发文机关的要求执行；需要变更的，应当经发文机关批准。

涉密公文公开发布前应当履行解密程序。公开发布的时间、形式和渠道，由发文机关确定。

经批准公开发布的公文，同发文机关正式印发的公文具有同等效力。

第三十二条　复制、汇编机密级、秘密级公文，应当符合有关规定并经本机关负责人批准。绝密级公文一般不得复制、汇编，确有工作需要的，应当经发文机关或者其上级机关批准。

复制、汇编的公文视同原件管理。复制件应当加盖复制机关戳记。翻印件应当注明翻印的机关名称、日期。汇编本的密级按照编入公文的最高密级标注。

第三十三条 公文的撤销和废止，由发文机关、上级机关或者权力机关根据职权范围和有关法律法规决定。公文被撤销的，视为自始无效；公文被废止的，视为自废止之日起失效。

第三十四条 涉密公文应当按照发文机关的要求和有关规定进行清退或者销毁。

第三十五条 不具备归档和保存价值的公文，经批准后可以销毁。销毁涉密公文必须严格按照有关规定履行审批登记手续，确保不丢失、不漏销。个人不得私自销毁、留存涉密公文。

第三十六条 机关合并时，全部公文应当随之合并管理；机关撤销时，需要归档的公文经整理后按照有关规定移交档案管理部门。

工作人员离岗离职时，所在机关应当督促其将暂存、借用的公文按照有关规定移交、清退。

第三十七条 新设立的机关应当向本级党委、政府的办公厅（室）提出发文立户申请。经审查符合条件的，列为发文单位，机关合并或者撤销时，相应进行调整。

第八章 附 则

第三十八条 党政机关公文含电子公文。电子公文处理工作的具体办法另行制定。

第三十九条 法规、规章方面的公文，依照有关规定处理。外事方面的公文，依照外事主管部门的有关规定处理。

第四十条 其他机关和单位的公文处理工作，可以参照本条例执行。

第四十一条 本条例由中共中央办公厅、国务院办公厅负责解释。

第四十二条 本条例自 2012 年 7 月 1 日起施行。1996 年 5 月 3 日中共中央办公厅发布的《中国共产党机关公文处理条例》和 2000 年 8 月 24 日国务院发布的《国家行政机关公文处理办法》停止执行。

例 文

××有限责任公司章程

为适应市场经济发展的要求，依据《中华人民共和国公司法》（以下简称《公司法》）及其他有关法律、行政法规的规定，由××××中心、××研究所双方出资设立××有限公司，特于 200×年××月制订并签署本章程。本章程如与国家法律、法规相抵触的，以国家法律、法规为准。

第一章 公司名称和住所

第一条 公司名称：××有限公司（以下简称"公司"）

第二条 公司住所：上海市××区××路××号

第二章 公司经营范围

第三条 公司经营范围：

水泥、建筑装饰材料、机械设备、汽车、汽车配件、办公用品及自动化设备、五金交电的销售；汽车维修；物业管理；服装、汽车配件的生产、加工；经济信息咨询服务（涉及专项审批的经营期限以专项审批为准）。

第三章　公司注册资本

第四条　公司注册资本：人民币 8 000 万元

公司增加或减少注册资本，必须召开股东会并由全体股东通过并作出决议。公司减少注册资本，还应当自作出决议之日起十日内通知债权人，并于三十日内在报纸上至少公告三次。公司变更注册资本应依法向登记机关办理变更登记手续。

第四章　股东的名称、出资方式、出资额

第五条　股东的名称、出资方式及出资额如下：（略）

第六条　公司成立后，应向股东签发出资证明书。

第五章　股东的权利和义务

第七条　股东享有如下权利：

（1）参加或推选代表参加股东会并根据其出资份额享有表决权；

（2）了解公司经营状况和财务状况；

（3）选举和被选举为董事或监事；

（4）依照法律、法规和公司章程的规定获取股利并转让；

（5）优先购买其他股东转让的出资；

（6）优先购买公司新增的注册资本；

（7）公司终止后，依法分得公司的剩余财产；

（8）有权查阅股东会会议记录和公司财务报告。

第八条　股东承担以下义务：

（1）遵守公司章程；

（2）按期缴纳所认缴的出资；

（3）依其所认缴的出资额承担公司的债务；

（4）在公司办理登记注册手续后，股东不得抽回投资。

第六章　股东转让出资的条件（略）

第七章　公司的机构及其产生办法、职权、议事规则（略）

第八章　公司的法定代表人（略）

第九章　财务、会计、利润分配及劳动用工制度（略）

第十章　公司的解散事由与清算办法（略）

第十一章　股东认为需要规定的其他事项（略）

全体股东盖章

××中心

××研究所

20××年××月××日

第三节　规定　办法

一、规　定

（一）规定的含义和特点

规定是国家行政机关、社会团体、企事业单位对某项工作或活动所制定的具体规范和要求的法规性文书。规定的主要特点是：

（1）规定具有强制性和约束力。它是依照国家有关政策、法规制定的，是政策、法规在某项工作中的具体体现。

（2）其内容更有针对性、更具体。规定是针对国家生活和社会生活中出现的、带有倾向性的问题而制定的，规定的制定与现实紧密相连，具有明显的针对性。与条例相比较，规定的针对性较强，适用范围集中，措施、方法较详细和具体，但长期性、稳定性比条例弱，其法规性和约束力也次于条例。

（3）规定的使用范围很广，行政机关、社会团体、企事业单位都可以使用。重大事项可以使用，一般性工作也可以使用。可见其对制发机关的规范要求不如条例严格。

（4）有的规定具备很强的约束力，有的规定具备事项告知性，这要视规定的内容和作用而论。

（二）规定的写作

1. 标　题

规定的标题有两种写法：一是由发文机关、事由和文种组成，如《××市关于禁止燃放烟花爆竹的规定》；二是由事由和文种名称组成，如《女职工劳动保护规定》。属短期内适用或尚需修改、补充的规定，可在文种名称前加上"暂行""试行"字样。在标题下居中处写明本规定通过的日期，通过的会议名称，或发布日期及发布机关全称。

2. 正　文

规定的正文结构与条例相似，内容单纯、层次不复杂的规定可用条款式结构；内容较多、层次复杂的规定，应用章条式结构。

规定的开头简明扼要地写清制发本规定的原因、目的、政策法律依据等。常用"为了……特制定本规定"或"为了……根据……特制定本规定"的格式行文。末尾常用"特做以下规定"或"现就××问题规定如下"承启正文。

主体部分写规定的具体条款。这部分应体现原则性的规范要求和具体约束措施的高度结合。应按先原则、后具体，先主要、后次要的原则和逻辑联系顺序排列。每一章、每一条写一个具体问题。规定事项应简明具体、前后一致。

结尾用"附则"或在最后一条对实施规定进行说明，包括适用范围、生效时间、奖惩办法，批准、修改与解释权限，宣布原有的与本规定相抵触的规定同时废止。

3. 注意事项

（1）规定条款要符合国家的法律、政策，不能与国家的有关法律政策相抵触。"规"是原则性规范要求，"定"是具体措施，规定事项要体现"规"约束"定"。

（2）条款突出对具体问题的针对性，要符合实际，要求、措施要切实可行。

（3）表达要简明扼要，概念要准确。规定中使用的专业术语要规范。特别要避免表意时的模棱两可、含糊不清，勿使人发生疑惑、误解，或难以执行。

（4）要正确使用文种，不能错用和滥用。规定侧重于规定性、制止性及政策性。临时性、阶段性工作的限定，可以采用通知文种行文。局部性、业务性强的工作的限定，可以采用规则、制度一类文种行文。

二、办　法

（一）办法的含义和特点

办法是依据有关规定和条例，针对某项工作或某一方面的活动制定的较为具体的措施的规范性文书。办法的主要特点是：

（1）具有规定性。即制定办法的行政机关单位对某些具体工作制定出规范性标准，作为人们的行动准则，并要求在一定的范围内执行。

（2）针对性强，内容具体。与条例、规定相比，办法更侧重制定执行中的具体措施和要求，是对条例、规定等法规性文件实施的细化和补充。有的办法在实施过程中，根据实际情况还可以变通、补充、修改。这样，一般要在办法执行说明条文中写上"……可根据本办法制定实施细则"等。

（3）办法可以用命令或通知的形式发布，也可以独立发布。

（二）办法的写作

1. 标　题

办法的标题由发文机关、事由和文种组成，如《中华人民共和国档案法实施办法》。有时发文机关名称也可省略，如《国家行政机关公文处理办法》。若是短期内执行的、内容尚待进一步修订补充的办法，应在标题文种名称前注明"暂行""试行"字样，有的还要加"实施"二字。标题下居中注明批准、发布时间和发布单位全称。国家高级行政机关制发的重要办法，常以令的形式发布。

2. 正　文

开头先交代制发本办法的依据、目的、意义和作用等，要简明扼要。

主体部分按条款性质，顺序写明具体的实施办法。这部分内容要从主到次、从直接方面到间接方面排列，要周到严谨，具有逻辑性。

结尾说明本办法的修改解释权限、实施日期、适用范围、要求、希望等。有的办法无结尾。正文的结构形式视内容的多少选择章条式或条款式。

3. 注意事项

（1）办法是一种实际操作性很强的文种，制定时要有切实的法规、条例做依据，并根据某项工作或活动的实际需要制定具体条款。

（2）款项要鲜明，条理要清楚，一条表达一个完整单一的内容，集中明确。一条之内又可以有若干款或者项，每款每项表达一个更具体的内容。

（3）表述要准确，文字要精练，使所规范的对象易于执行和遵守。

例　文

中华人民共和国国务院令

第 619 号

《女职工劳动保护特别规定》已经 2012 年 4 月 18 日国务院第 200 次常务会议通过，现予公布，自公布之日起施行。

总理　温家宝

二〇一二年四月二十八日

女职工劳动保护特别规定

第一条　为了减少和解决女职工在劳动中因生理特点造成的特殊困难，保护女职工健康，制定本规定。

第二条　中华人民共和国境内的国家机关、企业、事业单位、社会团体、个体经济组织以及其他社会组织等用人单位及其女职工，适用本规定。

第三条　用人单位应当加强女职工劳动保护，采取措施改善女职工劳动安全卫生条件，对女职工进行劳动安全卫生知识培训。

第四条　用人单位应当遵守女职工禁忌从事的劳动范围的规定。用人单位应当将本单位属于女职工禁忌从事的劳动范围的岗位书面告知女职工。

女职工禁忌从事的劳动范围由本规定附录列示。国务院安全生产监督管理部门会同国务院人力资源社会保障行政部门、国务院卫生行政部门根据经济社会发展情况，对女职工禁忌从事的劳动范围进行调整。

第五条　用人单位不得因女职工怀孕、生育、哺乳降低其工资、予以辞退、与其解除劳动或者聘用合同。

第六条　女职工在孕期不能适应原劳动的，用人单位应当根据医疗机构的证明，予以减轻劳动量或者安排其他能够适应的劳动。

对怀孕 7 个月以上的女职工，用人单位不得延长劳动时间或者安排夜班劳动，并应当在劳动时间内安排一定的休息时间。

怀孕女职工在劳动时间内进行产前检查，所需时间计入劳动时间。

第七条　女职工生育享受 98 天产假，其中产前可以休假 15 天；难产的，增加产假 15 天；生育多胞胎的，每多生育 1 个婴儿，增加产假 15 天。

女职工怀孕未满 4 个月流产的，享受 15 天产假；怀孕满 4 个月流产的，享受 42 天产假。

第八条　女职工产假期间的生育津贴，对已经参加生育保险的，按照用人单位上年度职工月平均工资的标准由生育保险基金支付；对未参加生育保险的，按照女职工产假前工资的标准由用人单位支付。

女职工生育或者流产的医疗费用，按照生育保险规定的项目和标准，对已经参加生育保险的，由生育保险基金支付；对未参加生育保险的，由用人单位支付。

第九条 对哺乳未满1周岁婴儿的女职工，用人单位不得延长劳动时间或者安排夜班劳动。

用人单位应当在每天的劳动时间内为哺乳期女职工安排1小时哺乳时间；女职工生育多胞胎的，每多哺乳1个婴儿每天增加1小时哺乳时间。

第十条 女职工比较多的用人单位应当根据女职工的需要，建立女职工卫生室、孕妇休息室、哺乳室等设施，妥善解决女职工在生理卫生、哺乳方面的困难。

第十一条 在劳动场所，用人单位应当预防和制止对女职工的性骚扰。

第十二条 县级以上人民政府人力资源社会保障行政部门、安全生产监督管理部门按照各自职责负责对用人单位遵守本规定的情况进行监督检查。

工会、妇女组织依法对用人单位遵守本规定的情况进行监督。

第十三条 用人单位违反本规定第六条第二款、第七条、第九条第一款规定的，由县级以上人民政府人力资源社会保障行政部门责令限期改正，按照受侵害女职工每人1 000元以上5 000元以下的标准计算，处以罚款。

用人单位违反本规定附录第一条、第二条规定的，由县级以上人民政府安全生产监督管理部门责令限期改正，按照受侵害女职工每人1 000元以上5 000元以下的标准计算，处以罚款。用人单位违反本规定附录第三条、第四条规定的，由县级以上人民政府安全生产监督管理部门责令限期治理，处5万元以上30万元以下的罚款；情节严重的，责令停止有关作业，或者提请有关人民政府按照国务院规定的权限责令关闭。

第十四条 用人单位违反本规定，侵害女职工合法权益的，女职工可以依法投诉、举报、申诉，依法向劳动人事争议调解仲裁机构申请调解仲裁，对仲裁裁决不服的，依法向人民法院提起诉讼。

第十五条 用人单位违反本规定，侵害女职工合法权益，造成女职工损害的，依法给予赔偿；用人单位及其直接负责的主管人员和其他直接责任人员构成犯罪的，依法追究刑事责任。

第十六条 本规定自公布之日起施行。1988年7月21日国务院发布的《女职工劳动保护规定》同时废止。

附录：

女职工禁忌从事的劳动范围

一、女职工禁忌从事的劳动范围

（一）矿山井下作业；

（二）体力劳动强度分级标准中规定的第四级体力劳动强度的作业；

（三）每小时负重6次以上、每次负重超过20公斤的作业，或者间断负重、每次负重超过25公斤的作业。

二、女职工在经期禁忌从事的劳动范围

（一）冷水作业分级标准中规定的第二级、第三级、第四级冷水作业；

（二）低温作业分级标准中规定的第二级、第三级、第四级低温作业；

（三）体力劳动强度分级标准中规定的第三级、第四级体力劳动强度的作业；

（四）高处作业分级标准中规定的第三级、第四级高处作业。

三、女职工在孕期禁忌从事的劳动范围

（一）作业场所空气中铅及其化合物、汞及其化合物、苯、镉、铍、砷、氰化物、氮氧化物、一氧化碳、二硫化碳、氯、己内酰胺、氯丁二烯、氯乙烯、环氧乙烷、苯胺、甲醛等有毒物质浓度超过国家职业卫生标准的作业；

（二）从事抗癌药物、己烯雌酚生产，接触麻醉剂气体等的作业；

（三）非密封源放射性物质的操作，核事故与放射事故的应急处置；

（四）高处作业分级标准中规定的高处作业；

（五）冷水作业分级标准中规定的冷水作业；

（六）低温作业分级标准中规定的低温作业；

（七）高温作业分级标准中规定的第三级、第四级的作业；

（八）噪声作业分级标准中规定的第三级、第四级的作业；

（九）体力劳动强度分级标准中规定的第三级、第四级体力劳动强度的作业；

（十）在密闭空间、高压室作业或者潜水作业，伴有强烈振动的作业，或者需要频繁弯腰、攀高、下蹲的作业。

四、女职工在哺乳期禁忌从事的劳动范围

（一）孕期禁忌从事的劳动范围的第一项、第三项、第九项；

（二）作业场所空气中锰、氟、溴、甲醇、有机磷化合物、有机氯化合物等有毒物质浓度超过国家职业卫生标准的作业。

例　文

中华人民共和国人力资源和社会保障部令
第 30 号

《公务员考试录用违纪违规行为处理办法》已经 2016 年 5 月 27 日人力资源社会保障部第 99 次部务会议审议通过，现予公布，自 2016 年 10 月 1 日起施行。

部长　尹蔚民

2016 年 8 月 19 日

公务员考试录用违纪违规行为处理办法

第一条　为规范公务员考试录用违纪违规行为的认定与处理，严肃考试纪律，确保考试录用工作公平、公正，根据《中华人民共和国公务员法》等有关规定，制定本办法。

第二条　报考者和工作人员在公务员考试录用中违纪违规行为的认定与处理，适用本办法。

第三条　认定与处理违纪违规行为，应当事实清楚、证据确凿、程序规范、适用规定准确。

第四条　公务员主管部门、招录机关和考试机构及其他相关机构按照公务员考试录用法律法规等规定的职责权限，对报考者和工作人员违纪违规行为进行认定与处理。

第五条　报考者提供的涉及报考资格的申请材料或者信息不实的，由负责资格审查工作的招录机关或者公务员主管部门给予其取消本次报考资格的处理。

报考者有恶意注册报名信息，扰乱报名秩序或者伪造学历证明及其他有关材料骗取考试资格等严重违纪违规行为的，由中央一级招录机关或者设区的市级以上公务员主管部门给予其取消本次报考资格的处理，并记入公务员考试录用诚信档案库，记录期限为五年。

第六条 报考者在考试过程中有下列违纪违规行为之一的，由具体组织实施考试的考试机构、招录机关或者公务员主管部门给予其当次该科目（场次）考试成绩无效的处理：

（一）将规定以外的物品带入考场且未按要求放在指定位置，经提醒仍不改正的；

（二）未在指定座位参加考试，或者未经工作人员允许擅自离开座位或者考场，经提醒仍不改正的；

（三）经提醒仍不按规定填写（填涂）本人信息的；

（四）将试卷、答题纸、答题卡带出考场，或者故意损毁试卷、答题纸、答题卡的；

（五）在试卷、答题纸、答题卡规定以外位置标注本人信息或者其他特殊标记的；

（六）在考试开始信号发出前答题的，或者在考试结束信号发出后继续答题的；

（七）其他应给予当次该科目（场次）考试成绩无效处理的违纪违规行为。

第七条 报考者在考试过程中有下列严重违纪违规行为之一的，给予其取消本次考试资格的处理，并记入公务员考试录用诚信档案库，记录期限为五年：

（一）抄袭、协助抄袭的；

（二）持伪造证件参加考试的；

（三）使用禁止自带的通讯设备或者具有计算、存储功能电子设备的；

（四）其他应给予取消本次考试资格处理的严重违纪违规行为。

报考中央机关及其直属机构公务员的，由中央公务员主管部门或者中央一级招录机关作出处理。报考地方各级机关公务员的，由省级公务员主管部门或者设区的市级公务员主管部门作出处理。

第八条 报考者在考试过程中有下列特别严重违纪违规行为之一的，由中央公务员主管部门或者省级公务员主管部门给予其取消本次考试资格的处理，并记入公务员考试录用诚信档案库，长期记录：

（一）串通作弊或者参与有组织作弊的；

（二）代替他人或者让他人代替自己参加考试的；

（三）其他情节特别严重、影响恶劣的违纪违规行为。

第九条 在阅卷过程中发现报考者之间同一科目作答内容雷同，并经阅卷专家组确认的，由具体组织实施考试的考试机构给予其该科目（场次）考试成绩无效的处理。省级以上考试机构确定作答内容雷同的具体方法和标准。

报考者之间同一科目作答内容雷同，并有其他相关证据证明其作弊行为成立的，视具体情形按照本办法第七条、第八条的规定处理。

第十条 报考者在体检过程中隐瞒影响录用的疾病或者病史的，由招录机关或者公务员主管部门给予其不予录用的处理。有串通工作人员作弊或者请他人顶替体检以及交换、替换化验样本等严重违纪违规行为的，由招录机关或者公务员主管部门给予其不予录用的处理，并由中央一级招录机关或者设区的市级以上公务员主管部门记入公务员考试录用诚信档案库，记录期限为五年。

第十一条 报考者在考察过程中有弄虚作假、隐瞒事实真相或者其他妨碍考察工作正常进行行为的,由负责组织考察的招录机关或者公务员主管部门给予其不予录用的处理。情节严重、影响恶劣的严重违纪违规行为,由中央一级招录机关或者设区的市级以上公务员主管部门记入公务员考试录用诚信档案库,记录期限为五年。

第十二条 报考者的违纪违规行为被当场发现的,工作人员应当予以制止或者终止其继续参加考试,并收集、保存相应证据材料,如实记录违纪违规事实和现场处理情况,由两名以上工作人员签字,报送负责组织考试录用的部门。

第十三条 对报考者违纪违规行为作出处理决定前,应当告知报考者拟作出的处理决定及相关事实、理由和依据,并告知报考者依法享有陈述和申辩的权利。作出处理决定的公务员主管部门、招录机关或者考试机构对报考者提出的事实、理由和证据,应当进行复核。

第十四条 对报考者违纪违规行为作出处理决定的,应当制作公务员考试录用违纪违规行为处理决定书,依法送达报考者。

第十五条 试用期间查明报考者有本办法所列违纪违规行为的,由中央一级招录机关或者设区的市级以上公务员主管部门取消录用并按照本办法的有关规定给予其相应的处理。

任职定级后查明有本办法所列违纪违规行为的,给予其辞退处理或者开除处分。

第十六条 报考者应当自觉维护考试录用工作秩序,服从工作人员管理,有下列行为之一的,责令离开考场;情节严重的,按照本办法第七条、第八条的规定处理;违反《中华人民共和国治安管理处罚法》的,交由公安机关依法处理;构成犯罪的,依法追究刑事责任:

(一)故意扰乱考点、考场等考试录用工作场所秩序的;

(二)拒绝、妨碍工作人员履行管理职责的;

(三)威胁、侮辱、诽谤、诬陷工作人员或者其他考生的;

(四)其他扰乱考试录用管理秩序的行为。

第十七条 录用工作人员违反有关法律法规,或者有《公务员录用规定(试行)》第三十三条、第三十四条规定情形的,按照有关规定给予处分。其中,公务员组织、策划有组织作弊或者在有组织作弊中起主要作用的,给予开除处分。构成犯罪的,依法追究刑事责任。

第十八条 报考者对违纪违规行为处理决定不服的,可以依法申请行政复议或者提起行政诉讼。

录用工作人员因违纪违规行为受到处分不服的,可以依法申请复核或者提出申诉。

第十九条 参照公务员法管理的机关(单位)工作人员录用中违纪违规行为的认定与处理适用本办法。

第二十条 公务员考试录用诚信档案库的管理办法由中央公务员主管部门制定。

第二十一条 本办法自 2016 年 10 月 1 日起施行。2009 年 11 月 9 日人力资源社会保障部公布的《公务员录用考试违纪违规行为处理办法(试行)》(人力资源和社会保障部令第 4 号)同时废止。

第四节 制度 规则 规程

一、制度、规则

（一）制度、规则的含义和特点

制度是国家行政机关、人民团体、企事业单位，依照政策、法律、法令而制定的，是用以规范人们的生产、学习、生活的。

建立健全人们共同应遵守的规章制度，可使工作规范、和谐而有节奏地进行。

规则是国家行政机关、人民团体、企事业单位在一定范围内对某项工作、活动做出工作、行为规范和纪律要求的规章。它的作用在于对一定范围内的一定工作做出某种规范和约束，要求有关人员遵照执行，具有相当强的强制执行性。

制度、规则有如下特点：

（1）制度的应用非常广泛，大到国家机关，小到基层单位的科室班组，都要制定出各种规章制度，以便共同遵守，以加强社会各行各业的管理，提高工作和劳动效率。而规则的应用也很广，但其所规定的范围比其他规范性行政公文要窄，适用于对局部范围的人员、活动和场所做具体的要求和规定。

（2）条理性强。为了便于执行者遵守，制度、规则一般都采用条款式阐述。

（二）制度、规则的写作

1. 标　题

制度的标题有两种：一种由适用对象加适用事项加文种组成，如《行政机关干部离退休制度》；另一种是由适用事项加文种组成，如《值班制度》。

规则的标题一般由事由加文种组成。

2. 正　文

制度的正文可以设总则、分则和附则。总则一般写明制定的目的，常用"为了……特制定本制度"的句式表达；有的还需要说明适用范围、执行要求等。分则部分要分章分款写明制度的各项具体规定。附则部分写明实施要求和生效日期等。内容较简单的可用前言加章条式结构。

规则的正文有两种形式：一是条目贯通式，从头到尾用条通下来，一贯到底。二是总则、分则、附则式，这种形式的行文要求，可参看制度的写法。

3. 注意事项

（1）合法合理。要以政策、法律为依据，内容要符合有关法规和政策的规定，要与有关部门协调一致。行文要严谨周密，不要有漏洞。

（2）切实可行。制定制度或规则要结合实际，条文明确，具体可行。

（3）结构单一，条款简短，措辞准确，语言简明，使人一看就懂，以便执行。

二、规　程

（一）规程的含义和特点

规程，是对单位内部机构某项业务的性质、任务和工作程式，或某项工作、某项活动的实施过程和实施办法等做出规范、有序规定的规章。

制定规程的目的在于规范人们的行为，以便有一个正常活动或生产、工作的程序。

规程的特点主要是内容的具体性和可操作性，条款式结构，直陈式表达方法等。

（二）规程的写作

1. 标　题

由适用范围和文种组成或由制发机关加适用范围和文种，如《电工操作规程》《中国专利局行政复议规程》。

2. 正　文

一般采取分章或分条、分款进行写作。章条的组织顺序可分类写作，按逻辑顺序组合。每一条款的内容阐述，应从正面提出要求，明确写出应该怎么做，必要时再写出不能怎么做。

3. 落　款

写上制发单位和制发日期。

4. 注意事项

（1）撰写规程应注意各项要求和程序都必须有科学依据，内容周密、严谨，没有疏漏和矛盾。

（2）每条每款都要具体、准确、可行和有可操作性，要注重内容的程序性，条款之间要按逻辑顺序排列。

（3）简洁明白，易懂易记。

例　文

<h3 style="text-align:center">办公用品采购保管规章制度</h3>

总　则

为加强对物资采购的管理，进一步规范公司办公用品采购工作，提高采购工作的效益，切实推进公司的廉政建设，根据我公司实际，现制定本规定。

第一条　办公物品购买原则

为了统一限量、控制用品规格以及节约经费开支，所有办公用品的购买，都应由办公室统一负责。办公室要根据办公用品库存量情况以及消耗水平，确定订购数量。

第二条　办公物品订购方式

小型或零星办公物品的采购要由两人以上到指定专门商店采购，要选购价格合适、质量合格的物品。

大型物品采购可采取公开招标、邀请招标、竞争性谈判、询价和单一来源采购等方式进行。

1. 购单件或批量在 5 万元以上的物品（低值易耗品除外），应采取招标采购。凡进行公开招标和邀请招标的，应成立专项采购工作小组，依法组织实施招投标。

2. 凡采用竞争谈判或询价方式的，要组成有申购单位负责人参加的谈判小组或询价小组，在进行市场调研、多方比较的基础上，经集体讨论提出意见，并根据权限由相应的组织或负责人予以确定。

3. 凡采用单一来源采购方式（包括定点采购）的，应遵循公开、公平、择优的原则，按照权限由主管部门与申购单位共同确定供应商。

第三条 办公物品采购过程

在办公用品库存不多或者有关部门提出特殊需求的情况下，按照成本最小原则进行订购。

一、验　货

所采购的办公用品到货后，由仓库管理员按送货单进行验收，经核对（名称、规格、数量、单价、金额、质量等）无误后，在送货单上（一式二联）签字验收，然后将送货联留存归类，另一送货回单联交送货人带回送货单位做结算凭据。

二、付　款

采购员收到供货单位发票后，须查验订货单位合同，核对所记载的发票内容并在发票背面签字认可后，携验收入库单结算发票以及开列的支付传票，交主管部门负责人审核签字后，做好登记，做到账、卡、物一致，最后交财务处负责支付或结算。记账联由记账员做记账凭证并归档。

三、分　发

办公用品原则上由公司统一采购、分发给各个部门。用品分发后作好登记，写明分发日期、品名与数量等。如有特殊情况，允许各部门在提出"办公用品购买申请书"的前提下进行采购。

四、保　管

办公用品进仓入库后，仓库管理员按物品种类、规格、等级、存放次序、分区堆码，不得混乱堆放，并由记账员按送货单序号和货单内容在办公用品收发存账册上进行登录。仓库管理员必须清楚地掌握办公用品库存情况，经常整理与清扫，必要时要实行防虫等保全措施。

第四条 办公物品采购纪律

一、参与物品采购的单位和工作人员，不准参加可能影响公平竞争的任何活动；不准收取供货方任何名目的"中介费""好处费"；不准在供货方报销任何应由个人支付的费用；不准损害公司利益，徇私舞弊，为对方谋取不正当利益。

二、物品采购过程中发生的"折扣""让利"等款项，应首先用于降低采购价格；确属难以用于降低采购价格的，一律进入公司财务账内，不得由部门坐收坐支，不得提成给经办人员。

三、对违反规定的行为，应追究有关责任人纪律责任，由此造成的损失由责任人赔偿，并按公司规定惩处。

第五条 本规定从即日起执行

××××股份公司
二〇××年×月×日

例　文

建筑施工安全技术操作规程

施工安全事故是人们所不希望发生的事件。但在建筑施工过程中却隐藏着许多可能导致事故发生的危险因素。因此，制定建筑施工安全技术操作规程对保证建筑工程的施工安全是极其重要的，对保证企业良好的发展环境及其持续发展，提高企业的竞争力意义深远。故特制订以下规程：

一、建筑工程施工必须坚持安全第一，预防为主，综合治理的方针。

二、生产班组（队）在接受生产任务时，应同时组织班组（队）全体人员听取安全技术措施交底讲解，凡没有进行安全技术措施交底或未向全体作业人员讲解，班组（队）有权拒绝接受任务，并提出意见。

三、本施工现场的特种作业：

1. 电工作业；2. 架工作业；3. 起重机械（塔吊、施工电梯等）作业；4. 金属焊接（含气割）作业；5. 机械工作业；6. 单位内行驶机动车辆驾驶作业。施工现场的特种作业人员必须经过专门培训，考试合格获得《特种作业操作证》后，方准独立进行特种作业操作。学徒工必须办理学习证，在监护人的指导下操作，严禁无证作业。

四、进入施工现场的作业人员，必须首先参加安全教育培训，考试合格方可上岗作业，未经培训或考试不合格者，不得上岗作业。

五、从事特种作业的人员，必须进行身体检查，无妨碍本工种的疾病和具有相适应的文化程度。

六、不满18周岁的未成年工，不得从事建筑工程施工工作。

七、服从领导和安全检查人员的指挥，工作时思想集中，坚守作业岗位，未经许可，不得从事非本工种作业，严禁酒后作业。

八、建筑施工工人必须熟知本工种的安全操作规程和施工现场的安全生产制度，不违章作业，对违章作业的指令有权拒绝，并有责任制止他人违章作业。

九、班组（队）长，每日上班前，必须召集所辖班组（队）全体人员，针对当天任务，结合安全技术措施内容和作业环境、设施、设备安全状况及本班组（队）人员技术素质、安全知识、自我保护意识以及思想状态，有针对性地进行班前活动，提出具体注意事项，跟踪落实，并做好活动录。

十、班组（队）长和班组（队）专（兼）职安全员必须每日上班前对作业环境、设施、设备进行认真检查，发现安全隐患，立即解决；重大隐患，报告领导解决，严禁冒险作业。作业过程中应巡视检查，随时纠正违章行为，解决新的安全隐患；下班前进行确认检查，机电是否拉闸、断电、门上锁，用火是否熄灭，施工垃圾自产自清，日产日清，工完料净场地清，确认无误，方可离开现场。

十一、进入施工现场的人员必须正确戴好安全帽，系好帽带；按照作业要求正确穿戴个人防护用品，着装要统一、整齐；在没有可靠安全防护设施的高处（2m及2m以上）悬崖和陡坡施工时，必须系好安全带；高处作业不得穿硬底和带钉易滑的鞋，不得向下投掷物料，严禁赤脚穿拖鞋、高跟鞋进入施工现场。

十二、施工现场行走要注意安全，不得攀登脚手架、井字架、塔吊、外用电梯。禁止乘坐非乘人的垂直运输设备上下。

十三、施工现场的各种安全设施、设备和警告、安全标志等未经项目安全部同意不得任意拆除和随意挪动。

十四、（略）

十五、（略）

十六、（略）

十七、（略）

十八、（略）

十九、（略）

二十、（略）

××××公司

二〇××年×月×日

第五节　守则　细则

一、守　则

（一）守则的含义和特点

守则是国家行政机关或职能部门根据上级有关指示精神和本部门的具体情况、工作性质，对所属全体成员或部分成员制定的在思想、品德、言行等方面应严格遵守的一种规章。除此之外，守则还适用于对具体事项的操作和规范。

守则的主要特点是：守则多数情况下是针对有关人员制定的，侧重于设立判断是非的标准，对道德规范和行为规则作出规定，引导、教育有关人员自觉遵守，没有对违反者的处理办法，不突出强制性和约束力；基本上都采用条款式结构，句式简短，简洁明了；文中所涉及的内容较周全，便于执行。

（二）守则的写作

1. 标　题

主要由守则的执行对象和文种构成，如《××饭店工作人员守则》。

2. 正　文

将有关的要求、应该注意的问题及应该做到的事项等内容以条为序依次写明。

3. 落　款

一般要将守则制发单位的名称和日期写在正文的右下方，也可以写在标题之下，用括号括起来；有时也可以省略此项内容。

4. 注意事项

（1）必须符合国家政策，体现新的精神风貌，从客观实际出发，突出自身特点。
（2）条款应明确、具体，使执行者觉得应该做到，必须做到。
（3）必须真正从群众中产生，要经过酝酿讨论、补充修改后再成文公布。
（4）条文简短、通俗易懂，以利于执行者记忆。

二、细　则

（一）细则的含义和特点

细则是对某项法规、条例或其中部分条款进行详细解释或补充说明的文书。细则都是为贯彻执行有关法规、条例而制定的。细则的主要特点是：

（1）细则作为派生性文种，常随法规、条例同时或稍后发布，是法规、条例的辅助性规定，自然具有条例、规定和办法的规范性的特点。
（2）其实施措施和要求更加具体、详尽、明细，即把上级有关规定具体化、细密化，以便于贯彻执行，因此又经常称之为实施细则。

（二）细则的写作

1. 标　题

细则的标题一般应由发文机关、事由和文种组成，有时也将发文机关省略。若被细则所解释补充的文件是"暂行""试行"性质的，细则的标题往往在文种前也冠以"暂行""试行"字样。标题下居中写明批准时间和批准机关名称、发布时间和发布机关名称。例如《中华人民共和国出入境管理法实施细则》（××××年12月3日国务院批准，××××年12月26日公安部、外交部、交通部发布；××××年7月13日国务院批准修订，××××年7月15日公安部、外交部、交通部发布）。

2. 正　文

细则中内容较丰富时，可以用章条式结构方法。第一章为总则，写明制发细则的依据、目的。细则是辅助性文种，应写明本细则是依据哪一文件制发的，其余内容分别列章写明。中间各章为分则，写各项实质性条款。其排列和被补充公文层次排列顺序相结合。最后一章为附则，说明本细则的解释权、生效日期等。

细则内容较少时，可采用条款式结构。首先用1~2条说明制定本细则的依据、目的；中间各条写实质性条款；结尾用1~2条写细则的实施说明。

3. 注意事项

（1）制定细则必须"上有所依，下有所系"，以被解释和补充的文件为依据。既要充分领会原文件精神，又要掌握工作中的实际情况，联系实际，使所定条款有的放矢，不能搞脱离实际的空洞条文。
（2）细则的条款要详尽、具体、切实可行。不能只是部分重复被补充公文的条款或解释其字面意思，也不能对被补充公文每一条款都铺开说明，以免冗长烦琐。

例 文

公司员工守则

为规范员工行为，保障和建立和谐稳定的企业劳动关系，促进公司持续健康发展，根据《劳动法》《企业法》相关规定，特制定员工守则如下：

第一章 总 则

第一条 公司精神：诚信 合群 卓越 创新
第二条 公司经营理念：信誉第一 服务至上
第三条 公司宗旨：互惠互利 合作双赢
第四条 员工意识：服务意识 质量意识 市场意识 合作意识

第二章 考勤制度

第五条 员工每天工作时间为：8:00~12:00时；13:00~17:00时，应急加班或因季节变化调整时，以临时通知为准。公司可针对不同工作岗位规定不同工作时间。

第六条 自觉坚持按时上下班，不迟到、不早退，请假（包括工休、调休）要事先办妥准假手续。

第七条 尽忠职守、坚守岗位，上班期间不脱岗、不串岗、不做私事、不闲谈，不得酗酒闹事或任意翻阅不属自己负责的文件、账簿表册或函件，保守公司机密。

第八条 尊重公司信誉，不营私舞弊，不得私自对外发表涉及公司的个人意见，不擅用公司名义进行职务以外的活动或从事与本公司业务类似的经营活动。

第九条 遵守劳动纪律，严守操作规程，避免事故隐患。

第十条 遵纪守法，弘扬社会公德，做到仪表整洁、举止文明、待人和气、讲话谦逊，保持环境清洁卫生、秩序井然。

第三章 劳动合同管理及薪资福利

第十一条 公司录用员工按照合法、自愿原则，实行试用期考察制度，凡胜任本职工作、能够履行岗位职责并自觉遵守公司规章的，双方签订劳动合同。在本公司从业10年以上或经县以上人事部门分配的大专以上毕业生由公司办理养老、医疗、工伤、失业、生育保险，分配从事高危作业的人员上岗时即行办理"意外伤害保险"。

第十二条 遵循按劳分配、酬显其绩原则，员工工资一律实行底薪（技能）+效益（计件）工资制，多劳多得，按月定时足额发放。出勤奖、加班奖、综合奖及外勤补贴等按岗设定。同时，公司在经济效益提升的前提下，逐步提高员工的工资福利待遇。

第四章 劳动纪律

第十三条 员工必须遵守国家法律法规和公司各项规章制度，维护公司荣誉和利益，服从公司领导工作安排，努力提高服务质量和办事效率。

第十四条 员工应当全面完成劳动生产任务，维护企业正常的生产经营秩序、忠实地履行工作职责，爱岗敬业，热情服务，积极营造相互信任、相互尊重、团结互助、和谐友爱的工作氛围。

第十五条 员工应积极参与各类技术比武、技术革新和劳动、知识竞赛活动，参加各类社会公益及文化体育活动,加强自身政治修养、文明修养和职业道德修养,争做技术能手、文明职工和生产技术标兵。

第五章 奖罚制度(略)

××××公司

二○××年八月一日

北京市公安局警务公开细则

(二○××年×月×日××市政府批准,二○××年×月×日××市公安局发布)

第一章 总 则

第一节 任务和职权

第一条 人民警察的任务是维护国家安全,维护社会治安秩序,保护公民的人身安全、人身自由和合法财产,保护公共财产,预防、制止和惩治违法犯罪活动。

第二条 ××市公安局是××市政府主管公安工作的职能部门,是首都公安民警的最高领导和指挥机关。依法履行下列职责:

(一)预防、制止和侦查违法犯罪活动;

(二)维护社会治安秩序,制止危害社会治安秩序的行为;

(三)维护交通安全和交通秩序,处理交通事故;

(四)组织、实施消防工作,实行消防监督;

(五)管理枪支弹药、管制刀具和易燃易爆、剧毒、放射性危险物品;

(六)对法律、法规规定的特种行业进行管理;

(七)警卫国家规定的特定人员,守卫重要的场所和设施;

(八)管理集会、游行、示威活动;

(九)管理户政、国籍、入境出境事务和外国人在中国境内居留、旅行的有关事务;

(十)对被判处管制、拘役、剥夺政治权利的罪犯和监外执行的罪犯执行刑罚,对被宣告缓刑、假释的罪犯实行监督、考察;

(十一)监督管理计算机信息系统的安全保护工作;

(十二)指导和监督国家机关、社会团体、企业事业组织和重点建设工程的治安保卫工作,指导治安保卫委员会等群众性组织的治安、防范工作;

(十三)法律、法规规定的其他职责。

第三条 依照《中华人民共和国人民警察法》第四十四条的规定,北京市公安局全面推行警务公开制度,在执法办案和行政管理工作中,除法律、法规规定不能公开以及需要保密的事项外,都要予以公开。

第四条 警务公开工作要坚持全心全意为人民服务宗旨,以人民满意为最高标准,切实做到:有利于保证公正执法,维护公民的合法权益;有利于便民利民,方便群众;有利于解决群众关注的热点、难点问题;有利于群众对公安机关的监督。

第五条 警务公开的主要内容包括：（略）

第六条 依据《中华人民共和国人民警察法》，首都公安民警不得有下列行为：（略）

第七条 ××市公安民警要坚决遵守中央政法委员会对政法干警的《四条禁令》：（略）

（一）绝对禁止政法干警接受案件当事人请吃喝、送钱物；

（二）绝对禁止对告诉求助群众采取冷漠、生硬、蛮横、推诿等官老爷态度；

（三）绝对禁止政法干警打人、骂人、刑讯逼供等违法乱纪行为；

（四）绝对禁止政法干警参与经营娱乐场所或为非法经营活动提供保护。

第八条 ××市公安机关要坚决执行公安部关于禁止插手经济纠纷，禁止乱收费、乱罚款、乱摊派，严禁收取"办案费"以及不准从事经商活动等各项规定。

第九条 社会各界对首都公安机关和公安民警的违法违纪行为，均可以向××市公安局各级纪检监察机关举报和控告。市公安局举报电话：××××××××。对公安民警正在实施的违法违纪行为可以向市公安局警务督察大队举报，举报电话：××××××××。

第十条 ××市公安民警要遵守以下职业道德：（略）

××市公安局依据《中华人民共和国刑法》、《中华人民共和国刑事诉讼法》、公安部《公安机关办理刑事案件程序规定》等法律、法规、规章、规范性文件，行使对刑事犯罪的立案侦查，依法对犯罪嫌疑人实施强制措施或实行通缉；依法讯问犯罪嫌疑人；依法询问证人；依法对与犯罪有关的场所、物品、人身、尸体进行勘验、检查、搜查、扣押、鉴定、冻结，同时保障犯罪嫌疑人权利；保障律师在刑事诉讼中的执业活动。

××××××××××××××××××××××××××××××××××××××

习　题

一、单项选择题

1. 法规和规章的区别有几个方面，其中有（　　）。

A. 违反法规就是违法行为，要受到法律的制裁，而违反规章是违规行为，不受任何处罚

B. 法规的制作者有严格的限制，所有的机关、团体、单位都可制定一般的规章

C. 法规的制发必须遵守法定程序，规章则随便

D. 法规使用的文种一般是条例、规定等，规章除条例、规定以外，还可以用章程、细则、制度等文种

2. 条例只能作为（党内文件除外）（　　）。

A. 法规　　B. 规章　　C. 规定　　D. 规则

3. 下列文种既可作为法规，又可作为规章使用的有（　　）。

A. 章程　　B. 规程　　C. 规定　　D. 守则

4. 制定组织规章和业务规章的常用文种是（　　）。

A. 章程　　B. 制度　　C. 准则　　D. 办法

5. 有权修改和解释条例的是（　　）。

A. 颁布机关　　B. 修改机关　　C. 解释机关　　D. 制发机关

第三章 法规和规章文书

6. 下列有关条例的标题，不正确的是（　　）。
   A.《行政法规制定程序条例》　　B.《出版管理草案条例》
   C.《收费公路管理试行条例》　　D.《住房公积金管理条例》

7. 下列关于条例的说法中，正确的是（　　）。
   A. 条例常用于对法令、法规的补充性说明，经常随着法令、法规的修改而变动
   B. 条例一经发布，便具有法律效力
   C. 条例必须由国家权力机关制发和颁布
   D. 国务院各部门制定的规章也可成为"条例"

8. 对于内容相对单纯的条例，宜采用的结构是（　　）。
   A. 分则式　　B. 章条式　　C. 条款式　　D. 大纲式

9. 下列条例写作的注意事项中，表述错误的是（　　）。
   A. 条例的制定要在职权范围内进行，不能超越权限
   B. 条例观点要鲜明、具体、明确
   C. 条例结构要严谨、周密
   D. 条例的每一条又可以分为款、项、目，款冠以数字，项和目不用

10. 章程一般发布的形式是（　　）。
    A. 规章　　B. 草案　　C. 暂行条例　　D. 试行办法

11. 与条例相比，规定的特点是（　　）。
    A. 规定的针对性较强　　B. 规定的适用范围较广泛
    C. 规定的长期性、稳定性较强　　D. 规定的约束力较强

12. 办法可以独立发布，也可用其他形式发布，如（　　）。
    A. 制度或规则　　B. 守则或准则
    C. 命令或通知　　D. 章程或规定

13. 制度和规则的共同特点是（　　）。
    A. 结构复杂　　B. 使用范围广
    C. 约束力强　　D. 条理性不强

14. 下列表述不属于规程特点的是（　　）。
    A. 强制性　　B. 可操作性
    C. 条款式结构　　D. 直陈式表达方法

15. 下列对守则特点的描述中，不正确的是（　　）。
    A. 守则基本上采用条款式结构
    B. 守则的标题由执行对象和文种构成
    C. 守则突出强制性和约束力
    D. 守则必须从群众中产生，经过讨论、补充修改后公布

16. 细则的实施措施和要求十分具体和详尽，它要把上级的有关规定具体化、细密化，以便于执行，因而细则又经常被称为（　　）。
    A. 办事细则　　B. 执行细则　　C. 管理细则　　D. 实施细则

17. 细则不具有的特点是（　　）。
    A. 规范性　　B. 独立性　　C. 辅助性　　D. 派生性

18. 下列说法中正确的是（　　）。
A. 企事业机关制定的规章不能称之为"条例"，但国务院各部门所制定的规章就可以称作"条例"
B. 规定、规则、办法等，都是对某项工作或活动做出具体的规范和要求的文书，所以可以通用
C. 守则侧重于设立判断是非的标准，没有对违反者的处理办法，不突出强制性和约束力
D. 所有法规和规章的正文部分都包括总则、分则和附则三部分

19. 某公司要求下属行政办公室制作一个关于公司日常管理运作的文件，下列文种中不能使用的是（　　）。
A. 条例　　　　　B. 制度　　　　　C. 规定　　　　　D. 办法

20. 下列说法中错误的是（　　）。
A. 守则所涉及的内容较周全，便于执行
B. 制度、规则的应用范围都非常广泛，写法也相似，所以可以互通使用
C. 规定比条例的针对性更强，但长期性、稳定性、约束力却比条例弱
D. 章程要在广泛听取意见的基础上再经社会组织的权力机构通过发布，一般以"草案"的形式发布

二、多项选择题

1. 法规和规章的特点是（　　）。
A. 目的性　　　　B. 规整性　　　　C. 针对性
D. 严密性　　　　E. 约束性

2. 按照性质内容划分，规章可以分为（　　）。
A. 行政规章　　　B. 业务规章　　　C. 企业规章
D. 组织规章　　　E. 制度规章

3. 法规和规章的区别体现在（　　）。
A. 效力大小不同　　　　B. 制发主体不同
C. 使用的范围不同　　　D. 制发程序不同
E. 使用文种有所不同

4. 适用于规章的文种有（　　）。
A. 条例　　　　　B. 规定　　　　　C. 章程
D. 办法　　　　　E. 守则

5. 条例的主要特点是（　　）。
A. 法律的约束力　　　　B. 发布的严肃性
C. 相对的稳定性　　　　D. 执行的准确性
E. 语言的修辞性

6. 条例写作的结构类型有（　　）。
A. 条款式　　　　B. 总分式　　　　C. 分总式
D. 章条式　　　　E. 总分总式

7. 章程包括（　　）。
A. 组织法　　　　B. 管理法　　　　C. 办事准则

D. 行政细则　　　　　E. 实施办法

8. 章程的正文可分为（　　　）两部分。
   A. 导语　　　　B. 引言　　　　C. 摘要
   D. 总则　　　　E. 分则

9. 章程的写作应注意（　　　）。
   A. 主次分明　　　　　　B. 观点明确
   C. 语言简洁明快　　　　D. 概念准确
   E. 表达口语化

10. 规定的主要特点是（　　　）。
    A. 具有强制性　　　　　B. 内容的针对性
    C. 使用范围不广　　　　D. 内容的具体性
    E. 表意的模糊性

11. 规定的结尾常用"附则"对实施规定进行说明，包括（　　　）。
    A. 适用范围　　　B. 生效日期　　　C. 奖惩办法
    D. 解释与修改权限　　　E. 废止不适宜的旧规定

12. 下列关于办法的描述中，正确的有（　　　）。
    A. 办法是对条例、规定等法规性文件实施的细化和补充
    B. 办法可以用通知或规定的形式发布，也可独立发布
    C. 办法的内容若需进一步修订，应在标题文种名称前注明"草案"字样
    D. 办法是一种实际操作性很强的文种
    E. 办法的表述要准确，文字要精练，使对象易于执行和遵守

13. 办法的正文主体部分按条款性质，顺序写明具体的实施办法。这部分内容排列顺序是（　　　）。
    A. 由次到主　　　　　　B. 由主到次
    C. 由直接到间接　　　　D. 由间接到直接
    E. 由整体到部分

14. 制度和规则的共同之处在于（　　　）。
    A. 应用范围广　　B. 合理不合法　　C. 条理性强　　D. 结构相同
    E. 标题书写形式完全相同

15. 制度的正文分为（　　　）。
    A. 总则　　　　B. 分则　　　　C. 细则　　　　D. 附则
    E. 准则

16. 规程的落款一般标注（　　　）。
    A. 执行单位　　B. 制发单位　　C. 制发日期　　D. 批准单位
    E. 生效日期

17. 规程的特点主要有（　　　）。
    A. 内容的具体性　　　　B. 章条式结构
    C. 内容的可操作性　　　D. 直陈式表达方法
    E. 强制性

18. 守则制发单位的名称、日期可（　　　）。

A. 写在正文的右下方　　　　B. 省略不写
C. 写在正文的左下方　　　　D. 写在标题下面
E. 写在标题左上方
19. 以下描述符合细则特点的是（　　）。
A. 极强的约束力　　　　　　B. 规定具体、细密
C. 有较强的针对性　　　　　D. 规范性
E. 派生性文种

三、判断说明题

（一）判断分析（判断正误，正确的在题后的括号内画"√"，错误的画"×"，并简述理由）
1. 法规和规章都是法令性文书，两者都必须由国家立法机关制定和颁布。（　）
2. 条例、规定、规则、办法既可作为法规，也可以作为规章。（　）
3. 法规一般是根据法律、法规按照规定程序制定的规范性文件。（　）
4. 法规和规章都具有强制性，违反了法规和规章都要受到法律的制裁。（　）
5. 任何机关、团体、企事业单位都可以制定规章制度。（　）
6. 规章通常用于对法令、法规做出补充性说明或辅助性规定，具有长期执行效力。（　）
7. 条例是一种重要的辅助手段，一经发布生效，即具有法律效力。（　）
8. 国务院各部门、地方人民政府、企事业单位、社会团体制定的规章不能称为"条例"。（　）
9. 条例和章程都是法规性公文。（　）
10. 章程一般以"草案"形式发布，因而发布程序并不严格。（　）
11. 守则、规定、规则都具有强制性。（　）
12. 规定和规则都具有一定的约束力和强制性，两者没有什么区别。（　）
13. 条例和章程的文种没有严格的界限，可以根据需要任意选择。（　）
14. 守则不突出强制性和约束力，而是侧重对对象品德、思想、言行等方面的规范，没有对违反者的处理办法。（　）
15. 细则是派生性文种，常随法规、条例同时或稍后发布，但是它并不具备条例、规定和办法的规范性特点。（　）

（二）判断改错（正确的在题后的括号内画"√"，错误的画"×"，并改正错误）
1. 所有的法规都是由国家立法机关或国家最高权力机关按照法定程序制定和发布的。（　）
2. 法规和规章的制作者都没有严格的限制。（　）
3. 法规和规章一般都采用条文式的写法，具有规整性。（　）
4. 制定合理的规章，可创造良好的工作和生活环境。（　）
5. 国务院各部门、地方人民政府、企事业单位、社会团体制定的规章也可称为条例。（　）
6. 章条式条例的每一章下设条目，章断条断。（　）
7. 章、条的序码用汉字的数词书写，项的条码用汉字的序数词书写。（　）
8. 条例一律要有专门的结尾，以增强其严肃性和行政约束力。（　）
9. 未经组织权力机构批准的章程，可加"暂行"二字，如《北京市企业文化研究会暂行

章程》。 （　　）
10. 层次较多、内容丰富的法规和规章适宜采用章条式写法。 （　　）
11. 判断以下条例标题的书写是否正确：
（1）《××市二手商品市场管理试行条例》 （　　）
（2）《国家公务员（草案）条例》 （　　）
（3）《中华人民共和国工商统一税条例》 （　　）
12. 规定比条例具有更强的稳定性和针对性。 （　　）
13. 规定的结尾只能用"附则"来对实施规定进行说明，而办法则无需用"附则"。（　　）
14. 规定的书写可以采用多种文种，没有限制。 （　　）
15. 某公司招聘会员时，可以直接制定《入会细则》。 （　　）

四、简答题

1. 规定和办法有何区别？
2. 法规和规章有何区别？
3. 某俱乐部招聘VIP会员，可否直接制定《VIP会员入会细则》，为什么？

五、阅读分析题

1. 阅读下面条例，回答问题。
（1）该"条例"所选用的结构类型是什么？
（2）找出并修改所给"条例"中存在的格式错误。
（3）根据该"条例"的"总则"和"附则"所写内容，分别归纳"条例"的"总则"和"附则"的作用。

医疗事故处理条例

第一章　总　则

第一条　为了正确处理医疗事故，保护患者和医疗机构及其医务人员的合法权益，维护医疗秩序，保障医疗安全，促进医学科学的发展，制定本条例。

第二条　本条例所称医疗事故，是指医疗机构及其医务人员在医疗活动中，违反医疗卫生管理法律、行政法规、部门规章和诊疗护理规范、常规，过失造成患者人身损害的事故。

第三条　处理医疗事故，应当遵循公开、公平、公正、及时、便民的原则，坚持实事求是的科学态度，做到事实清楚、定性准确、责任明确、处理恰当。

第四条　根据对患者人身造成的损害程度，医疗事故分为四级：

一级医疗事故：造成患者死亡、重度残疾的；
二级医疗事故：造成患者中度残疾、器官组织损伤导致严重功能障碍的；
三级医疗事故：造成患者轻度残疾、器官组织损伤导致一般功能障碍的；
四级医疗事故：造成患者明显人身损害的其他后果的。
具体分级标准由国务院卫生行政部门制定。

第二章 医疗事故的预防与处置

第一条 医疗机构及其医务人员在医疗活动中,必须严格遵守医疗卫生管理法律、行政法规、部门规章和诊疗护理规范、常规,恪守医疗服务职业道德。

第二条 医疗机构应当对其医务人员进行医疗卫生管理法律、行政法规、部门规章和诊疗护理规范、常规的培训和医疗服务职业道德教育。

第三条 (略)

第四条 (略)

第五条 (略)

第六条 (略)

第七条 在医疗活动中,医疗机构及其医务人员应当将患者的病情、医疗措施、医疗风险等如实告知患者,及时解答其咨询;但是,应当避免对患者产生不利后果。

第八条 (略)

第九条 (略)

第十条 发生医疗事故的,医疗机构应当按照规定向所在地卫生行政部门报告。

发生下列重大医疗过失行为的,医疗机构应当在12小时内向所在地卫生行政部门报告:

1. 导致患者死亡或者可能为二级以上的医疗事故;
2. 导致3人以上人身损害后果;
3. 国务院卫生行政部门和省、自治区、直辖市人民政府卫生行政部门规定的其他情形。

第十一条 (略)

第十二条 (略)

第十三条 (略)

第十四条 (略)

第十五条 (略)

第三章 医疗事故的技术鉴定(略)

第四章 医疗事故的行政处理与监督(略)

第五章 医疗事故的赔偿(略)

第六章 罚 则(略)

第七章 附 则

第六十一条 本条例所称医疗机构,是指依照《医疗机构管理条例》的规定取得《医疗机构执业许可证》的机构。

县级以上城市从事计划生育技术服务的机构依照《计划生育技术服务管理条例》的规定开展与计划生育有关的临床医疗服务,发生的计划生育技术服务事故,依照本条例的有关规定处理;但是,其中不属于医疗机构的县级以上城市从事计划生育技术服务的机构发生的计划生育技术服务事故,由计划生育行政部门行使依照本条例有关规定由卫生行政部门承担的受理、交由负责医疗事故技术鉴定工作的医学会组织鉴定和赔偿调解的职能;对发生计划生育技术服务事故的该机构及其有关责任人员,依法进行处理。

第六十二条 (略)

第六十三条 （略）

第六十四条 本条例自20××年9月1日起施行。1987年6月29日国务院发布的《医疗事故处理办法》同时废止。本条例施行前已经处理结案的医疗事故争议，不再重新处理。

中华人民共和国国务院令第351号发布

《医疗事故处理条例》已经20××年2月20日
国务院第55次常务会议通过
自20××年9月1日起施行

2. 修改下面这份条例（节选）。

××省清真食品监督保护条例

作者：××省人民代表大会常务委员会
发布文号：【××省第十届人民代表大会常务委员会公告第107号】
颁布日期：20××-12-1
执行日期：20××-3-1

第一章 总 则

一、为了尊重少数民族的传统饮食习俗，加强对清真食品的监督管理，保护和促进清真食品行业的发展，增进民族团结、和谐，根据国务院《城市民族工作条例》，结合本省实际，制定本条例。

二、本条例所称清真食品，是指按照回族、维吾尔族、哈萨克族、东乡族、柯尔克孜族、撒拉族、塔吉克族、乌孜别克族、保安族、塔塔尔族等少数民族（以下称有清真饮食习俗的少数民族）的传统饮食习俗生产、经营的食品。

三、本省行政区域内从事清真食品的生产、经营及其监督管理活动，适用本条例。

第二章 细 则（略）

第三章 附 则

二十二、违反本条例规定，有下列行为之一的，由民族事务部门责令限期改正；情节严重的，可以处以一百元以上五百元以下罚款：

（一）携带清真禁忌食品、物品进入清真食品的专营场所的；

（二）在非专营清真食品场所内设置清真食品柜台或者摊点，未采取有效措施，与清真禁忌食品、物品柜台或者摊点相隔离的。

二十三、违反本条例规定，邻近清真食品专营场所设置清真禁忌食品、物品经营场所或者摊点，未与清真食品专营场所保持适当距离或者未采取相应的隔离措施，影响清真食品专营场所的经营活动的，由民族事务部门责令改正；情节严重的，可以处以二百元以上二千元以下罚款。

二十四、违反本条例规定，生产、经营清真食品的企业和个体工商户有下列行为之一的，由民族事务部门责令限期改正；情节严重的，没收违法所得，可以处以二百元以上二千元以下罚款：

（一）未按照少数民族的清真饮食习俗屠宰畜禽或者加工、制作清真食品的；

（二）未按照清真要求采购制成品、原料的；

（三）清真食品的运输车辆、计量器具、储藏容器和加工、储存、销售的场地，用以运送、称量、存放清真禁忌食品、物品的。

二十五、（略）

二十六、（略）

二十七、（略）

二十八、本条例自20××年×月×日起施行。

3. 修改下则规定。

××大学学生公寓管理规定（试行）

该规定是根据《高等学校学生行为准则》和《普通高等学校学生管理规定》而制定的。

一、学生公寓实行统一作息制度

1. 学生须按学校规定的作息时间作息，具体时间按学校有关规定执行。

2. 学生的作息时间不可更改，学生也不可提出疑议。

3. 作息时间有修改时，校方会通知，这点学生大可放心。

4. 每周周五、周六在12点半熄灯。

5. 公寓设门卫管理，早上6:00开门，晚上11:30关闭公寓大门，关闭公寓大门后，不得随意进出，晚归者应主动向门卫说明原因，并凭证登记后方可入内。对无故晚归者由学生公寓管理服务中心报有关院系和学生处查处。

6. 除紧急情况之外，学生不可以任何理由晚归或不归，如有情况应提前向门卫打招呼。

7. 无故不归或晚归者将给予一定的纪律处分。

8. 无关人员不得自己偷偷钻进入楼内。来访人员经值班人员同意并凭本人有效证件登记后方可会客，不得在公寓内留宿。

未经公寓管理人员允许，女生公寓男宾止步，男生公寓女宾止步。

9. 熄灯后立即就寝，保持安静，禁止使用应急灯和蜡烛，不得从事影响他人休息的活动。

10. 熄灯后不得打闹喧哗，要维持良好的休息环境。

二、建立良好生活秩序，保持学生公寓整洁

11~22（略）

23. 严禁在公寓区内搞经商活动。

24. 尽量减少推销文具、书等活动。

……

八、本规定由国有资产及后勤集团管理办公室负责解释。

九、本规定自二〇××年九月一日起施行。

十、休、停学的学生须先在学生公寓管理服务中心办理退房手续，如果不办理退宿，住宿费用照算。在休、停学期间，未经许可不得在学生公寓住宿。休、停学半年以上的学生，床位不予保留；复学前需向学生公寓管理服务中心申请住宿，申请时间每学期一次，分别为每年元月一日至三十和六月一日至三十。

十一、本规定学生必须自觉遵守,互相监督。对违反者,根据情节轻重按《××××大学学生违纪处分条例》给予处理。

4. 修改下则办法的格式和语言。

国家行政机关公文处理办法

第一章 总则

第一条 为使国家行政机关(以下简称行政机关)的公文处理工作规范化、制度化、科学化,提高公文处理工作的效率和公文质量,制定本办法。

第二条 各级国家行政机关应当发扬深入实际、联系群众、调查研究、实事求是的工作作风,不断提高公文处理效率和质量,认真克服官僚主义、形式主义和文牍主义作风。

第三条 ××××××

第二章 公文种类

第一条 ××××××

第二条 ××××××

国务院办公厅

××××年×月×日修订

5. 修改下则条例的语言。

《中华人民共和国自然保护区条例》第九条:"对建设、管理自然保护区以及在有关的科学研究中作出显著成绩的单位和个人,由人民政府给予奖励。"

六、写作题

用章条式结构为某高校学生会起草一份章程。

第四章　经济文书

第一节　概　述

一、经济文书的含义

经济文书即凡在经济实践活动中使用的各种专业性很强的、直接用于该领域的应用文。其中包括传播型文书的商业广告，预测型文书的市场调查报告、经济预测报告、经济活动分析报告，协调型文书的经济合同，评估型文书的审计报告、查账报告等。

二、经济文书的特点

经济文书是应用文的一个重要组成部分，其主要特点是：

（一）作用的专任性

经济文书是在经济领域内形成的，是动态的经济状况的书面反映，一切经济事务活动可以在经济文书中被确认下来，成为一个整体的经济团体动态的历史，成为经济人在经济生活中的价值轨迹。经济文书内容涉及和经济相关的法规政策、经济管理、经济活动或者经济研究。

（二）内容的合法性

经济文书为社会主义市场经济服务，而我国的市场经济是法制经济，其内容当然必须合法，必须符合国家的法律，符合党和国家的路线、方针、政策。这种特点主要体现在两个方面：一方面，某些经济文书（经济法规、规章，经济和管理部门的某些公文），目的是传达、颁布国家的经济法规以及党和国家的经济方针、政策的，其本身就是法律、政策的载体。另一方面，大量的处理经济工作的各种经济文书其内容必须遵循、依据、符合国家的有关法律、法令、法规、规章以及党和国家有关的方针、政策，如开展招标投标活动，就必须遵循最新的自2012年2月1日起施行的《中华人民共和国招标投标法实施条例》和工商行政管理部门的有关规定，在公开招标的项目，应当依照招标投标法和此条例的规定发布招标公告、编制招标文件；招标人采用资格预审办法对潜在投标人进行资格审查的，应当发布资格预审公告、编制资格预审文件。招标书和投标书的条文内容甚至书写格式，都必须按照有关规定拟写或填写，使之合法、合理、明确、完善，以确保其法律效力。否则在法律上无效。

（三）表达的直述性

经济文书是用于管理经济工作、处理经济事务的，因此它的表达大量使用数据和统计图表，图文并茂，使表述更准确、清楚、形象，使读者对某一经济活动的现状、变化和发展，经济形势和背景，经济工作的成绩与失误等获得更明确、直观而深入的了解。

（四）格式的程式性

在实践中，有关系统、行业的领导部门不断总结经验，又对某些专业的文书做了相应的规定，经济文书逐渐形成一定的习惯形式并日臻完善，成为人们行文的规范。如可行性研究报告、招标书、投标书、经济合同、市场调查报告等专业文书的结构体式都比较稳定，有的甚至由有关主管部门做出了统一要求，规定了规范文本。经济文书在语言上有约定俗成的语言习惯，有的术语是某类经济文书专用的，如合同中的"标的""要约"等。

（五）撰制的时效性

经济文书在传递信息、解决实际问题方面要想取得好的效果，必须注意时间、效率，讲究时效性。市场形势千变万化，大多数经济文书往往只在一定时间内发挥作用，故要求撰写要及时、处理要迅速，否则就只能作为档案留存了。

三、经济文书的作用

（一）明法传令的作用

来自上级部门的经济文书常常是下级单位做出决策、开展工作的政策依据。经济文书是在经济领域内传达贯彻党和政府方针政策的有效形式，具有明法传令、指挥、指导工作的作用。经济管理部门通过经济文书传达工作决策和安排，实施管理职能，布置、指挥、指导工作。经济管理部门制发的经济文书虽然不是法律法规，但都是法律法规赖以产生的重要的指导思想和理论依据，具有领导和规范功能。

（二）汇报情况的作用

来自下级单位的经济文书常常是上级机关制定政策、部署工作的依据。市场调查报告、审计分析报告、经济活动分析报告等经济文书，反映了一定时期经济工作动态。基层单位要通过经济文书向上级部门汇报工作、反映情况、提出建议，主动接受上级机关的领导；党政领导机关和经济管理部门则通过经济文书及时了解企业的生产经营状况以及经济活动全面的动态，更好地把握方向，制订、调整经济政策，推动经济工作的展开。

（三）联系交流的作用

企业要生存和发展，离不开上下左右的联系与协调，而经济文书正是联系与协调的重要工具。单位之间、部门之间也要通过经济文书交流信息，加强横向联系，相互沟通，准确了解经济形势，总结成功的经验，发现矛盾，找出差距，从而肯定和推广经验，吸取教训，纠正错误，改善经济管理模式，提高竞争实力。

（四）探索规律的作用

经济活动分析报告、市场预测报告、市场调查报告、可行性研究报告、统计分析报告等调查研究类文书，都从不同角度总结了生产经营的经验教训，多方位、多层面地探索经济工作规律，以指导企业工作。通过经济文书尤其是经济分析报告、市场调查报告等，决策者可以对错综复杂的经济现象进行科学的研究与分析，揭示规律，并按经济规律办事，减少盲目性和随意性。

（五）经济文书作为凭据的作用

与有关方面发生权益关系而形成的经济文书是维护自身合法权益的凭证，一旦发生经济纠纷，它们就会成为处理纠纷、分清违约责任的依据。在完成特定的任务后，有些经济文书还需要归档保存，以备查考。这些文书作为珍贵的历史资料，将信息储存起来，作为以后研究经济活动的规律、总结经营管理的经验教训、预测经济发展的趋势、制订经济规划的参考。作为依据和凭证，它们的现实作用和长远作用是显而易见的。

四、经济文书写作的基本原则

（一）依法行文

社会主义市场经济要健康发展，必须坚持依法办事、合法经营，而为社会主义市场经济服务的经济文书写作，必须坚持依法行文。如果写作中涉及的内容与法律相抵触，应以法律为准。

（二）以真为本

经济文书的内容必须"真"。真实是应用文的生命。它反映经济领域的情况、问题，其叙述的事实必须是客观存在的，发布、传达上级指示精神必须是确有的，不能经过任何艺术加工。

（三）把握政策和实际情况

经济文书的作者要"吃透两头"，两头，一头是"上情"，指党和国家的路线、方针、政策；另一头是"下情"，指本地区、本部门各方面的具体情况。一方面，要吃透党和国家的有关政策的精神实质，从而才能坚持原则，有处理问题、制定措施的基本立场；另一方面，则要吃透工作实际，吃透本部门的具体情况，从而实现政策运用的灵活性和创造性。

（四）讲求效益

所谓效益就是"主体行为活动所追求的有益于实现预期目标的成果"。经济工作必须讲求效益，为经济工作服务的经济文书也必须讲求效益，效益原则要求作者要充分考虑文章的实际功能，尽可能为受文对象提供有价值的信息，提出的建议有可行性，制定的政策符合国家政策、法律和工作实际，能贯彻执行。

（五）重视协调

在经济文书写作中重视协调工作，是提高领导权威性和整体效能的需要，是确保经济活动顺利开展的需要，也是顺利调动各方积极性的需要。在经济文书写作中坚持协调原则，就要有全局观念——企业是个系统，牵一发而动全身。不能在解决问题的时候挖肉补疮，拆东墙补西墙；而是要正确处理局部利益与整体利益、本部门利益与其他部门利益的矛盾，做到统筹兼顾。行文者要主动和有关部门沟通，使经济文书充分发挥作用。

（六）一文一事

亦称"一文一事制度"，即一份经济文书中只讲一件事情。这样益于主旨集中，以利于提高办文和解决问题的效率。

（七）树立保密观念

经济文书中涉及大量的国家和企业的秘密，因此，要按照经济文书自身的保密要求和阅知范围办事。该发的文件一份不少发，不该发的一份不多发；该阅知的不少让一人阅知，不该阅知的不多让一人阅知。文件保管和运行要做到不丢失，不被盗；文件内容不泄露，确保国家和企业秘密的安全。经济文书作者不仅要牢固树立保密观念，还应对保密原则全面理解，正确贯彻。既要保证文件不散失，又要防止自己言行不慎失密泄密，要确保每份文件的秘密安全。

第二节　经济合同

一、经济合同的含义及特征

经济合同是法人之间为实现一定经济目的，明确相互权利义务关系的协议。除即时清结者外，应当采用书面形式。当事人协商同意的有关修改合同的文书、电报和图表，也是合同的组成部分。

经济合同有如下主要特征：

1. 合法性

（1）当事人必须合法。订立经济合同的当事人应是具有法人资格的社会组织，或者是具有生产经营资格的其他经济组织或个人。

（2）内容必须合法。指经济合同的标的要合法，标的数量和质量要合法等。比如，属于国家法律明令禁止的物品，就不能作为合同标的。再比如，危害国家利益和社会公共利益，恶意串通，损害国家、集体或者第三者利益的合同（像生产和销售假冒伪劣产品）的合同的签订也是违法的。当事人只有依法订立的合同才具法律约束力，才能实现当事人的经济目的。否则，即使是当事人协商一致订立的合同，也会因其违反法律或行政法规，不仅不受法律的保护，还要对其违法行为承担相应的法律责任。

（3）形式要合法。指在订立口头或书面经济合同形式时，要依照法律规定。凡不属于即时清结货款的均应采用书面合同形式；凡国家法律或有关行政法规中规定必须采用书面形式的，就应当订立书面经济合同。

（4）程序要合法。订立经济合同，要严格依照法律规定，按照"要约"和"承诺"两个阶段来分步进行。此外，经济合同的变更和解除也必须依照法律规定的程序进行。

2. 平等性

经济合同当事人的法律地位平等，相互之间是一种平等对立的伙伴关系，没有上下从属之分。签订合同必须遵循平等互利、协商一致的原则，任何一方不得把自己的意志强加给对方，不能要求不平等的权利。经济合同的签订是当事人自愿的行为，在不违背法律和社会公德的前提下，对与己相关的合同，当事人有充分的自由选择，每个人都有自己自由的意思表示的权利，且当事人的意思表示应受到其他任何组织、个人，以致国家的尊重。因此，当事人在签订经济合同时，必须要进行充分协商，考虑到各方利益，平等互利，最终达成一致协议。而采取欺诈、胁迫等手段所签订的合同视为无效合同。

3. 有偿性

经济合同所反映的商品交换关系，是建立在平等互利基础上的，每一方当事人都要为自己所得到的财产或其他经济利益向对方偿付相应的代价，双方当事人的权利义务是对等的，除非法律有规定，当事人一方享有权利的同时也必须承担相应的义务。

三、经济合同的类型

随着经济的发展，经济合同的类型难以数计，比较通行的分类方法如下：

（一）按合同的性质分类

按合同性质分类，有购销、承包、加工、运输、供应、仓储保管、租赁、保险、协作、借贷等经济合同。

（二）按合同的时限分类

按合同时限分类，有长期经济合同、短期经济合同及无限期经济合同。

（三）按合同法人的权利、义务分类

有单项义务合同和多项义务合同。

（四）按照合同的行文格式分类

按合同行文格式分类，有条款叙述式经济合同、文字图表式经济合同、条款与表格混合式经济合同。

（五）按照经济合同与国家计划关系的不同分类

因经济合同与国家计划关系的不同，还可分为计划合同、非计划合同。

（六）按经济合同所引起的法律后果的不同分类

按经济合同所引起法律后果的不同，可分为转移财产合同、提供劳务合同、提供智力成果合同、完成特定工作合同、补偿特定对象若干财产损失的合同。

按照合同法规定可分为十类：

① 购销合同。凡是把商品以期货形式出售或调拨给生产单位为内容的合同，都称为购销合同。② 建设工程承包合同。它必须根据国家批准的计划、设计标准所规定的建设程序等文件而签订。③ 加工承揽合同。这是供方提供需方要求而签订的合同。④ 货物运输合同。某单位委托运输部门运送货物而签订的合同。⑤ 供用电合同。生产单位和电力部门签订的供求合同。⑥ 仓储保管合同。⑦ 财产租赁合同。⑧ 借贷合同。⑨ 保险合同。⑩ 科技协作合同。

四、经济合同文本的写作要求

（一）合同条款完备、规范

一份合同的主要款项应当齐备，它必须包括：

（1）法人的单位、名称、地址。
（2）标的明白，即写明实物、劳务、货币等。
（3）具体的数量、质量要求。
（4）价款数量和酬金金额。
（5）履行合同的时限、地点、方式。
（6）违约以后应承担的责任。
（7）依照法律规定或遵循合同性质具备的主要条款。
（8）一方法人要求必须规定并且写明的有关条款。

（二）内容必须具体明确，文字力求准确简洁

经济合同一经签订，对合同双方都具有法律效力。这就要求撰写合同时不能有半点马虎，如有差错便要承担相应的经济责任乃至刑事责任。经济合同的内容必须明确具体。例如一份产销合同，它不仅涉及产品数量和质量，还直接涉及双方的权利与义务关系，故要逐条写明产品的数量和质量，以及价格和包装方式等，不得马虎、缺漏。

经济合同的词语意思是确定的，没有两解或多解，用语含义不清，必然造成合同纠纷。例如20××年7月22日，被告陈某将一处房屋转让给原告邓某，双方签订了房屋转让合同。合同注明，该房屋面积为118平方米，总价款为139 800元，原告在合同生效后半个月内付给被告119 000元，余款20 800元待被告将房屋过户到原告名下后再付清，并约定过户费用由被告承担。20××年7月30日原告交付119 000元后，以户主身份签订了供电、供水合同，被告陈某也将房屋钥匙交付给了原告。因对过户费用负担问题发生争议，原告遂诉至法院，要求被告办理房屋过户手续，并承担过户费用。一审法院审理后认为，原、被告签订的房屋转让合同内容明确具体，合法有效，原告已支付首付款，被告也将房屋实际交付给原告使用，双方已履行合同主要内容。被告应配合原告办理房屋过户手续并承担房屋过户费用。由于房

屋过户包括过户费用和税，税又包括营业税、契税、城建附加、教育附加税等，而原、被告在签订房屋转让合同时，仅约定过户费用由被告承担，未约定过户所需税款亦由被告承担，根据税的征收原则和交易习惯，由原告作为购房人缴纳也属合理，故税款应由原告自行承担。因此，经济合同的文字应力求准确，不得模棱两可，缩写或简称不能随便使用，更不允许有错别字。标点符号也必须准确，有时误用一个标点都会造成巨大的损失。

（三）按通用经济合同结构形式行文，保持整洁，不得随意更改

合同文本应当规范，外在的格式应遵循通用合同形式。结构清晰，层次分明。签订好的合同任何一方不得擅自修改或终止，如果发现合同内容有错漏，必须要修正时，一定要经双方同意，在原合同上修改，并在修改处盖上双方印章，不能持随意态度，只用电话、电报通知对方。如果合同内容必须终止，也要经双方同意，签订撤销合同的协议书，加盖印章报签证机关备案，方为有效。

五、经济合同的订立的程序

订立经济合同的程序，是当事人依法就经济合同的主要条款达成一致意见的过程，在实际经济往来中，一般经过"要约"和"承诺"两个主要步骤。要约人提出订立合同的条件，受要约人完全接受，表明双方的意思表示一致，合同的订立过程结束。

（一）要　约

要约是当事人一方向他方提出订立经济合同的提议，也可称为订约提议，其中发出要约的一方为要约人，要约发向的一方称为受要约人。要约是一种法律行为。

要约应具备的条件：

（1）要约应明确表示以要约内容订立经济合同的意思或愿望。

（2）要约的内容应具体。

（3）要约应送达受要约人，限定对方在规定的时间内表示可否。

（4）要约应由特定的当事人作出。

要约人在要约的有效期限内不得随意撤销或变更要约，并负有与对方订立经济合同的义务；若以特定物为合同标的时，不得以该特定物为标的同时向第三人发出相同的要约，或与第三人订立经济合同，否则应承担法律责任。当然，遇到特殊情况，比如要约已被撤回等则另当别论。

（二）承　诺

承诺是指受要约人向要约人作出的对要约完全同意的意思表示，也可称为接受提议。要约生效后，对受要约人来说，只是取得承诺的资格，并没有承诺的义务，受要约人不承诺，只是使合同不能成立，此外不负任何责任。而承诺却是一种法律行为。

承诺应具备的条件：

（1）承诺必须是由受要约人作出。

（2）承诺的内容与要约的内容应完全一致。（承诺的内容应当与要约的内容一致。但除要

约人及时表示反对或者要约表明承诺不得对要约的内容作出任何变更的以外，受要约人可对要约的内容作出非实质性变更，该承诺有效且合法。）

（3）承诺应在要约的有效期内作出。

（4）承诺送达要约人。

承诺的效力在于合同成立，订立合同的阶段其效力结束。

上述要约和承诺过程，是订立经济合同的一般程序。

例　文

购销合同

订立合同双方：

供方：_____

需方：_____

供需双方本着平等互利、协商一致的原则，签订本合同，以资双方信守执行。

第一条　商品名称、种类、规格、单位、数量

品　名	种类	规格	单位	数量	备注

第二条　商品质量标准

商品质量标准可选择下列第____项作标准：

1. 附商品样本，作为合同附件。
2. 商品质量，按照_____标准执行。（副品不得超过____%。）
3. 商品质量由双方议定。

第三条　商品单价及合同总金额

1. 商品定价，供需双方同意按_____定价执行。如因原料、材料、生产条件发生变化，需变动价格时，应经供需双方协商。否则，造成损失由违约方承担经济责任。

2. 单价和合同总金额：_____。

第四条　包装方式及包装品处理_____。

（按照各种商品的不同，规定各种包装方式、包装材料及规格。包装品以随货出售为原则；凡须退还对方的包装品，应按铁路规定，写明退还方法及时间，或另作规定。）

第五条　交货方式

1. 交货时间：_____。
2. 交货地点：_____。
3. 运输方式：_____。

第六条　验收方法_____。

（按照交货地点与时间，根据不同商品种类，规定验收的处理方法。）

第七条 预付货款

（根据不同商品，决定是否预付货款及金额。）

第八条 付款日期及结算方式_____。

第九条 运输及保险_____。

（根据实际情况，需委托对方代办运输手续者，应于合同中订明。为保证货物途中的安全，代办运输单位应根据具体情况代为投保运输险。）

第十条 运输费用负担_____。

第十一条 违约责任

1. 需方延付货款或付款后供方无货。使对方造成损失，应偿付对方此批货款总价____%的违约金。

2. 供方如提前或延期交货或交货不足数量者，供方应偿付需方此批货款总值____%的违约金。需方如不按交货期限收货或拒收合格商品，亦应按偿付供方此批货款总值____%的违约金。任意一方如提出增减合同数量，变动交货时间，应提前通知对方，征得同意，否则应承担经济责任。

3. 供方所发货品有不合规格、质量或霉烂等情况，需方有权拒绝付款（如已付款，应订明退款退货办法），但须先行办理收货手续，并代为保管和立即通知供方，因此所生的一切费用损失，由供方负责，如经供方要求代为处理，并须负责迅速处理，以免造成更大损失，其处理方法由双方协商决定。

4. 约定的违约金，视为违约的损失赔偿。双方没有约定违约金或者预先赔偿额的计算方法的，损失赔偿额应当相当于违约所造成的损失，包括合同履行后可以获得的利益，但不得超过违反合同一方订立合同时应当预见到的因违反合同可能造成的损失。

第十二条 当事人一方因不可抗力不能履行合同时，应当及时通知对方，并在合理期限内提供有关机构出具的证明，可以全部或部分免除该方当事人的责任。

第十三条 本合同在执行中发生纠纷，签订合同双方不能协商解决时，可向人民法院提出诉讼。（或申请_____仲裁机构仲裁的解决）

第十四条 合同执行期间，如因故不能履行或需要修改，必须经双方同意，并互相换文或另订合同，方为有效。

需方：_____（盖章）供方：_____（盖章）

法定代表人：_____（盖章）法定代表人：_____（盖章）

开户银行及账号：_____ 开户银行及账号：_____

_____年___月___日

第三节 市场调查报告

一、市场调查报告的含义和作用

（一）市场调查报告的含义

市场调查报告是在对市场进行调查所得材料的基础上进行归纳整理和综合分析研究之后写成的书面报告，是"调查"与"报告"相互结合的产物，是经济领域中的专业性调研文书。

(二)市场调查报告的作用

1. 市场调查报告能为企业确定经营目标、制定经营决策提供科学依据

任何企业的经营决策都离不开市场信息,不了解市场信息,不掌握市场动向,就难以做出正确的决策。市场调查报告可以为企业提供有助于正确决策的市场信息,使企业调整自己的生产方针,确定经营目标。

2. 市场调查报告能为企业总结经验和改善经营管理提供科学依据

为了提高适应市场环境的能力,在激烈的市场竞争中获胜,企业必须了解同行业的先进经营管理、技术改造、新产品开发、营销政策等情况,进一步总结经验,改善经营管理,提高经济效益。

3. 市场调查报告能为市场预测提供科学依据

市场预测必须以市场的过去和现状及其发展变化的规律为依据,它离不开市场调查。没有市场调查所取得的可靠的数据和资料以及正确的定性分析,就不可能有准确、科学的市场预测。

4. 市场调查报告能为政府经济部门的宏观调控提供科学依据

市场调查报告(特别是宏观层次上的)既可以反映生产、库存、进出口等方面的商品供应情况,也可以反映社会的需求情况,可以帮助政府经济部门了解国民经济结构上和宏观经济管理上存在的问题,并及时加以调整。

二、市场调查报告的分类

市场调查报告按照不同的标准,可划分为不同类型。以调查时间为标准,可分为经常性市场调查报告、临时性市场调查报告和定期性市场调查报告;以调查空间为标准,可分为专场性市场调查报告、地区性市场调查报告、全国性市场调查报告和国际性市场调查报告;以调查内容为标准,可分为专题性市场调查报告和综合性市场调查报告;以商品种类为标准,可分为一般商品市场调查报告、劳务市场调查报告、证券市场调查报告、金融市场调查报告、文化市场调查报告等。

三、市场调查报告撰写前的准备工作

"报告"是"调查"目的的具体体现,而"调查"是"报告"的事实基础和依据,如果"调查"环节不能得到充分地重视,就不可能形成高水平的调查报告。市场调查一般分为以下三个阶段:

(一)准备阶段

1. 明确目的,确定调查目标

根据经济活动中发现的新情况和新问题,考虑调查的目的、范围和规模,提出明确的调查目标。无目的的调查是盲目的调查，达不到目标的调查是失败的调查。

2. 拟订调查方案

根据调查目标和内容确定相应的调查方式、步骤、完成时间和工作进度、费用预算等，列出详细的调查提纲。调查方案的准备工作，应视调查的广度、深度和难度而定。一般规模不大、内容比较简单的调查，其方案的拟订可以从简；反之，则采用多种调查方法。

（二）调查阶段

1. 收集既有资料

这些资料主要来源于书面及网络中的各种统计资料、文件、计划、总结、分析报告等。但需注意资料的准确性、可靠性，以及对该次调查的适用性。

2. 收集原始资料

在市场调查中，仅依靠收集现成资料是不够的，还必须通过实地调查取得第一手的原始材料。这样，才能获得整体的材料。

3. 市场调查的主要内容

一般而言，调查的内容主要包括：①市场商品品种、价格情况；②市场商品需求情况；③市场商品资源情况；④消费者购买力、需求、爱好、愿望等情况；⑤商品分销渠道、促销手段、销售情况；⑥市场竞争情况；⑦企业的经营效果等情况。

4. 市场调查的常用方法

常用的市场调查方法有问卷法、观察法、统计法等。

（三）梳理分析阶段

（1）调查所得的材料往往是分散的、零乱的，应及时地进行梳理，去粗取精，去伪存真。

（2）运用科学方法对资料分类编排以方便利用。

（3）透过现象看本质，对资料的分析与综合，对其要由感性认识上升到理性认识，从中得出合乎实际的观点和结论，提出解决问题的对策和措施。

四、市场调查报告的格式与写法

市场调查报告的写法灵活多样，一般而言其框架由标题、署名、导语、正文、结束语等部分组成。

（一）标 题

常见的标题有三种形式：①由被调查的对象、内容加上文种名称构成，如《农村彩电购买力调查》；②直接揭示调查的对象、内容、状况、动态等，不用"调查"、"调查报告"字样，如《空调市场呈现新特点》；③由正标题与副标题组合而成，正标题间接提出问题，副标题说明调查的对象、内容和文种，如《腾飞的法宝——对云龙集团的再透视》。

（二）署　名

署名，即署上作者名称，可以是个人姓名或调查组的称谓，也可以是报社的记者。位置一般在标题下方、正文上方或全文末的右下方。

（三）导　语

用简明扼要的文字说明开展市场调查的依据、目的、主旨、调查对象、范围、时间、地点以及采用的调查方法等。导语的写法，常见的有以下几种：① 说明本次调查的目的、时间、地点、对象、范围、方式，并扼要地点明调查结果，突出报告内容的重要意义；② 概括介绍调查对象的基本情况、市场状况的相关背景，便于读者对全文有一个概括的了解；③ 运用提问或生动描述的方式，提出问题，摆出现象，引起读者的注意。导语一定要简明扼要，不能千篇一律，强求一致。

（四）正　文

正文是市场调查报告的核心部分。这里需对根据调查获得的资料进行分析研究，找出规律性的东西，推断其发展趋势，为生产、购销、新产品开发和获得经济效益提供可靠依据。

（1）情况分析。运用调查得来的数据和资料，说明被调查对象的生产、销售、消费等情况，总结出规律性的东西，或分析、探索产销市场发展趋势以及产销中遇到的种种复杂问题。可用小标题或序数词加以分列，将内容依次分析表述。

（2）预测或建议。针对市场情况，做出对今后产销状况或发展趋势的预测，并提出合理的建议或解决问题的办法、措施。

（五）结束语

市场调查报告的结束语，或称结尾，通常独立为一段，写法也可以是多种多样的，主要有：① 照应开头，揭示实质，加深认识，表示结束全文；② 归纳全文，进一步深化主题；③ 做出简要明确的结论；④ 发出呼吁，提出令人深思的问题，或提出建议，指明方向，等等。当然，也有的市场调查报告根据正文的具体情况，省掉结尾。

五、市场调查报告的写作要求

（一）深入市场，大量地、全面地占有材料

写市场调查报告的关键在于占有大量的第一手材料。调查研究是写市场调查报告的基础，要写出具有思想性和科学性的市场调查报告，就必须经过扎扎实实的调查，大量地、全面地占有材料。

（二）认真地核实和选择材料

认真地核实和选择材料是确保市场调查报告的准确性和针对性的重要前提。调查得来的材料常常真伪并存，良莠混杂，因而要认真审查鉴别，为材料的具体运用提供可靠的依据。

（三）注意观点和材料的统一

市场调查报告的观点是从已有的调查材料中得出的。写市场调查报告，观点是否统帅材料，材料是否说明观点，在一定程度上决定着市场调查报告写作的成败。那么，如何把观点和材料统一起来使观点突出呢？可考虑如下几个方面：

（1）用"以一当十"的典型材料说明观点。
（2）用对比的材料说明观点。
（3）用同一类材料从不同角度说明观点。
（4）用精确的统计数字证明观点，让数字"说话"。
（5）综合材料与典型材料结合运用。

（四）叙议结合

市场调查报告需要从大量的事实和丰富的材料中揭示出客观规律，因此，要运用夹叙夹议的方法，由事入理，事理结合。在写作中可先叙后议，也可先议后叙。但叙议要围绕观点，紧贴主题；叙为议服务，议以叙为基础；叙得真实，议出高度。

（五）调查要及时，讲时效

市场调查报告服务于现实，必须讲究时效性，及时、准确地传达出市场变化的信息。随着经济工作速度的加快，市场的变化也在加快，因此，调查要迅速，撰写报告要及时，否则意义不大。

例 文

我国第三方债务催收市场调查报告

在我国消费信贷快速增长，信用卡发卡量和交易量显著增加、民间借贷比较活跃及互联网金融迅速发展的背景下，债务催收行业这几年迅速发展。使用第三方债务催收成为金融机构和民间放贷人的选择之一，许多调查公司、商务咨询公司、担保公司、部分商业银行离职人员加入到债务催收行业。债务催收市场作为金融市场、信贷市场不断成熟过程中的产物，是信用关系发达、整个信贷链条分工不断细化的一个表现。随着我国经济增长方式的转变，我国债务催收市场还会有进一步的发展，其中金融消费者保护问题是一个焦点。

国内债务催收情况调查

关于中国债务催收情况的问卷调查主要针对消费金融领域债务催收问题，共在全国范围内选取了10个具有代表性的省份（在东部地区选取了北京市、上海市、天津市、广东省和浙江省，在中部地区选取了湖北省和江西省，在西部地区选取了陕西省和四川省，在东北地区选取了黑龙江省），共抽取110个银行业金融机构和136个第三方债务催收公司作为有效样本。

（一）银行业金融机构债务催收情况调查分析。对银行业金融机构的调查主要内容包括银行业金融机构基本情况、委托第三方债务催收机构进行债务催收的情况、自身进行债务催收的情况等。

1. 基本情况。（1）42.7%的银行业金融机构具有由董事会审议通过的有关债务催收的总体政策或制度，国有商业银行、股份制商业银行和外资商业银行比例高于平均值，分别为

47.7%、54.8%和 57.1%。（2）79.1%的银行业金融机构具有明确、有效的债务催收员工、流程管理的内部制度规范。（3）80.9%的银行业金融机构会在债务催收过程中，积极与债务人进行磋商，提供多种途径供债务人选择，包括重新签订合同、修改合同或债务减免等，帮助其脱离困境。（4）86.4%的银行业金融机构认为当前债务催收业务的主要困难是"债务人诚信度较低"，选择"政策法规欠缺""专业人才欠缺"和"第三方债务催收行业市场化程度不足"的银行业金融机构比例也较高，分别达到 60.0%、46.4%和 45.5%。

2. 委托第三方债务催收机构进行债务催收的情况。（1）110 家银行业金融机构中，共有 83 家银行业金融机构开展委托第三方债务催收机构进行债务催收的业务。（2）72.3%的银行业金融机构的债务催收外包业务涵盖"信用卡"，对"个人零售贷款"和"小微企业贷款"委外催收的银行业金融机构比例分别为 45.8%和 16.9%。（3）银行业金融机构会对第三方债务催收机构进行定期审查，审查内容排在首位的是"债务催收的绩效"，占比 79.2%，其次是"债务人的投诉情况"和"信息安全"。（4）有 63.1%的银行业金融机构建立了备选的第三方债务催收机构的名单库，并根据尽职调查的情况定期更新。（5）73.5%的银行业金融机构会由专门的团队对第三方债务催收机构的催收行为进行突击检查。

3. 自身进行债务催收的情况。（1）72.7%的银行业金融机构会对本机构债务催收人员的职业背景、信用背景和法律背景进行审查。（2）银行业金融机构对债务催收人员的激励政策主要考虑因素依次排序是"催收回款金额""催收过程的规范性"和"债务人投诉情况"。（3）"信用卡"是银行业金融机构自己进行债务催收的主要类别。（4）92.7%的银行业金融机构会保存电话催收的全程录音及与债务人的所有其他联络。保存期限在"2～4 年"的比例最大，为 41.8%。（5）51.8%的银行业金融机构表示存在债务人对催收人员采用暴力、威胁等手段阻碍催收的情况。（6）68.2%的银行业金融机构明确规定不得向债务人债务的担保方之外的第三人（包括债务人的家人及朋友）进行债务催收。（7）80.9%的银行业金融机构制定了专门的债务人个人信息保密制度。

（二）第三方债务催收行业情况调查分析。对第三方债务催收公司调查内容涵盖了基本情况、内部政策和制度框架、催收业务范围、催收方式、内部管理、债务人投诉及处理、对行业监管的建议等。

1. 基本情况。（1）71.3%的第三方债务催收公司具有有关债务催收的总体政策或制度。（2）97.8%的第三方债务催收公司具有员工管理、流程管理的内部制度规范。（3）54.4%的第三方债务催收公司认为当前运营的最主要困难是"行业社会信用不高，社会认可度较低"，其次是"行业竞争度过高"，占比 47.8%，第三位的是"专业人才欠缺"，占比 47.1%。

2. 员工情况。第三方债务催收公司对债务催收人员的激励政策主要考虑因素依次排序是"催收回款金额""催收过程的规范性"和"债务人投诉情况"。

3. 催收业务范围。89.7%的第三方债务催收公司从事"信用卡"债务催收，从事"房地产贷款"和"商业贷款"的比例分别为 51.5%和 42.6%。

4. 催收方式。（1）第三方债务催收公司催收采用的主要方式包括"电话催收""实地催收"和"信函催收"。（2）60.3%的第三方债务催收公司进行实地催收时对债务催收人员配备移动监控设备。（3）87.5%的第三方债务催收公司进行电话催收时对电话全程录音。其中，在进行电话催收的全程录音时，84.6%的第三方债务催收公司会告知债务人以及录音的目的。（4）在进行电话催收时对电话全程录音的第三方债务催收公司中，96.6%的会保存电话催收的全程录音及与债务人的所有其他联络。保存期限在"2~3年"的比例最大,为68.1%。(5)47.8%的第三方债务催收公司表示存在债务人对催收人员采用暴力、威胁等手段阻碍催收的情况。

5. 内部管理。(1)65.4%的第三方债务催收公司与债权人签订合同时,会确认债权人未就合同中的债务聘请其他催收公司。(2)94.1%的债权人与第三方债务催收公司之间签订的合同中,明确约定在催收过程中,不得对债务人在言语上或行动上作出恐吓或使用暴力,不得采取骚扰性或不正当的催收手段。(3)69.1%的债权人与第三方债务催收公司之间签订的合同中,明确约定不得向债务人债务的担保方进行债务催收。(4)86.0%的第三方债务催收公司具有催收过程中不得采取骚扰性或不正当的收债手段的制度性规定。(5)94.1%的第三方债务催收公司制定了专门的债务人个人信息保密制度,同时也制定了专门的委托人信息安全保护制度。

6. 债务人投诉及处理。(1)89.7%的第三方债务催收公司建立了具体的债务人投诉受理、处理机制和工作流程。(2)91.9%的第三方债务催收公司会将对债务人投诉的处理情况与催收人员的绩效挂钩。(3)投诉集中在减免问题、利息和滞纳金太高、怀疑信息泄露、催收态度不好、恶意投诉反催收等。(4)94.1%的第三方债务催收公司会对债务人投诉进行系统性分析,找出投诉的潜在来源或系统原因,并及时进行整改。

(三)对行业监管的建议。

1. 93.6%的银行业金融机构和86.8%的第三方债务催收公司认为有必要由国务院或金融监管部门出台《债务催收条例》。

2. 83.6%的银行业金融机构和75.0%的第三方债务催收公司认为有必要明确一个政府部门承担起监管债务催收行业的责任。

3. 89.1%的银行业金融机构和85.3%的第三方债务催收公司认为有必要由监管部门设定第三方债务催收机构的行业准入方式。

4. 92.7%的银行业金融机构和88.2%的第三方债务催收公司认为有必要成立债务催收机构的行业自律组织,发布行业自律规范。

5. 93.6%的银行业金融机构和85.3%的第三方债务催收公司认为有必要由国家出台《个人破产法》,对在业务过程中可能会接触到资不抵债的自然人进行救助或规范。

政策建议

债务催收市场作为金融市场、信贷市场不断成熟过程中的产物,是信用关系发达、整个信贷链条分工不断细化的一个表现。我国债务催收行业仍然存在一些薄弱环节和制约因素,亟须出台相应的法律规范对其进行管理,以确保其规范化、阳光化发展。

(一)明确债务催收行业行政主管机构。(略)

(二)推动出台债务催收行业法律法规,促进该行业的阳光化、规范化。(略)

(三)研究组建债务催收行业自律组织,出台该行业的自律公约。(略)

(四)研究出台个人破产制度。(略)

(五)优化信用环境,严厉打击逃废债行为。

泉州企业推智能服装　智能化成利润新增长点

近日,本土男装品牌推出的智能服装,再次引起业界人士的关注。从柒牌、七匹狼到红豆,从三星到谷歌,许多厂商都在思考制作智能服装的方式,智能化、可穿戴已经成为服装企业跨越发展的下一个风口。

网上众筹收获三倍订金

不久前，知名本土男装品牌柒牌，在京东"尖货儿"平台发起了一场智能服装众筹活动，反响热烈。目前该款智能服装获得的众筹款达到其预期目标的三倍多。该活动自上线以来引发多方关注，更有不少人直接留言咨询相关购买和使用事宜。

据悉，早在去年5月，柒牌就开启了智能时尚实验室，规划柒牌智能时尚战略部署。实验室集结了一批顶尖设计师团队和智能设备供应商，立足三十七年的沉淀，打造"好看、好穿、好功能、好智能、好科技"的智能服装。而从京东的信息来看，智能时尚夹克主打时尚商旅路线，拥有搭载苹果、安卓和蓝牙的智能手环、多处隐形口袋和多种可拆装的便携设备，折叠之后可变身单肩包。该设计不仅能够解放使用者的双手，还适宜休闲办公等多场合使用。一件衣物多种功能，真正让商旅变得"轻"起来。该服装还具有健康监测和安全防丢等功能，提醒久坐的商务人士时刻关注自身健康。

说起服装的智能化，人们依稀记得，早在去年，另一家本土服装品牌七匹狼就在自己的门店中安装和推广3D试衣镜，先期在直营店中铺设，利用智能终端提升客户体验，并进行大数据研究挖掘。而在第23届中国国际服装服饰博览会上，七匹狼的这款3D试衣镜曾吸引了众多参展商的目光。人们站在机器前，通过手的挥动实现迅速换衣。不仅如此，该智能终端还可以集成财务、交易、生产管控、库存管理等系统，实现多功能的智能化。

除了柒牌、七匹狼外，前不久，红豆男装首家智慧门店也正式开业。据悉，这家智慧门店集购物、娱乐、休闲、智慧、体验等于一体。除了触手可摸的男装，消费者可以尝试店内设置的"暴风魔镜"，实现轻松挑选试穿，通过试衣间内的电脑屏幕，实现"呼叫店员"、"穿衣搭配"等多种服务，另外，还能通过后台了解该服装的适销程度。

智能化成利润新增长点

近年来，受互联网冲击，零售行业越来越不好过，男装品牌更是如此，国内本土男装品牌也避免不了业绩滑坡的趋势。为了扭转这种局势，许多男装品牌纷纷采取行动，其中，智能体验就是他们试水的方向之一。

研究公司Tractica LLC曾表示，从2013年到2016年，世界智能服装市场的销售额将会有近6亿美元的增长。另据Gartner的报告，智能服装的出货量预计将从2013年的冰冻状态增长至2 600万件，成为智能穿戴领域出货量最大的品类之一。未来，智能服装或将成为可穿戴设备发展的下一个风口，同时也为传统服装业转型带来新的挑战和机遇。

截至目前，市面上已经有不少T恤、胸衣等智能衣物可以用来进行生物体征测量，在未来，不断会有更多的厂商进军这一领域。比如，内置心率监测功能的智能文胸，不仅穿着舒适，还可以通过与智能设备连接共享心率监测数据，佩戴者通过App针对自己的心率可以制定适合自己的健身计划，并且通过蓝牙与智能手机、智能手表连接。

再比如，智能短裤配置了一系列的传感器，通过追踪臀部和骨盆的动作，可以在用户跑步的过程中追踪步长、步数以及弹跳高度，对用户整体的跑步表现以及预防受伤提出实时的建议。

另外，还有可穿戴的智能网球衫，内置多个健康传感器，适用于健身和竞赛场合，可以和iPhone、iPad配合使用。智能运动T恤白天测量心率、心率变化、步数、卡路里消耗和呼吸等数据，晚上则能追踪睡眠和环境，包括睡觉的姿势以及心跳和呼吸活动等。

未来的可能性将无限

泉州市纺织服装商会秘书长施正植告诉记者，显然，目前许多厂商已经开始把目标受众扩大到健身爱好者之外，这些企业开发的智能服装，很可能就会成为可穿戴技术的未来。

对于健身腕带和智能手表而言，虽然这类设备已经足够轻巧便携，但消费者还是需要定期把它摘下来充电，然后再戴上。而如果我们的外套、裤子、袜子或鞋子也具备了相同的功能，那无需锻炼也能享受到可穿戴技术的便利。因为人总是要穿衣服的，这也让追踪自己身体健康程度变得更加简单。

业界人士称，未来智能服装的可能性是无限的，厂商们完全可以把可穿戴设备带出运动追踪的固有模式，使之变得更加时尚，看上去像是普通的衣服和佩饰，同时拥有计步以外的更多其他功能。

第四节　可行性研究报告

一、可行性研究、可行性研究报告的含义

"可行性"一词含有"可以行得通""有成功可能"的意思。可行性研究是国家基本建设、企业技术改造等经济活动中经常使用的一种决策程序和手段，是实现决策科学化、民主化，投资管理规范化、标准化，减少和避免投资决策失误，提高投资效益的重要途径。

可行性研究是近代自然科学、经济科学和管理科学发展的产物，从工程建设项目的可行性研究发展起来的。随着经济的发展，它的应用范围也在不断扩大。它不仅应用于建设项目的投资决策分析，还广泛应用于工农业生产的经营管理、科学发展、新产品开发、环境保护、行业规划、区域规划以及自然与社会的改造等各个方面。

可行性研究报告又称可行性报告，是进行可行性研究后写的书面报告。

二、可行性研究报告的作用

（一）可行性研究报告是编制、审批设计任务书的依据

决定一个项目是否应该投资后，才能编制设计任务书，才能产生项目决策性的文件。可以说各种大型经济项目在"怀胎"前都必须经过"可行性研究医生"的"把脉"论证，写出研究报告，评出最佳可行性方案，方可立项实施。

（二）可行性研究报告是向银行申请贷款或向国家有关部门申请拨款时必备的文件

因为向银行和投资公司申请工程建设项目贷款、向国家有关部门申请拨款，需向银行和投资公司或政府提交项目的可行性研究报告。

（三）可行性研究报告也是工程项目建设前期准备的依据

包括进行设计，设备订货，合同的洽谈，环保、规划部门确认等，都以可行性研究的结果为依据。

三、可行性研究报告的种类和特点

（一）种　类

可行性研究几乎覆盖所有的经济领域，所以按可行性研究开展的情况和可行性研究的对象、内容来划分，可行性研究报告主要分为以下三类：

（1）经济、技术政策的可行性研究报告。这类报告主要是为领导机关对推动经济发展和技术进步而采取的政策、措施以及能否达到预想的政策目标进行分析、论证，预测未来的各种技术、经济因素中所包含的一些不确定性因素，对政策的有效性和实施可行性提供科学的依据和建议。

（2）建设项目的可行性研究报告。这类报告包括涉外项目即利用外资项目、技术改造项目、技术引进和设备的进口项目的可行性研究报告。

（3）专题可行性研究报告。对新产品开发的可行性，采用新技术、新工艺、新型管理方法的可行性，开辟和拓展新市场的可行性进行研究而编写的专题可行性研究报告。

（二）特　点

不论是哪一种可行性研究报告，它们都有共同的特点：

（1）预测性。为了使投资主体在投资决策时做出最优的选择，可行性研究报告要根据过去和现在的有关情况，对可行性研究对象做出全面的分析评价和方案比较，对项目实施的可行性及其风险，运用科学的理论、方法和评估手段做出科学的预测。

（2）说服性。可行性研究报告需对拟建设项目的合理性与可行性进行分析论证并得出可行性的结论，以请求上级机关决策，因而具有很强的说服性。

四、可行性研究报告的内容

可行性研究报告的内容比较庞杂，不同行业的可行性研究报告由于分析研究的对象、要求解决的问题不同，因而差别很大。但一般应包括以下一些内容：

（1）概述。
（2）市场调查。
（3）技术论证和经济评价。
（4）社会效益评价。
（5）方案比较。
（6）结论和建议。

五、可行性研究报告的写作格式

不同内容的可行性报告，各有其自己的传统写法和特殊要求。但一般情况下，其结构大体由标题、开头、正文、结论、落款五个部分组成。

（一）标　题

一般由决策目标和文种组成。如《关于筹建××研究中心的可行性报告》《××股上市的可行性研究》《×××省推行××改革方案的可行性研究》等。

（二）开　头

报告开头要概括介绍设计方案的范围、规模、目的、意义和预想中的社会效益或经济效益。这一部分要写得简洁，只能简要交代上述内容，所占篇幅不宜过大。

（三）正　文

正文是报告的主体部分。在论证过程中要求全、细、准，特别要着重对关键点、难点的分析，并要分项分析、论证。在论证过程中还要力求层次清楚，通常要加上序码表示分项关系。

对可行性方案，要提出如何摆脱不利因素，并提出解决关键点、难点的具体措施、方法。

对非可行性的方案，要说明不能实施的理由和不可能摆脱的因素。

对弥补性的方案，要提出改进措施和弥补方法。

（四）结　论

结论要明确、恰当。它是在论证过程中自然得出的结果，切忌模棱两可、主观臆断。

（五）落　款

在正文右下方或标题下，写上报告单位（报告人）和日期。

六、可行性研究报告的写作注意事项

（一）尊重事实，客观科学

为了保证研究报告的科学性，作者要本着客观公正的态度，实事求是，以客观事实为依据，以研究结果为依据。在分析评价和择优时，绝不能带个人偏见，任意吹嘘或贬低某一方案，不能以虚构的事实和假设的数据作为论据。

（二）论据充分，论证有力

可行性研究报告要围绕中心项目是否可行及其根据展开，运用大量的材料、可靠的数据和科学的计算进行论证，往往采用理论和事实、宏观和微观、未来和现实、政治和经济相结合的方法，多角度、多层次地论证某一项目的可行性。

（三）语言准确，图表齐上

可行性研究报告是重要的经济文件，因此在编写时语言要规范、准确。可行性研究报告中能使用图表的地方都应使用。图表表示比方案叙述具有方便、明了的特点，也便于读者直接比较。如现金流量表、敏感性分析图等。

例　文

购买发展用地项目可行性报告

一、项目背景

上海××药业股份有限公司注册资本人民币×× ××××万元，法定代表人×××。公司于20××年×月×日在深圳证券交易所创业板上市，股票简称：上海××，股票代码：××× ×××。

中药行业一直是国家鼓励发展的重点行业，公司主要从事清热解毒类中成药痰热清注射液的研发、生产和销售。主营品种痰热清注射液是公司的主导产品，配方独特，技术新颖，临床疗效显著，具有清热解毒、化痰解痉的作用，对抗病毒有独特的疗效，对肺炎链球菌、嗜血流感杆菌、乙型溶血性链球菌、黄金色葡萄球菌有抑制作用，主要用于治疗肺炎早期、急性支气管炎、慢性支气管炎急性发作及上呼吸道感染。自产品上市近十年来，在全国3 000余家二级以上医院得到广泛应用，通过多年的市场推广，已树立了良好的产品形象。痰热清注射液占清热解毒类中药注射剂的市场份额逐年提高，20××年×月，在全国中药行业年度峰会上，公司在中药工业企业主营业务收入100强中位列第44位，中药成长型企业10强中位列第7位，呼吸系统疾病类中药10强中位列第1位。

由于公司产品结构单一，痰热清注射液的生产及销售状况决定了公司的主营业务收入和盈利水平，痰热清注射液产品生产、销售的异常波动将对本公司经营业绩产生较大的影响。为实现公司以现代中药作为长期发展方向，以不断开发高新技术、增强企业持续发展动力的战略发展规划，提升公司核心竞争力和可持续发展能力，努力开发新产品和现有产品新剂型，实现产品由目前的痰热清注射液"一枝独秀"向多个产品"百花齐放"的良好发展局面，并以专利技术支撑产品的市场优势，延长品牌产品的生命周期，实现公司成为具有产品研发、技术创新、市场开拓、人才管理等多方面优势的驰名高新技术企业这一目标，根据公司发展需要，拟在上海市工业综合开发区购置发展用地。

1. 项目建设内容

本项目发展用地面积计划不超过40亩（以上海市工业综合开发区土地相关部门最终审批数字为准），用于公司储备战略发展用地，主要用于公司固体制剂车间、中药提取车间及配套设施建设用地，为公司储备品种的生产和新产品的引进做准备。

2. 项目地理环境

本项目发展用地位于上海市工业综合开发区内，与公司现有企业相邻，交通、配套基础设施完善，可以满足项目的发展需要。

3. 拟购买土地基本情况

土地位置：××区市工业综合开发区××号地块（毗邻公司新厂区）。

土地性质：工业用地，出让年限50年。

总面积：不超过××亩（以红线图为准）。

参考地价：×××万元/亩（参考周边土地招、拍、挂成交价格）。

预计土地总价款：×× ××万元（以土地实际招、拍、挂成交价格为准）。

招拍挂土地面积不超过××亩，交易价格以土地上市挂牌交易成交价格为准。

二、项目的可行性和必要性

1. 项目建设符合政策导向及发展方向

近年来,国家通过各种措施积极鼓励中药企业采用新技术、新设备进行创新发展,对企业引进先进技术和工艺开展中药共性、关键生产技术研究所需进口设备给予适当的税收优惠;支持疗效确切、原创性强的中药品种产业化发展。通过实施严格的GMP和GSP认证、国家中药保护品种认定等措施,促进了优质中药企业的成长壮大。随着我国中药企业的不断发展,国家积极支持中药企业开拓国际市场,参与国际竞争,着力培养具有国际竞争实力的大型医药企业集团,加快推进我国中药企业现代化进程。

公司将抓住中医药行业快速发展及限抗措施实施的契机,按照董事会制定的方针及经营目标,充分发挥已有的质量优势、产品优势、销售优势,持续加大对主营品种的生产销售,继续保持在清热解毒类中药注射液细分市场的领先地位;加强以企业为主体、产学研相结合的研发模式,在治疗心脑血管、抗肿瘤以及濒危动物替代药物研究方面,争取5年内研制出拥有自主知识产权的、独家的、市场前景好的国家一类新药1~3个,以实现多产品驱动的企业快速发展局面。

2. 公司自身发展的需要

公司主要从事药品生产(小容量注射剂、片剂、硬胶囊剂、颗粒剂、合剂、糖浆剂、口服液、中药提取车间),农副产品收购。

随着20××年×月公司成功登陆创业板,进一步提升了品牌形象,为公司的快速发展募集到了充足资金。同时,投资者对于公司的回报也寄予更高的期望。主导产品痰热清注射液质量稳定、疗效显著,处于细分市场领先地位。公司在行业内具有明显竞争优势和知名度,拥有一支专业的、稳定的销售团队,为产品打下了坚实的市场基础;并与国内知名院校、科研机构建立了长期的战略合作伙伴关系,搭建了具有较强研发、成果转化的高科技平台,以迅速适应市场需求的变化。

因此,公司在谋求原有主营业务稳定快速增长的同时,要抓住国家大力发展战略新兴产业的历史机遇,进一步开拓更广阔的发展空间,建立并提升公司在中药产品方面的自主创新能力,持续保持市场占有率,为实现多产品驱动的企业快速发展局面打下坚实基础。

3. 土地资源稀缺性

公司募投项目建设投产后,现有土地无法满足公司今后发展所需的土地。公司拟在上海市工业综合开发区内申请用地,项目用地邻近公司现有住所,从公司加强整体规划和一体化管理的角度考虑,在公司现有经营区域土地资源十分稀缺的情况下,抓住机遇,购买适于公司发展需要的新的土地作为超募资金投资项目建设用地和企业发展用地,是非常有必要的。

通过本项目发展用地的购置,将有利于进一步扩大公司的综合生产能力,增强公司核心竞争力,保障公司未来的持续发展。

三、项目建设方案

1. 发展用地购置资金

公司将用超募资金支付本次发展用地购置款。按公司购买土地面积不超过40亩计算,预计支付人民币约× ×××万元(实际面积和成交总价以最终签署的《国有土地使用权出让合同》为准)。

2. 项目效益分析

本项目发展用地，为公司主营品种的扩产建设，和系列产品的固体制剂产品的配套建设以及新产品的引进创造条件。通过本项目的实施，有利于促进公司产品结构多元化发展，增强公司核心竞争力，保障公司未来可持续发展。

四、风险分析

1. 风险因素

本项目发展用地与之相关的政策、市场和经济效益等方面存在不确定性，因此本项目存在一定的风险。

（1）购置土地的风险。

由于本次发展用地还需要通过招拍挂程序进行竞拍，存在竞拍不成功的风险。

（2）工程风险。

工程风险主要来自有可能发生工程地质条件与预测发生重大变化的情况，导致工程量增加、投资增加、工期延长，以及交通运输、供水、供电等外部协作配套条件发生重大变化，给项目建设和运营带来困难。

（3）新增摊销影响利润的风险。

本项目实施后，公司将新增无形资产，存在新增无形资产摊销影响公司利润的风险。

2. 应对措施

针对上述潜在风险因素，公司将积极采取相应的措施，将项目的风险降到最低，确保与本发展用地相关的建设项目能够顺利实施。

（1）购置土地风险应对。

公司将加强与当地政府机关的密切沟通，了解土地市场行情，采取积极的应对措施，力争竞拍成功。

（2）工程风险应对。

针对本项目来说，工程风险较小，发生工程地质条件与预测条件不符的可能性较小。但是，还需要加强与政府土地部门的协调，保证项目用地所处位置配套基础设施健全。为项目实施提供良好基础条件。

（3）新增摊销影响利润的风险应对。

购置土地主要用于公司固体制剂车间、中药提取车间及配套设施建设用地，为公司储备品种的生产和新产品的引进做准备。公司将积极推进项目建设和实施工作，力争尽快形成新的利润增长点，消除新增摊销影响利润的风险。

五、结　论

201×年是我国实施"×××"规划承上启下的重要一年，公司将抓住"×××"规划、中医药行业快速发展及限抗措施实施的契机，按照董事会制定的方针及经营目标，充分发挥已有的质量优势、产品优势、销售优势，持续加大对主营品种的生产销售，继续保持在清热解毒类中药注射液细分市场的领先地位，增强公司核心竞争力，保证公司未来持续发展。项目虽具有一定的风险因素，但通过采取积极的应对措施，可有效规避、防范和化解风险。故相对而言，该项目风险小，具备良好的发展预期和前景，可以实施。

上海××药业股份有限公司

201×年×月×日

第五节 经济活动分析报告

一、经济活动分析报告的含义和分类

根据计划指标、统计、会计核算的报表资料,以及调查研究所掌握的情况,对本部门和本单位或有关企业经济活动的状况和各种经济关系进行分析研究,做出正确的评估,就叫做经济活动分析。把分析研究的成果写成书面文字,就形成经济活动分析报告,又称"经济活动分析"。在实际运用中,又有"……状况分析""……完成情况分析报告""……简要分析""……情况汇报"等名称。

经济活动分析报告是"总结"这种应用文体运用于经济领域的特殊形式。从内容上说,它们的职能是一致的,都是当局者对自己过去的既定目标和计划工作的回顾和分析;从时间上说,两者都写于事后。但经济活动分析报告又有其显著的特点,它侧重于"分析",即对经济指标、数据进行分析。因为企业的经济活动是实实在在和明确具体的,任务的提出有数字指标,工作的进展和得失成败也都可以从数字上反映出来,所以经济活动分析报告通过指标、数字的变化和相互联系反映经济活动的情况,通过对指标、数字变化和相互联系原因的分析,找出差距,以利于今后的工作。

由于经济活动内容和分析要求的不同,产生了不同类型的经济活动分析,常见的有:

按部门分,有工业经济活动分析、农业经济活动分析、交通运输业经济活动分析、商业经济活动分析、财政金融经济活动分析,等等。

按时间分,有现状分析、预测分析。现状分析有日常分析和定期分析两种形式。日常分析是一种经常性的分析活动,可以采取多种方式进行;定期分析是按时(年、季、月、旬、周等)进行的分析,即使"一切正常",也要按制度规定进行,以保持分析的连续性和资料的完整性。

按内容的范围分,有综合分析、专题分析、进度分析。

按性质和对象分,有生产分析、销售分析、成本分析、利润分析、劳动效率分析,等等。

二、经济活动分析报告的作用

(一)总结经验,提高管理水平

经济活动分析报告通过一定时期内企业经营活动的多种指标的变化与联系,反映经济活动的状况,说明经济工作的成败得失。有利于经济部门和企业发现问题,吸取教训,改善经营管理,提高管理水平。

(二)揭示经济规律,制定经营政策

经济活动分析报告揭示经济活动的规律,有利于决策者和有关人员了解整体或特定环节的情况,制定或调整切实可行的经营政策,从而达到科学指导、组织经济活动,提高经济效益的目的。

三、经济活动分析报告的写作格式

在动笔撰写经济活动分析报告之前，要做好必要的准备工作，然后结构成篇。经济活动分析报告的结构没有固定的格式，一般由标题、正文、结尾、报告单位（报告人）和日期组成。

1. 标　题

一般要标明单位名称、时间、内容范围和文种等要素，如《关于拖拉机厂20××年度产销情况的分析》。有的标题省略报告单位或时间，如《20××年财务分析》《长城房地产公司资金使用情况分析报告》。此外，"报告"也可代之以"说明""意见"或"建议"之类的词，如《关于我县乡镇企业利润的说明》《关于依靠闲散资金搞活经济的意见》《关于迅速整顿流动资金的建议》等。

2. 正　文

（1）引言。也叫前言或导语。一般是概述一些基本情况，说明经济活动的范围、时间、地点、过程，或简要分析目的和意义。其写法有：或针对要分析的问题，用主要数据点明该文分析的主要内容；或交代背景，讲明生产经营状况；或先点出目的和意义，再具体分析问题，介绍情况；或先亮出结论，然后转入主体。

（2）主体。这部分要详细写明企业是怎样进行经营管理的，根据搜集到的计划、财务会计、预算资料以及历史和现实的各种资料和数据，运用正确的观点和方法，解剖经济活动的各种数据和实际情况，进行综合分析，着重摆事实，评析经济活动所取得的成绩或存在问题，说明主客观原因。主体的内容和形式有一个显著的特点，就是大量地运用数字，数字和文字相结合。在写法上，或是数字、文字融合式；或是数字、文字分列式。数字罗列有时采用表格的形式，有时只集中排列而并不做表。可先列出表格，然后将表格列举的重要项目加以剖析；也可先分析说明，最后以一张和几张表格来综合反映报告期的经济活动情况或是采取分项分析的方法，边罗列数字（有表或不用表）边剖析。在分析时，要注意数据与文字的协调统一，做到有据有理；要主次分明，突出重点，抓住主要问题；数据要准确，分析要切合实际，概括要上升到理论高度，以揭示经济活动的规律。

3. 结　尾

在评估分析的基础上，针对存在的问题，多数是提出意见、建议或措施，个别也有谈体会的。如果提出建议和措施，要注意针对存在的问题，建议和措施要切实可行。如果主体部分结束处已提出意见、建议或措施，给人以完整的印象，那么就可以不必专门结尾。

经济活动分析报告若要上报，就必须按公文格式和程序处理。

4. 报告单位（报告人）和日期

在正文右下方写明报告单位（报告人）和日期。报告单位（报告人）也可写在标题下面。

四、经济活动分析报告中常用的分析方法

（一）对比分析法

对比分析法，即比较法，这是经济活动分析中的基本方法。它将两个以上具有对比性的

数字资料加以对比,显示出它们的联系和差异,并分析原因,为改进工作提供可靠依据。

运用对比分析法,一般从以下三个方面进行比较:

1. 比计划

以本期的实际完成指标与计划指标对比,从而说明计划执行情况,找出存在的问题。究其原因,是总结经营管理中的经验和教训,以便改进方法、挖掘潜力,更好地完成指标。

2. 比历史

以本期完成的实际指标与上期或上一年同期实际指标相比,或与历史上本单位最高水平相比较,用以反映经济指标发展速度和增减程度,反映经济活动的发展趋势,以便采取相应的措施,提高经营管理水平。

3. 比先进

以本单位一定时期的实际指标与客观条件大致相同而已成为先进单位的实际指标相比,或与国内外同类新产品和同行先进单位相比较,从中找出差距和薄弱环节,认清本单位所处的地位,明确赶超目标。

(二)因素分析法

因素分析法也称连环代替法,即对影响指标的各种原因进行剖析的方法。这种分析法就是顺序地把一个指标的几个相互联系的因素中的一个因素作为可变因素,而暂时把其他因素视为不可变因素,逐个进行替换,以测定各个因素对指标影响的程度。根据测定的结果,可以看出主要因素和次要因素,从而抓住主要矛盾,说明影响经济指标的真正原因,有的放矢地解决矛盾,使经济工作平稳发展。

(三)推算分析法

这种方法根据单位过去和当前的大量经济活动现象,把握事物间的联系,结合具体情况,推算数据资料,分析经济总体的发展变化,通过经济总体内各因素变动时对总体所起作用的情况等,以预测经济的发展趋势。常用的方法有:比例推算法、平衡推算法、平均数推算法。

经济活动分析的方法还有统计分析法、经验分析法和参照分析法几种。一篇分析报告,可以根据实际需要,运用多种分析方法。

五、经济活动分析报告的写作要求

1. 立足全局,全面、正确地分析评价

一定社会的经济是一个有机体,因此,在进行经济活动分析时,必须从宏观经济着眼,从微观经济分析入手,把宏观分析与微观分析有机地结合起来,以全面了解整个经济活动和各个经济单位的经济情况。

2. 科学地选择、运用资料

经济活动分析报告以大量的资料为依据,应对企业的经济活动情况和引用的各项数据核

实无误。但不要拘泥于现成的计划、会计、统计、核算等资料，而应当重视实地调查研究，对账面上的数据和账面外（即不能从报表中反映出来的资料，如原始记录、有关生产技术方面的资料等）的情况进行综合分析。

3. 分析问题和解决问题相结合

写经济活动分析报告的目的在于解决问题，不能问题摆了一大堆，缺乏一个倾向性的意见和建议时工作依然如故，我行我素。因此，写经济活动分析报告时，必须客观真实地分析原因，提出改进的具体建议和有效措施，促进问题的解决，推动经济工作的进一步发展。

例　文

<h3 style="text-align:center">××电力公司上半年经济活动分析报告</h3>

我公司各项工作按计划推进，取得阶段性成效。主要指标及重点工作任务进展过半，固定成本得到有效控制，保持了利润的基本稳定，这是公司系统全体干部员工齐心协力、坚强拼搏的结果。

一、公司系统在集团公司党组的正确领导下，真抓实干，克服困难，实现了"时间过半、任务过半"的目标

上半年集团公司经济运行主要呈现以下特征：

（一）电力生产和基建安全形势总体良好。

上半年，未发生电力生产、基建人身死亡事故和群伤事故，未发生特别重大事故，未发生责任性重大设备事故，未发生垮坝和水淹厂房事故，未发生重大火灾事故。发生发电生产人身重伤事故1次，同比增加1次；发生一般设备事故2次，同比减少7次；发生设备一类障碍77次，同比减少48次；发生非计划停运108次，同比减少135次。

（二）在电力供应紧张形势下，充分挖掘现有机组潜力，克服煤炭供需矛盾突出和南方来水偏枯等不利因素影响，发电量和售电量保持稳步增长。

上半年，集团公司发电量637.91亿千瓦时，同比增长5.84%，完成全年计划的50.49%。其中：火电537.48亿千瓦时，占总发电量的84.26%，同比增长4.97%；水电100.43亿千瓦时，占总发电量的15.74%，同比增长10.75%。

从区域来看，华北地区的发电量占集团公司总发电量的20.45%，同比增长6.55%；东北地区占16.5%，同比增长7.82%；华东地区占31.4%，同比增长1.48%；华中地区占23.21%，同比降低3.03%；西北地区占8.45%，同比增长65.28%。

火电机组利用小时进一步提高。上半年火电设备平均利用小时达3 167小时，同比增加130小时。比全国火电设备平均利用小时高出207小时。

水电来水呈现"北丰南枯"态势。福建、江西、湖南由于降水量少，来水相对偏枯，发电量均有所下降。福建减少2.51亿千瓦时，同比降低43.36%；江西减少2.26亿千瓦时，同比降低64.51%；湖南减少7.05亿千瓦时，同比降低15.12%。西北地区的青海、甘肃、宁夏来水较好，发电量增加21.28亿千瓦时，同比增长65.28%。

新投产机组对发电量增长贡献较大。新投产机组发电量11.37亿千瓦时，占发电量增量的32.3%，为缓解电力供需矛盾和发电量稳步增长发挥了积极作用。

上半年，售电量增长速度高于发电量增长。集团公司售电量 593.05 亿千瓦时，同比增长 5.93%。其中：火电 493.78 亿千瓦时，水电 99.27 亿千瓦时。

（三）供电煤耗和综合厂用电率均有下降，节能降耗工作取得成效。

上半年，集团公司综合厂用电率 7.03%，同比下降 0.43 个百分点。其中：火电 8.13%，同比下降 0.33 个百分点；水电 1.16%，同比下降 0.62 个百分点。

上半年，集团公司供电煤耗 366.74 克/千瓦时，同比下降 1.04 克/千瓦时。

（四）销售收入增长幅度高于电量增长。售电量的增加和火电售电单价的提高推动了电力收入的增长。

上半年，集团公司实现销售收入 137.87 亿元，同比增长 10.11%，与预算执行进度基本同步。其中：电力销售收入 132.76 亿元，占总销售收入的 96.29%，同比增长 9.97%；热力销售收入 3.74 亿元，占总销售收入的 2.71%，同比增长 7.65%。

电力收入中，火电 114.1 亿元，占电力收入的 85.95%，同比增长 10.39%；水电 18.65 亿元，占电力收入的 14.05%，同比增长 7.47%。电力收入增加中，七成来自于电量增长，三成来自于电价提高。

上半年，平均售电价格 226.13 元/千千瓦时，同比提高 6.03 元/千千瓦时。其中：火电受 7 厘钱调价和电价矛盾疏导作用影响，售电均价同比提高 8.93 元/千千瓦时。水电因价格相对较低的黄河上游电量比例升高，售电均价同比下降 7.01 元/千千瓦时。

上半年，全资、控股公司电力收入增长速度高于内部核算电厂收入增长。全资、控股公司电力收入同比增长 12.25%，内部核算电厂电力收入同比增长 4.96%。

（五）固定成本得到有效控制，但因电煤价格不断攀升，总成本未能控制在预算执行进度之内，成本增长远高于收入增长。

上半年，集团公司销售总成本 118.92 亿元，为年度预算的 51.06%，同比上升 14.04%，高于收入增长 3.93 个百分点。其中：电力产品销售成本 112.51 亿元，占销售总成本的 94.61%，同比上升 13.83%；热力产品销售成本 5.41 亿元，占销售总成本的 4.55%，同比上升 16.32%。

电力成本中，火电成本 100.57 亿元，占电力成本的 89.39%，同比上升 13.19%；水电 11.94 亿元，占电力成本的 10.61%，同比上升 19.53%。

从电力成本构成来看，燃料成本占电力成本 51.4%，同比上升 2.9 个百分点；水费及固定成本占电力成本比例相应下降。燃料成本预算执行进度 58.13%，其他成本项目均控制在 50%以内。

燃料成本增加是推动成本上升的最主要原因。上半年，电力燃料成本同比增加 9.88 亿元，上升 20.03%；其中：因煤炭价格大幅度上涨，增加燃料成本 6.99 亿元。火电售电单位燃料成本同比上升 14.17 元/千千瓦时。电价政策性调整难以平衡煤价的上涨。

从单位看，内部核算电厂成本控制总体好于独立发电公司。上半年，内部核算电厂成本同比上升 3.43%，全资、控股公司成本同比上升 15.04%。

（六）在电力利润下降、热力增亏的情况下，由于财务费用大幅下降、营业外支出减少，保持了利润的基本稳定。

上半年，集团公司实现利润 10.68 亿元，同比减少 0.24 亿元，下降 2.17%，其中：电力产品利润同比下降 8.02%；热力亏损 1.71 亿元，同比增亏 43%。

从利润形成结构来看，财务费用大幅降低和营业外支出减少是保持上半年利润基本稳定的主要原因。通过优化债务结构，降低资金成本，规避汇率风险，财务费用同比减少1.48亿元。营业外支出同比减少0.55亿元。

从各单位利润完成情况来看，上半年内部核算电厂实现利润总体略有增长，全资及控股公司实现利润同比下降3.41%。累计亏损单位20家，减少1家。亏损单位的亏损额由上年同期的3.39亿元，下降到1.9亿元，减亏1.49亿元。

上半年财务状况保持稳定。合并资产总额899.27亿元，同比增长9.34%；负债总额573.75亿元，同比增长13.1%；所有者权益235.23亿元，同比增长1.14%。资产负债率63.8%，同比升高2.12个百分点。

（七）固定资产投资按计划实施，发展布局和结构调整取得明显成效，前期项目规模初步满足集团公司持续发展需要。

上半年，固定资产投资16.17亿元，完成年计划的40.77%。实际到位资金31.13亿元，其中：资本金0.96亿元，银行贷款6.38亿元，企业债券22.4亿元，利用外资0.58亿元，其他资金0.81亿元。

上年结转建设规模322.6万千瓦。上半年新开工大连泰山等两个热电项目共28.5万千瓦。投产碗米坡1#和2#水电机组、白鹤二期1#机组、通辽六期5#和6#供热机组，共49.6万千瓦。到6月底，在建规模共301.5万千瓦，其中：水电占85.57%，火电占14.43%；大中型基本建设规模占94.53%，"以大代小"技改规模占5.47%。

目前，开展前期工作的项目共73项7 069.1万千瓦。其中：已上报开工报告52.5万千瓦，已批可研报告300万千瓦，已批项目建议书620.5万千瓦，已上报可研报告待批483.5万千瓦，已上报项目建议书待批2 149万千瓦，正在开展初可和规划的3 463.6万千瓦。

从布局和结构上看，分布范围由组建初的17个省份发展到目前的22个省份。其中：黄河上游和沅水等流域上的水电项目13个共1 083.6万千瓦，辽宁核电和山东海阳等8个核电项目，蒙东等煤电基地的煤电项目、其他新建和扩建煤电项目50个共4 255.5万千瓦，天然气发电项目2个共130万千瓦。

（八）生产规模扩大，现价工业总产值增加，职工人数减少，劳动生产率进一步提高。

截至6月末，集团公司系统职工期末人数75 273人，比上年同期减少969人，比2003年末减少522人。

以现价工业总产值计算，上半年集团公司全员劳动生产率为31.33万元/人，同比提高16.4%。其中：火电企业劳动生产率30.65万元/人，同比提高15.8%；水电企业46.12万元/人，同比提高21%。

我们在面临诸多非常尖锐和复杂的矛盾面前，能够形成经济运行的良好局面，是非常不容易的。比较而言，我们是在老小旧机组比较多、设备长期处于高负荷运行、煤质下降、新机组投产压力大的情况下，保持了生产、基建的安全稳定局面；我们是在煤电油运供需矛盾突出、新增生产能力相对不多、市场结构发生新的不利变化、南方来水偏枯的情况下，实现了发电量的稳定增长；我们是在电煤价格飞涨、电价调整不能弥补燃料成本增加的情况下，保证了经济效益基本稳定，亏损面没有扩大，亏损额大幅下降；我们是在成立之初发展项目严重不足、电源前期竞争极其激烈的情况下，初步为合理布局、结构调整和产业技术升级，进行了规划储备；我们是在着力消除旧的体制、机制性障碍的变革探索实践过程中，认真贯彻年初工作会议精神，坚持以增收节支，促进经济效益的稳步提高，坚持以业绩评估，促进经营管理水平的全面提升，坚持以改革创新，促进管理体制和经营机制的根本转变。

二、经营形势严峻，机遇与挑战并存，内部管理仍有薄弱环节，完成全年任务还很艰巨，要把握主要矛盾，趋利避害，巩固和发展上半年良好势头

综观当前和今后的经营工作：

第一，外部市场环境存在诸多不利因素。一是电煤供应紧张、煤质下降、价格大幅上扬，严重危及设备运行的安全性和经济性，严重影响经济效益的稳定和提高。上半年，集团公司供煤量低于耗煤量，截至6月底，实际库存煤同比下降69.65万吨，下降幅度达33.92%。阜新、娘子关、平圩、姚孟等大部分电厂库存煤经常处于警戒线以下，造成部分机组降负荷运行，甚至被迫停机检修。入厂煤平均低位热值同比下降5.09%，造成设备磨损严重，锅炉效率降低，辅机耗电增加，助燃用油上升。上半年，因电煤价格上涨，集团公司增加燃料成本高达近7亿元，已有的电价政策难以平衡。进入7月份后，第三轮煤价上涨又起，河南、山西、东北等地区煤炭企业纷纷要求涨价，有的煤炭企业要求计划内价格增长幅度高达44%，几乎影响到所有火电企业，给正常生产经营带来严峻挑战。二是电力市场不规范和市场结构变化存在不利影响。在国家多次规范电价管理的情况下，上半年，批准的基数电量安排不到位、自行组织竞价和计划外电量、压低或变相降低电价的现象，在相当多的地区仍然存在。一些区域因市场结构变化等原因，造成市场份额下降。如上半年，上海地区区外来电的增加和新机组投产，使集团公司电厂的发电量同比大幅降低。上海用电量同比增长13.2%，上海当地电厂发电量同比增长1.2%，集团公司电厂发电量同比下降5.76%。受水情不好影响，有些电厂有价无量，争取到的电价政策不能发挥作用，下半年难以出现恢复性增长。三是银根适度紧缩，银行实际执行利率上浮空间扩大，实际利率上升，将加大资金成本，也增加了电热费回收难度。

第二，迎峰度夏、防洪度汛面临严峻考验。一是设备可靠性要求提高。一方面今年以来电煤质量下降直接影响设备健康状况；另一方面夏季用电要求调峰能力提高。二是防洪度汛压力加大。目前正值主汛期，沅水上的三板溪已进入施工高峰期，在建项目较多的黄河来水好于去年，公伯峡又是今年计划投产的关键项目。

第三，企业管理仍存在薄弱环节。一是一些企业违规违纪问题仍然存在。上半年审计检查、财务整顿和业绩评估工作中，发现一些单位违反国家财经纪律，违规经营的现象并未杜绝，与集团公司反复强调的法制化、规范化管理要求仍存在很大差距。有的单位私设"小金库"、账外账，编制虚假工程，人为调整消耗指标，截留收入利润，乱挤乱摊成本，关联交易很不规范等。有的违纪金额较大，问题性质还很严重。二是部分单位计划和预算指标完成存在较大差距。

第四，核心竞争力有待加快培育和壮大。一是前期规划形成的布局和结构，要加快推进，尽快形成电力生产力，形成规模和结构优势。二是集团公司组建以来，坚持不懈为之实践的，符合集团公司特点和适应市场化要求的，在继承旧体制的历史遗产同时开辟未来的专业化、集约化的管理模式，要进一步实践并完善，破中求立，立中完备。三是在稳步向电力相关产业延伸发展的多元化和成员单位组织形式的多样性格局中，实现条条块块的紧密结合。四是做到任何内部资源，都不会成为公司增长和发展的"瓶颈"。

同时，我们也有许多有利条件：

第一，国民经济仍将保持快速发展，用电需求也会继续呈现旺盛的局面。随着国家宏观

经济调控措施逐步到位,我们有理由相信,煤电油运供求紧张的局面将得到缓解。同时,集团公司的辽宁和海阳核电项目、黄河水电基地、蒙东等煤电基地已经纳入国家能源中长期发展规划,新的产业政策为集团公司发展提供了广阔的空间,面临难得的发展机遇。

第二,改革逐步深入。电力市场监管力度正在加大,"三公"的市场环境将逐步形成。国有企业改革继续深化,建立现代企业制度、分离企业办社会职能、推进主辅分离的配套措施已经或正在到位。内部改革全面展开,职工对改革的承受能力正在增强。曾经困扰集团公司的黄河公司资产债务重组、价格税收问题等突出困难和矛盾已经或正在得到解决。

第三,集约化、专业化管理体制格局初步形成。工程分公司、运行分公司、资金结算管理中心、新型燃料管理体制的作用已经显现。比较而言,集团公司成本利润率居于较高水平,成本竞争优势正在逐步形成。

世界上唯一不变的就是变化,我们要视变化为机遇,善于变中求胜。集团公司组建以来的工作,充分体现了在追求变革的同时,敢于引领变革。要树立信心和勇气,不被暂时的困难所吓倒,把握主要矛盾,积极主动地趋有利于企业健康成长之利,避妨碍经济效益提高和国有资产保值增值之害,采取更加有力的措施,努力做好下半年的工作。

三、振奋精神,迎难而上,完善措施,狠抓落实,继续坚持以增收节支、业绩评估、改革创新推动重点工作开展,确保全年任务完成

(一)加强安全生产管理,保证发电设备安全、稳定、经济运行。

切实落实安全生产责任制。进一步贯彻落实党中央、国务院关于加强电力安全生产工作的指示精神和集团公司的要求,坚持"安全第一,预防为主"的方针不动摇。认真学习集团公司安全政策声明,牢固树立"任何事故都是可以避免的"安全管理理念,践行对社会的庄严承诺。认真吸取川东特大井喷等事故的沉痛教训,落实各级安全生产责任制,切实把安全生产工作做细致、做扎实、做深入。

确保迎峰度夏和防洪度汛安全。当前,正值迎峰度夏、防洪度汛的关键时期,要克服松懈麻痹思想,以高度的政治责任感和严谨科学的工作态度,完善各项组织措施和技术措施,保持与电网调度部门的紧密联系,密切关注汛情的变化,认真做好应急预案。水电厂和有水电工程建设的单位,要保持与防洪部门的密切接触,认真做好主汛期防汛检查,确保安全工作万无一失。

确保体制改革过程中安全生产局面的稳定。做好运行、检修和辅业分离体制改革过程中的安全管理工作,务必做到责任落实、措施得力、监督到位。

加强设备运行和检修管理。发生机组非计划停运的单位,要认真分析原因,在设备检修、运行管理和技术监督等方面采取有力措施,提高设备可靠性,经得起高负荷下安全稳定运行的考验。针对当前煤质下降的实际,要做好运行分析和燃烧调整,提高运行效率,最大限度地减少非计划停运。

做好新机投运准备工作。下半年,公伯峡 $1^\#$、$2^\#$ 机组,碗米坡 $3^\#$ 机组,景德镇扩建机组和洪泽热电机组都将陆续按计划投产,要做好相关准备工作,保证新投产机组安全稳定运行。

(二)以市场为导向,有重点地推进市场营销。

加强燃料管理。密切跟踪煤炭市场变化,加强与煤炭、运输、电网和其他发电企业的协调,发挥区域燃料公司的作用,全面加强煤炭量、质、价的管理,严格执行集团公司燃料供应预警和价格协调制度,确保发电用煤的连续稳定供应和合理库存,努力抑制煤价进一步上

升。东北地区的电厂要继续做好霍林河煤炭掺烧工作。

努力开拓市场。江西、东北、河南地区的电厂，要充分发挥现有发电能力，尽快扭转发电量增长低于市场用电量增长的局面。上海地区的电厂要加强与电网企业和政府部门的沟通和联系，确保年度发电量计划完成。各水电厂要密切关注水情变化，合理调度，提高水能利用率。

全面落实电价政策。已经出台的电价政策要确保执行到位。积极配合国家发改委、电监会组织开展的全国电力价格专项检查，确保电价"三统一"政策的落实，防止压低或变相降低上网电价，纠正对发电企业的不合理收费，促进电力市场的规范运作。

完善区域市场竞价的各项准备。在区域电力市场模拟运行基础上，掌握规则，熟悉模式，适应监管，研究市场，了解同行，完善策略，实现增供扩销、增产增收。

加大电热费回收力度。随着内部电厂价格独立和资金市场变化，预计电热费回收难度将会加大。此项工作必须常抓不懈，不要把矛盾积累到年底，确保正常的资金周转。

（三）进一步加强经营管理，巩固和扩大经营成果。

严格控制成本。按照增收节支50条要求，继续严格控制生产成本、经营成本、管理成本、发展成本和改革成本，抓住每项成本控制的关键环节和关键因素，把成本控制落到实处。要把燃料成本的管理放到突出位置，防止固定成本"前低后高"。

继续疏导电煤价格矛盾。积极争取新的价格政策，努力实现燃料成本的收支平衡，缓解生产经营的严峻局面。各供热单位要立足于热力价格在当地突破，扭转热力连年亏损局面。

狠抓扭亏增盈。集团公司决定全部亏损企业在两年内都要彻底实现扭亏为盈。扭亏增盈是开展"增收节支年"活动的重要内容。要不因当前遇到的特殊困难而气馁，扭亏决心不变，扭亏目标不变。从加快老厂发展、深化内部改革、挖掘管理潜力、用好国家政策四个方面，推进扭亏增盈。

加强现金流量管理。资金结算管理中心应该成为集团公司的"司库"，围绕这一目标，进一步完善资金集中管理体系，巩固银行账户清理成果，加大资金集中管理力度，加强资金监管，继续发展好内部资金市场，加强资金运作，满足生产经营和发展资金需求，为下一步财务公司的运作奠定基础。巩固上半年财务费用大幅降低的成果，确保对利润的贡献不滑坡。

完成清产核资。在上半年财务清理、资产清查基础上，完成下一步损益认定、资金核实等工作，认真处理历史遗留问题，全面执行新的企业会计制度。努力完成厂网分开改革的资产财务接收工作。

加强工程造价管理。发挥"标杆电价"机制对工程成本的约束作用，按社会平均成本衡量工程建设成本，塑造成本竞争优势。坚持从严格审查初步设计、落实执行概算、优化设计和施工方案入手，严格控制工程造价。

加强监督检查成果的运用。切实抓好审计监督、效能监察、财务整顿、业绩评估中发现问题的整改落实。进一步规范关联交易，真实核算收入和生产、工程成本，杜绝人为调整指标的行为。重视和加强财务管理基础工作。

（四）加快前期工作，确保开工投产，尽快形成生产能力。

确保计划投产项目按期投产。公伯峡、景德镇和碗米坡项目能否按期投产，是完成全年基本建设目标的关键。要重点推动，及时解决实际工作中遇到的问题，保证新增134.1万千瓦装机目标的全面实现。

确保前期工作及时推进。计划开工的 11 个项目,大部分进入开工报批准备阶段,任务很重,不能有丝毫松懈。平圩项目一定要保证按期开工,贵溪、分宜、漕泾项目要尽快落实开工的九项条件,新乡、平东、永济项目要加紧催批可研报告,同时做好其他开工条件的落实工作。争取开工的 12 个项目,要加快前期报批和施工准备,力争尽早开工建设。进一步加快核电、煤电基地等项目的前期工作步伐。

确保建设资金的需要。要安排好资本金的平衡,优化融资方案,兼顾满足资金需求和降低资金成本。加快项目公司组建,为落实融资创造条件。

(五)推进资产重组和资本运作,扩张经济规模和提高盈利能力。

在上半年完成吴泾六期资产并购的基础上,围绕核心资产扩张、较高经济回报、市场份额拓展和资源整合,下半年重点抓好四个方面:一是完成与霍煤集团的资产重组,结合解决黄河公司不合理的资产债务结构,推动黄河上游的重组。二是继续推进中电国际海外上市。三是完成财务公司购并。四是完成鲤鱼江的重组和开封发电股权的收购。同时,研究出售淘汰不具备控制力的发电股权,努力推进"一厂多制"问题的逐步解决。

(六)落实改革的各项配套措施,促进深化内部改革。

要解决集团公司深层次的问题和矛盾,完善形成符合市场要求和集团公司特点的管理模式,破除旧体制的弊端,必须走深化改革和专业化、集约化管理之路。

落实好各项配套措施。一是建立新体制下发电、检修和辅业公司的安全管理模式、安全责任体系,建立与之相适应的各项制度。二是建立和完善新体制下的劳动分配关系、财务关系、结算关系,促进新机制的形成。三是建立和完善与燃料、工程、运行、检修、物资等专业化、集约化管理相适应的、与改革目标相统一协调的财务经济关系。

落实委托管理责任。为优化区域资源配置,集团公司调整了三级管理构架,三项责任制考核相应调整。二级单位要切实承担起在安全生产、经营管理和发展建设上的委托管理责任,各项工作尽快到位。

实践以"一元化"管理"多元化"。通过进一步整合内部资源,坚持统一的战略布局、统一的企业文化、统一的规范标准、统一的业务流程、统一的财务审计控制、统一的考核评价、统一的人力资源开发机制、统一共享的信息资源,以及"策划、程序、修正、卓越"的精神,实现以"一元化"管理"多元化"。

(七)加大监督力度,促进企业依法经营和健康发展。

完善监督体系。建立健全财务监督、审计监督、派出董事监事和财务总监、纪检监察和法律监督各自履行职责,并相互协作配合的监督管理体系,构筑防范经营风险的防线。

建立和完善审计监督机制。建立专业审计队伍与特聘审计队伍相结合,内部审计力量与借助外部中介审计相结合,审计监督与其他监督相结合,以自上而下的审计为主并与各单位自我监督相结合的审计监督机制。集团公司决定:在当前深化内部改革过程中,各单位必须保持一支必需的专业审计力量。到明年底,完成对系统内各单位的第一轮审计。对不具备上岗资格要求的审计人员,限期调离审计工作岗位,也不能从事财务岗位的工作。

××电力公司

20××年×月×日

第六节 招标书和投标书

一、招标与投标的含义

招标是指招标者（招标单位或个人）在欲购买物资、发包建设工程或合作经营某项业务时，按照一定程序征求应征者，进行公开应征的方式。由应征者（单位或个人）按照招标者的要求提出具体方案并寄至招标者称之为投标。招标与投标是国际上广泛采用的兴建大型工程和进行大宗商品交易时的一种通用的交易形式。

（一）招标方式

国际上常用的招标方式有：竞争性招标（有公开招标和选择性招标两种做法）、谈判招标、两段招标。

竞争性招标是指招标人邀请几个甚至几十个投标人参加投标，通过多数投标人竞争，选择其中对招标人最有利的投标人达成交易。

公开招标是一种无限竞争性招标。采用这种做法时，招标人要在国内外主要报刊上刊登招标广告，凡对该项招标内容有兴趣的人有均等机会购买招标资料进行投标。

选择性招标又称邀请招标，它是有限竞争性招标。采用这种做法时，招标人不在报刊上刊登广告，而是根据自己具体的业务关系和情报资料，由招标人对客商进行邀请，进行资格预审后，再由他们投标。

谈判招标又称议标，它是非公开的，是一种非竞争性的招标。这种招标由招标人物色几家客商直接进行合同谈判，谈判成功即交易达成。

两段招标是指无限竞争招标和有限竞争招标的综合方式，采用此类方式是先公开招标，再采用选择性招标，分两段进行。

政府采购物资，大部分采用竞争性的公开招标办法。

（二）招标、投标的基本程序

招标、投标是竞争性的经济活动，一般需要经历以下程序：

1. 招标单位发布招标公告，它包括招标通知和招标广告

招标通知指分别送给与本国建立外交和商务关系、与招标项目有关的国家或部门的书面通知，招标广告是指在国内外有影响力的报纸、杂志、电视台上刊登的有关招标的广告。

2. 投标单位索要或购买招标文件与投标

取得投标资格的企业，前往投标单位索要或购买招标文件，然后根据招标文件的要求，编制投标书并在投标截止日期前将投标文件交送招标者。

3. 在预定的时间内开标、评标、决标

招标单位在规定日期、时间、地点，将在截止日期前收到的全部投标文件，将其投诉人或其代表人在场的情况下，当众开箱，并宣布投标企业名称、投标项目以及标价，择优确定

1~5名中标预选人，这种程序即为开标。开标后，招标单位经过审查、鉴别和比较，最后决定中标单位。这一阶段是在秘密状态下进行的。

4. 双方签订经济合同

中标者在接到正式"中标通知书"后，与招标者签订经济合同，招标工作结束。

二、招标书的写作

（一）招标书的基本结构

招标书又称招标通告、招标公告、招标启事、招标广告，它是将招标主要事项和要求公告于世，从而吸引众多的投资者前来投标的一种书面文字材料，是将招标信息和有关事项公之于众的一种商业文书。

招标书一般都通过报刊、广播、电视等公开传播媒介发表。在整个招标过程中，它是属于首次使用的公开性文件，也是唯一具有周知性的文件。

招标书一般包括标题、正文和结尾三部分。

1. 标题

一般有以下四种形式：

（1）由招标单位名称、招标项目和文种三个部分组成。如《×××工厂修建办公楼的招标公告》。

（2）由招标单位名称和文种两部分组成。如《××××（单位）招标公告》。

（3）只有招标项目和文种。如《建筑安装工程招标书》。有的还在标题之下加上编号，以利于存档和查对。

（4）只写文种，即"招标通告""招标通知""招标启事"等。如《招标书》或《招标说明书》。

2. 正文

一般用条文式，有的也可用表格式。

（1）引言。应写明招标目的、依据以及招标项目的名称等。如《××里住宅小区建筑安装工程施工招标通告》："本公司负责组织建设的××里住宅小区工程的施工任务，经××市城乡建设委员会批准，实行公开招标，择优选定承包单位，现将招标有关事项通告如下……"

（2）主体。这是招标公告的核心。要详细写明招标的内容、要求及有关事项。一般采用横式并列结构，将有关要求逐项说明，有的还需要列表。具体包括如下几个方面：

① 招标内容。包括招标项目名称和项目情况介绍、招标范围、投标方法等。如工程建设项目的招标，应标明工程名称、建筑面积、设计要求、承包方式、交工日期等。如《××路商业广场建筑安装工程施工招标通告》："工程名称和地址：××商业广场，坐落于××市中心，太升北路3号，太升南/北路与玉沙路的交汇处。工程主要内容：总建筑面积10.7万平方米，其中14至18层大模外挂板商住楼7座，计7.85万平方米，砖混结构6层商铺楼5座，计2.25万平方米，其余为配套附属建筑，也是砖混结构。工程质量要求应符合国家施工验收规范。承包方式：全部包工包料（建设单位提供三材指标）。交工日期：20××年2月。"

② 招标范围。投标单位资格及应提交的文件，如：凡持有一二级建筑安装企业营业执照的单位皆可报名参加投标。报名时应提交下列文件：A. 投标单位概况表；B. 技术等级证书（复制件）；C. 工商营业执照（复制件）；D. 外地建筑企业在本市参加投标许可证。

③ 招标程序。包括内容：A. 报名及资格审查；B. 领取招标文件；C. 招标交底会（交代要求及有关说明）；D. 接受标书；E. 开标；F. 交招标文件押金或购买招标文件。

④ 招投标双方的权利和义务、双方签订合同的原则、组织领导以及其他事项等。

3. 结　尾

即落款，写明发标（招标）单位名称、地址、电话号码、电报挂号、电传信号、邮政编码等。

一些大型的招标活动一般需要附上交易授权书。

（二）招标书的写作要求

1. 招标内容合法合理、方案切实可行

招标书的要求和应知事项要符合国家有关法律、法规、政策规定；技术质量标准要载明是国际标准、国家标准、部颁标准或是企业标准；招标方案既要科学、先进，又要适度、可行。

2. 招标标准明确，表达准确

招标书对招标项目达到的质量标准要有明确标准档次的详细的表述。如果没有通用的标准，则应特别说明。语言表述应准确。无论是定性还是定量，都应准确无误，没有歧义，尽可能使用精确语言。

3. 简洁清晰，注意礼貌

招标书没有必要长篇大论，只要把所要讲的内容简要介绍，突出重点即可，切忌没完没了地胡乱罗列、堆砌。招标书涉及的是交易贸易活动，行文要遵守平等、诚恳的原则，表述得体。

三、投标书的写作

（一）投标书的基本结构

投标书，也简称标函或标书。投标书是投标单位在见到招标书，领会了招标文件的内容，经过认真考察和研究之后，准备参加投标竞争活动而向招标单位递送的书面文件。

投标书一般包括以下部分：

1. 投标书标题一般由项目名称加"投标书"组成

例如《××省省属大专院校助学贷款投标书》；有时为了简略起见，标题也可只写《投标书》或《投标函》等。

2. 致送单位

致送单位投标书的致送对象，系指招标单位或者招标办公室，要写其全称或者规范化简称，以示郑重。

3. 引　言

这部分是投标书的导语，要用较为概括的语句，简要明确地交代出投标的目的或依据，例如："根据已收到的贵公司招标编号为 ARBUO—ZB001 号的项目招标文件，遵照国家有关招标投标管理办法的规定，我行经研究上述工程招标文件的投标须知、合同条件、技术规范、项目期限和其他有关文件后，我方决定参加投标。"

4. 正　文

这部分是投标书写作的重点。要围绕招标文件的具体要求进行表述，充分展示出本单位的实力和竞争能力，从而取得竞标成功。一般来说，投标书的内容应写明竞标项目的价格（标价）、保证和条件等，要注意写得明确、具体、完整。其中项目的价格（标价）部分应首先将有关招标的金融产品与服务内容、质量和数量等交代清楚，然后写明完成招标项目的产品与服务内容、质量、数量、标价及优惠等；提出实现指标、完成任务的具体措施。措施要具体有力，切实可行，以便使招标单位通盘考虑，认真权衡，予以采纳。

在具体写法上，可以采取表格形式，也可采取分条列项的形式，将有关内容依次陈述清楚即可。

5. 结　尾

写明投标单位的全称、地址、联系方式、联系人，以便及时与其联系。

（二）投标书的写作要求

1. 坚持实事求是的原则

要认真细致地权衡自身所具有的人员素质、技术水平、资金实力，做到量力而行、量体裁衣。在撰写时必须坚持从实际出发、实事求是的原则，切不可只为中标而夸大其辞或弄虚作假。否则，就会给国家、招标单位以至自身利益造成难以预料的损失。

2. 要知己知彼，增强竞争力

填写投标书是实现中标的关键环节。投标人必须对招标的项目做周密的调查研究，掌握足够的市场信息，弄清承包项目的有利因素和不利因素，知己知彼，做出准确的估计和核算，报价力求高低适宜，既有竞争力，又能为本企业赢得较大利润。切忌为中标妄加许诺，以致影响企业声誉和经济效益。

4. 要注意明确性和可行性

撰写投标书，其所涉及的每一项内容，特别是有关的目标、标价、完成期限、质量标准以及服务承诺等等，必须写得明确具体，切实可行。要本着适度的原则，尽量预见各种可能遇到的情况，充分展示出自身的金融实力、技术水平和不凡的经营策略。

5. 要及时拟制和按时送标

由于招标是招标单位为了选择相应的产品与服务，将有关条件和要求予以公布，利用投标者之间的竞争而优选投标人的行为，具有明确具体的时限要求。因此，投标单位必须抓住时机，讲究时效性，在特定的时限内拟制并适时送交投标书，才有中标的可能。一旦延误，极可能给企业带来巨大的经济损失。

例　文

投标书

××××× ：

　　1. 根据已收到的招标编号为_____的_____工程的招标文件，遵照《工程施工招标投标管理办法》的规定，我单位经考察现场和研究上述工程招标文件的投标须知、合同条件、技术规范、图纸、工程量清单和其他有关文件后，我方愿以人民币_____元的总价，按上述合同条件、技术规范、图纸、工程量清单的条件承包上述工程的施工、竣工和保修。

　　2. 一旦我方中标，我方保证在____年____月____日开工，____年____月____日竣工，即____天（日历日）内竣工并移交整个工程。

　　3. 如果我方中标，我方将按照规定提交上述总价5%的银行保函或上述总价10%的由具有独立法人资格的经济实体企业出具的履约担保书，作为履约保证金，共同地和分别地承担责任。

　　4. 我方同意所递交的投标文件在"投标须知"第11条规定的投标有效期有效，在此期间内我方的投标有可能中标，我方将受此约束。

　　5. 除非另外达成协议并生效，你方的中标通知书和本投标文件将构成约束我们双方的合同。

　　6. 我方金额为人民币_____元的投标保证金与本投标书同时递交。

投标单位：（盖章）
单位地址：
法定代表人：（签字、盖章）
邮政编码：
电话：
传真：
开户银行名称：
银行账号：
开户行地址：
电话：

　　　　　　　　　　　　　　　　　　　　____年____月____日

第七节　审计报告

一、审计报告的含义、特征和作用

　　审计报告是审计单位根据国家的审计准则对一个企业或单位的经济活动等方面的情况实施了必要的审计程序后，实事求是、客观公正地向指派其审计任务的审计机关出具的书面报告。

　　审计报告具有鉴证、保护和证明三方面的法定效力特征。

1. 鉴证效力特征

审计人员根据有关法规、政策对被查、被审计单位的经济活动和财务状况作客观的说明、判断，在审计报告中对被审计单位会计报表中所反映的财务状况、经营成果和资金变动情况是否合法、恰当、一致，表明自己的意见。其意见客观公正，具有鉴证的效力。政府有关部门了解、掌握企业的财务状况和经营成果的主要依据是经审计并附有审计报告的会计报表。

2. 保护效力特征

审计人员出具的审计报告，能够在一定程度上对被审计单位的财产、债权人和股东的权益及企业利害关系人的利益起到保护作用。如投资者为了减少投资风险，在进行投资之前，必须查阅被投资者的会计报表和审计报告，了解被投资企业的经营情况和财务状况。投资者查阅审计报告，做出投资决策，可以减少其投资风险。

3. 证明效力特征

审计报告可以对审计工作质量和审计责任起证明作用。审计报告可以证明审计人员在审计过程中是否完成了预定的审计程序，是否以审计工作底稿为依据表示审计意见，表示的审计意见是否与被审计单位的实际情况相一致，审计工作的质量是否符合要求。审计人员的审计责任，是指审计人员应对其出具的审计报表的真实性、合法性负责。其真实性是指审计报告应如实反映注册会计师的审计范围、审计依据、实施的审计程序和应表示的审计意见；其合法性是指审计报告的编制和出具必须符合会计师法和独立审计准则的规定。

审计报告可以为有关领导部门制定政策、法规提供依据，为政策法规的完善提供相应的参考，也是审计机关履行审计监督职能的手段；审计报告既从微观的角度考核被审计单位财经工作的效果，又从宏观的角度确定被审计单位的财经工作对国家是否作出了贡献，对整个国民经济产生了哪些影响。

二、审计报告的分类

按不同的标准，审计报告有不同的分类。

（1）按审计的范围分类，审计报告可分为全面审计报告和专项审计报告。

① 全面审计报告是审计机关、机构或部门派出的审计工作组在完成审计工作后，提交的全面反映情况的报告。撰制全面审计报告分为两种情形：一是凡正式接到审计通知书的被审计单位，其被审计项目无论有无问题，都要在审计后提交审计报告；二是一种定期报送的审计报告。

② 专项审计报告是对一部分财务工作或影响经济效益的个别指标进行审计后写出的报告。

（2）按撰写报告的主体分类，审计报告可分为外部审计报告和内部审计报告。

① 外部审计报告是指国家审计机关和财政、税收、工商行政管理机关、银行以及社会上独立开业的会计师事务所写出的审计报告。

② 内部审计报告是指单位内部审计机构所写出的审计报告。

（3）按审计的目的和对象不同，审计报告可分为财政财务审计报告、经济效益审计报告和财经法纪审计报告。

① 财政财务审计报告也称财务报表审计报告，主要是在企业财务收支实现以后做出的。这种审计属于"事后审计"。这种对企业财务收支的凭证、账册、报表的审核，可以确认企业财务处理是否合法，它属于"合法审计"。

② 经济效益审计报告是对企业因发挥人力、物力、财力在生产过程的作用而获得经济效益进行审计后写出的。

③ 财经法纪审计报告是对违反财经纪律的行为进行审计后写出的。

（4）按写作形式分，可分为叙述式、条文式、表格式、综合式审计报告。根据2003年财政部印发的《独立审计具体准则第7号——审计报告》分为无保留意见、保留意见、否定意见、拒绝表示意见等四种审计报告。

① 无保留意见的审计报告，是指注册会计师经过审计后，认为被审计单位的会计报告符合会计准则及国家其他有关财务会计法规的规定，在所有重要方面公允地反映了被审计单位的财务状况、经营成果和资金变动情况，会计处理方法的选用遵循一贯性原则，不存在需要调整或查实的问题，这种报告为标准审计报告。

② 保留意见的审计报告，是指注册会计师经过审计后，认为被审计单位的财务报告就其整体而言是公允的，但指出某些方面的内容待查。这些待查内容主要是指某些对财务状况可能有重大影响但又尚未确定的因素，或因受会计记录限制对某些资料是否属实持保留意见。一般说来，这种报告并不影响其可用性。

③ 否定意见的审计报告，是指注册会计师经过审计后，认为被审计单位的会计报告在某一方面或某几个方面存在不合法或不真实的情况。

④ 拒绝表示意见的审计报告，是指注册会计师在审计过程中，由于审计范围受到委托人、被审计单位或客观环境的严重限制，不能获取必要的审计证据，以致无法对会计报告整体发表审计意见。这种情况是由于受客观条件限制而形成的，并不意味着被审计单位的会计报告一定存在问题或存在严重问题。因此，拒绝表示意见的审计报告和否定意见的审计报告性质是不同的。

三、审计报告的格式

由于审计报告的种类、任务、对象、范围不同，所以在写作上有所不同，但一般由标题、主送机关、正文、附件、落款等部分组成。

（一）标　题

一般采用公文式标题，包括审计机关名称、被审计对象、审计内容和文种，如《青云市审计局关于对江南汽车制造厂20××年度财务决算的审计报告》。篇幅短小的审计报告，标题可直接写文种，如《审计报告》。有时还需要在标题下写明审计报告的发文字号，即发文单位的代号、年号和顺序号。

（二）主送机关

主送机关，即审计工作的交办或委办单位名称。

（三）正　文

正文是审计报告的主体，一般包括以下内容：

1. 前　言

一般要说明审计任务的缘起、目的、任务、审计依据标准、审计时间的起讫、概述被审计单位的基本情况（业务经营性质、生产规模、管理状况以及其他必须说明的有关情况）。

2. 主　体

这是审计报告最关键的部分，主要写两方面的内容：说明情况和审查结论。

审计出的问题应根据性质整理归类，按问题的严重程度分项列出，然后进行分析。分析要公正客观，以事实为主，做到观点和材料结合，指出产生问题的主客观原因及后果，以分清责任，同时对性质较严重的问题、事项做出详细的说明。

审计机关做出的结论性意见，是依照国家政策、法令和财经纪律提出的，要态度鲜明，恰如其分地对审计结果进行评价、做出结论，恰当地指出问题的性质及严重程度，提出处理意见。

3. 建　议

针对审计中发现的问题，提出供被审计单位改进工作的参考方案、办法和措施。建议要写得具体，并切实可行。

（四）附　件

包括应该写入正文但又不便写入的、对结论的形成提供佐证或对正文有重要说明作用的图表和其他材料。如有附件，应在落款上面一行空两格起头，标出附件的名称和份数。

（五）落　款

在审计报告的右下角，要签上审计人员的名字，并盖章，同时应注明审计人员的职务或职称，写明审计报告成文的年、月、日。

四、审计报告的写作要求

（一）要善于分析、综合、归纳审计工作底稿

审计人员在审计一个单位或项目的过程中，获得了大量第一手材料。这些材料需要经过去粗取精、去伪存真、由此及彼、由表及里的"精耕细作"，理出头绪，形成文章。对于文字的推敲、润色，也要在这个阶段完成，使其成为写作审计报告的构件。但有的撰稿人却不肯或不善于在这方面下苦工夫，对手里的材料不进行综合、分析、归纳、提炼，起草审计结论和决定时，提起笔来就写，这样写成的文章，只能是材料的堆积。这些弊病是必须克服的。

（二）要遵循有关规定，定性问题要用政策、法规阐明

写审计报告要根据《中华人民共和国审计条例》《审计条例实施细则》《审计署关于内部审计工作的若干规定》《中华人民共和国注册会计师条例》等文件，还可参考《国际审计标准》《利马宣言——审计规则指南》。初稿要征询有关人员的意见，经主要负责人审阅后方可写出

正式报告。审计机关要依法审计，只有以法律为准绳，才能确定案件的性质，做到定性准确。

（三）要保持撰写人的独立身份

审计报告最本质的特点是：它的作者必须是"独立的第三者"。作者必须是依法批准的审计机构或个人，并能独立行使审计监督的权力。因此，撰写报告时，审计人员与委托人或者其他当事人有利害关系的要回避。撰写报告时，审计人员不能受交办人或委办人及任何外来因素的干扰，始终保持独立身份，做到客观、公正。

（四）结构要适当，措辞要严谨

要根据审计报告的不同功能特点选择适当的结构。审计报告是具有权威性的证明文件。注册会计师对其出具的审计报告的真实性、合法性负责，用词必须严谨。尤其是结论，绝不能用"大概""大约""可能""左右"等模棱两可的词语。

例　文

关于对某银行系统20××年度财务收支情况的审计报告

审计署：

我局今年对全国某银行系统20××年度会计决算进行审计工作已基本结束。审计出违纪资金×××××万元（其中总行××××万元，分行和分行以下××××万元），就地缴入中央金库×××万元。违纪自查和视同自查上划总行参与利润分成后上缴财政×××××万元，共计上缴中央财政××××万元。现将审计情况报告如下：

（一）主要问题

1. 多提应付未付利息××××万元

为了使定期储蓄存款利息较均衡地计入费用，人民银行规定可以预提定期储蓄应付未付利息。某银行预提方法是按定期储蓄存款年末余额，以月息四厘八的利率提取一年的利息支出。但是，有些分行为压低利润基数，超出规定范围，共多提××××万元。

2. 重复列支定期储蓄利息×××××万元

按规定，实际发生的定期储蓄利息应在预提的应付未付利息中支付。但是，总行20××—2011年所提示的应付未付×××××万元，一直挂在账上，未作支付；而20××—2011年定期储蓄的实际利息支出×××××万元，又计入了当年发生的费用，相应地减少了利润。

3. 自行提高利润留成比例，多提利润留成×××××万元

银行系统从20××年实行利润留成办法，人民银行根据财政部规定的比例，核定某银行的留成比例为××%。但某银行未按规定比例提取利润留成，自行将留成比例提高到×.××%。20××年多提利润留成×××××万元，20××年多提利润留成×××××万元，两年共计×××××万元。

4. 虚列多列支出，乱挤乱摊费用××××万元

某银行基层行、处虚列多列各项费用和乱挤乱摊费用的问题比较普遍。如A省分行虚列储蓄代办费等××××万元；B省分行虚列银行利息支出××××万元；C省分行把应在利润留成中的发展基金开支的基建资金×××万元在费用中列支；D省分行为多提加班费而扩大工资基数×××万元。房屋修缮费应在利润留成中开支，但总行却一直将修缮费与房租混在一起，由管理费开支，全国共计××××万元。

此外，某银行账目差错较多，错记、漏记、反记，以及付款的审批手续不全等现象较为普遍，全国共计×××万元。

（二）评价和结论

我们认为，某银行系统在20××年会计决算中弄虚作假，直接或间接地截留上缴利润，侵犯了国家利益。事实表明，有些违纪问题是总行布置的，有些则是他们默许的。因此，我们同意有关部门对他们作出的处理决定。

（三）意见和建议

总的讲，某银行对此审计的态度较好，并对审计工作予以配合。尽管审计中发现的问题较为严重，但在审计过程中，总行和多数分行的态度尚属端正，能够积极、主动配合审计机关的工作。当我局将审计通知发送该行以后，总行发出了传真电报，要求各分行进行自查，并派检查组赴各地抽查。在审计过程中，总行又自动将利润留成比例降回到规定的标准。总行审计组进点前，总行进行了自查，并主动将五笔不合理资金××只××万元作了调账处理，对多提利润留成及定期储蓄应付未付利息问题作了说明。因此，我们意见将以上问题视为总行自查进行处理。

鉴于某银行系统违反财经纪律的主要责任者已经处理，在以后的审计过程中，总行和多数分、支机构能主动配合，我们建议，除对弄虚作假情节严重，手段恶劣或有意隐瞒问题且数额较大的，甚至阻挠审计机关进行审计的极少数人员建议总行和有关党政机关给予严肃处理外，凡属于一般违纪问题的责任者不再给予纪律处分。但应认真总结经验教训，写出检查报告。

对于某银行系统违纪资金的经济处理意见，按照自查部分由该行自行调账处理，审计机关审查部分就地缴入中央金库的原则办理。

某银行应加强全系统干部的组织纪律性教育。

某银行应立即健全现有规章制度，加强财务管理。凡与国家有关规定不一致的，应按国家有关规定修改更正；凡规定不明确的，应根据国家有关文件作出明确规定。同时，要加强财务管理，做好对财会人员的培训工作。

某银行应建立健全并严格执行内部检查制度，尽快建立内部审计的正常工作秩序，堵塞漏洞。

××审计局

中国注册会计师：张××

××××年×月×日

××××××××××××××××××××××××××××××××

习 题

一、单项选择题

1. 以下各项不属于经济文书自身特点的是（　　）。
   A. 作用的专任性　　　　　　B. 内容的合法性能
   C. 表述的多样性　　　　　　D. 撰制的时效性

2. 体现经济文书汇报情况作用的是（　　）。
   A. 税务调查报告、审计报告、生产经营许可文书
   B. 股票上市说明书、财务报表、统计公报
   C. 经济论文、市场调查报告、可行性研究报告
   D. 经济活动分析报告、有关经济工作的公文、营业执照

3. 撰写经济文书，要求作者尽可能使所写文章反映的情况可信，提供的信息有用，提出的办法可行，作出的决策能落实。这是指经济文书写作的（　　）。
   A. 一文一事原则　　　　　　B. 真实性原则
   C. 效益原则　　　　　　　　D. 协调原则

4. 下列不属于经济合同特征的是（　　）。
   A. 法人资格的法律权威性　　B. 经济合同的有偿性
   C. 合同本身的制约性　　　　D. 合同内容的针对性

5. 按照合同所引起的法律后果的不同，经济合同可分为（　　）。
   A. 长期经济合同、短期经济合同、无限期经济合同
   B. 转移财产合同、提供劳务合同、完成特定工作合同
   C. 单项义务合同、多项义务合同
   D. 计划合同、非计划合同

6. 下列关于经济合同的写作要求中，表述不正确的是（　　）。
   A. 款项不能遗漏，行文应当严密
   B. 款项的内容具体、实在、详尽
   C. 语言表述要准确，词语无歧义
   D. 文体要规范，不同类型的经济合同要按不同的结构形式写作

7. 以调查空间为划分标准的是（　　）。
   A. 专题性市场调查报告　　　B. 劳务市场调查报告
   C. 专场性市场调查报告　　　D. 一般商品市场调查报告

8. 市场调查报告写作中应采取的表达方式是（　　）。
   A. 叙述和说明相结合　　　　B. 叙述和议论相结合
   C. 描写和评论相结合　　　　D. 评论和说明相结合

9. 可行性研究报告的特点是（　　）。
   A. 预测性、说服性　　　　　B. 权威性、预测性
   C. 权威性、鉴证性　　　　　D. 说服性、证明性

10. 根据计划指标、统计、会计核算的报表资料，以及调查研究所掌握的情况，对本部门和本单位或有关企业经济活动的状况和各种经济关系进行分析研究，作出正确的评估，就叫做（　　）。

A. 市场调查报告　　　　　　B. 可行性研究报告

C. 审计报告　　　　　　　　D. 经济活动分析报告

11. 根据单位过去和当前的大量经济活动现象，把握事物间的联系，结合具体情况，推算数据资料，分析经济总体的发展变化，经济总体内各因素变动时对总体所起作用的情况等，以预测经济的发展趋势的方法是（　　）。

A. 对比分析法　　B. 因素分析法　　C. 综合分析法　　D. 推算分析法

12. 非公开性的招标方式是（　　）。

A. 竞争性招标　　　　　　　B. 谈判招标

C. 两段招标　　　　　　　　D. 选择性招标

13. 招标人选定中标人之后，要书面通知中标人在规定日期内签订合同，这一规定时间通常为（　　）。

A. 5～10 天　　　B. 10～20 天　　　C. 15～30 天　　　D. 20～30 天

14. 下列关于招投标书的说法中，正确的是（　　）。

A. 招标活动都需要附上交易授权书

B. 投标书一定要讲求时效性

C. 招标公告又称为招标说明书，是对招标书的必要补充说明

D. 投标书的结尾都要附上担保单位的担保书

15. 不属于审计报告具有的法定效力特征的是（　　）。

A. 鉴证效力　　B. 保护效力　　C. 说服效力　　D. 证明效力

16. 注册会计师在审计过程中，由于审计范围受到委托人、被审计单位或客观环境的限制，不能获取必要的审计证据，以致无法对会计报告整体发表审计意见的是（　　）。

A. 拒绝表示意见的审计报告　　　B. 保留意见的审计报告

C. 否定意见的审核报告　　　　　D. 无保留意见的审计报告

17. 审计报告的鉴证效力体现在审计意见的（　　）。

A. 审计人员的责任上　　　　　B. 审计时间的快速上

C. 客观公正上　　　　　　　　D. 审计工作的责任上

18. 下列说法中错误的是（　　）。

A. 市场调查报告一般分为准备、调查和梳理分析三个阶段

B. 可行性研究报告和经济活动分析报告同属于报告的一种，写作格式和方法也一样

C. 经济活动分析报告经常使用对比分析、因素分析、推算分析等分析方法

D. 审计报告的用词必须严谨，尤其是结论，绝不能使用"大概""大约""可能"等模棱两可的词语

19. 下列说法中正确的是（　　）。

A. 经济文书由政府机关、事业单位和企业团体制发，属于公务文书

B. 市场调查报告和可行性研究报告的作用一样，都可为产品定价提供科学依据

C. 经济活动分析报告和市场调查报告一样，可以为企业总结经验、改善经营管理提供科学依据

D. 审计报告的作者可以是依法批准的审计机构或个人，或可由被审计机关提供相关人员

20. 下列说法中错误的是（　　）。

A. 经济活动分析报告的写作和经济合同一样，具有制约性

B. 市场调查报告一般包括标题、署名、导语、正文和结束语五部分

C. 经济合同的款项一定要全面、严密，不得有任何遗漏

D. 在写作可行性研究报告时，一定要本着客观公正的态度，实事求是，以客观事实为依据，以研究结果为依据

二、多项选择题

1. 下列属于经济文书的有（　　）。
   A. 市场调查报告、审计报告　　　B. 经济合同
   C. 可行性研究报告　　　　　　　D. 经济活动分析报告
   E. 招标书和投标书

2. 经济文书的特点是（　　）。
   A. 撰制的时效性　　　　　　　　B. 表达的直述性
   C. 体式的程式性　　　　　　　　D. 内容的合法性
   E. 作用的专任性

3. 经济文书体式的程式性特点有（　　）。
   A. 惯用的文章体式　　　　　　　B. 灵活的文章体式
   C. 约定俗成的语言习惯　　　　　D. 常用的书面语
   E. 规范的方面格式

4. 经济文书的作用是（　　）。
   A. 明法传令，规范经济行为　　　B. 汇报情况，反映工作动态
   C. 联系交流，协调各种关系　　　D. 探索规律，指导生产经营
   E. 作为凭据，保障合法权益

5. 经济文书写作的基本原则有（　　）。
   A. 合法性原则、真实性原则　　　B. 吃透两头原则
   C. 效益原则、协调原则　　　　　D. 真实性原则、权威性原则
   E. 一文一事原则、保密原则

6. 经济合同的特征有（　　）。
   A. 法人资格的法律权威性　　　　B. 合同法人的平等性
   C. 合同本身的制约性　　　　　　D. 经济合同的有偿性
   E. 签订合同的时效性

7. 属于"要约"要求范畴的有（　　）。
   A. 规定对方在限定的时间内做出同意与不同意的表示
   B. 规定对方在限定的时间内做出同意的表示
   C. "要约"人员应尽力让对方接受并订立合同
   D. 如是货物方面的要约，要约人不得将此货物向第三方发出要约

E. 如是货物方面的要约，要约人可以将特定货物向多方发出要约

8. 签订经济合同的承诺方式有（　　）。
A. 届期承诺　　　B. 迟到承诺　　　　C. 推定承诺
D. 默示承诺　　　E. 法定程序认定的承诺

9. 市场调查报告的作用是（　　）。
A. 为企业培养人才提供帮助
B. 为企业确定经营目标、制定经营决策提供科学依据
C. 为企业总结经验和改善经营管理提供科学依据
D. 为市场预测提供科学依据
E. 为政府经济部门的宏观调控提供科学依据

10. 市场调查的常用方法有（　　）。
A. 预测法　　　　B. 讨论法　　　　C. 问卷法
D. 统计法　　　　E. 观察法

11. 市场调查报告的标题格式，常见的有（　　）。
A. 被调查的对象、内容和文种名构成
B. 不用文种名，直接揭示调查的对象、内容等
C. 直接冠以"调查报告"的字样，不写出调查对象和内容
D. 正副标题构成，正标题提出问题，副标题说明调查对象、内容、文种等
E. 被调查的对象和文种名构成

12. 可行性研究报告的特点是（　　）。
A. 鉴证性　　　　B. 说明性　　　　C. 预测性
D. 指导性　　　　E. 说服性

13. 可行性研究报告的内容包括（　　）。
A. 市场调查　　　B. 技术论证和经济评价
C. 利润分析　　　D. 销售分析　　　E. 社会效益评价

14. 以下关于可行性研究报告的写作说明中，说法错误的是（　　）。
A. 可行性研究报告在编写时用语要规范、准确
B. 写作可行性研究报告要掌握大量的材料、可靠的数据，并应用科学的计算
C. 可行性研究报告要以客观事实为依据，但在分析评价和方案择优时，允许个人主观的意见
D. 可行性研究报告在写作中应尽量避免使用图表，因为它没有方案叙述那么方便、明了
E. 可行性研究报告在进行论证的过程中，要采用多种手段相结合的方法，多角度、多层次的论证

15. 下列关于经济活动分析报告的表述，错误的是（　　）。
A. 经济活动分析报告的格式包括标题、发文单位、引言、正文、结论五部分
B. 经济活动分析报告使用的对比分析法一般从计划、历史、先进三个方面进行对比分析
C. 经济活动分析报告一定要将分析问题与解决问题相结合，必须在客观分析事实的基础上，提出改进的具体建议和有效措施
D. 经济活动分析报告根据实际情况的不同，还可以叫做"状况分析""完成情况分析报告""情况汇报"等

E. 经济活动分析报告和总结的职能是一样的,都是对过去既定目标和计划工作的回顾和分析

16. 经济活动分析报告按时间类型划分,可分为(　　)。
A. 现状分析　　　　　　B. 生产分析、销售分析
C. 综合分析、专题分析、进度分析
D. 日常分析、定期分析、预测分析
E. 成本分析、利润分析

17. 经济活动分析报告中常用的分析方法有(　　)。
A. 调查分析法　　　B. 对比分析法　　　C. 因素分析法
D. 预测分析法　　　E. 推算分析法

18. 招标方式有(　　)。
A. 国际竞争性招标　　　B. 竞卖性招标
C. 选择性招标　　　D. 谈判招标　　　E. 两段招标

19. 有竞争性因素的招标方法包括(　　)。
A. 公开招标　　　B. 选择性招标　　　C. 谈判招标
D. 两段招标　　　E. 国际竞争性招标

20. 按写作形式分,审计报告类分为(　　)。
A. 叙述式　　B. 条文式　　C. 表格式　　D. 综合式
E. 条文和表格结合式

三、判断说明题

(一)判断分析(判断正误,正确的在题后的括号内画"√",错误的画"×",并简述理由)

1. 经济合同的订立,只要双方协调一致就可以成立,因此没必要完全按照法律法规来执行。(　　)

2. 生产经营许可证、营业执照、税务登记证不属于经济文书。(　　)

3. 经济文书写作中如出现可写可不写的内容,坚决不写。(　　)

4. "承诺"不是一种法律行为。(　　)

5. 市场调查报告是在对市场进行调查所得材料的基础上进行归纳整理和综合分析研究之后写成的书面报告。(　　)

(二)判断改错(正确的在题后的括号内画"√",错误的画"×",并改正错误)

1. 经济文书是在经济工作中形成的,用来实施经济管理,处理经济活动或者经济交往凭据的,有特定惯用体式的应用文书。(　　)

2. 经济文书写作中,在不违背国家法律前提下,不仅要做到真实,还要考虑受文对象的接受心理。(　　)

3. 招标与投标是国际上广泛采用的兴建大型工程和进行大宗商品交易时的一种通用的交易形式。(　　)

4. 保留意见的审计报告指注册会计师经过审计后,认为被审计单位的会计报告在某一方面或某几个方面存在不合法或不真实的情况。(　　)

5. 有两个企业签订一份《供货合同》,其中一条款是这样写的:甲方收到乙方货物后,应通过银行一次性向乙方付清全部货款。(　　)

四、简答题

1. 经济文书有哪些作用？
2. 经济文书在写作时应遵循怎样的基本原则？
3. 经济合同签订前，双方要进行哪两方面的考虑？这两方面各有怎样的要求和条件？
4. 市场调查报告撰写前要进行相应的市场调查，市场调查应从哪几方面入手？
5. 可行性研究报告的内容一般包括哪些？
6. 经济活动分析报告中常用的分析方法有哪些？
7. 审计报告有怎样的写作要求？

五、阅读分析题

1. 比较分析下面两例市场调查报告的语言。

（1）20××年，在中国的内地市场上，位于河北省的××集团以超过60亿元的销售额排在方便面行业第二位，正在向100亿元的宏伟目标迈进。

（2）20××年，在中国这片热土上，位于河北省的××集团犹如猛龙过江，以迅雷不及掩耳之势迅速占领了方便面市场，成为方便面市场的不可小觑的一支生力军，现在正雄赳赳气昂昂向更高目标进发。

2. 分析市场调查报告《择业》一文两稿的开头。

原稿是这样开头的：

择业就业对于大学生乃至其父母都是一个并不轻松的话题。据统计，今年我国高校毕业生765万，毕业生数量巨大。并且今年又值政府机构裁员，国有企业下岗分流，就业形势十分严峻。

后来经过仔细斟酌，作者将背景材料浓缩成为一句话：

今年我国高校毕业生765万，且又值政府机构裁员，国有企业减人提效，下岗分流，就业形势十分严峻。

3. 分析下则《租房协议书》存在的问题并改正。

租房协议书

经×××、×××、×××、×××四人（以下称甲方）与房主×××（以下称乙方）友好协商，乙方同意甲方以10 000元人民币一次性支付租用××××路××××花园A座×××室，租期自二〇××年六月二十五日起至二〇××年十二月二十五日止，共六个月，并预交押金1 000元人民币，退房时，如无遗留问题，如数退还。

甲方承诺：

（1）爱护室内所有设施和家具电器。
（2）租房内住客人数仅限四人。
（3）所租房屋用于该四人休息居住之用，不用于经商。
（4）按时缴纳居住期间所发生的费用。
（5）如协议期满后需再续约，提前一个月向乙方提出。
（6）如有违约，承担协议金额50%的罚款。
（7）中途如要退房，视同违约。

乙方承诺：
（1）保证甲方入住时家具、电器明亮其他设施的正常使用。
（2）保证甲方居住期间不再将其中的房屋出租给其他人。
（3）如合同期满后不再续约，提前一个月向甲方提出。
（4）承担房管部门要求的供暖费。
（5）如有违约，承担协议金额50%的罚款。
（6）中途如要退租，视同违约。

附房屋设施：
（1）三组卧室柜，矮柜一个，梳妆台一个，四把椅子，五组转角柜，一个双人床，一个圆桌。小床头柜一个，挂衣架一个。
（2）力诺热水器一个，格力窗式空调一个，巨田吸排油烟机一个，煤气灶台一个，饮水机一个。
（3）居室每窗一副窗帘。

甲方代表（签字）：　　　　乙方（签字）：

（4）请指出下则市场调查报告存在的问题。

我国工程机械租赁业潜在市场调查

一、我国工程机械租赁业迄待发展完善的理论依据

我国施工工程机械的租赁业务是在20世纪90年代才出现的新生事物，由于近年来我国基础设施建设的蓬勃发展和工程机械市场的变化，工程机械租赁业务有其存在的充分的合理性，得到了迅速的发展，虽尚处初级阶段，但其巨大的市场潜力，已深深吸引了众多工程机械产商和租赁业主。工程机械租赁业务存在的合理性：工程机械租赁之所以能得到迅速的发展，是因为它有着充分的合理性，归结起来有以下十几条：

国家建设急需的重大技术装备，国产设备不能满足需要，在外汇资金困难的情况下，通过融资租赁形式引进国外先进设备。

工程所需的进口设备受到外国进口配额或技术封锁的限制，利用租赁方式引进先进技术。因为不是进口，就能避开一些国家限制条件。租赁不属于贷款，国际货币基金组织也不将租赁视作外债，能在不影响对外负债总额的情况下扩大利用外资的规模。

二、我国现阶段工程机械租赁的行为方式

工程承包商在资金困难的条件下承担中标任务，通过融资租赁先取得施工机械的使用权，待工程完工后将所得工程利润付清资金，并取得设备的所有权。

大型工程的建设工期长，参与施工的单位多，而资金短缺，由工程建管单位出资集中购买施工机械再租赁给承包商使用，租金可以从工程款中扣除。

母公司根据子公司的需求集中资金购买工程所需的关键设备，租借给子公司使用，并按租赁形式结算。几个子公司可以交替使用，这就大大减少了总投资和提高了设备的利用率，从两个方面提高了企业的经济效益。

工程所需设备的利用率不高，甚至没有后续工程可用，通过租赁的方式解决一时之需，用完后退租，这样可以减少投资规模。国内工程机械市场格局从卖方主导变为买方主导，销售市场竞争激烈。制造企业为了扩大自己产品的市场份额，采用了分期付款、以租代购或先租后购等灵活销售手段，类似融资租赁。

工程机械制造企业作为内部改革的手段，利用企业的技术支持和社会信誉作后盾，将部分人员分流出去，从事配件销售和租赁服务，既提高了企业经济效益，又增加了职工就业机会。

制造企业的新产品，在未完善技术之前先租出去试用，在试用中进行考核和改进，待技术完善之后再正式进入市场。这样既赢得了改善产品性能的时间，又赢得了占领市场的空间。施工企业参与投标竞争，但缺少必要的设备。有的公司发动职工个人投资买设备，然后租给本公司使用。施工单位多余的机械设备也找门路租出去，以增加企业的经济效益和社会效益。某些使用频率很少的设备，如大型工程起重机和高空作业平台等，没有必要每个单位买一台，采用调剂租赁的方式解决急需最为合算。

一些工程机械中间销售公司，特别是销售二手设备的公司，以租赁的方式拓展业务，进行"租售结合"。

一些民营或个体企业做工程机械配件销售生意，附带有修理服务和租赁业务。

三、我国工程机械租赁业务的市场潜力概况

通过在全国25个省、市、自治区工程机械租赁市场所作的调查来看，租赁业务已在全国遍地开花，虽然处于初级阶段，显得杂乱无章，但其有着巨大的市场潜力，孕育的巨大的市场商机，已深深吸引了众多工程机械生产厂家和租赁业主。

北京：工程机械租赁公司数量比前两年有较大增长，形成规模的有十多家，大部分经营状态良好，个体户出租工程机械的也很多。

黑龙江：20××年黑龙江公路系统的资金到位情况不佳，造成本地区设备购买能力下降，但却促进了工程机械租赁业的相对繁荣。黑龙江的租赁形式有两种：一种是使用时间不长的调剂，使用完毕结清租金归还出租单位，这种占绝大多数。另一种是使用时间较长，租赁双方预先定价格，最后付完款留购该设备。

内蒙古：工程机械租赁业尚未形成规模，还没有一定正规的租赁公司，租赁业务大体是以下四种变相方式：设备的调剂型、个体出租型、租赁销售型、闲散设备租赁型。

上海：租赁公司规模较大，操作比较规范，一般都经营良好。

浙江：私营租赁遍地开花，一般是一家或几家联合购买设备，自己驾车出外施工挣钱。

湖北：工程机械租赁业务秩序比较混乱，但租赁形式却比较灵活，承租时间长的就相对便宜一些，时间短的就相对贵一些。

广东：个体户大多承包工程周期短，这为工程机械租赁市场带来了发展空间。广东省租赁公司是规模较大的租赁公司，设备品种齐全，除部分专业租赁公司外，一些工程机械经销商也有自己的租赁业务，但比较零散，设备种类也仅限于中小型机械设备。

陕西：工程机械租赁服务很不规范，主要是通过关系、熟人介绍业务，西安市乃至陕西省几乎没有一家像样的工程机械租赁业务公司，但租赁业务却相当于年销售总量的40%左右。

云南：工程机械租赁业务比较多，租赁价格随行就市，比较灵活。

工程机械租赁业务是一个新兴的行业,如何发展它、培育它,需要全行业的共同努力,使工程机械租赁业务尽快步入良性轨道,成为中国工程机械发展的一个有效的组成部分。

5. 下面这则调查报告写得好吗?为什么?

泉城的"阳光大姐"
——济南市妇联创建妇女就业服务组织调查

中共济南市委政研室 济南市社科联调查组

就业是民生之本。近年来,济南市妇联创建"阳光大姐"服务组织,截至目前,已取得引导5万余名下岗妇女就业创业的好成绩。她们的实践表明,正确处理政府与市场的关系,使党委政府、群众团体、中介结构各尽其责、各施所能,从而协调一致地共同推同劳动就业、再就业,是创新就业模式的关键破口。

一、运用市场机制,打造服务品牌

一是解放思想,走向市场。"阳光大姐"服务中心,作为向下岗妇女提供服务和指导的机构,创办之初,由市妇联直接管理。然而,在运行实践中,行政性的管理机制暴露出不少自身无法解决的矛盾。为了解决行政控制型管理模式带来的矛盾,济南市妇联对"阳光大姐"服务中心进行了股份制改造,成立了"阳光大姐"服务有限责任公司。按照现代企业制度的要求,确定服务宗旨和企业精神;规范业务培训、质量监督、考核激励、财务审批等18项制度,并纳入自建的信息管理系统;根据家政服务员的从业时间、工种差异和用户满意度,确定其工资标准,集体办理意外伤害、重大疾病保险。现代企业管理制度的建立,为"阳光大姐"提供了有力的制度保障。

二是瞄准需求,深入市场。作为市场竞争主体,"阳光大姐"在为下岗妇女提供就业机会的前提下,根据市场需求,不断提高服务质量,拓展服务领域。一方面,对家政服务市场进行深入调研,开创出月嫂、烹饪师、育儿嫂等10大门类20余种服务项目;另一方面,开办妇女培训学校,展开针对性强的技能培训。"阳光大姐"的服务项目很快成为需要提前预约的"香饽饽",有时甚至供不应求。

三是做大做强,打造品牌。服务上,大力开发市场急需、妇女能为项目,使服务更齐全、更专业、更精细;经营上,积极发展连锁经营和加盟经营,拓展外地市场,建立劳务人才培训输送基地。同时实施品牌延伸战略,经营项目向母婴用品、专业保洁、物业管理等领域拓展,服务对象由居民家庭拓展到机关、企事业单位,有力地形成了规模经营和品牌效应。

二、加强引导扶持,创造良好的环境

济南市妇联在做大做强"阳光大姐"的实践中,坚持正确处理妇联机关与市场实体的关系,为解决劳动就业问题提供了有益经验。

一是加强机制创新,把握发展方向。作为"阳光大姐"的控股方,济南市妇联主要承担把握方向、掌握政策、实施监管、提供服务的职责;公司管理人员则负责经营定位、市场开拓、财务管理、人员培训、业务拓展、后续服务等职责。由此,"阳光大姐"加快步入了"分工明确、职责清晰,管而不死、活而不乱"的良性发展轨道。

二是强化协调服务,优化发展环境。济南市妇联加强与有关部门、单位的联系,积极为"阳光大姐"创造良好的发展环境。如连续四年与市劳动部门联合举办妇女创业就业专场推介会，连续两年与市人事局联合举办女大学生就业洽谈会，成立妇女创业顾问团，与劳动、工商、税务等部门联合召开政策咨询会；建立创业资金；充分发挥女企业家协会的作用，为妇女创业提供市场信息、贷款担保和经营经验；协助"阳光大姐"培训学校被认定为市政府"阳光工程"培训基础，同时争取新闻媒体的支持，传播企业信息，宣传企业文化，树立良好的企业品牌形象。

三是加强队伍建设，提高文明素质。聘请市妇联培养的下岗女职工创业典型——一位女企业家担任"阳光大姐"公司的总经理。注意培养"阳光大姐"员工的文明素质，坚持教育与管理并重，通过制定具体"爱心"指标来考核激励员工奉献爱心、传递爱心。无形的教育、有形的制度，铸成了"阳光大姐"特有的企业精神和风范，成为践行"责任＋爱心"的模范群体。

三、注重心理指导，增强自尊自信

据有关调查，在国企改革中，下岗女工人数占下岗职工总数的70%以上，而再就业率仅为39%。许多妇女下岗后，因知识陈旧、技能低下，在求职中屡屡碰壁，失去生活来源，由此产生社会遗弃感和失落情绪。针对下岗妇女的失落心态，"阳光大姐"不仅帮助她们再就业，而且注意做好思想工作，给予她们充分的理解和尊重，使她们感受到社会的关爱与温暖。为了解决求职妇女对于家政服务业的认识误区和心理障碍，"阳光大姐"开辟了"温馨话室"，聘请教育学、心理学、社会学等方面的专家为她们进行心理咨询和答疑解惑，增强她们的自信心和进取心，让许多求职妇女认识到家政服务业是一种新兴产业，只要努力工作，同样会得到社会的认同。与此同时，济南市妇联鼓励有能力的妇女自主创业。一大批下岗妇女在"'阳光大姐'助你创业行"活动的支持下，成为"巾帼小老板"，有的还被评为市、区政协委员和人大代表。

第五章 传播文书

第一节 概 述

一、传播文书的含义

传播文书是通过各种大众传播媒介及其他的传播渠道传播一定信息的书面文字形式。

传播文书有广义、狭义之分。一切公开发表的书面文字都具有传播的意义和作用,如政府颁布的法规、报刊所载文章、科学论文、文学作品,乃至个人为达到一定的宣传目的或实现某些意愿而告知公众的文字,等等,这些都具有公开的传播性。狭义的传播文书则指以传播信息为主的、公之于众的文字材料,如新闻报道、产品说明、声明、启事、广告等。本章所述是指狭义的传播文书。

随着经济建设的发展,各种新的信息纷至沓来,信息的传播与交流已成为人们日常工作和生活的重要内容,传播文书对于社会的发展发挥着越来越重要的作用。

二、传播文书的基本特点

(一)真实性

真实性是传播文书的生命。传播的信息必须是真实的存在,而且准确无误。传播类文书要按事物的本来面目实事求是地撰写,不能有任何夸大或缩小。信息的真实性决定了传播文书的社会效应,准确的信息会使传播的文化产生积极的社会影响,从而使受众信服,达到预定的传播目的。传播类文书只有真实,才有力量。

(二)时效性

传播类文书传播当前社会生活的各种信息,记录当代的历史、时代前进的步伐,反映人民的呼声。一则事实在此时具有较高的价值,而到彼时就可能成了明日黄花,其价值甚至会随之丧失殆尽。因此,从某种角度说,抓住最佳传播时机,以最快的速度传播信息,就会收到良好的传播效果。那种过时的、不合时宜的传播,往往会失去或降低信息效率,难以取得很好的传播效果。

(三)公开性

把有关信息公开向社会宣传,使受众知晓所传播的内容,这是传播文书的又一特点。它体现了传播者的主观意愿。传播类文书的公开性,表现为通过负责任的公开宣传以达到一定的社会目的，收到一定的信息效应。可以说，信息传播的公开范围越广，知晓的人越多，其影响就越大。

三、传播文书的写作要求

（一）要有责任心

传播文书具有公开扩散性，它必然会对公众生活产生影响。因此传播文书的写作首先应有道德意识，具有高度的社会责任感，应了解国家的有关方针、政策，从全局出发，以人民的利益为重。那些言过其实、哗众取宠，为了坑骗消费者或是为了达到不可告人的目的而随意宣传的做法，都是对社会公众不负责的表现。从长远利益来看，这只能是害人又害己的短期行为。

（二）要有针对性

所有传播文书都是从现实的需要出发而制作的。离开当前的客观实际，传播文书也就谈不上它的宣传方向与宣传目的。传播文书的作者应尽可能熟悉与传播内容相关的现实情况，把握公众的行为需求与心理需求，了解各类公众关心的焦点，使理性诉求或感性诉求所传递的信息的焦点与公众的关心点相吻合，从而增强信息宣传的针对性、可信度和感召力。这样，制作的传播文书就具有现实针对性，才能使尽可能多的公众接受所传播的信息，或在一定范围的受众中取得最佳的信息传播效果。

（三）要强调真实准确

传播文书的作者不能忽略所传播的信息材料的准确度与可信度。信息材料务必确凿可靠、真实可信；表达务必实事求是，反映事物的真实面貌。因此，对材料的来源必须核查，对传播的内容必须认真推敲，传播的语言应恰如其分。那些故作惊人之笔而失实的消息，那些哗众取宠的广告，那些言不由衷、虚华浮饰的声明、启事，既有损传播文化的声誉，也会给受众带来不良影响。信息的准确可信，是指信息具有原始的真实性，而且由传播文书的作者忠实地反映出来。这是传播文书的真实性要求与文艺作品的艺术真实性要求的区别所在。

（四）精心创造传播艺术

我们处在信息爆炸的时代，要使某种信息得到最大限度的扩散，取得最佳的传播效果，在遵循真实、准确这一传播原则的前提下，传播者还要十分注重研究传播艺术。例如，传播媒体、传播的具体手段的选择，甚至一些极细微的东西的制作，如文字与画面的合理布局、版面装饰艺术、色彩协调感、版面色彩与周围环境的协调感、辅助性文字说明及清晰度、字体的大小规格和颜色的合理配置等，都要研究。而这些往往被一些传播文书的制作者所忽略，殊不知有些貌似琐碎细微的东西也是展开宣传不可或缺的手段，漠视它们将意味着失去一部分公众，导致传播效果不佳。

第二节 消 息

一、消息的含义

消息，又称新闻，是报纸、广播、电视中最常用、最主要的一种体裁。新闻有广义、狭义之分。广义的新闻，指报刊的新闻栏里，广播、电视的新闻时间里经常使用的一大类文章体裁，包括消息、通讯、特写、调查报告，等等。狭义的新闻专指消息。

消息，是以直接的叙述为主要表达方式，用简洁的文字，对国内外新近发生的、群众最关心的、对人们有所启迪或教益的事实的迅速报道，在文前往往冠有"新华社×××年×月×日电""本报讯""本报记者报道"以及"本台消息""××电视台消息""本台记者×××报道"等字样的"电头"。简讯类新闻则一般不加"电头"。

传统的新闻学研究者认为，一条完整、具体的消息，必须将五个"W"加"H"交代清楚。这五个"W"加"H"即何时（When）、何地（Where）、何人（Who）、何事（What）、何故（Why）以及怎么样（How）。它们是把事实弄清楚、说具体的起码条件。当然，在新闻写作中，这五个"W"加"H"并非一定要全部写出来，而要视具体情况而定。一般地说，"何时""何地""何事"这三个要素要齐全，而"何人""何故"等因素，在许多简明消息中，即使不出现也不影响其完整性。

消息是新闻体裁中使用频率最高的一种文书。它能把国际、国内各个领域中的新情况、新动向迅速及时地传达给广大群众，其宣传教育作用、舆论监督作用、传播信息作用是不言而喻的。

二、消息的种类

从写作的角度看，消息可分为动态消息、综合消息、经验消息、述评消息四种。

（一）动态消息

动态消息是最迅速、最准确地报道国内外最新发生的重要事件的新闻。这类消息一般只把新闻事实表达清楚，而不对新闻本身进行解释和评述，大都是一事一报，主题集中，篇幅短小，表述直接而简洁，时效性强。

报纸上标有"简明新闻""国际短波""要闻简报""体育简讯""友好往来"等栏目的消息、简讯、一句话新闻等均属动态消息。

（二）综合消息

综合消息，是围绕一个报道中心，综合反映国际国内不同地区、不同单位的同类或近似情况的新闻报道。它的报道面比其他消息宽，需要占有全面的、丰富的材料。综合消息要求对材料进行认真的分析，选取具有典型性的材料进行报道。报道时做到有点有面，点面结合：既要有一般情况的概述，又要有具体的代表性事例；既有反映的广度，又要有概括的深度。

（三）经验消息

经验消息，又称典型报道。它是一种对某地区、某行业、某部门、某单位在工作中取得成功经验的新闻报道。这类消息针对性较强，行文中一般要介绍情况，叙述具体做法，反映变化情况，由事实中引出规律并概括出普遍性的结论，用以指导一般，推动实际工作的开展。

（四）述评消息

述评消息，是一种边叙边评、夹叙夹议，或一事一评，或综合评述，兼有新闻和评论两种作用的新闻体裁。作者要根据形势需要，既报道新闻事实，又对新闻事实本身进行分析、解释、归纳、评价，提出问题，研究动向，总结经验教训，揭示事件的本质意义。

三、消息的写作要求

消息写作的要求是：迅速及时、真实新鲜、短小精悍。

（一）报道要迅速及时

消息具有时效性，它能最迅速地把新的信息传递给读者。尤其是动态消息，事情一发生，往往在当天或第二天就要报道出去。消息传播越及时，它们的价值和作用就越大。美国新闻学者希伯特说："我们常说没有比昨天的报纸更老的东西了。报纸的新闻只有一天的寿命。过了一天，新闻就要加上新的消息加以改写。"中外新闻工作者都把采写、播发消息的速度作为衡量自己工作效率高低的重要标准。1964年10月15日18时法新社较塔斯社提前20多个小时播放赫鲁晓夫下台的消息，引起很大反响。法新社驻莫斯科记者凭着敏锐的感觉，及时地从种种迹象中作出判断，写出了《赫鲁晓夫辞职》（法新社巴黎1964年10月15日电），受到新闻界的赞扬。又如，2016年12月2日，最高人民法院第二巡回法庭对原审被告人聂树斌故意杀人、强奸妇女再审案公开宣判，宣告撤销原审判决，改判聂树斌无罪。聂树斌案的改判，社会关注度极高，改判抚慰了两个一直在承受痛苦的家庭，迟胜于无。消息一经释放，很快成为各大媒体、自媒体平台的头条。这起被舆论关注争议了多年的标志性案件终于沉冤得雪，而案发22年来有多少人的命运被这起谜案改变，又有多少人在暗暗的角力呢？面对这样一个震惊国人的案件，各类媒体反应迅速、行动敏捷。一时间媒体通过电视画曲、无线电波、文字和触目惊心的图片，对案件的来龙去脉以及十多年来在背后默默付出努力为其奔走呼吁的各方人士的事迹、刑侦技术不断进步、案件所暴露的问题、所提供的启示等进行连续不断的报道，引起了民众及高层的关注、思考。

（二）内容要真实新鲜

真实性是消息的生命。用事实说话，是消息写作最基本的原则。消息对于真实性的要求极为严格，不仅事实本身要确实存在，而且引用的资料，包括背景材料、数字、史实、引文等，都要核实无误。消息的写作必须尊重事实、恪守真实，并要求全面的真实。真实才能取信于读者，失去了真实性的消息也就失去了存在的价值，而且对社会有相当的危害性。在新闻报道中弄虚作假的任何借口都是不允许的。

消息贵在新鲜，唯其新鲜，才能引起别人的兴趣，使人先睹为快。我国一些新闻获奖作品因其内容新而给人留下了深刻印象。如《解放日报》的消息《上海证券交易与国际市场接轨》，报道了真空B股首次在上海上市的现场实况，不仅内容新，而且选择了与国际市场接轨这一新的角度。深圳广播电台的专题节目《身份证大搬家》，报道了在购买股票的热潮中，有一千万张居民身份证流入深圳的事件，披露了这些身份证的来路：有借的，有集体凑数的，有到农村购买的，还有的是把准备发给居民的身份证先拿到深圳购买股票的，等等，引起了社会的极大关注。新闻（消息）写作应当抓"活鱼"，让广大受众"尝鲜"，给群众吃"新鲜荔枝"，给人以新鲜感，这是新闻（消息）写作最起码的要求。

固然，报告当日新闻利于体现"新"的特点，而写历史上与当今事物有相关处的报道时，需善于从"近处"落笔，推及、钩沉"远处"的事物，就不会给读者看"旧闻"的感觉，这是化陈旧为新奇的一种方法。选取"现在"与"今天"这样的切入点，正是从新闻受众心理出发，满足其希望获得新信息的阅读愿望。如，一篇题为《寻找消失的英雄——打捞64年前神秘失踪的女飞行员遗骸》的报道，将当今打捞世界上第一位环绕地球飞行的女英雄——1937年驾机在太平洋上空神秘失踪的美国飞行员的近期行动与女飞行员的生平事迹联系起来，报道了当前这一行动的意义，也扩展了与这一人物有关的信息，把现实与历史联系起来，而非孤立地追溯历史、重演"回放"镜头，这不仅是以"新"带"旧"，同时又能以"旧"衬"新"。

消息不仅在内容上要报道人们关注的新鲜事物，在立意、角度、写法等方面都要求新。

（三）篇幅要短小精悍

随着经济的发展，人们的生活节奏日益加快。在这种情况下，只有篇幅短小而内容精彩的消息，才会使读者喜爱阅读，才会迅速传播。消息写作忌"叠床架屋"、陈词滥调、文字冗长。路透社发的《肯尼迪遇刺》这篇消息，就是一篇短小精悍的消息。全篇消息只用了五句话共92个字，不仅将重要事实清楚地报道了出来，而且进行了补充说明，交代了读者最关心、最急于了解的情况，可谓短小精悍。

（四）结构要固定

消息的结构形式有两种。一种是外部结构，即"金字塔结构"和"倒金字塔结构"。"金字塔结构"就是按内容的重要性递增次序和事件发展的先后顺序来安排结构，即次要的内容或先发生的情况在前，重要内容或后发生的情况在后，呈金字塔状；"倒金字塔结构"就是把消息报道的事件的最主要内容或结果写在前面，然后交代事件的过程，像一个倒放的金字塔，消息常用的是这种结构。另一种是内部结构，即标题、导语、主体、背景和结尾这些项目和顺序是固定的。

四、消息的写作

（一）标　题

新闻（消息）标题就像是新闻的眼睛，是新闻最简明、最生动、最有诱导力的体现，做好标题是最先吸引读者并引导读者阅读的重要手段。目前，我国公开发行的报纸有两千余种，每天登载的新闻更是浩若烟海。再好的新闻，要想引起读者的兴趣，也少不了要借助标题的魅力。

随着社会生产力的高度发展，人类文明水准普遍提高，生活节奏不断加快，人们每天要阅读的报纸很多，他们大都是在对报纸的"一瞥"中选择吸引他们并为他们所关注的新闻来读。这"一瞥"的对象就是指新闻的标题。

当读者拿到一张报纸，总是先浏览题目，遇到吸引人的标题，才会激起阅读的兴趣。这时，就是标题发挥了吸引的作用。读完这篇文章，读者感觉意犹未尽，便会寻找相关内容的文章，这时，相关内容的标题又会发挥诱导作用。当读者读完文章后感到有所得，那么他会有意无意地记住这篇文章，这时，标题将成为他记忆的纲目，发挥着提示的作用。在现实生活中，一篇有价值的新闻对读者的影响很大，它以高度概括的标题的形式根植在读者心中，这便是标题的感染作用。

可见，把新闻标题所具有的吸引作用、诱导作用、提示作用、感染作用等融合起来，准确、鲜明、生动地把新闻内容高度浓缩和概括出来，这就使标题具有画龙点睛的作用。就报纸而言，标题还有突出重点、美化版面的作用。

消息的标题有正题（或称主题）、引题（或称眉题、肩题）和副题（或称辅题、子题）之分。在报纸上，可以看到各行标题所用铅字的字体和字号大小也不一样。正题一般标在中间，字形最大，是一则消息中最主要的内容概括与说明。引题位于正题之上，起揭示消息的精神实质、现实意义、交代形势、说明背景和消息来源以及引出正题等作用。副题排印在正题之下，一般用以披露消息中某些重要、具体的细节，弥补正题的不足。一条消息，并不都是三题俱全，有的只有两题（正题加引题或副题）或一题（只有正题）。

引题往往以虚为主，副题以实为主，正题则或虚或实，或虚实结合。所谓虚，是指对于内容意义的渲染；所谓实，则是对于内容事实的准确表述。

（二）导　语

导语，即紧接新闻电头的第一句话或第一段话。导语是用准确的文字，开门见山而又生动活泼地把所报道的最主要和最新的事实和主题思想表达出来。

追求"贴近"、崇尚"贴近"是当前新闻写作发展的一个方向，也是传播学理论渗入新闻写作的结果。传播学认为新闻被受众接受才是一个完整的传播活动的终端。因此在新闻写作过程中，除了选择贴近受众所关心的社会生活外，在表述上也要注意贴近受众。"说什么"固然重要，但有时候"如何说"比"说什么"更为重要。导语是新闻的开头语，是一篇文章的精髓。导语应起到先声夺人、紧紧抓住读者的作用。一般来说，贴近受众的导语就能起到这样的作用。如《北京晚报》曾有一则对纠正机动车违章办法进行改革的消息，导语是这样写的：

简直糟透了！当你有急事乘车时，偏偏司机违章。于是，交通警察把司机叫住，罚款、教育……全车人心火冲天，也无可奈何。

这样的情况人们可能多次遇到。不过，从明天起，本市8个城近郊区开始施行一种新的纠正机动车违章办法，人们可以不再受此苦了。

导语中的场景虽然是虚拟的，但"简直糟透了""心火冲天"的心理反应，却是每个人在司机违章、急事在身的情况下普遍的心理表现，它能帮助我们去触动读者的神经，促使他们对下文作出积极的反应。导语正是通过演绎人们在特定场景下的心理活动，引出新闻事实："从明天起，本市8个城近郊区开始施行一种新的纠正机动车违章办法"，引起读者对这则消息的关注，认识它的意义。

导语的写法，最常见的有以下几种形式：

1. 叙述式

用叙述的方法，简明扼要、开门见山地把消息中最重要、最新鲜的事实写在消息的最前面。如：

本报讯　四川汛期地质灾害气象公众预报预警昨日全面启动，省国土资源厅与省气象局将通过电视向公众发布预报预警信息。

2. 摘要式

它的特点是常用摘取数据或有可对比性事例的方法突出消息的内容要点。如：

本报讯　在经过了3个月的休战期后，全国足球甲B联赛也于7月5日重燃战火。在第五轮的争夺中，14支球队逐对厮杀，排名前两位的广州香雪队和江苏舜天队均告失利。在客场2∶0战胜浙江绿城队后，武汉国测队以11分登上了积分榜首位。

3. 提问式

这类导语把消息中要解决的问题或要介绍的经验以设问的方式提出来，以引起读者的注意和思考。如：

本报讯　无线通信被中断，供电设备受干扰，闯祸的太阳"大动肝火"，阿拉会否遭殃？

4. 评论式

它通常是在开头概述最重要的事实之后，立即对这一事实发表评论，作出评价，或提示意义。如：

本报讯　省政府日前推出经营城市的重大举措——放开市政公用行业市场。此前，省政府已就实施经营城市战略、加快城镇化进程、经营城市土地资源分别制定了政策，此次《关于加快市政公用行业改革和发展的意见》的出台，标志着我省经营城市战略已形成完整的政策体系。

5. 描写式

这种导语是从具体的描写入手，先对新闻事件中某个最重要或最有特色的侧面或场景进行描述，以渲染气氛，引出新闻的事实。如：

据新华社安徽7月6日电　随着"咚！呼！"两声巨响，淮河唐垛湖下游的口门大坝被撕开一个约1 500米宽的口子，滚滚淮河水涌向堤外的田野。

以上所述，只是常见的几种消息导语的写法，具体写作时，作者可根据素材的特点和报道的需要，采用最佳的方式，以增强导语的可读性和吸引力。

（三）主　体

主体是紧接在导语后面构成消息主要内容的部分。它承接导语，用充足的、具体的、典型的材料对导语中点明的新闻事实作出解释、说明和补充，使读者对消息有一个具体的、完整的了解。

主体的叙述一般采用三种顺序。一是按照消息事实发生、发展的时间顺序表述；二是按照事物的内在联系或是按人们对于消息事实认识的逻辑顺序来表现；三是把上述两种顺序结合起来叙述。不论采用哪一种顺序，都要从消息内容的实际出发，围绕主题叙述，使消息条理清楚、层次分明、详略得当，圆满地说明和回答导语中提出的问题。

在消息主体的写作中，要求做到以下两点：

1. 用事实说话

这是最根本的要求。消息是对新近发生的事实的报道，事实在先，报道在后，没有事实则无消息可言。事实是消息的力量所在。消息作为一种舆论工具，通过具体地叙述客观存在的事实，体现某种目的，表达某种观点，传播某种信息。要写好消息，就要有能给读者留下总体印象的概括性材料。要善于选择和运用典型事实，尽可能描写现场情景，给读者以真实感、现场感。事实胜于雄辩，只要把那些富有指导意义或新闻价值的主体事实摆出来，道理便不言自明。

2. 语言简洁、朴实、生动

消息传播得越广越远，它起的作用就越大。为了便于广泛传播，使广大读者都能看懂，而且乐意去看，这就要求消息的语言要简洁、朴实、生动。要尽量运用广大群众所熟悉的语言形式，即最接近口语形式的书面语言。用群众语言写文章，常常能形象生动地写人、叙事和说理。有时用一句群众语言，可以起到画龙点睛、豁然开朗的作用。用群众语言，其意义还在于与群众缩短了距离，密切了关系。如果能轻车熟路地运用群众语言，那么你的新闻作品一定能收到"拍肩膀"的效果。某年的农历正月初一，河北东部突然下了一场大雪，一些报纸纷纷报道了这一消息。有的报纸说："好雪，解除了小麦的旱情。"有的报纸说："农民望着这场雪，喜笑颜开。"而《天津日报》说得精妙："冬天小麦盖床被（雪），夏天搂着馒头睡。"这句话是从生活中采撷提炼出来的，生动形象，情趣横生。它，取之于民，用之于民，自然会喜之于民、悦之于民了。农民们赞扬这篇稿子是"泥腿子新闻""农村嗑，庄稼话，听了心里乐开花"。

（四）背景材料的运用

消息的背景是指新闻事件发生的历史条件、环境条件、相关人物、相关材料等。任何事情的发生都有它的前因后果、来龙去脉和发展过程。有目的、有选择地运用与新闻事件的发生、变化有联系的材料，把它们组织到消息里去，对消息事实进行解释、补充，能使读者更深刻地理解消息的主题，更准确地认识报道事件的意义，增强消息的说服力和感染力。

当然，并非每则消息都要介绍背景。只有当背景材料有利于突出消息的主要事实，能够烘托并深化消息的主题的时候，才有运用的必要。有些新闻事实本身简洁明了、一清二楚，也就不必再介绍背景了。

介绍消息的背景没有固定的模式。它可以穿插在主体里，也可以运用在导语中；可一次交代完，也可以多次穿插交代。背景应少而精，忌喧宾夺主，淹没和冲淡新闻本身的事实。

消息中的背景材料按其性质可分为以下几种：

（1）对比性材料。对事物进行今昔、正反、左右比较，从比较中突出事物的重要意义，深化消息的主题。如在报道我国新税制实施进展顺利的消息中，将上一年同期财政收入的情况与实施新税制后财政收入情况相比较，说明新税制的优越性。

（2）说明性材料。对新闻或事件的政治背景、地理环境、历史状况、物质条件及其他情况作介绍和交代，以说明事物产生的各种因素，揭示事物发生和变化的意义，帮助读者更好地理解消息的内容。

（3）注释性材料。对新闻事件中一些不易为某些读者理解的内容或名词概念，诸如专用名词，技术知识，历史典故，风俗人情，人物的简要经历、政治面貌、文化程度，等等，加以适当的解释、介绍。

（五）结　尾

结尾就是消息的最后一段或最后一句话。一篇好的消息，都应有一个好的结尾，以表现事实的完整性和表述的逻辑性，深化主题，给读者一个深刻的总体印象。

消息结尾的具体写法多种多样，各有千秋。常见的结尾有小结式、号召式、评论式、激励式等。

例　文

肯尼迪遇刺

路透社达拉斯1963年11月22日电　肯尼迪总统今天在这里遭到刺客枪击身亡。
总统与夫人同乘一辆车中，刺客发三弹，命中总统头部。
总统被紧急送入医院，并经输血，但不久身亡。
官方消息说，总统下午1时逝世。
副总统约翰逊将继任总统。

第三节　商业广告

一、商业广告的含义、特点和作用

（一）商业广告的含义

广告是为了某种特定的需要，通过一定的传播媒介，公开而广泛地向公众传递信息的一种宣传工具，它是使人们了解某事物的语言、文字和图像。从字面上看，广告即广而告之，本身就含有传递信息、广泛宣传的意思。

从广告的直接目的来分，可分为非经济广告（不以营利为目的），如中央电视台播出的公益广告；经济广告（以营利为目的），如商品推销广告。前者属于广义广告，后者属于狭义广告，也叫商业广告。

商业广告是企业借助各种传媒，如电视、电台、报纸、杂志等，向消费者或服务对象宣传商品，将自己经营的商品或服务向人们介绍、说明，从而达到扩大销售目的的一种宣传。

随着市场经济的快速发展,广告已成为人们生活中不可或缺的一部分,尤其是商业广告,它的触角已触及生活的各个领域——电视上、报刊上、路牌上、公交车身上……人们视野所及,几乎无处不有。在商品经济高度发展的现代社会,广告的兴旺标志着经济的发达、社会的繁荣。

美国宝洁公司自20世纪80年代末开始进军中国内地市场,自"海飞丝"洗发水起,接二连三地打响了"飘柔""潘婷""舒肤佳""碧浪"等一个个洗涤用品的牌子。在较富裕的地区,宝洁公司的产品占据了绝大部分的市场。为什么会出现这种状况呢?除了宝洁公司的产品品质优良,符合消费者的内在需求外,恐怕和宝洁公司持续不断的广告战略有关。宝洁公司的广告不断地在各大媒体中刺激消费者的神经,唤醒消费者的潜在需求,以致消费者在选购洗涤用品时就只记得一个宝洁公司了,这样,选购宝洁公司的产品也就成了顺理成章的事。

在现代社会,企业即使规模再大,实力再雄厚,若不做广告,最终也会在这个社会里消失。因为广告在时时刻刻地唤起人们的需求,唤起人们的欲望,也唤起人们的记忆。

随着社会的发展,商业广告在经济发展中所起的作用将越来越大。同时,广告作为一种广泛而有效的传播手段和宣传方式,对人们的思想意识、价值观念等都有着潜移默化的影响作用。因此,广告创作者在创作广告时,必须在考虑它的经济效益的同时,更加注重它的社会效益。一些优秀的广告作品,在取得很好的经济效果的同时,也培养了人们的民族自豪感,鼓舞人们为民族工业的发展而奋斗。如长虹集团的广告是:"长虹,以产业报国、民族昌盛为己任。太阳最红,长虹最新。"海尔集团则骄傲地宣称:"海尔,中国造!"这样的广告作品,读之让人激情满怀,让人热血沸腾,让人以民族产业为骄傲,以民族的产品为自豪,在取得经济效果的同时,也取得了很好的社会效果。

(二)商业广告的特点

1. 真实性

商业广告要体现社会公德和商业道德。商业广告要讲诚信,在传递经济信息、推介产品时,要以事实为依据,真实、健康、清晰、明白地向公众诉说商品的性能、用途、使用方法等,努力做到信誉第一,用户至上。这样做,一方面保证了产品、厂家的信誉,另一方面又维护、保障了消费者的利益。

2. 功利性

由于市场经济的发展,市场竞争异常激烈,企业、商家要增强竞争能力,立于不败之地,既要靠过硬的技术和质量,又要制作精良的广告,通过大众媒体传播,树立企业形象,以提高商品的竞争能力,达到说服、感染消费者,指导消费,促进消费者对特定商品或劳务产生好感和购买行为的目的,为企业、商家带来良好的经济效益。

3. 审美性

随着社会的发展、科学的进步,在制作商业广告时,将文字、图画、音响等多媒体结合,以突出逼真性和审美性。语言应当简明优美,可读性强。制作精良、审美性强的广告,有时还会成为时尚楷模。一则好的商业广告,必须在具备实用功能的同时注重审美功能。只注重实用功能的广告,在广告的汪洋大海中很快就会被淹没,翻不起一点点的浪花。反之,一则精心设计的广告,具有美好的形象,则会对消费者的视觉或听觉产生巨大的冲击力,激发其审美情趣,从而对广告所宣传的商品产生好感,以致诱发购买的欲望。因而,广告的审美表现力是传递商品和服务信息的真正桥梁,是决定广告成败的重要因素之一。

(三) 商业广告的作用

1. 传递信息,拓宽产销渠道

市场的繁荣在于商品的流通,商业广告可以沟通生产、流通、交换、消费各个环节,使这一有机整体更好地发挥社会效益和经济效益。广告能把生产者、经营者和消费者紧密地联系起来,使厂家了解市场,使经营者了解产品,使产品能根据消费者需求立足市场,进一步开拓产销渠道,活跃经济。

2. 指导消费,树立企业、商家形象

商业广告是消费信息的一种形式,它向人们传递商品信息与市场信息,科学地指导消费者购买和使用商品。与此同时,通过信息的传播,使企业和产品的知名度有所提高,广告帮助企业、商家、商品在消费者心中树立了自身的形象,由此常常给一个企业甚至整个地区带来经济、商业的大发展。如万宝路香烟、可口可乐饮料,通过各种广告宣传,名扬四海,效益倍增。

3. 推动生产发展,促进经营管理

商业广告通过沟通产销方面的情况,可以促进经营管理和生产。企业要想占领市场,就得改善内部经营管理机制:挖潜力,对自己的产品加以改进;增效益,增加竞争优势。这样就推动了社会生产的发展。

4. 促进国际交流,争创外汇

商业广告还可以沟通国际国内商情,使国际市场扩大,促进国际贸易交流。它可以向世界介绍我国的名、优、特产品,招徕外国商客,促进出口贸易,争创外汇;也可以让国内商家、厂家从外商广告中了解国际市场新动态,了解进出口贸易形势,使进出口贸易更具规范性,减少盲目性,使国内企业在国际市场竞争中获得优势。

二、商业广告的分类

商业广告(以下简称广告)所凭借的媒介不同,就会形成不同类型的广告。广告的类型是多种多样的,可从不同的角度分类。

按广告的直接目的可分为:为促进销售而做的销售广告、为树立信誉而做的信誉广告、为树立观念而做的观念广告。

按广告的不同受体可分为:消费者广告、工业用户广告、商品批发商广告。

按广告覆盖的地区可分为:全国性广告、区域性广告、地方性广告。

按广告选用的媒体可分为:

1. 报纸广告

它宣传面宽,发行量大,读者面广,传播迅速。有的报纸发行海内外,广告的影响面就更大。它表现形式灵活多样,留存时间长,便于重复阅读和保存。

2. 杂志广告

杂志虽不如报纸反应及时，传播迅速，但却有一定的针对性和稳定性，其广告插页和加印装潢的机动性大，多数广告印制精美，具有易于保存、便于深化宣传效果的特点。

3. 广播广告

它包括无线广播电台和有线广播台站播出的广告。这类广告传播迅速及时、范围广，不受时空限制，制作方便，成本不高。它是一种高级的有声广告，属于纯粹的听觉广告，由于声音稍纵即逝，不及电视、报刊给人们留下的印象深刻。

4. 电视广告

比起其他广告，它更能引起人们的注意。它从声、光、色、形等方面全方位生动形象地介绍商品，集音乐、美术、摄影、表演、文字为一体，具有很强的视觉形象和表现力，一旦制成，可重复播放，不受时间、空间限制。但电视广告成本很高，以秒计算，收费昂贵。

5. 网络广告

通过网络宣传新产品，快捷、灵活、形式多样。

6. 邮寄广告

包括通过邮局寄出的货样单、产品说明书等。

7. 户外广告

是指设置在露天里、没有遮盖的各种广告，如广场、码头、街道等公共场合的广告牌、灯箱、霓虹灯等。这类广告设计较新颖、别致，吸引力大。

8. 其他媒体广告

如汽车、电车、火车、地铁、轮船等公共交通工具上的广告，电话、橱窗广告，立体充气广告，机器人广告等。

三、商业广告的写作

广告的构成包括文字、视觉形象、音响等，我们着重介绍文字广告的写作。文字广告一般由标题、正文、结尾三部分组成。

（一）标　题

广告的标题是广告内容的集中体现，是广告内容的旗帜和眼睛，要让读者一见就被吸引住，要充满魅力。常用的标题形式有：

1. 直接标题

就是以简明的语言，直截了当地将广告的主要内容传递给读者。如脍炙人口的博士伦隐形眼镜广告标题："戴博士伦舒服极了！"直接广告标题往往以商品、商标或企业名称作标题，如"峨眉茶""柯达胶卷""清华同方"等。

2. 间接标题

标题并不直接介绍产品或劳务，而只是暗示读者。如："金利来领带，男人的世界"（金利来领带广告标题）；"只要是美的，人人都喜欢"（美的空调广告标题）；"山外青山楼外楼，江南酒家第一流"（广州江南酒家广告标题）。

3. 复合标题

这种标题是将直接标题和间接标题综合起来，主要用于内容较复杂的广告。它可以采用正、副标题法，也可以采用眉题正题法，还可以眉题（引题）、正题、副题三者结合。如：

正题：世间自有公道，付出自有回报

副题：步步高 VCD

眉题：中国名牌羽绒服

正题：雪中飞

引题：健康重现，惊喜不断

正题：万克肤即宁

副题：万克肤即宁让您两月远离牛皮癣！

（二）正　文

这是广告的核心部分。首先要给广告定位，广告定位是针对现有产品（或劳务，下同）的创造性思维活动，是指建立一个与目标市场有关的产品品牌或企业形象的过程与结果。在现代社会，任何企业都不可能为所有的顾客提供产品，因为顾客太多，购买要求差异也很大。无论什么产品，市场竞争都是十分激烈的，总有一些竞争者在某些领域处于优势地位。因此，企业应该确定最有吸引力的、本企业可以提供有效服务的细分市场，在这个细分市场上采取相应的广告宣传，将产品定位在潜在顾客中。通过广告调研，掌握了企业、产品、竞争对手和媒体受众的有关情况后，广告定位就要根据这些信息进行分析研究，确定产品的细分市场，并制定相应的广告策略，向潜在的顾客展开宣传攻势，达到推销产品的目标。其次是广告创意。广告创意是广告经营者的一系列思维活动，它是对题材的选择、主题的提炼、形象的典型化、文字的精练、图画的意境，以及载体、表现方式与风格的总的思考和想象。所以，广告创意的实质是对创作对象进行想象和创造，使现实与艺术能融合起来。新颖独特是广告创意的本质。在广告"爆炸"的时代，没有特色、没有亮点的广告是不能引起人们注意的，只会淹没在铺天盖地的信息海洋中。因此，广告创意必须突破常规、出人意料，给人以新颖别致、独创一格的感受。意境优美、情趣生动，是广告创意的特征。广告的目标是推销产品，通过广告宣传，引起人们对产品的喜爱之情；大部分广告要反复播放、长期陈列。因此，广告创意要创造优美的意境，用美人、美景、美物、美丽的语言、美妙的音乐、美观的图案、美好的愿望、美满的情节，将媒体受众带到一个妙趣横生、难以忘怀的境界中去，从而得到高尚的艺术享受。

广告定位与广告创意是密切相连、不可分割的。准确的定位是创意的基础，独特的创意是实现定位的条件。

一次，明代才子冯梦龙去一酒家喝酒，发现店家虽然热情但生意不好。他很同情店家，立刻为店家写了一面酒旗，让店家把它挂在门前，酒旗上写着："谁能在本店墙上写下一句虽有此说却无此事的话，谁就尽可以在此免费吃酒。"

显然，这是一句极有趣的广告词，它迎风招展，亮出的是店家不俗的文化品位与热心好客的一片善意。于是好广告带来了好效益——消息刚刚传开，便有数不清的客人赶来一试运气！鉴于广告上的许诺能适应一切人，文人雅士与普通百姓纷纷前来，酒店立刻变得热闹非凡。再看那面粉墙，既有普通百姓写的"螺蛳壳里做道场""宰相肚里能撑船""拿着鸡毛当令箭""鸡蛋里头挑骨头"等，也有文人雅士写的，如"黄河之水天上来""朝如青丝暮成雪""白发三千丈"等。尤其有趣的是，凡来此跃跃欲试的人，为了表示自己的爱心与豪爽，极少有白吃白喝的。而是乘兴前来交友访道，于是店家从此日进斗金，店门前天天车水马龙。

"山不在高，有仙则名；水不在深，有龙则灵。"不论做什么产品的广告，关键在于定位；无论在什么传播媒体上运用什么表现形式，关键在于创意。准确的定位和独特的创意，是实现广告目标的先决条件，也为广告工作方案打下了良好的基础。

广告的正文一般是有所侧重地对商品的品种、范围、质量、特点、型号、规格、结构、用途、性能、效果、方法、包装、出售方式、价格、售货地点等内容加以简要而突出的说明。

广告正文的写法常采用：

1. 简介式

简介式又称陈述式，是用简洁而平实的语言，开门见山地介绍企业的规模、业务范围、经营品种以及商品的名称、规格、特点、性能、适用范围、使用方法、价格等。

2. 证书体

借助有关权威的鉴定评语、荣誉称号、获奖情况，使商品的信誉、美誉充分展现，证实广告的真实可靠。

3. 新闻体

用写新闻的方法来撰写广告，既有新闻真实可靠的特色，又有广告推介商品的风格。

4. 文艺体

用诗歌、小说、曲艺、小品、动画等多种文艺创作形式宣传商品，节奏感强，韵律美，容易使消费者迅速记住，并产生好感。

除上述方法外，还有问答体、联语体等写作方法。选用哪种方法来写，要根据商品的性质、广告的主题、选用的媒体来定。

（三）结　尾

这是全文的收束。主要写明打广告者的名称，销售商家的名称、地址、联系电话、电传、电挂、邮政编码等。有时也注明开户银行、账号等。

四、商业广告的写作要求

（1）要真实地传达产品（或劳务）的信息。广告直接影响消费者的消费动机，为了保护消费者的利益，为了企业的生存，广告的内容必须真实。真实是广告的生命。

（2）要遵守国家的法律法规，不做国家明令禁止发布广告的商品（如麻醉药品、精神药品、毒性药品、放射性药品、试生产期的药品等）的广告或未取得商品广告审查批准文号或取得文号后擅自篡改审查内容的商品的广告，并自觉地输出某种精神意识，倡导一种正确的价值观，体现社会公德和商业道德，以及高尚的审美品位。

（3）要突出商品（或劳务）的特点。从商品或服务的消费主体出发，时刻考虑受众的特性和需求，为商家和消费者架起沟通的桥梁。

（4）广告要有新意，风格独特，形式灵活多样，感染力强。现代广告不断追求创新，力图以多种表现形式充分展示广告的艺术魅力。

（5）语言文字简明、准确、生动。如 20 世纪 90 年代初红桃 K 集团的主导产品是卟啉铁生血剂。卟啉铁生血剂这个名称固然科学，但按这个名称打出去的广告老百姓不了解。而红桃 K，红就是血，老 K 就是老板，红桃 K 就是生血剂。红桃 K 的广告语一下子便引起了大众的关注，很快便家喻户晓，年销售额达数十亿元。

例　文

世界经典广告语

1. 雀巢咖啡：味道好极了
2. 麦氏咖啡：滴滴香浓，意犹未尽
3. m＆m 巧克力：只溶在口，不溶在手
4. 可口可乐：永远的可口可乐，独一无二的味道
5. 百事可乐：新一代的选择
6. IBM：四海一家的解决之道
7. 耐克：just do it（要做就做）
8. 大众甲壳虫汽车：还是小的好
9. 诺基亚：科技以人为本
10. 戴比尔斯钻石：钻石恒久远，一颗永流传
11. 人头马 XO：人头马一开，好事自然来

第四节　启事　声明　海报

一、启事、声明、海报的含义

启事是机关、团体、企事业或个人为了公开陈述、说明某些事项，并有所希望或要求，祈请公众予以协助而使用的应用文。它在人们的日常生活和工作中使用最为普遍。

启事可以包括在广义的广告范畴之内，与广告一样，以公开方式广泛传播信息，具有公开告知的性质，并企盼取得一定传播效果，与广告相似。不过，在实际运用中，广告与启事有所

不同，广告大都具有经济性，以营利为目的；启事涉及的领域更广，凡工作、生活中要公开告知公众并希望得到协助与配合的，均可用启事。很多启事并不具有经济性，不是商业广告。

常见的启事有寻领启事、求征启事、求聘启事、参赛启事、变更启事、礼仪启事等类别。寻找或招领失物，征文，征集意见，举办竞赛活动，征集行业徽标，聘用人才，鸣谢他人，变动单位名称、印章、电话号码，婚礼丧仪告知有关人员，等等，都可用启事这种形式来传播信息。

启事文词简短，结构简单，但它的使用情形却颇为复杂。在个人使用时，它的应用范围十分宽泛，凡需公之于众的事项，都适用于"启事"；在单位使用时，启事的使用范围又要狭小得多，因为许多事项的公布另有其专门对应的文种，比如通告、公告、布告、广告、通知等。

声明是国家政府、党派、机关、团体、企事业单位就某些重要事项向公众作郑重说明，并表明自己的观点、立场、态度或说明真相的应用文。

常见的声明有遗失声明、法律事务声明、致歉声明、政务声明等类别。如支票遗失声明、企业法律顾问声明、侵害他人名誉或权益的道歉声明、外交部声明等。

海报是机关、团体、单位或个人向广大群众公布有关文化、艺术、体育、学术报告会和展览、演讲会、产品展销会等信息的一种招贴式告启文书。海报可分为商业性海报（如产品展销会）和非商业性海报（如学术报告、专题讲座等）。凡公布上述消息就不宜用启事、广告、通知，而应该用海报。

启事、声明、海报都具有公开周知性，但三者也有不同。它们的主要区别在于：启事在说明事项或情况外，常有所要求或祈请，希望公众参与或给予某些支持、协助或帮助；海报则主要告知文书活动等有关事项的信息，它的目的可能在告知的基础上有希望公众参与的成分，但这种希望只是泛泛的，没有启事那么直接；声明则重在说明事项或情况的基础上，澄清是非真伪，表明态度取向或立场、责任，以正视听，不一定对公众提出请求协助，声明的严正性也是启事、海报所不及的。启事、声明一般只以文字的形式来表现，海报则可以配以照片、图画，图文并茂，渲染气氛。

二、启事、声明、海报的写作

（一）启事的写作

启事的结构包括标题、正文、落款三个部分。

1. 标　题

启事标题有三种写法：最简单的一种只写"启事"二字；另一种是在"启事"前面加上启事内容的范围或类别、名称（事由），使人一看便知道是哪一方面的启事，如《招领启事》《寻人启事》《更改医院名启事》《开业启事》《招聘启事》《征订启事》，等等，或在标题中突出启事内容，如《征订〈文科博士必读〉启事》《征集江南大学校门图案启事》《征婚启事》等；还有一种是全称写法，与公文标题相似，由机关（单位）名称、事由、文种三者组合而成，如《××公司招聘会计师启事》《×××厂搬迁启事》等。除了这三种以外，也有的启事在标题中不标明"启事"二字，而只写明事由或内容范围的，如《失物招领》《寻找失物》《征求商标图案》等。

2. 正 文

启事正文一般包括启事缘起、内容事由、希望要求三个方面。正文是启事的主体，要求写清楚启事的目的、意义和要求，内容周全，简洁明了。因各种启事的内容不同，这部分的具体写法也就各异。

3. 落 款

写明启事者的单位名称或个人姓名、启事日期、联系地址及电话号码等，以便联系。

写作启事应注意的问题：

（1）讲究条理，重在说明。启事的主要表达方式是说明，要把事由准确、清楚地告知公众，简明扼要，抓住关键。特别是那些对公众有所希望或要求其协助的启事，不能含糊其辞或造成歧义。

（2）语言朴实，态度诚恳。语气要平和真诚。启事要对公众有所要求，希望予以协助，语言要通俗易懂，大众化，语气平和，注意分寸，讲究礼貌，体现启事者的真诚。这样，公众才可能乐意给予帮助，才能达到发表启事的目的。

（二）声明的写作

声明着重于在说明事项或情况的基础上，澄清是非真伪，确认真相，认定从违。因此，声明的写作应该做到事实清楚，是非明确，具有合法性，观点鲜明，而且表述合乎逻辑。声明的结构与广告类似。

1. 标 题

声明的标题可由单位、事由、文种组成，如《海河公司授权江钨律师的声明》，内容重大者，文种前加"严正"或"郑重"等词；可由事由、文种构成，如《遗失声明》《解除合同声明》；可由单位、文种组成，如《正大集团声明》。外交声明一般都写明政府机关全称，如《中华人民共和国外交部声明》；也可只用文种，如《声明》《严正声明》。

2. 正 文

声明的内容由发表缘起、事实经过、是非辩证、明确态度四方面的要素构成。

缘起部分写明声明发表的来由或与声明事项相关的背景等，应要言不烦，用一两句话即可。如"经上级主管部门研究决定""鉴于我公司近来的经营情况"，或概述发表的必要性等。事实经过与是非辩证是声明分清真伪、确认正误的关键部分，要为表明态度提供坚实的基础。事实要清楚确凿，是非界线分明，辨析要有逻辑性。这部分尽管在声明中占主要篇幅，但仍要有概括力。陈述事实变化过程，不可精雕细刻，而应摘要概述；说明事理也不宜如议论文那样有完整、全面的论证过程，而应直接揭示是非曲直及实质，并使事实情况与明理辩证严密结合，不可有逻辑上的破绽。表明观点、态度部分，要直截了当，应该如何或不应该如何，都要说得明明白白，切不可含糊其辞，模棱两可。这部分在声明中文字不多，却直接表明声明者的最终目的，是声明的结论所在。前面的事由、是非辩证的述说，都是为了最后归结出明确而有力的结论。

正文部分视行文需要写明声明的有关内容要素，有些要素可以省略（如遗失声明的缘起）："××公司遗失××××银行转账支票一张，号码××××，声明作废"，这里无须繁言陈述遗失情况，也无须作是非辩证。但所有声明都不得省略声明者的态度。

3. 结　尾

结尾即声明落款，署上声明者的单位、机构名称或个人姓名，再写明声明的日期。

写作声明应注意的问题：

（1）用语严肃，语气严正。声明的语言应义正词严，有果断硬朗的特色，显示出声明在道义上和法律上的严肃性。

（2）立场坚定，态度鲜明。声明者的最终目的是表明态度，因此要旗帜鲜明。

（三）海报的写作

根据海报的内容，可分为戏剧海报、电影海报、体育比赛海报、报告会海报、展览会海报、歌舞表演海报，等等。从形式上分，可分为文字海报和文字加美术设计海报两种。两种海报的写法大体相似，一般由标题、正文和落款组成。

1. 标　题

海报的标题形式比较灵活，可以在正文上方居中以突出的字体写上"海报"二字；可以以活动内容或名称为题，如"周末舞会""蓉城之声通俗歌曲大奖赛"；也可以由单位名称和活动内容组成标题，如"西南交通大学'巾帼杯'女子足球赛"；还可以设副标题，如"××演唱会——著名演员×××、著名歌唱家×××应邀参加演出"等。

2. 正　文

写明活动的目的、项目、时间、地点、参加对象、参加方式、注意事项；若需购票入场，需注明票价及售票时间、地点、方式。结尾可用一些鼓动性、祈请性的词语。美术设计的海报文字配上图画，字画相映，妙趣横生，从而增强吸引力。

3. 落　款

在正文右下方写明主办单位及日期，如在正文中已写有举办单位、时间，则落款处可省略。

写作海报应注意的问题：

（1）必须真实，不能为了增强宣传效果而夸张失实。

（2）海报力求图文并茂，但不可因画害意。

（3）要简明易懂、生动活泼，标题清楚，布局新颖、富有情趣，主题突出。

例　文

关于征集"平远慈橙""慈橙"商标图案的启事

一、征集目的

平远县是广东省最大的优质橙生产加工基地，是广东著名的橙乡。平远慈橙先后获得国家无公害农产品和国家地理标志保护产品、国家绿色食品A级产品、广东省柑桔类评比金奖、广东人民最喜爱的土特产、广东省区域优势农产品"最具发展潜力奖"等称号，广受消费者青睐，产品畅销全国各地。为了促进平远慈橙的生产、经营，提高产品质量，维护和提高平远慈橙在国内外市场的声誉，保护消费者的合法权益，平远县拟向国家商标总局申请注册"平远慈橙"地理标志证明商标和"慈橙"商标。为充分体现平远慈橙的特征和内涵，树立独特的标识系统，现面向社会各界广泛征集"平远慈橙""慈橙"两个商标图案。

二、征集时间

即日起至20××年×月31日止。

三、征集要求

1. 图案要能充分体现平远慈橙生态、有机、健康、安全的特征；充分体现"表爱心，送慈橙"等浓浓"慈"意的内涵。

2. 设计图案要求构图新颖，色彩明快，简洁流畅，方便使用，符合"好记、好懂、好看"的原则。

3. 作者可同时对"平远慈橙""慈橙"两个商标图案进行投稿，也可仅对其中之一进行投稿。

4. 投稿作品须附详细文字说明等。

四、投稿方式

1. 登录"××网"，进入投稿专题页面上传投稿作品，并附姓名及联系方式，请勿重复投稿，否则视为无效。

2. 咨询电话：0753-××××××××。

3. 评选结果将于×月底在相关媒体公告。

五、奖项设置

1. 本次征集活动将邀请资深专家担任评委，评选出入围奖6名（"平远慈橙""慈橙"商标图案各3名），奖金各3 000元；从入围作品中评出优胜奖2名（"平远慈橙""慈橙"商标图案各1名），奖金各6 000元。

2. 作品一经入选，作品所有权和使用权归平远县农业局所有。

平远县农业局
二〇××年×月×日

××品牌策划公司声明

因查到有策划设计单位冒充"北京××品牌策划有限公司"的名义进行招聘及业务开拓，本着为客户及行业负责的原则，特声明如下：

1. 本司的地址"北京××××路××号××××大厦A座××号"为合法的商业注册地址，若以其他地址进行招聘的信息皆为非法信息。

2. 本司从未以任何形式授权予其他公司进行项目分包经营的许可。

3. 本公司原则上不参与任何项目的比稿，除非法人代表亲自参与并担任主创，其他以本公司名义参与比稿的行为皆为非法行为。

4. 本公司属下两大分支：其一为传统广告、策划、设计类，即"北京××品牌策划有限公司"，从事正规品牌策划设计项目的操作；其二为产品类，即"××××"与"××××"两大类传统文化品牌，皆属"北京××品牌策划有限公司"合法持有者。

5. 本公司为专业型广告策划公司，本司的过往项目的创作如"月亮岛、金海岸"等项目标志及VI皆为公司法人代表本人原创，其他非本司个人以此设计为业绩，均为提供虚假信息之行为。

特此声明。

北京××品牌策划有限公司 总经理办公室
××××年×月×日

第五节　说明书

一、说明书的含义

说明书是用说明的表达方法，解说、介绍关于物品的性能、规格、用途、使用方法，解说、介绍财务状况、影剧情节、图书资料等的实用性的说明文书，其目的在于使读者对某种产品、某公司的财务状况和某影视剧、书籍等有所了解，并能正确掌握、使用和理解，或产生直接与说明对象接触的行为与愿望。

说明书原来只是作为某一文本的附件出现。后来，由于生产和经济的发达，需要对使用对象进行某些解释，它才独立成篇。随着社会生产和商品经济的发展、人民生活水平的不断提高、文化娱乐活动的日益繁荣，说明书的用途越来越广。尤其是商品说明书，它可以帮助消费者正确地了解和使用产品，指导受众购买和使用产品，成为生产单位推销产品的一种有效工具。在这种情况下，说明书不仅对产品起说明作用，而且兼有广告宣传作用、引导作用。有不少说明书写得很好，不仅有很强的实用性和科学性，而且图文并茂，生动活泼，深受读者的欢迎。但也有一些说明书夸大其词，或用词不准，文理不通，使读者和使用者得不到正确的引导，甚至给他们带来危害。因此，一定要重视说明书的写作。

二、说明书的分类

说明书按照不同的标准，可划分为不同的类别。

按照说明对象、内容来分，可分为以下几种：

（1）物质产品说明书。说明某种商品的形状、性能、构造、用法、保养等。如洗衣机、空调、药品说明书。

（2）精神产品说明书。说明该产品的含义、特征、表现形式、意义等。如文学作品、科研著作出版说明，影视情节介绍，雕塑、音乐、美术作品的创作说明等。

（3）自然景观说明书。说明某地自然风物、人文景观的特色。如奇峰异石、古树幽洞、文物古迹等，有时其中融入了精神产品，如园林设计等。

（4）地域、单位说明书。介绍某地区、某单位的概况、发展前景等，以扩大影响，吸引人才，促进发展。

按照表达方法分，可分为解释性说明书、陈述性说明书、描写性说明书。

按照格式分，可分为条款式说明书和叙述式说明书。

按照有声像和无声像分，可分为物像（音像）说明书和文字图像说明书。

三、说明书的特点

说明书有以下一些主要特点：

（一）实用性

说明书的实用性很强。人们之所以要看说明书，主要是为了要知道如何正确掌握和使用被说明对象。因此，说明书的内容重点应从实用性的角度表述。例如，家用电磁炉说明书，既要介绍该产品的性能规格、主要结构，又要说明它的使用方法。用户读了以后自然可以毫无困难地实际操作电磁炉，正确地使用电磁炉。

（二）科学性

体现在内容上的确凿和表述上的准确。说明书无论是对产品的性能、构造、使用方法、注意事项的说明，还是对有关图书资料、影视剧剧情的介绍，都要实事求是。除了内容确切真实外，语言表述也要准确无误，不能有歧义，不能模棱两可。

（三）条理性

体现在对被说明事物的内部构造和相互联系的有序表述上。产品说明书条理分明的说明，使用户能够依顺序逐一了解和掌握各项有关知识，以便准确地使用。图书出版说明书要对整部书要言不烦、眉目清楚地介绍，使读者迅速把握图书的性质、意义。影剧说明书突出剧情的主要脉络，保留"悬念"，既使观众对剧情有简要而完整的印象，又激发起观众急于观赏全剧的愿望。

四、说明书的写作要求

（1）实事求是，说明准确、如实，所言科学诚信，所述准确可靠，绝不能由于主观的爱憎而任意改变说明对象的实际情况。在一些说明书中，对被说明的事物不仅要介绍其优点，而且还要把应该注意的事项或可能产生的问题交代清楚，使说明书真正成为使用者的忠实顾问。

（2）深刻认识被说明对象的本质和规律，准确把握被说明事物的要点，根据不同的被说明事物的特点安排层次，做到顺序恰当，条理明晰。不可一知半解，或完全凭主观臆测行文。

（3）根据说明对象的特点选择恰当的说明文类型。条款式说明书一般用于程序性的内容说明，如热水器说明书；描写性说明书多用于介绍性的内容说明，如影剧说明书。

（4）说明为主，宣传为辅。说明书虽然也具有一定的宣传作用，但必须明确其主要功能是说明，它与广告文稿是两种截然不同的应用文书。在说明书的写作中过于强调宣传效果，甚至弄得人们分不清它到底是广告还是说明书，那就完全背离了写作的初衷，偏离了说明的功能，是不合适的。

（5）语言简明、通俗易懂。说明书不是科研论文，不是写给研究者、内行人士阅读的，因而应该用明白如话的浅显文字进行表述，让读者易于接受、掌握。另外，图文结合，也容易使说明书显得文简而意明。

例　文

黄　山

黄山位于中国东部安徽省南部，其中精华部分为154平方公里，号称"五百里黄山"。

黄山处于亚热带季风气候区内，由于山高谷深，气候呈垂直变化。同时由于北坡和南坡受阳光的辐射差大，局部地形对其气候起主导作用，形成云雾多、湿度大、降水多的气候特点。主峰莲花峰，海拔1 864.8米。山中的温泉、云谷、松谷、北海、玉屏、吊桥六大景区，风光旖旎，美不胜收。

黄山原称"黟山"，因传说中华民族的始祖轩辕黄帝曾在此修炼升仙。唐天宝六年（747）六月十六日改现名，这一天还被唐玄宗钦定为黄山的生日。黄山以其奇伟俏丽、灵秀多姿著称于世。这里还是一座资源丰富、生态完整、具有重要科学和生态环境价值的国家级风景名胜区和疗养避暑胜地，自然景观与人文景观俱佳。

黄山集中国各大名山的美景于一身，尤其以奇松、怪石、云海、温泉"四绝"著称，是大自然造化中的奇迹，历来享有"五岳归来不看山，黄山归来不看岳"的美誉。

第六节　简　报

一、简报的含义及其作用

简报是国家机关、企事业单位用来传递信息、通报情况的一种简短的带有新闻性的文字材料。它常常不定期地在机关、企事业内部出版发行，有时在会议期间作为会议情况通报向与会者发行。在实际运用中，简报使用的称谓不一，如工作简报、会议简报、信息简报等，还有些以工作通讯、情况交流、生产动态、内部参考、信息快报等命名。

简报以消息报道为主，因此，新闻性仍是它的首要特征。但它和新闻也有所不同：新闻报道的范围很广泛，几乎涉及国内外的各个领域，而简报一般只局限于本部门、本领域或相关范围的报道；新闻要公开发表，广泛发行，而简报只在内部发表、发行。

简报虽然不是公文，但由于它通常是由职能部门的决策机关编发，具有传递信息、沟通情况、指导工作的作用，加之在内部发行，往往要套红印刷，所以又被称为"红头小报"。

简报是一种信息载体，是机关、部门传递信息、反馈信息的重要工具。在现代社会，各部门对信息的需求越来越高，因此，简报的发行率也就越来越高，使用范围也越来越广泛。简报直接宣传党的方针、政策，对下级执行上级的方针、政策、任务起指导作用；简报通常反映了本系统、本地区、本部门的生产、生活情况、新生事物、好人好事和存在的问题，使上下级、平级单位及时了解有关情况。可见，简报可以上情下达、下情上报，平级间沟通信息、交流经验，在公务活动中发挥极重要的作用。

二、简报的特点

（一）简

即简明的报道，因此文字不能太多，篇幅不能太长，表述要开门见山，做到简明扼要、条理清楚、通俗易懂。综合性简报一般应在两千字左右，单篇简报以几百字或者几十字就能说明问题为宜。以尽量少的文字说明丰富的内容，以有限的篇幅传播更多的信息。要做到事由集中，重点突出，语言简洁、凝练，一目了然，不要拖泥带水，切忌写得繁琐、冗长。一份简报通常有几条情况报道，但有时一份简报也可能只报道一件事情。

（二）快

简报和消息一样，具有时效性，即要迅速及时地反映、通报情况，及时地反映本系统的新情况、新信息、新问题，便于领导和下级及时掌握动向和趋势，促使领导做出正确判断，制定措施。有些信息（如经济信息）是一种财富，这种财富的价值与时间正好成反比。也就是说，越是及时，信息的价值越高，时间越长，信息的价值就越低，甚至完全失去价值。因此，简报的编发必须十分注重时效。在收集信息、整理材料、编写和发送等各个环节都要有强烈的时间观念，要求快写、快审、快编、快印、快发、快报。

（三）真

简报要真实地反映本系统的情况。人物、事件都要真实可靠，数据准确无误，不能有虚构和想象。对基本情况的估价要客观、适当，成绩不要虚夸，问题不要缩小。这就要求简报的编撰者深入调查、核实情况，哪怕一个细节、一个数据都不能忽略。特别是一些复杂的事件、突发事件，要了解事件的前因后果、时间地点，要善于透过表面现象看到本质。调查核实时尽可能掌握事件的全部材料，不了解的问题，拿不准的情况，宁缺勿假，真实准确地反映本系统的问题。

（四）新

简报的内容要富有新意，这是简报的价值所在。把关注的目光投向新事物、新情况、新问题、新经验、新动向，把握其中的客观规律，并迅速将其反映出来，以便领导掌握新动态，不失时机地指导工作，并给人以启迪、借鉴、警戒。缺乏新意的简报是没有生命力的。只有那些内容、观点具有新意的简报才有助于开拓新的工作领域，才能推动工作进一步向前发展。

三、简报的种类和简报的格式

（一）简报的种类

简报的种类很多，具体应用时的称谓也不一致，如专题简报、综合简报、信息简报、会议简报,还有快报、快讯、内部参考,等等。到目前为止,还没有一个统一、规范的使用标准,但从内容来看,一般可以分为以下四种类型:

1. **情况简报**

情况简报是定期或不定期地反映本部门的工作与生产情况的简报。它针对工作中存在的一些问题进行分析、研究,提出自己的看法和意见,以推动工作的发展。有的又叫做工作简报。常用的如"情况反映""工作通讯""生产动态""信息通报"等也属于这类简报,它及时地反映本系统、本部门出现的各方面的问题、情况和动态性新闻,是行政机关常常运用的。

2. **专题简报**

这是为配合某一项中心工作所编写的简报,如"招生简报""征兵简报""计划生育简报"等。它及时地反映某一中心工作开展的情况、取得的成绩、出现的问题,同时向上级通报情况,向下级传递信息,以利于将此项工作更好地开展下去。

3. **会议简报**

会议简报是为报道会议情况、反映会议进程所编写的简报。它包括会议简介、会议提案、会议进程、与会者的建议和意见等。从内容上来看,可以写成会议综合简报,也可以根据会议的一件事、一个问题、一个提案写成简报。从时间上看,可以一个会议发一期简报,也可以一个会议发多期简报,在会议的进程中连续地反映情况。会议简报一般由大会秘书处或大会主持单位编发。

4. **公文摘编**

机关和企业在日常公务中有大量公文、文件上传下达,但并不是每个工作人员都有资格和必要看到公文原文(特别是一些涉及机密内容的公文)。而通过简报将某些一般人员应当知晓的公文进行摘编,可以加强单位内部的沟通与交流,增强集体生活的民主性和凝聚力。公文摘编不同于消息,它基本上只对公文原文进行删节、压缩和组织。

(二)简报的格式

一般简报即比较传统的简报,大都应用于政府机关、社会团体和企事业单位。这种简报由少数几页构成,单面印刷,版面平实、简单、朴素。可分为报头、报体、报尾三部分,类似于公文的形式。

1. **报　头**

报头设计在简报的第一页上。在第一页约 1/3 的位置上用横线与正文部分隔开。报头的内容均在首页的 1/3 空间里,具体内容有:

(1)简报名称。用醒目的大号字在报头中央写上简报名称,可叫做"××简报",也可叫做"××信息""××动态""××情况交流""××情况反映""××参考资料"等,必要时可以套红,以示庄重醒目。专用于上行文的也可叫"送阅件"。

(2)简报期号。由年度期数+总期数组成,在简报名称下面中央写明,如"××××年第 3 期总第 20 期"。也有一些简报不写总期数,如"第 25 期",并用圆括号括住。如果是增刊,还应在简报名称下面加上"增刊"字样,并单独标明期数。

(3)主编单位。在期号下面左下侧写上主编单位,一般应写全称或规范化的简称。如是会议简报,则写明"×××大会秘书处编印"。

(4)印发日期。在报头右下侧写明简报印发日期,年、月、日都要写全。如果属机密,则要在报头的左上方注明"机密"二字,或"机密文件,严禁外传"字样;如果供内部传阅,则要写明"内部刊物,注意保存"。

(5)编号。位于简报名称的右上角。只有保密性简报才有编号,一般简报没有编号。

2. 报　体

报体是简报的主体部分,是刊登选用文章的部分,即在横线下面,写出文章的标题和内容。如果编者要给选登的文章加按语,则要先在横线下面写按语,再在按语下面写标题和文章。一般来说,一份简报可登一篇文章,也可登数篇文章。如果简报要刊登数篇文章,则要注意选择、编排,把主要文章放在头版头条,以突出重点。

3. 报　尾

报尾在最后一页,同样用横线与正文隔开。报尾可以紧接正文结束处,但为了页面的大方美观,报尾也可以在最后一页下方。报尾要写明送报单位、编辑校对人员的名字和简报印发份数。要注意的是给上级单位的简报要用"报:×××单位",给同级单位用"送:×××单位",给下级部门用"发:×××单位",均写在报尾的左边,右边则写明印发份数。

简报正义部分单栏排版,字体一般用宋体,每一则简报标题的字号与正文的字号大小一致,仅以黑体与正文字体相区别即可。正文结束行的右侧或正文下面一行的右侧,是作者署名的位置,作者署名的外边要加上圆括号。作者系部门的,署部门名;作者为个人的,在名字前加上所在部门的名称。简报的具体结构如图5.1所示。

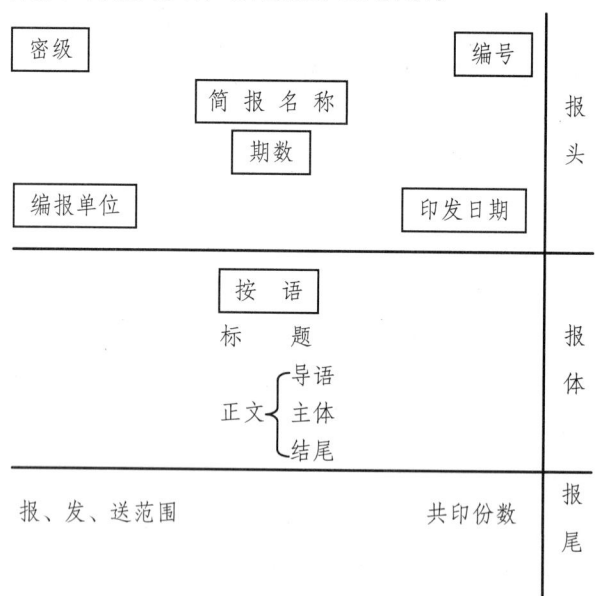

图 5.1　简报的具体结构

四、简报的编写

简报被称为机关内部的新闻报刊,消息就自然成为简报最主要的和最常见的文书。这类报道的写法和消息有很多相似之处，即一般要有导语、主体、结尾几部分。其他情况、问题报道，不要求全面、周详，而是把事情说清楚即可，基本做到一事一文。如属重要文章，有时在前面加按语来进一步说明。

下面我们主要介绍消息这类简报的编写：

（一）标　题

位置在报头横线下居中排列。简报文章的标题和新闻标题有相似之处，但一般不用新闻标题中的多行标题，即引题、正题、副题都具有的标题，而多用单行标题，如《教育乱收费何时休？》，另外也可用双行标题，如《向干部选拔任用机制挑战——大丰乡选举新一届领导》。标题的拟订要求准确、贴切和醒目，既要旗帜鲜明，针对性强，又要讲究形象性，才能吸引读者。

（二）开　头

简报文章的开头有如新闻的导语，即用概括文章主要内容或提炼文章精华的第一句话或第一段话来做开头。它可以一下就抓住读者，让读者对情况有一个大致了解并产生浓厚的兴趣。开头不宜写得太长，要用精练、概括的语言来提示简报的内容，开门见山，直截了当，点明主题可用一段话，也可用一句话。

（三）主　体

紧接开头展示简报的具体内容，如事物的发展变化、问题的来龙去脉、人物的经历变化等。要说明这些问题，就要运用事实、数据、材料。由于简报的文章内容不同，具体写法也不一样，结构灵活多样。一般说来，可按时间顺序，即事情的发展变化顺序写出事情的来龙去脉，这种形式比较适合单一事件的简报；也可采用集纳式，把若干具体、新鲜、有代表性的事实和材料集纳起来，说明一个问题或一个道理，这种形式适合内容较多的简报；也可按空间顺序，多侧面、多角度地报道一个单位的情况，这种形式比较适合总结性、评述性的简报。

（四）背　景

即人物、事件的历史背景和社会环境。有些背景的介绍，可以丰富文章的内容，帮助读者对简报的理解。如《中小学乱收费问题亟待解决》这类简报，交代了问题的缘由和社会背景，有利于人们把握主题。

（五）结　尾

结尾没有什么严格的要求，有时把事实说清楚，就自然结尾，如再来一个结尾，就有画蛇添足之嫌。有些情况报道如没有明确的结果，可做一些必要的交代，如"事情发展怎样，我们将进一步报道""事情已引起有关部门的注意""事情正在审理中""处理结果如何，下期再报"，等等。结尾要注意简明，以深化主题、加深印象为宗旨。

值得注意的是，在文书风格上，由于简报主要的阅读对象是机关和企业内部人员，主要适用于行政管理和内部关系的协调，所以简报中的消息的文风较一般消息简洁朴实。可以说，简报中的消息的文风介于行政公文和一般消息之间，否则就不能称其为简报而应称其为报刊了。简报的文书风格决定了简报的具体写作方法。在标题上，一般消息为了刺激受众的注意力，大量使用各种修辞手法，形式千变万化，两行标题、三行标题屡见不鲜，有的竟多达四行以上；而简报中的消息的标题就不能这样，它必须准确简洁，一般只能使用单行标题，信息价值特别大的才使用两行标题，三行标题在简报中最好不要使用。另外，一般消息喜欢使用背景材料，但简报中的消息要少使用背景材料，这主要是因为简报的传播面狭小，读者作为机关和企业的内部人员，对相关情况和业务比较熟悉，通常没有必要再浪费篇幅去介绍背景。

所以，简报中的消息最接近一般新闻文书的简明消息或简讯，简短明快是其主要特色。在简报写作中，目前大有会议消息泛滥的现象，而且越写越长，这种弊端值得编写者从简短的要求上去消除。

五、简报的编辑

简报的编辑主要体现在以下三个方面：

（一）选　稿

就是要围绕每一期简报的中心和目的，选登一些最能反映重要情况的文章。选的稿件一定要针对性强，有典型性，给人以启发和思考。选稿时还要注意某一阶段工作、某一中心工作的特点，尽可能地突出和反映这些工作的各种情况，才有可能让有关方面根据简报所反映的问题作出决策，有效地指导工作。简报上的公文摘编要注意对全文的理解，一方面避免照抄原文，另一方面避免摘编走样，与原文意思不符。摘编的长短应取决于公文本身的重要程度，不要把一些无关紧要的公文长篇累牍地编写在简报上，即便是重要的公文也要抓住主要内容进行摘编。简报上的工作研究在写作上切忌学术味太浓，也不能写成一般的调查报告，要多写自己对工作的看法，多提一些操作性强的可行的办法和措施。选稿时尽可能注意体裁和表现手法的多样化，选登的文章要真实可靠，准确地反映客观事物的本来面目，不能移花接木，弄虚作假，这就要求编辑对文章的内容要调查、核实，以保证文章内容的真实性。

（二）写按语

写按语指简报编者对所发的稿件内容进行提示、说明、评介的文字，借以帮助读者加深理解、认识。按语一般写在文章标题的上面，并写上"编者按"或"按语"。按语的写作要做到认识深刻、内容精辟、语言简练，三言两语道出事情的本质和文章的关键。这就要求编者认真阅读原文，并且有较高的理论水平和政治敏锐性。写按语要联系实际，才能起到引导读者、指导工作的作用。

按语的写法，可从说明入手，说明材料的来源，一般称之为说明性按语。如："编者按：根据省委××号文件精神，现将××单位开展学习××××重要讲话的情况刊登如下，供各单位参考。"也可用转发性按语，这类按语常用来转发有关文件和文章，指出转载的目的。如："编者按：现将省委××号文件刊登如下，望各部门组织群众认真学习讨论，并将情况及时上报。"还有一类按语属批评性按语，它根据上级机关的指示或领导人对简报的批示意见，对文章反映的问题作进一步评述，以体现领导的意图和对下面各部门的要求。由于简报不是正式的公文，即使是批评性按语，也不能取代行政命令，所以尽可能用语委婉一些，如用"供参考""供参阅"等词语来做按语结尾。

（三）编　排

简报由于每期的文章不多，编排就没有报纸那样复杂，但也有自己的要求和特点。简报固有的格式中的一些内容不要删除，如报头和报尾不能缺少，还要进行编号，以便存查。近年来，许多单位的简报首页部分也发生了一些变化：上方1/3位置仍为报头，但余下2/3并不直接编排正文，而是编排目录。简报的目录一般不打印"目录"二字，仅将每篇简报的名称依次排列即可，名称的后面也无须加所在页码。对一些不大重要的小信息，可以总归于"简讯"之下。另外，还有一种新型简报编排的方式。新型简报一般适用于一些社团、企业，与一般简报的行政职能不同，这类简报主要在社团、企业开展内部公共关系活动时使用。新型简报大多双面印刷，有文有图，形式较灵活；有些甚至彩色印刷，版面精美，编排方式已接近社会上公开发行的杂志。新型简报最显著的一个特点是注重推广社团、企业的CIS，其封面或首页多印有醒目的企业标识。这类简报如果增加副刊文字及广告，应当将其归为企业内部杂志，如中国西北航空公司的《西北民航》。

简报的版面要求简洁明快、庄重统一。每期简报刊登文章多少没有一定的规定，要根据文章的内容和工作的需要安排。有时重要的报道为了迅速及时地传递到各部门，往往一期简报就发一篇文章。多篇文章的简报，要注意突出中心，重要文章要排在头版头条，以示重视。会议简报要考虑会议进程的各个阶段和各个方面，以及不同的反映，以全面地反映会议的动态和情况。

例　文

首届高校领导干部学校国防教育暨学生军事训练
工作专题研修班在国防大学成功举办

教育部简报〔20××〕第131期

为贯彻《中共中央国务院中央军委关于加强新形势下国防教育工作的意见》精神，6月15日—21日，教育部在国防大学举办了首届高校领导干部学校国防教育暨学生军事训练工作专题研修班。来自全国高校65名分管学校国防教育和学生军事训练工作的副校级以上领导干部参加了研修培训。

研修班围绕国际形势与国家安全问题、国防教育和学生军事训练工作政策法规、领导科学三个专题，开设了"当前国际战略形势与我国安全环境""海洋权益与国家安全""新中国军事斗争和国防建设的历程与经验""世界主要国家高科技武器装备发展运用""科学的领导者"等课程；编发了《学生军训工作文件汇编》，并组织了系统的阅读和讨论；安排了8次课堂教学、2次分组讨论和1次大会交流。研修班邀请了徐焰、孙科佳、张召忠等国家安全问题和国防教育专家承担授课任务。专家们反复研究教学内容及教学方法，进行了试讲；教学中，理论联系实际，注重课堂互动，进行辅导答疑，保证了研修培训效果。

通过研修，学员们对当前国际形势、我国安全环境、世界新军事变革和信息化战争认识更加深刻，对我国防和军队建设情况了解更加全面，对国防教育和学生军训相关政策法规理解更加透彻。进一步强化了高校领导干部的国防观念和国家安全意识，增强了开展学校国防教育和做好学生军事训练工作的责任意识，提高了高校领导干部履行国防教育职责的能力。

学员们普遍认为，大学是国防教育的主阵地，大学生是国防后备力量的精英骨干，作为大学分管学校国防教育和学生军事训练工作的领导干部，一定要居安思危，履职尽责，不辱使命，全力抓好高校国防教育和学生军事训练工作。

（报尾略）

××

习 题

一、单项选择题

1. 下列不属于狭义的传播文书的有（　　　）。
   A. 声明　　　　B. 新闻报道　　C. 产品说明　　D. 报刊所载文章
2. 新闻体裁中使用频率最高的是（　　　）。
   A. 特写　　　　B. 通讯　　　　C. 消息　　　　D. 调查报告
3. 经验消息还可以叫做（　　　）。
   A. 事实报道　　B. 主观报道　　C. 客观报道　　D. 典型报道
4. 美国新闻学者希伯特说："我们常说没有比昨天的报纸更老的东西了。"这句话指的是消息的（　　　）。
   A. 真实性　　　B. 迅速及时性　C. 变化性　　　D. 创造性
5. 一则消息不可缺少的是（　　　）。
   A. 引题　　　　B. 肩题　　　　C. 正题　　　　D. 子题
6. 下列不符合消息标题标准的是（　　　）。
   A. 正题＋副题　　　　　B. 眉题＋正题
   C. 正题＋尾题　　　　　D. 引题＋正题＋副题
7. 公益广告属于（　　　）。
   A. 广义广告　　B. 狭义广告　　C. 经济广告　　D. 商业广告
8. 下列各项不属商业广告特点的是（　　　）。
   A. 真实性　　　B. 及时性　　　C. 功利性　　　D. 审美性

9. "科技让你更轻松——商务通",这则广告的标题属于( )。
   A. 直接标题　　　　　B. 间接标题
   C. 复合标题　　　　　D. 眉题加正题式标题
10. 下列属于广告的直接标题的有( )。
    A. "金利来领带,男人的世界"
    B. "百年老窖老泸州,天长地久老朋友"
    C. "柯达胶卷"
    D. "走出中国人自己的路——普腾电器"
11. 广告创意的本质是( )。
    A. 新颖独特　　B. 准确定位　　C. 典型生动　　D. 针对性强
12. 启事可以包含在广义的广告范畴之内,但在实际运用中,启事与广告有所不同,很多启事不具有( )。
    A. 公开性　　　B. 经济性　　　C. 广泛性　　　D. 审美性
13. ××大学××学院向学生公布第×次学术报告会的文书,应选用的文种是( )。
    A. 启事　　　　B. 通知　　　　C. 海报　　　　D. 声明
14. 说明书的写作要求( )。
    A. 说明为主,宣传为辅　　　B. 艺术的真实
    C. 运用专业术语　　　　　　D. 只强调被说明事的优点
15. 下列不属于说明书的特点的是( )。
    A. 实用性　　　B. 功利性　　　C. 科学性　　　D. 条理性
16. 简报以消息报道为主,它的首要特征是( )。
    A. 真实性　　　B. 时效性　　　C. 新闻性　　　D. 简洁性
17. 简报中的公文摘编可以加强单位内部的沟通与交流,它( )。
    A. 对公文原文进行改写　　　B. 对不同的公文原文重新组合
    C. 不等同于消息　　　　　　D. 等同于消息
18. 简报的按语引导读者,指导工作,它( )。
    A. 取代行政命令　　　　　　B. 不能取代行政命令
    C. 并不体现领导意图　　　　D. 只能从说明入手
19. 简报中消息的文风介于( )。
    A. 新闻报道和公务文书之间　B. 行政公文和一般消息之间
    C. 快讯和评论之间　　　　　D. 简讯和提要之间
20. 下列不属于简报编辑主要步骤的是( )。
    A. 收集背景资料　　　　　　B. 选稿
    C. 写按语　　　　　　　　　D. 编排

二、多项选择题

1. 下列属于广义传播文书的有( )。
   A. 政府颁布的法规　　B. 文学作品　　C. 科学论文
   D. 报刊所载文章　　　E. 广告
2. 下列属于狭义的传播文书的有( )。

A. 报刊所载文章　　　　B. 新闻报道　　　C. 产品说明
D. 声明　　　　　　　　E. 启事

3. 广义的新闻包括（　　　）。
A. 调查报告　　　　　　B. 通讯　　　　　C. 消息
D. 特写　　　　　　　　E. 时事报道

4. 就写作角度来说，消息可分为（　　　）。
A. 动态消息　　　　　　B. 经验消息　　　C. 综合消息
D. 说明消息　　　　　　E. 述评消息

5. 在报纸上，动态消息常置于以下栏目（　　　）。
A. 专题报道　　　　　　B. 国际短波　　　C. 体育简讯
D. 一句话新闻　　　　　E. 要闻简报

6. 评述消息兼有（　　　）。
A. 调查作用　　　　　　B. 评论作用　　　C. 介绍作用
D. 宣传作用　　　　　　E. 新闻作用

7. 消息的写作要求是（　　　）。
A. 材料丰富　　　　　　B. 迅速及时　　　C. 短小精悍
D. 详细分析　　　　　　E. 真实新鲜

8. 下列属于消息的结构形式的有（　　　）。
A. 金字塔结构　　　　　B. 柱状结构　　　C. 倒金字塔结构
D. 平行结构　　　　　　E. 对比结构

9. 消息写作的内部结构分为（　　　）。
A. 标题　　　　　　　　B. 导语　　　　　C. 主体
D. 背景材料的运用　　　E. 结尾

10. 消息导语的形式有（　　　）。
A. 叙述式　　　　　　　B. 摘要式　　　　C. 提问式
D. 评论式　　　　　　　E. 描写式

11. 下面关于消息主体的叙述顺序中，不正确的是（　　　）。
A. 按照消息事实发生、发展的空间顺序表述
B. 按照消息事实发生、发展的时间顺序表述
C. 按照事物的内在联系来表述
D. 按照人们对消息事实认识的逻辑顺序表述
E. 将上述几种顺序结合起来的表述

12. 商业广告的特点是（　　　）。
A. 真实性　　　　　　　B. 时效性　　　　C. 功利性
D. 审美性　　　　　　　E. 公告性

13. 按照商业广告的不同受体，可将其分为（　　　）。
A. 全国性广告　　　　　　　　B. 消费者广告
C. 工业用户广告　　　　　　　D. 报纸销售广告
E. 商品批发商广告

14. 广告正文的写法有（   ）。
    A. 说明式　　　　B. 简介式　　　　C. 文艺体
    D. 新闻体　　　　E. 证书体
15. 启事与广告一样，（   ）。
    A. 具有公开告知性质　　B. 以营利为目的
    C. 企盼取得传播效果　　D. 激起购买欲望　　E. 落款
16. 写启事应注意（   ）。
    A. 讲究条理　　　　B. 语言朴实　　　　C. 图文并茂
    D. 重在说明　　　　E. 态度诚恳
17. 常见的声明有（   ）。
    A. 遗失声明　　　　B. 法律事务声明　　　　C. 政务声明
    D. 致歉声明　　　　E. 商业性声明
18. 声明的正文内容包括的要素有（   ）。
    A. 发表缘起　　　　B. 事件背景　　　　C. 事实经过
    D. 是非辨证　　　　E. 明确态度
19. 根据海报内容，可分为（   ）。
    A. 戏剧海报　　　　B. 电影海报　　　　C. 体育比赛海报
    D. 报告会海报　　　E. 歌舞表演海报
20. 说明书的写作要求是（   ）。
    A. 实事求是，说明准确如实
    B. 认识被说明对象的本质和规律
    C. 根据说明对象的特点选择恰当的说明文类型
    D. 说明为主，宣传为辅
    E. 语言简明，通俗易懂
21. 简报的种类有（   ）。
    A. 情况简报　　　　B. 专题简报　　　　C. 会议简报
    D. 公文摘编　　　　E. 招生简报
22. 下列说法中错误的是（   ）。
    A. 启事以公开方式广泛传播信息，并企盼取得一定传播效果，与广告相似
    B. 启事、声明、海报都具有公开周知性，但声明的严正性是启事、海报所不及的
    C. 在写作消息时，必须要介绍背景，以此突出消息的主要事实，烘托并深化消息主题
    D. 写作广告最重要的部分在于广告的形式和广告的创意
    E. 启事、声明一般只以文字的形式来表现

三、判断说明题

（一）判断分析（判断正误，正确的在题后的括号内画"√"，错误的画"×"，并简述理由）

1. 传播文书虽然要求真实，但某些广告却可以采用夸张、虚构的手法，可见，传播文书的真实性与文艺作品的真实性是一样的。（   ）

2. 消息是新闻题材中使用频率最高的一种文书，它总是在文前冠以"××社×年×月×日电"或"本报讯"等字样的"电头"。（   ）

3. 消息可分为动态消息、综合消息、经验消息、述评消息几类，其中综合消息又称典型报道，报纸上标有"体育简讯""友好往来"等栏目的消息则属于述评消息。（　　）
4. 启事可以包括在广义的广告范畴之内，与广告一样，具有公开告知的性质。（　　）
5. 简报以消息报道为主，新闻性是它的首要特征，因此，它属于新闻体裁的一种。（　　）

（二）判断改错（正确的在题后的括号内画"√"，错误的画"×"，并改正错误）

以下是某些新闻报道中的句子：

1. 在新一轮人才大比拼中，记者发现了一个有趣的现象，只重人才不问户口的单位占到八成，明确要求"北京户口"的单位已成凤毛麟角。（　　）
2. NBA官方前天公布了20××年NBA全明星票选的第二轮，姚明已经缺战5场但仍以1 319 868张选票高居众星之首。（　　）
3. 临近春运，又出现了交通拥挤现象。（　　）
4. 自××××年以来，每年有80~90头大象死于非法狩猎。（　　）
5. （四位韩国籍教练员）在常人眼里，他们似乎陷入了两难境地：他们要在自己的国家，带领中国队打败自己的国家。（　　）
6. 尽管北京市采取了"开通百条热线招短工"，但今年春节期间家政服务员短缺的情况并未得到彻底缓解。据中国家政协会常务副会长张建纪介绍，北京春节期间市场缺口高达5万人左右。（　　）
7. 有效遏制"台独"，在20××年是海峡两岸同胞的继续的首要任务。（　　）
8. 20××年元旦子夜降临，澳门数万市民兴奋的心情举行各种形式的"除夕倒数晚会"，喜迎新的一年到来。（　　）
9. 90分钟的近距离对话，在航天英雄与中小学生合唱"歌唱祖国"的歌声中，依依不舍落下帷幕。（　　）
10. 亚洲游泳与世界的距离首先表现在项目发展水平极不平衡。（　　）
11. 陶璐说，她不赞成一些人把陈颖的成功归功于她的说法。（　　）
12. 中国游泳和体操健儿今天以丰收的喜悦为釜山之行画上圆满的句号。（　　）
13. 临近毕业，又有一批莘莘学子将告别大学校园，走上工作岗位。（　　）

四、简答题

1. 商业广告有何作用？
2. 简述商业广告的写作要点。
3. 什么是启事？
4. 简述启事与广告的关系。
5. 启事、海报、声明三者的共同性和差异是什么？
6. 说明书有何特点？
7. 说明书的写作要求是什么？
8. 简要说明简报与新闻的区别。
9. 新闻写作与广告写作有何差异？

五、分析下列新闻标题在语言运用方面的特点

（1）微小尘粒，空中杀手

（2）主旋律打造新主流戏剧　话剧舞台狂飙突进
（3）解读男人形象新概念
（4）贝时璋：诠释生命的本质
（5）科技与经济"联姻"不能"单相思"
（6）杨澜再出手　节目传统又另类
（7）不是"克隆"《鲁迅全集》
（8）河北劣钢偷摸进京
（9）说凤阳，道凤阳，凤阳是个好地方；自从三中全会后，电视机源源到家乡
（10）政府部门"搭台"经贸部门"唱戏"
（11）中国人为什么歧视中国人
（12）工程师三代破屋两间　副局长一家新屋四套（双行主标）
（13）吃大锅饭山穷水尽　走改革路柳暗花明（双行主标）
（14）两袖清风一身正气
（15）惠来供电局是只硕鼠（正题）
　　　150人的编制养着3 000余人，平均电价高达两元（副题）
（16）台上惨烈台下心惊（正题）
　　　第13局谢军拼得半分（副题）
（17）山地灾害专家实地调查后否定"巫山山体滑向长江"一说（引题）
　　　巫峡"危岩"是危言（正题）
（18）紫台迁址？子虚乌有！（正题）
　　　有关部门正追查讹传此事的当地一家媒体作者（副题）
（19）传统产业的提升为珠三角造出一个又一个"月亮"（引题）
　　　升级，升级，争当世界第一（正题）
（20）国有企业"广之旅"通过成功转制焕发出勃勃生机（引题）
　　　一"股"作气，激活"广之旅"（正题）

六、根据下列消息的内容拟标题

1. 震后四川省首个"创百亿"项目——成都神钢工程机械（集团）有限公司扩建工程昨天在成都经开区（龙泉驿）开工。这项投资××亿元的项目建成后，将成为西南最大的工程机械基地。昨日开工典礼前，成都神钢工程机械（集团）有限公司配套工业园也与成都经开区正式签约，配套工业园总投资××亿元。

2. 从6月16日开始的黄河调水调沙目标是继续扩大黄河下游河道主河槽的过洪能力，实现黄河下游主河槽的全线冲刷，同时进一步探索万家寨、三门峡、小浪底水库水沙联合调度方式，深化对黄河河道、水库水沙运动规律的认识。

今年黄河调水调沙所用水量全部来自黄河干流万家寨、三门峡和小浪底三座水库汛限水位以上的蓄水，共计××亿立方米。本次调水调沙将于小浪底水库水位降至汛限水位时结束。

3. 12月13日—14日，由国家教育行政学院、中国电子信息产业发展研究院和中国高等教育学会教育信息化分会主办，国家教育行政学院培训部与中国电脑教育报社承办的"第二

届中国电脑教育年会"在京隆重召开。围绕"从建设走向应用,从城市走向农村"主题,本次会议就区域推进教育信息化、农村现代远程教育、高校信息化的可持续发展等焦点议题展开了深入的探讨。信息产业部信息化推进司张会生副司长、国家教育行政学院李文长副院长、中国电子信息产业发展研究院张旭明院长致辞祝贺大会的胜利召开,并充分肯定了本次年会对于推进中国教育信息化的重要意义。来自全国各地共计800余名代表参加了本次会议,大会取得了圆满成功。

4. 据预测,今夏高温期间,上海市最高日供水量约为××万立方米,比20××年增加63万立方米,增幅达6.8%。针对局部地区在一定时段内可能会出现供求缺口的问题,水务部门督促各供水企业加强陈旧管网改造等工程建设,修订完善供水应急预案,加强原水、供水监测调度和生产管理,加强与供电、信访、物业等部门的沟通,全面做好自来水服务供应和跨区域调水、应对突发事件的各项准备工作,保障市民夏季高峰用水无忧。

5. 近日,受山陕区间降雨影响,黄河皇甫川、窟野河等支流相继出现高含沙小洪水过程,水利部黄河水利委员会适时启动了黄河小北干流放淤试验。

黄河小北干流放淤试验是治理黄河泥沙的重要举措,工程采用了弯道水力学、缓流分选泥沙等技术,充分借助水流自身力量实现粗、细泥沙的自然分选,把对下游河道及水库淤积影响较大的粗颗粒泥沙滞留在小北干流两岸洼地,细颗粒泥沙回归黄河,通过试验实现小北干流"淤粗排细"的目标。

20××年黄河水利委员会曾相继在小北干流进行了六轮放淤试验,粒径大于0.05毫米的400万吨粗泥沙被拦阻在试验区内,效果良好。

6. 由于劣Ⅴ类水不断汇入小浪底水库,自2月份以来,小浪底水库水质逐步恶化,3月底库区及坝下水体呈褐色。据监测,4月22日三门峡坝下氨氮为1.7毫克每升,为Ⅴ类水质。目前,小浪底水库上游来水水质没有明显好转,加之小浪底水库水体置换周期较长,水质变化缓慢,因此,小浪底库区水质短期内不会有明显改善,小浪底以下河段受其影响,水质将劣于Ⅲ类标准,影响沿黄城市供水安全。

7. 自20××年以来,陕西省军区响应党中央、国务院和中央军委的号召,以小流域治理为切入点,积极参与和支持西部大开发,主动承担了省内106条小流域的治理任务。截至目前,陕西省军区积极组织广大指战员、民兵预备役人员成建制参与水土保持生态建设,先后投入资金1.5亿多元,投入机械车辆3 000多台,上马劳力1 500多万人(次),共完成水土流失初步治理面积1 057平方公里,建成一批重要的农业基础设施工程,流域面貌发生了很大变化,同时也有效地促进了农民收入的增长。

由军队承担、组织开展大规模的水土保持生态建设,不仅丰富了水土保持生态建设的组织形式,强化了全社会参与生态建设的生动局面,加快了我国水土流失的防治步伐,而且积极探索了和平时期军队参加地方经济建设的新路子、新途径,进一步深化了军民鱼水情谊,实现了军民"双赢"的目的和效果。

8. 未来成都会有多大?会变成啥模样?昨日召开的成都市城市总体规划修编工作动员会传出信息:2020年,成都市的城区面积将达3 681平方公里,比现在的中心城(即外环路以内区域)面积598平方公里大6倍多。经建设部同意,成都市城市总体规划修编(2002—2020)工作昨日正式启动。10月—11月,总规修编的初步方案将完成,12月份将完成大纲审查工作,年底上报建设部。

9. 昨天，在四川省儿童活动中心临时的儿童救助站里，林浩和姐姐、妹妹待在一起。在地震那天，只有9岁半的林浩在学校倒塌之后，从倒塌的走廊背出了两名昏迷的同学，而他在救同学时也受了伤。

林浩地震前在映秀镇渔子溪小学读小学二年级。据林浩自己介绍，地震发生的那一刻，他正走在教学楼的走廊上，被上面滑落下来的两名同学砸倒在地。"我使劲爬，使劲爬，终于爬出来了。爬出来后，我看到一个女同学昏倒在走廊上，我就转身把她背出去了。背出去交给校长，校长又把她交给她妈妈背走了。后来我又爬回去，又把另外一个男同学背出来交给了校长，他也被他父母背走了。"林浩向记者讲述自己救人经过的时候显得非常镇定。林浩说："我背得动他们，我开始爬出来的时候，身上没有伤，后来爬进去背他们的时候才受伤的。"林浩就读的渔子溪小学只有31个学生，在地震中有十几人逃生，这当中就包括林浩背出来的两个同学。

背完同学后，林浩一直没有找到自己的父母，他14岁的姐姐很快找到了他，同时他的妹妹也跟他们在一起。

在被救助后，林浩前天被送到成都市儿童医院进行了检查，他只是额头和右手有些擦伤。一直到昨天，林浩和姐姐、妹妹还没有父母的消息。

10. 20××年12月30日晚，我校在珠海市柠溪文化广场举行"闪耀明珠 —— 暨南大学答谢珠海人民专场文艺晚会"。晚会开幕之前，我校副校长兼珠海学院院长胡军教授主持了一个简短的答谢仪式。

中国工程院院士、我校校长刘人怀教授在答谢辞中说，自1998年我校与珠海市政府合作开办珠海学院以来，开创了珠海市历史上开办全日制高等教育的先河。珠海学院的成长离不开珠海市委、市政府和珠海人民的支持与关怀。他代表暨南大学全体师生向珠海人民表达诚挚的谢意，对在珠海办学4年来珠海人民给予的支持和帮助表示深深的感谢。

珠海市委副书记、市长王顺生对我校取得的成绩表示祝贺。他说，珠海的发展、城市品位的提高离不开大学的引进和人才的培养，暨南大学珠海学院的办学，为珠海大学园区提供了成功范例。市委、市政府会重视暨南大学的成功经验，为办好大学园区进行总结和提高，使进入珠海的各所学校都能办好。市委、市政府将一如既往地支持暨南大学珠海学院的建设。

晚会由我校艺术团演出，精彩的节目引来众多市民观看，文化广场上人头攒动。耳熟能详的校园歌曲、优美动人的古典舞蹈、充满异国风情的各类表演，使整台晚会掌声连连、气氛热烈。晚会的举行，大大增进了我校与珠海人民的沟通，充分表达了我校师生员工对珠海人民深深的感激之情。

珠海市委、市政府及有关部门领导，我校在校的全体校领导观看了本次文艺晚会。

七、阅读分析题

1. 《新闻出版报》曾刊登《一个标题的十三次"过滤"》一文，说的是江西德兴铜矿工人技师李有章获"全国技术能手"称号后，赴京参加授奖大会的事迹，当时记者写了一篇新闻，标题为：

良驹奋蹄又争先（引题）
全国劳模李有章获"全国技术能手"称号（正题）

新闻事实本是动态的，眉题却写成静态的，活材料写"呆"了，且句子老化，没有活力。于是重写这则新闻，标题当然得重制。为了写出一个满意的题目，作者前后共修改13次才最后敲定：

拼搏：鲜花朝您开　　进取：硕果等您采（引题）
李有章赴京受誉"全国技术能手"（正题）
经理何昌明赞赏："这是全公司的光荣。"书记恭同科评价："每日节约修理费300万美元。"副书记王振坤即兴书赠："技无涯。"（副题）

请回答：这一标题好在哪里？

2. 请分析下则美国奥尔巴克百货公司的广告文案。

为什么你硬是欺骗自己，认为你买不起最新的与最好的东西？在奥尔巴克百货公司，你不必为买美丽的东西而付高价。有无数种衣服提供你选择——一切全新，一切使你兴奋。

现在就把你太太带给我们，我们会把她换成可爱的新女人——仅仅花几块钱而已。这将是你有生以来最轻松愉快的付款。

作千百万的生意，赚几分钱的利润。

3. 指出下列新闻存在的问题。

（1）

德运钞车被劫案令人捧腹——劫匪只认马克弃欧元

新华社柏林9月7日电（记者××）　德国日前发生了一起一辆运送欧元和马克现钞的运钞车被抢的案件。

据德国新闻电视台报道，案件发生在德国巴伐利亚州吉森县利希和费恩瓦尔德之间的公路上，时间为当地时间6日11点零5分。现年35岁的运钞车司机哈利勒·尤尔特塞韦尔及其同伙是这起抢劫案的主谋。

警方在案发现场发现留下了大量欧元现钞和部分已经被打开的装有欧元的口袋。由于欧元将于明年1月1日正式开始流通，警方认为，被抢走的欧元现钞可能会被用来作为制造欧元伪钞的样品。

警方估计，被抢的数额为500万到600万马克。

（2）

国际体操挑战赛今日开战
李小鹏凌洁联袂出征

据新华社哈尔滨9月7日电　普乐杯国际体操挑战赛8日将在哈尔滨市人民体育馆开赛，参加比赛的15名中外体操高手已全部抵达哈尔滨。

本次挑战赛的规格很高，5名奥运会冠军和3名世界冠军都将出现在赛场上。男运动员有吊环世界冠军董震，悉尼奥运会男团、双杠冠军李小鹏，奥运会男团冠军队成员黄旭、杨威，白俄罗斯的阿力克谢·辛克维奇，悉尼奥运会鞍马冠军罗马尼亚的乌兹卡·马瑞尔斯，悉尼奥运会吊环冠军匈牙利的乔拉尼·斯维特尔。

女运动员有中国的世锦赛高低杠冠军凌洁与孙晓姣、张楠、彭莎，美国的霍利·维瑟和卡尔伯特森，白俄罗斯的塔西安娜·扎哈纳娃，乌克兰的霍罗迪尼·纳塔利亚等人。

4. 下面这则广告好吗？为什么？

[电视画面]一女性围着围裙在厨房做饭,尔后喜滋滋地为男人洗着衣服,而男人则舒服地坐在沙发上,居高临下地宣称:"我的梦中情人,应该有一头乌黑亮丽的长发。"

5. 比较下列三则广告的优劣。

(1) 标题:××电器　器质超群再获殊荣

正文:20××年5月,××电器率先通过由国际标准化组织颁布的ISO9001国际标准认证。ISO9000系列标准由国际标准化组织颁布,被誉为企业进入国际市场的"通行证"。ISO9000系列标准分为五个标准:ISO9000标准~ISO9004标准。其中,ISO9001系列标准规定了从产品设计到售后服务的质量保证体系要求,是最为全面的标准。××××年新春伊始,又传佳音:全国48家商场联袂推举公认,《消费时报》第十次产品质量市场评价揭晓:××电器再次荣获同类产品榜首。

(2) 威力洗衣机的电视广告,表现了一个女儿深切的心音:"妈妈,我又梦见了村边的小溪,梦见了奶奶,梦见了你。妈妈,我给你捎去一样好东西。"然后推出颇具亲和力的口号:"威力洗衣机——献给母亲的爱。"

(3) 广州宝洁公司推出的系列洗洁用品:"飘柔:护发专家,洗发护发合二而一,令你的秀发更飘柔";"海飞丝:头屑去无踪,秀发更出众";"潘婷:如果你的头发枯黄,缺乏营养,请使用潘婷,它富含维他命原B_5,从发根渗透到发尖,加倍亮泽"。

6. 谈谈下面这位出版商的成功之道。

在西方,某出版商在进行广告宣传时,颇费了一番心思。

第一次,这位出版商给总统送去一本书,并三番五次去征求意见,忙于公务的总统不愿与他多纠缠,便回了一句:"这书不错!"于是出版商如获至宝,大做广告:"现在有总统喜爱的书出售。"并把"这书不错"四个字印在书的封面上,于是这些书很快被一抢而空。

第二次,出版商照方抓药,又给总统送去一本书。总统有了上次的"教训",欲借此奚落书商一番,便在书上写道:"这书糟透了!"不曾想又中了计,书商大肆做广告:"现有总统讨厌的书出售!"人们出于逆反心理,争相抢购,此书又销售得一干二净。

第三次,出版商再次将一本新书送给总统,总统有了两次"前车之鉴",干脆紧闭"金口",不予理睬,但还是被出版商钻了空子。出版商仍然大做广告:"现在有令总统难以下结论的书,欲购从速。"读者出于好奇心,还是纷纷购买,这些书居然又卖得精光。总统真是哭笑不得,而书商却大发其财。

7. 修改下则声明语言。

版权声明

(1) 本网站所有内容,未经注明,版权一律归中华人民共和国国家××网站所有。

(2) 热烈欢迎转载或引用本网站所载内容,但以下列内容除外:

a. 本网站所指向的非本网站内容的相关链接内容;

b. 已做出不能转载或未经许可不能转载声明的内容;

c. 其他法律不允许或本网站认为不适当转载的内容;

d. 本网中特有的图形、标志、页面风格、编排方式、程式等;

e. 本网中必须具有特别授权或具有注册用户资格方可懂得的内容;

f. 其他法律不允许或本网站认为不适合转载的内容。

(3) 转载或引用本网站内容必须是以新闻性或资料性公共免费信息为使用目的的合理、

善意引用，不能对本网站内容原意进行误解、修改。

八、写作题

1. 某研究所研究出一新型生物应用技术，有意转让科研成果，或找厂家合作生产。为此，在报纸上刊登信息，决定在××宾馆举行新产品技术洽谈会。

要求：（1）请据此内容撰写应用文。

（2）自选文种，拟定标题。

（3）字数不限，将要办之事说清楚即可，文字要简洁明了。

2. 写一份产品说明书。

3. 写一则启事或海报。

第六章　日常事务文书

第一节　概　述

一、日常事务文书的含义

日常事务文书是指法定公文之外，党政机关、社会团体、企事业单位在日常具体事务活动中用来沟通信息、总结经验、探究问题、指导工作所使用的一种文书。

二、日常事务文书的特点

（一）广泛性和实用性

人们在日常生活、学习、工作中需要传达信息、交换意见、沟通情况、商洽事务，而事务文书在其中起着重要的作用。它在处理日常事务中具有多种功能，行文方向灵活，所以使用面非常广。在处理公务中，日常事务文书使用频率比行政公文高，实用性强。如果失去了实用性的特点，就没有日常事务文书的存在价值。

（二）体式性和灵活性

日常事务文书的格式、行文规则等，不像公文那样是法定的，而是在长期的使用过程中，逐渐形成了约定俗成的固定格式和习惯用语，如证明信有"特此证明"的惯用语。但同时又具有一定的灵活性，较之公务文书，事务文书的体例格式更加灵活自由。在表达方法上，它也更加多样化，常常是叙述、议论、说明相互结合运用，有些文体的语言也可生动活泼，以增强可读性。比如，一篇总结把经常性思想工作薄弱的表现概括为："瞌睡给个枕头，闹病给个糖球"——格调不高；"心中没有底数，手中没有钥匙"——办法不多；"少数人忙乎，多数人观望"——合力不强。真可谓生动有趣。

三、日常事务文书的分类

日常事务文书多种多样，因所持的标准不一，审视的角度有异，分出的类别就不相同。我们把它分为计划文书、总结文书、书信文书、礼仪文书四类。

第二节 计 划

一、计划的含义和特点

（一）含 义

计划是党政机关、社会团体、企事业单位对将要进行的工作或学习预先作出打算和安排的书面材料。

计划是行动的先导，很多工作都是通过计划来进行的；计划是工作的方向，是行动的"共同纲领"。有了计划，就有了工作目标和依据，人们就会增强自觉实践的意识，做到胸有全局、目标明确、措施具体、工作主动、检查有据，从而提高工作质量，加快速度，保证圆满完成任务，收到"预则立"的效果。

计划的含义宽泛，通常说的设想、打算、安排、方案、要点、意见、纲要、规划等都属于计划的范畴。它们都是对未来一定时期内全面工作或某项工作提出要求、指标、措施、步骤和完成期限，这是它们的共同性。它们的差异性主要在于：通常"设想""打算"是初步的、预备性的，或是非正式的计划。

"设想"涉及的时间较长，"打算"则较短；"安排""方案"是较短时间内的某项具体工作的计划，内容往往比较详细，其中"方案"的专业性较强，周密具体；"要点""意见"是领导机关布置工作，贯彻传达有关政策和领导意图的计划，属于概括式计划；"纲要""规划"是时间较长、范围较广、内容较概括的长远计划，它是一种长远的战略部署，方向性、指导性强，内容全面。

（二）特 点

1. 目的性

为了做好某项工作，实现某种意愿，一个机关的工作、一个工厂的生产、一个人的生活和学习，总有一定的打算和安排，这种打算和安排就体现了目的性。有了一定的目的，人们才有明确的努力方向，少走弯路，把事情办得更好。计划的终极效果就在于目的是否实现。

2. 指导性

计划是用来指导人们活动的行为准则，它规定人们做什么，按什么样的方法、步骤做，朝什么样的方向努力。有了计划，人们便可以按一定的要求安排活动，确保既定的工作、学习任务保质保量地按期完成。

3. 时间性

无论什么样的计划，都在一定的时间内指导人们的行动。人们按照预定的时间行动，可以增强时间观念，从而充分发挥主观能动性和集体智慧。长远计划可把时间划分为几个阶段，既有阶段性，又有连续性，使人们千方百计完成一定时间内的具体任务，掌握工作的主动权。

4. 科学性

计划必须具有科学性。首先是计划目标的可行性，计划的目标不可行，就失去了计划的意义。接下来是制订经过努力能够达到的目标和切实可行的措施和方法，既防止保守，又要防止空谈或浮夸。

二、计划的分类

计划种类繁多，大体上可按下列标准来分类：

按内容分，有学习计划、工作计划、生产计划；按性质分，有综合计划、专题计划；按范围分，有国家计划、系统计划、地区计划、单位计划、科室班组计划、个人计划；按时间分，有年度计划、季度计划、月份计划。

以上的分类不是绝对的，事实上所有的计划都是跨类的。一份计划，从不同的角度来划分，可以归属于不同的类别，但在定标题时却只能根据所强调的侧重点标出一类来。如《××工厂20××年生产计划》，从性质上说，是生产计划；从内容上分，是专题计划；从范围上看，是单位计划；从时间方面来讲，是年度计划。

三、计划的写作格式

（一）标　题

计划的标题一般含单位名称、适用时限、计划内容、计划类型等，如《成都啤酒厂20××年财务成本计划》。也有的计划标题省略了其中某些要素，如《20××年工作计划》。"计划"这一名称根据不同的内容又可写成"意见""设想""方案"，等等。如果计划是草稿或初稿，还可以在标题下加以注明，写上"供讨论用""草稿"或"初稿""征求意见稿"等字样。

（二）正　文

计划的正文有三种写作形式：条文式、表格加文字说明式、条文和表格结合式。

条文式计划正文的内容一般包括四个方面：

1. 前　言

主要叙述基本情况或指导思想。基本情况，是叙述分析前一段的工作情况，简明扼要地说明取得的成绩和存在的问题，即过去一段工作的主要经验教训。指导思想，一般要说明制订计划的依据、原则和方针，写出上级的有关指示要求、本单位的实际情况、总的指导思想等。

2. 中　段

即计划事项部分，写具体的目标、措施、步骤。目标是计划的灵魂，在这一段要具体提出工作事项及要达到的数量、质量要求。一般先写总目标、总任务及完成时限，然后分别写各项具体任务。措施是完成任务的方法，是实现计划的保证。在这一段里，要写明达到目的的手段、步骤，表明工作的程序和时间上的要求，即先做哪些，后做哪些，什么时候完成，包括对执行计划的检查、评比、奖惩办法及实施计划中应注意的事项。

计划事项的写作一般以每段主句为领句，一目了然，便于把握。

3. 结　尾

或提出希望和要求，或强化重点，或提出号召、鼓舞斗志。有的计划事项写完就自然结束，不一定每份计划都要有个单独的结尾。

4. 落　款

在正文右下方写上制订计划的单位和日期；如作为文件对外行文，要加盖印章。此外，有些计划还有附表、附图或说明。如有些生产计划和财务计划的指标和数字，或者科研计划的项目、成果类别、期限和完成者等，这些都可列表或制图，将之作为附件，在结尾处写明。若计划需要抄送的，也要注明。

四、计划的写作要求

（一）切合实际，留有余地

制订计划不应从抽象的原则出发，泛泛而论，而应当深入调查研究，了解党和国家的有关方针、政策，考虑现实的可能性和客观条件。一个单位提出的目标、任务和解决问题的办法等，都要在计划中得到比较切合实际的、合理的反应。制订计划一定要考虑到可能性，使计划内容具体、实在，切合当时当地的实际情况，不能一味追求高指标。如果指标定得过高，经过努力也难以实现，就会挫伤群众的积极性；如果指标定得太低，就毫无意义。总之，要考虑主、客观因素，不能满打满算、注意留有余地。

（二）明确具体，逐步完善

计划制订后不是为了应付检查，而是要执行的。所以，无论是总任务，还是具体的指标、目的、措施、步骤、时间以及负责单位或个人，都应有明确具体的规定和要求，以利于执行和检查。绝不能抽象笼统，只说些空话套话，否则难以保证任务的圆满完成。计划一旦形成，就成了行动的指南，应该严格执行，维护计划的严肃性和稳定性。尽管计划以实现的可能性和客观条件、为依据，可由于客观情况的不断变化以及人的认识能力的某种局限，仍然可能使计划执行受阻。因此，一份切合实际的计划，应当在实践中及时修改、调整，并逐步完善。

（三）重在说明，简明扼要

计划少用议论和记叙，不用描写和抒情，而重在说明，只需把必要的内容逐项写明即可。但要考虑周密，数据要准确。要考虑好结构方式，段落分明，内容安排有序。计划的文字不追求文艺性，行文要条理清楚、简明扼要、通俗易懂。

例　文

市税务部工作计划

为使财务工作更好地为统计事业的发展服务，加强财务管理，完财务制度，做到财务工作长计划、短安排，使财务工作在规范化、制度化的良好环境中更好地发挥作用，特制订本计划。

一、加强规范管理、做好日常核算

1. 根据公司核算要求和各部门的实际情况，按照会计法和企业会计制度的要求，做好财务软件的初始化工作。

2. 配合会计师事务所对公司第七年度的年终会计报表进行审计，并按有关部门的要求，完成会计报表的汇总和上报工作。

3. 配合外部审计机构对总公司上一年度财务收支情况进行审计，提高资金使用效益。

4. 配合公司领导完成各责任中心经济责任指标的预算及制订工作，并做好公司有关财务管理制度的拟稿工作，加强财务制度建设。

5. 做好日常会计核算工作。按照会计制度，分清资金渠道，认真审核每笔原始凭证，正确运用会计科目，编制会计凭证，进行记账。做到"三及时"：即及时编制有关会计报表，及时报送税务等部门；及时装订会计凭证；及时清理往来款项。出纳要严格按照现金管理办法和银行结算制度，办理现金收付和银行结算业务；及时准确登记银行、现金日记账，做到日清月结；严格支票领用手续，按规定签发现金支票和转帐支票。

6. 配合销售部了解货款回收情况，做好货款回收工作。

7. 积极筹措资金，从多方面保证公司资金运营的流畅。

8. 努力加大新业务开拓力度，实现跨越式发展2017年 财务部年度工作计划文章2017年 财务部年度工作计划出自。企业未来的发展空间将重点集中在新业务领域，务必在认识、机制、措施和组织推动等方面下真功夫，花大力气，力争在较短时间使内投资、发展新业务走在同业前面，占领市场。

9. 完成公司董事会及CEO临时交办的其他工作。

二、加强基础防范、做好安全工作

1. 货币资金安全。定期检查现金提取、送存过程中的安全问题，检查现金是否超库存存放；对有关设备的完好性进行检查，若有隐患，及时处理并向上反映；及时加以整改。

2. 票证管理安全。做好现金、收据、发票、各种有价票证的管理工作以及安全防范工作，确保不漏不遗不缺。

3. 负责防火安全。严格执行用电管理规定并保证每日下班时切断主电源；采取有效措施对办公室吸烟进行严格管理。

4. 负责防盗安全。定期检查安全措施的完好性，发现问题及时处理并向上汇报。

三、加强考核考评、提高工作质量

1. 严格遵守《会计人员职业道德》和有关规定，对违反规定的人员提出处理意见。

2. 严格进行考勤工作。严格执行上下班制度，保证每日工作的正常进行。

3. 建立和健全各项管理基础工作制度，促进企业管理整体水平提高。企业内部各项管理基础工作制度，包括：财务管理制度、财产物资管理及清查盘点制度、行政管理制度，根据各项管理制度的基础工作的要求，实行岗位责任制，规定每个员工必须做什么、什么时候做、在什么情况下应怎么做，以及什么不能做，做错了怎么办等细则。岗位责任者知晓各自承担的财务管理基础工作，要求人人遵守。通过实施上述制度，进一步提高企业管理整体水平。

4. 建立和健全自我约束的企业机制，确保企业持续、稳定、协调发展，严格审核费用开支，控制预算，加强资金日常调度与控制，落实内部各层次、各部门的资金管理责任制。避免无计划、无定额使用资金。

四、加强素质养成、推进队伍建设

随着后勤集团的不断壮大，面对日趋复杂的市场和日益加大的竞争，提高财务人员素质非常重要。

1. 认真学习会计法、企业财务管理制度、工业企业会计制度和有关的财务制度，提高会计人员的法制观念，加强会计人员的职业道德，树立牢固地依法理财的观念，做到有法必依，执法必严，违法必究，贯彻执行党的方针政策，自觉遵守法律、法规，维护财经纪律，抵制不正之风。

2. 加强业务学习，提高业务水平。定期进行业务培训，更新业务知识，扩大知识面。在掌握基础知识的同时，加强计算机知识的学习，以适应现阶段财务管理的要求。与此同时，认真学些税务、金融、等相关性知识，以拓展知识面，提高理论和实际操作水平。

3. 加强学术交流。学术交流是提高会计人员素质的重要方面。通过撰写论文，可促进理论知识，有利于总结工作中的经验，提高业务水平，还能提高写作能力和口述能力。通过对会计人员素质的培养，全面提高公司的财务管理水平，以适应新形势下对会计信息的快速、准确、真实的要求，确保公司和各部门各项工作有序运转和各项事业的发展。

二〇××年×月×日

第三节　总结和述职报告

一、总　结

（一）总结的含义和作用

总结是单位或个人对过去一个时期内的实践活动作出系统的回顾归纳、分析评价，从中得出规律性认识用以指导今后工作的事务性文书。

通过总结可以更好地推动工作前进。人们不断总结成绩与失误、经验与教训，对客观事物的认识也就越来越深刻，知识越来越广，智慧越来越高，所进行的事业才会不断发展、前进。

通过总结可以发现规律。任何一种事物都有它自身的发展、运动规律。通过在总结的过程中回顾过去所开展的工作，所碰到的问题，解决问题的方法，从而发现规律。遵循这些规律办事就能顺利达到开展工作的预期目的。

通过总结可以提高工作能力。运用所学到的知识在实际工作中处理所遇问题并不断总结经验，可以丰富专业知识，提升技能水平，工作能力得到不断提高。

通过总结可以团结群众、获取领导支持。全面深入地回顾、检查过去的工作，并实事求是地评价，能够统一认识，把群众最大限度地团结起来。同时，通过总结向领导汇报成绩、经验、问题和今后的打算等，能引起领导的重视，争取其支持和指导。

（二）总结的特点和类型

1. 总结的特点

（1）自我性。

总结是对自身社会实践进行回顾的产物,它以自身工作实践为材料,采用的是第一人称写法,其中的成绩、做法、经验、教训等,都有自指性的特征。

(2)客观性。

总结是对前段社会实践活动进行全面回顾、检查,因而要尊重客观事实,以事实为依据,所列举的事例和数据都必须完全可靠,确凿无误。不得移花接木,张冠李戴,也不允许任意虚构,主观臆造。

(3)理论性。

总结不能停留在事实的表层作一般的陈述,必须按照实践是检验真理的唯一标准的原则,正确地反映客观事物的本来面目,认真地评论得失,对事实材料进行科学分析,就事论理,从理论的高度概括经验教训,得出客观事物带规律性的结论。

(4)目的性。

成绩、经验、教训等都已成为过去,总结的根本目的在于发扬成绩,增强信心,吸取教训,做好下一段的工作。总结是指导未来,回答"怎么做"的问题,体现了目的性。

2. 总结的类型

根据不同的分类标准,可将总结分为许多不同的类型。

按范围分,有班组总结、单位总结、行业总结、地区总结等,当然也有个人总结;按性质分,有工作总结、教学总结、学习总结、科研总结、思想总结、项目总结等;按时间分,有月份总结、季度总结、半年总结、年度总结、一年以上的时期总结等;按表现形式分,有全面总结、专题总结。

(1)全面总结。

或称综合总结,是对一单位、一部门工作进行的全面性总结,它要展现该单位、该部门一定时期工作的全貌。其包括的内容比较广泛,既要反映工作的概况和取得的成绩,存在的问题、缺点,也要写经验教训和今后如何改进的意见等。写作时不能面面俱到,而要有所选择,点面结合,突出主要工作和重要经验。

(2)专题总结。

或称专题经验总结,是对一定时期的某项工作或某一方面的问题进行的专门性总结。这类总结往往偏重于总结某一方面的成绩、经验,其他方面则可少写或不写。

上述分类不是绝对的,相互之间可以相容、交叉。区分总结的种类,目的在于明确重心、把握界限、为构思写作提供方便。如《×××大学×××年度工作总结》,按性质讲是工作总结,按范围讲是单位总结,按时间讲是年度总结,按形式讲是全面总结。同时,大学的工作总结必定涉及教学和科研,那么它也包容了教学总结和科研总结的成分。因此,应灵活掌握总结的分类,不必过于拘泥。

3. 总结的一般写作格式

常见的总结结构形式如下:

(1)标题。

一般包含单位名称、时限和文种,如"××单位×××年度工作总结"。这是"完整式"标题。有时只有内容概括和文种,如《创先争优活动总结》,或是在内容概括、文种前写明单位的名称,如《××市税务局工作总结》。文种亦可写成"经验""教训""体会"等,如《××厂关于5·28爆炸事故的教训》。另一种是只有内容的概括,如《建设企业文化是加强企业思想精神文明工作的必由之路》。

总结的标题方式可以采用单题标示法，也可以采用正、副标题结合标示法。如《加速技术改造，完善宏观调控——正确处理技术改造中的七个关系》。

（2）署名。

以主要负责人的名义所做的总结，署名在标题下；以单位或党政机关名义总结或发表的，署名可在标题下也可在文末。

（3）正文。

正文一般含如下几方面的内容：

① 基本情况概述。简明扼要地说明总结所涉及的时间、背景、任务、效果等，目的在于给人以总体印象，领起下文。

② 主要的成绩、收获，并引出经验。成绩、收获的说明是基础，经验的总结是重心。因为抓住了基本经验，总结就有了主题。这一部分只有在全面性总结里才单独列项，而在专题性经验总结中，它被融合到经验的条项之内。

③ 存在的问题与不足，并从中找出教训。这一部分在全面性的总结里才有。

④ 论述经验体会。这一部分是总结的核心。从成绩取得的过程中找到规律性的东西是写好总结的关键。要写好这部分的内容，一定要注意点面结合，详略结合，叙议结合，而且叙议得当。

正文部分常见的写法有三种：

第一，纵式结构法。就是按照事物或实践活动的过程安排内容。写作时，把总结所包括的时间划分为几个阶段，按时间顺序分别叙述每个阶段的成绩、做法、经验、体会。

第二，横式结构法。按事实性质和规律的不同分门别类地依次展开内容，使各层之间呈现相互并列的态势。

第三，纵横式结构法。安排内容时，即考虑到时间的先后顺序，体现事物的发展过程，又注意内容的逻辑联系，从几个方面总结出经验教训。这种写法，多数是先采用纵式结构，写事物发展的各个阶段的情况或问题，然后用横式结构总结经验或教训。

总结的结构形式有贯通式、小标题式、序数式三种情况。

贯通式是围绕中心，先叙述情况，后写体会和经验教训，全文之中不用外部标志来显示层次。适用于篇幅短小、内容单纯的总结。

小标题式将主体部分分为若干层次，每层加一个概括核心内容的小标题，重心突出，条理清楚。

序数式也将主体分为若干层次，各层用"一、二、三……"的序号排列，层次一目了然。

4. 总结的写作要求

（1）实事求是。

一切从实际出发，这是总结写作的基本原则。总结中的材料真实，在此基础上的成绩、经验、教训才真实，得出的结论才可靠，归纳的规律性东西才可信。在总结写作实践中，夸大成绩、文过饰非、弄虚作假、浮夸邀功的坏作风，对单位、对国家、对事业、对个人都没有任何益处，必须坚决防止。

（2）突出重点。

总结切忌"流水账"，事无巨细，面面俱到，胡子眉毛一把抓。而应突出重点及核心，详细、具体地写那些既能显示本单位、本地区特点，又有一定普遍性的材料，并找出工作中带有规律性的东西，具有指导性的经验，以指导今后的工作。

（3）追求个性。

总结最忌千篇一律，千文一调，老生常谈。总结的个性与新意是并行不悖的，因此必须深入调查、抓住真实典型材料，用正确理论去分析，写出独到之处，特别是要体现解决问题的新做法、新见解、新经验，在把握总结共性的基础上，写出个性和新意，而不是标新立异。

例　文

实验室建设工作总结

随着全国高校定位与发展研究不断深入，加强学科建设与实验室建设工作成为我校工作的重中之重，在两者相辅相成并不断协调发展与完善进程中，我校"学科建设与实验设备处"应运而生，标志着我校在学科建设与实验室建设方面创立了一个新的起点，有力地促进了我校各学科协调发展、实验建设的各项工作顺利开展，并开启了学科建设、实验室建设的新格局。学科建设与实验设备从4月份才正式开展工作，两个月来全面展开了系列工作，现总结如下：

一、工作交接，职能明确

自学科建设与实验设备处3月份成立以来，很快完成了工作交接，制定了"务实、敬业、高效、优质"的工作方针。根据学校职能的划分，落实了有关岗位职责，虽然在编人员仅3人（其中返聘人员1人），所有人员签订了工作承诺书。4月16日，设备处办公室迁至天朗气清三楼，迅速全面展开了各项工作。在工作中，该处工作人员加强了与计财处、审计处、监察处、教务处、研究生处、国资处等部门的工作交流与合作，将实际调研与创新发展有机结合。

二、了解现状，着眼全局

结合我校"××年校经费开支计划"，深入到生科学院、化学学院、资环学院、计科学院、文学院、草堂校区等各部门实验室进行实地调研，通过与学院实验室负责人、实验室工作人员的进一步交流，初步了解各学院实验室基本现状与仪器设备使用情况，与各学院深入交换意见，并努力解决一些实际问题，受到各单位的好评。在各学院实验室建设规划方面，提出了"教学必需、基础优先、全局协调、联合共享、量化目标、重点建设"的规划思路，在实验室具体建设方面，提出"学科—设备—队伍—目标—管理"各环节紧密相扣的系统性建设思路，得到了各学院领导的共识。通过实际调研，初步了解了我校实验室现状，完成了"关于实验室现状初步调研的报告"，为进一步规范实验室建设、促进学科发展打下了坚实的基础。

三、深入实际，积极应对

面对各教学单位的教学科研设备的不同需求，在经过充分的实际调研后，对于日常教学必需设备，积极开展有关工作，追求效率与质量。在学校领导及相关部门的关心配合下，设备处仅用了1个半月的时间，就完成了由政府需多半年才能完成的一批电脑采购工作，快速建立了崭新的"图书馆电子阅览室"。由于西部信息建设网计划合同的多种约束，使得我校一批网络服务器设备不能如愿采购，经多方洽谈，节省经费近4万元，迅速完成该项工作。另外，资环学院学生实习所急需的水准仪，经部门人员的加班加点不懈努力，迅速、及时地将其从上海运回，保证了实习的顺利进行，并为我校节省了设备经费两万余元。突出了"高效、优质"的工作理念。

四、网络管理，突出高效

在部门经费和人员条件极其紧张的情况下，学科建设与实验设备处克服一切困难创建了自己的网站，搭建了网络管理软硬件平台，部分仪器设备及管理功能初步实现网络管理。同时，该部门积极申报了题为"实验室仪器设备网络管理与效益评估体系"省级教改项目，推进实验室仪器网络化管理，进一步提高管理效率。

五、借鉴学习，加强合作

学科建设与实验设备处已同四川大学、电子科技大学、浙江师范大学、西南民族学院、成都理工大学、成都信息工程学院等多所高校在学科建设与实验室管理方面建立了友好合作关系。在实验设备管理，评估等方面借鉴了兄弟院校成功经验，为推进我校实验设备管理的信息化、数字网络化方面做了大量的工作。

由于我处人员配备不齐，在学科建设工作方面开展甚少。3月下旬，在昆明参加了"全国高校定位与发展研讨会"，了解了全国高校发展形式，结合我校特色，展开了调研工作。对怎样进行我校学科发展和规划工作，有了初步的思路。在校内，积极协助学校有关部门做好申报博士、硕士点工作；在校外，为学科发展牵线搭桥，引入四川聚龙软件外包装公司同计算机学院联合专业建设，引入四川日报网络传媒发展有限公司同我校省级计算机软件重点实验室技术合作，意向性签订了共同发展计划，加强了我校重点实验室对外开放和相关学科的发展。

六、面临困难，迎接挑战

学科建设与实验设备处是负责协调学校的学科发展规划和实验室建设规划，负责全校教学科研实验仪器设备、材料的采购、验收、评估、维护等实验室建设工作，并协调管理各学科、各级实验室工作的职能部门。以"务实、敬业、高效、优质"的工作作风，不断创新，追求卓越的服务精神，竭诚为各院系、研究所创造良好的实验室建设环境，全面推动学科发展，是学科建设与实验设备处的最终目标。要完成这一重要的职能，学科建设与实验设备处面临着人员少、业务经费严重不足的困难，学科建设与实验设备处将保持良好的开端，在学校领导的大力支持及相关部门的密切配合，有信心、有决心完成学校委托的各项任务。我们诚请全校师生员工提出宝贵意见和建议，共同开创我校学科建设与实验室建设新局面。

201×年12月25日

二、述职报告

（一）述职报告的含义及分类

述职报告是指各级各类机关工作人员，主要是领导干部向上级、主管部门和下属群众陈自己任职一定时期内的工作情况的自我评述性报告。

述职报告的种类很多，从时间上分有任期述职报告、年度述职报告、临时述职报告；从范围上分有个人述职报告、集体述职报告；从内容上分则有专题（单项）述职报告、综合述职报告。

（二）述职报告的写作格式

述职报告没有固定的写作模式，根据不同类型和主旨，可灵活安排结构。一般由标题、抬头、正文、落款四部分组成。

1. 标　题

述职报告的标题，常见的写法有三种：只写《述职报告》；姓名+时限+事由+文种，如《××20××至20××试聘期述职报告》；正题或正副题配合，如《××年述职报告》《思想政治工作要结合经济工作一起抓——×××造纸厂厂长王××的述职报告》。

2. 称　呼

写主送单位名称"如×××党委""×××组织部"或"×××人事处"等；口述报告的称呼，写对听者的称谓如"各位代表""各位委员""各位同志"，或"各位领导，同志们"。

3. 正　文

依据报告的场合和对象而定，一般采用总结式写法，由开头、主体、结尾三部分组成。

（1）开头，又叫引语，用最精练的文字，概括地介绍履行职责的基本情况，包括何时任何职，变动情况及背景；岗位职责和考核期内的目标任务情况及个人认识；对自己工作尽职的整体估价，确定述职范围和基调。

（2）主体，是述职报告的中心内容，主要写实绩、做法、经验、体会或教训、问题，要写好以下几个方面：

对党和国家的路线方针政策、法纪和指示的贯彻执行情况；对上级交办事项的完成情况；对分管工作任务完成的情况；在工作中出了哪些主意，采取了哪些措施，作出哪些决策，解决了哪些实际问题，纠正了哪些偏差，做了哪些实际工作，取得了哪些业绩；个人的思想作风、职业道德、廉洁从政和关心群众等情况；写出存在的主要问题，并分析问题产生的原因，提出今后改进的意见和措施。这部分，要写得具体、充实、有理有据、条理清楚。由于这部分内容涉及面广，量多，所以宜分条列项写出。"条""项"要注意内在逻辑关系安排好。

（3）结尾，一般写结束语。用"以上报告，请审阅""以上报告，请审查""特此报告，请审查""以上报告，请领导、同志们批评指正"等作结。

4. 落　款

写上述职人姓名和述职日期或成文日期。署名可放在标题之下，也可以放文尾。

个人述职报告和工作总结的区别：

述职报告以报告履行职责情况、报告德才能绩为主，重点在于展示履行职责的思路、过程和能力，重点和范围有确定性，仅限于职责的范围之内，围绕职责这个基点精选材料，职责范围外的概不涉及。而工作总结就是把一个时间段的工作进行一次全面系统的总检查、总评价、总分析、总研究，分析成绩、不足、经验等。总结是对已经做过的工作进行理性的思考。总结与计划是相辅相成的，要以工作计划为依据。总结一般以归纳工作事实、汇总工作成果为主。重点在于阐述主要工作，取得的成绩都可以归纳在总结之中。

写作述职报告要以事实和材料为依据，实事求是，严肃认真，客观公正，理直气壮摆成绩，诚恳大胆讲失误。要抓精华，找典型，点面结合，凡重点工作，经验，体会或问题等，一定要有理有据，充实具体，而对一般性、事务性工作，宜概括说明，不必面面俱到，抓住重点，既要突出政绩，又要评价正确、适当；缺点和不足之处也要如实陈述。

例　文

述职报告

各位领导、职工代表同志们：

我于××××年××月份到××公司参加工作，今年主要负责公司的对外合作及全区经营工作的资费管理与策划工作。一年来，由于有上级领导的正确指导和帮助，有全部职工的大力支持，再加上自己的不断努力，工作上取得了一定的成绩。对外合作工作成绩明显，邮政合作进一步扩大，全年完成邮政发展任务占公司总发展任务的50%以上；新兴业务发展迅速，管理正规，发展××用户33100户，网上通话用户比例超过70%，在省××任务发展中进入前三名。

在工作中我能够忠实履行职责，不断自查、反省自己，不断开拓进取，全身心地投入到工作实践中。我从三个方面述职如下：

一、以提高自身素质为突破口，在不断的学习中掌握干好工作的基本技能和知识

近一年来，我经常把自己放在公司建设的总体框架中来反思自己，审视自己，看自身能力和素质的提高幅度，能不能适应公司发展的需要、能不能适应形势任务的需要，能不能适应完成正常工作的需要。经常告诫自己，要在公司立得住脚，不辜负领导的期望，自身素质的强弱是关键，自己毕竟是才来公司几年的大学生，从哪个角度讲都还是处在起步阶段，必须在工作中不断地提高自己。

回顾近一年来的情况，为了提高自身能力素质，上让领导放心，下让顾客满意，我系统的学习了"管理学""客户关系学""客户心理学""移动通信基本知识"等学习书目，全面提高自己，力争在语言表达的能力上有突破，在协调关系的能力上有突破，在组织管理的能力上有突破，在完成工作的标准上有突破。通过学习，感到既开阔了眼界，又丰富了头脑，既学到了知识，更看到了差距。在不断的学习中提高了自己的能力素质，增强了干好本职工作的本领。

二、以提高工作效率为根本，在坚持原则的基础上保证完成工作的标准和质量

一年来，由于工作环境变化较大，迎来送往的工作比较多，需要协调、联系的工作也相应增多，在工作中，我注意总结摸索工作规律，注意与公司其他部门建立比较融洽的关系，以便于开展工作。作为公司的综合职能部门，我注意随时掌握各部门的工作动向，掌握各个县市的工作情况，做到随时有事能够随时处理。作为市场综合部的经理，对外合作工作的主管，接触的人和事比较杂，想要利用个人关系来办违反政策、违反规定的人也比

较多，但我认为，要想顺利完成工作，提高工作效率，就必须坚持原则，公司的各项规定要坚决遵守，违背政策的事坚持不做。只有做到这一点，才能称得上是为公司负责，为部门负责，更是为自己负责，一年来，也有不少亲属、朋友想通过我为个人办理规定以外的业务关系，我都能坚持原则，予以拒绝，做到了坚持原则、秉公办事，不让亲情、感情、人情渗透工作，干扰原则，虽然这在一定程度上伤害了个人感情，影响了个人关系，但却坚持了正常的工作程序，保证了工作正常开展，减少了不必要的阻力和压力，工作效率也相应提高。

三、以强化服务质量为目标，在不断更新服务手段中巩固老客户，吸纳新客源

这一年中，由于××、××等公司加大了竞争力度，在巩固老客户，吸纳新客户方面，公司面临着巨大的挑战，为了保证公司各项业务的不断发展，在巩固中有所提高，有所进步，我注意研究市场动向，及时向公司提出合理化建议，通过不断改进、更新服务手段来巩固公司客户群体。如针对消费群体的不同，建议公司采取重点攻击的手段，加强了对××市的业务服务，效益额明显提高。

为进一步吸纳新的客户群体，针对市区学校较多，生源较广的情况，建议推出了××卡，降低××费，收到了较好的效果。在受领了省××发展用户指标后，我们采取主动出击、宣传造势的方法，超额完成了指标任务，在全省××任务发展中排在了前列。此外，结合多年从事服务工作的实际，年初以来，我强调本部门在开展工作中要"动真情，讲实理，办实事"，坚持用"真心""爱心"和"恒心"来做好广大客户的服务工作，为客户进行亲情服务。一年来，我们综合部做到了热情接待、细心答询、主动服务、全程跟踪，在客户心目中留下了周到、热情的好印象，也为公司在外树立了良好的形象。

谢谢大家！

×××
二〇一×年×月×日

第四节　书　信

一、介绍信、证明信

（一）介绍信

介绍信是用来介绍联系接洽事宜的一种应用文体。它具有介绍、证明的双重作用。

介绍信主要有两种形式，普通介绍信和专用介绍信（印刷式）。

介绍信写作的格式：

普通介绍信一般不带存根，正中写"介绍信"。内容包括：称呼、正文、结尾、署名和日期，并注上介绍信使用的有效日期。

专用介绍信共有两联，一联是存根，另一联是介绍信的本文。两联正中有间缝，同时编有号码。

例　文

普通介绍信

××××：
　　兹介绍我公司×××、×××等人，前往贵处联系××××××事宜，请接洽。

　　此致
敬礼
　　有效期（　　）天

　　　　　　　　　　　　　　　　　　　××××公司（盖章）
　　　　　　　　　　　　　　　　　　　　　年　月　日

（二）证明信

　　证明信也直接称为证明，是证明某人身份、经历等情况以及证明某个事件原委、真相的专用书信。
　　证明信一般具有凭证的作用。
　　证明信写作格式：
　　证明信一般由标题、称呼、正文、结尾、落款等几部分组成。
　　若需要，在证明信左下方末尾处注明有效期限。

例　文

证　明　信

　　兹证明×××从××××年×月×日至同年×月×日在我单位××岗位实习。实习考核为优秀。

　　特此证明。

　　　　　　　　　　　　　　　　　　　××××公司（印章）
　　　　　　　　　　　　　　　　　　　××××年×月×日

二、慰问信、感谢信

（一）慰问信

　　慰问信是表示向对方关怀、鼓励、慰问的信函。它是机关、团体或个人，在他人处于特殊的情况下（如战争、自然灾害、事故），或在节假日，向对方表示问候、关心的应用文。慰问信包括两种：一种是表示同情安慰；另一种是在节日表示问候。

慰问信一般由标题、称呼、正文、结尾、落款等几部分组成。

1. 标 题

可以直接用"慰问信"三字作为标题，也可以用"单位＋事由＋文种"的全标题，如《中华全国总工会给春节期间坚持战斗在生产第一线的劳动者的慰问信》。

2. 称 呼

若是单位，称呼一般要用规范化的全称，人名不能用小名或昵称。

3. 正 文

先简要说明写慰问信的背景、原因，或是因为对方在工作中取得了成绩，或是因为对方遭到了暂时的困难和挫折。其次叙述对方的模范事迹或遇到的困难时表现出来的高尚品质，并向对方表示慰问或向他们学习。

4. 结 尾

写一些鼓励和祝愿的话，也可表达敬意，如"此致""敬礼"。

5. 落 款

在右下方注明写作单位的全称或个人的姓名及年、月、日，并盖上公章。

写慰问信要根据所慰问的不同对象，确定信的内容。对在社会建设中有贡献的集体和个人，应侧重于赞颂他们的巨大成绩；对遭到暂时困难的集体和个人，则应侧重于向他们表示关怀，鼓励和支持他们战胜困难。语言要亲切、生动，字里行间要洋溢深厚的感情。

例 文

教师节慰问信

尊敬的全州广大教师和教育工作者：

金风送爽，丹桂飘香。在第××个教师节到来之际，州委、州政府谨向辛勤工作在我州教育战线上的广大教师和教育工作者致以节日的祝贺和亲切的慰问！向所有关心、支持我州教育事业改革和发展的社会各界人士表示衷心的感谢！

近年来，全州广大教师和教育工作者认真贯彻党的教育方针和州委、州政府关于加快教育改革发展的决策部署，爱岗敬业、无私奉献，呕心沥血、辛勤耕耘，开拓进取、倾心育人，努力办人民满意教育，取得了可喜成就。学前教育快速推进，义务教育成果巩固提升，高中阶段教育和职业技术教育突破性发展，教育质量稳步提高，教育事业为全州经济发展、社会进步和民生改善作出了重要贡献。州委、州政府感谢你们！全州人民感谢你们！

百年大计，教育为本。恩施州站在一个新的历史起点，正面临一系列重大发展机遇。大力实施"三州"战略、推进绿色繁荣，加快湖北武陵山少数民族经济社会发展试验区建设，推动全州跨越式发展，早日建成全国先进自治州，迫切需要教育事业在新的起点上更快发展，不断增强教育对经济社会发展的支撑作用；迫切需要不断扩大优质教育资源，办好每一所学校，教好每一名学生，满足人民群众接受更多更好教育的新期待；迫切需要造就一支师德高尚、业务精湛、结构合理、充满活力的教师队伍，为培养高素质人才提供坚强保证。

教育振兴，全民有责。全州各级各有关部门要切实增强责任感和紧迫感，以贯彻落实全州教育工作会议精神为契机，坚持以科学发展观为统领，牢牢把握"优先发展、育人为本、改革创新、促进公平、提高质量、服务社会"的工作方针，把教育摆在优先发展的战略地位，加快教育改革，加大教育投入，努力改善办学条件，维护教师权益，改善教师待遇，不断提高办学质量和水平。社会各界要一如既往地关心教育、支持教育，真心实意为教育办实事、做好事，在全社会形成尊师重教的良好风尚。

教育大计，教师为本。州委、州政府真诚希望全州广大教师和教育工作者围绕培养全面发展的中国特色社会主义建设者和接班人，继续发扬爱岗敬业、为人师表、淡泊名利、严谨笃学、与时俱进的优良作风，忠实履行好教书育人的重要职责，以高尚的人格感染学生，以丰富的学识教导学生，以博大的胸怀关爱学生，努力成为学生健康成长的引路人，做人民满意的人类灵魂工程师，为促进全州教育事业全面进步，推动我州科发展、跨越式发展作出新的更大贡献。

祝全州广大教师和教育工作者节日愉快、工作顺利、身体健康、阖家幸福！

中共恩施自治州委
恩施自治州人民政府
20××年9月9日

（二）感谢信

感谢信是向帮助、关心和支持过自己的集体或个人表示感谢的专用书信。有感谢和表扬双重意思。写感谢信既要表达出真切的谢意，又要起到表扬先进，弘扬正气的作用。它广泛应用于个人与个人之间、个人与组织之间、组织与组织之间，用以向给予自己帮助、关心和支持的对方表示感谢。

感谢信通常由标题、称呼、问候、正文、结语和落款五部分构成。

1. 标　题

有单独由文种名称组成的"感谢信"，有由感谢对象和文种名称共同组成的"致×××的感谢信"；有由感谢双方和文种名称组成的"××街道致××剧院的感谢信"。

2. 称呼和问候

开头顶格写被感谢的机关、单位、团体或个人的名称或姓名，并在个人姓名后面附上"同志"、"先生"或职务等，然后再加上冒号。问候语与一般书信相同。

3. 正　文

从称呼下面一行空两格开始写，要求写上感谢的内容和感谢的心情。应分段写出以下几个方面：

（1）感谢的事由：概括叙述感谢的理由，表达谢意。

（2）对方的事迹：具体叙述对方的先进事迹，叙述时务必交代清楚人物、事件、时间、地点、原因和结果，尤其重点叙述关键时刻对方给予的关心和支持。

（3）揭示意义在叙述事实的基础上指出对方的支持和帮助对整个事情成功的重要性以及体现出的可贵精神。同时表示向对方学习的态度和决心。

（4）结语。收束时表示敬意的话、感谢的话。如"此致敬礼""致以最诚挚的敬礼"等。

（5）落款。署上写信的单位名称或个人姓名，并且署上成文日期。

写作感谢信的注意事项：

（1）内容要真实，评誉要恰当。感谢信的内容必须真实，确有其事，不可夸大溢美。感谢信以感谢为主，兼有表扬，所以表达谢意时要真诚，说到做到。评誉对方时要恰当，不能过于拔高，以免给人一种失真的印象。

（2）用语要适度，叙事要精练。感谢信的内容以主要事迹为主，详略得当，篇幅不能太长，所谓话不在多，点到为止。感谢信的用语要求是精炼、简洁，遣词造句要把握好一个度，开头的称呼、文中的用词、结尾的敬语都要符合双方的身份和社会交往中的习惯，不可过分雕饰。

例 文

感 谢 信

尊敬的××人民医院各位领导、老师：

你们好！

时光荏苒，岁月如梭。为期九个月的实习生活转瞬即逝，在此我们谨向各位领导、老师表示衷心的感谢并致以崇高的敬意！

参加实习是我们从学校踏入社会的第一步。回忆着实习期间的点点滴滴，心里充满了感激和快乐！

××人民医院是一所综合性的三级甲等医院，医务人员拥有雄厚的医学知识，娴熟的技术和丰富的临床经验，还有一批医学道德高尚的师资队伍。在九个月的实习中，在老师们的悉心关怀、孜孜不倦的教诲下，我们学到了很多基本知识与技术操作，理论与临床相结合，为我们将来的行医之路奠定了基础。从学生到医生的角色转变是我们的必经之路，是你们挽着我们在通往医学殿堂的道路上迈了至关重要的一步，是你们给我们提供锻炼的机会，让我们一步步成长，是你们无私地传授毕生的知识与宝贵的经验，让我们少走弯路，也是你们，无论是工作，还是生活，都无微不至地关怀我们，让我们明白了医生精神的真谛，感受到家的温暖。无法忘记，报到的那日李主任在风雨中等待无知又兴奋的我们，并亲自在雨幕中将我们送到宿舍，那亲切的眼神，温和的话语悄悄地抚平了我们那颗担忧躁动的心；无法忘记，第一次进科室，老师手把手地从认识用物到教我们能熟练地完成每一项操作；无法忘记，感冒生病时老师那关怀急切的眼神，更无法忘记老师们一次次谆谆的教诲于经验的传授；无法忘记从端正工作态度到培养优良的工作习惯，从理论知识传授到具体业务讲解，从阶段工作总结到实习报告撰写，耐心指导，悉心教诲，解答各种困惑与疑问；无法忘记……太多太多的感激之情无法在笔尖一一倾泻，但我们将永生铭记。你们的身体力行给我们树立了一种工作学习和为人处世的典范。也正是这种典范力量使我们学生在实习期间能以积极的心态面对工作,在细小的工作中锻炼能力、培养耐心、提高效率。

贵院全体医务工作者刻苦的工作作风,精湛的技术,崇高的敬业精神,优质的服务态度,严谨的教学风格与博大的爱生情怀将是我们永远的学习楷模。我们一定以你们为榜样,把学到的专业知识报效社会。对单位的领导、老师们给予我们实习队的提供的一切,我们再次表示真挚的感谢与敬意。

最后真心地祝福领导和老师们身体健康,家庭幸福。也祝贵院的医疗事业蒸蒸日上,再创佳绩!

此致

敬礼!

××医学院××××专业全体实习生
××××年×月×日

三、申请书、决心书

(一)申请书

申请书是个人或集体向组织、机关、企事业单位或社会团体表述愿望、提出请求时使用的一种文书。

申请书通常包括标题、称呼、正文、落款几部分。写作时,一般直接用"申请书"作为标题,有的还可以事由在前,如"调换工作申请书"等;在第二行顶格写上接受申请书的部门、组织的名称或有关负责人的姓名;正文是申请书的主体,首先提出要求,其次说明理由。理由要写得客观、充分,事项要写得清楚、简洁、重点突出;结尾一般写表示致敬或要求的惯用语,如"特此申请""恳请领导帮助解决""希望领导研究批准"等,也可用"此致""敬礼"礼貌用语;最后在申请书右下方写上申请人或申请单位的名称,并署日期。

例 文

特困生申请书

尊敬的校领导:

我叫×××,是计算机系2011级软件开发专业学生。我出生在一个贫穷而又落后的小村,家中有6人,爷爷、奶奶、爸爸、妈妈、妹妹和我。爷爷、奶奶年老在家,妹妹在县城读高中,爸爸妈妈在家务农,且妈妈体弱多病,全家的开支主要靠农作物。由于家乡田少人多,加上去年又遇洪水,农作物歉收,全家人均收入不足×××元。当我收到×××大学的录取通知书时,全家人都很高兴。但是对于一个普通的农村家庭来说,上大学的费用真是一个天文数字。为此家中面临着巨大的压力,无法拿出足够的钱来供我上大学,可是我又不愿因为贫困而丧失上大学的机会,我深知学习的目的是为了将来可以对国家和社会贡献出自己的一份力量。这种深深扎根在心中的观念使我力争成为一名全面发展的学生。所以我一定要完成我的学业。故向学校证实我的家庭情况,定于特困生类型,以便我能在校获得各种补助,帮助我顺利完成学业。

特此申请

附村委会证明

申请人：×××

××××年×月×日

（来源：http://www.66law.cn/topics/pkszxsq，有删改）

（二）决心书

决心书是个人、集体、单位为响应上级号召而表示决心所用的文书。一般都是个人对组织和领导、下级对上级表达决心而用的。

决心书一般由标题、称呼、正文、结尾和落款构成，写作时，称呼写接受决心书的单位全称或单位的负责人，如果决心书是面对广大群众，称呼也可以不写。正文一般分两段。第一段说明提出决心的原因和目的，第二段具体说明决心做到的事项，及完成任务和做好事情的措施或办法。这一部分可以用条款的形式写，内容务必做到切实可行，同时决心内容要具体实在，不说大话，哗众取宠，以便于今后的执行，同时情绪要饱满，显示出必胜的信心；结尾一般简单表明自己的态度，也可不写；落款与书信的写法基本相同。

例 文

安全月安全生产决心书

第十×个全国"安全生产月"活动即将开始，我们要时时刻刻、事事处处牢记"以人为本、安全生产"的活动主题，划安全之桨，驾平安之舟。为此，我们决心努力做到以下几点：

一、突出一个"全"字，也就是要全员参与。安全生产，人人有责；一人违章，众人遭殃。要把安全生产转化为员工共同的理想，让员工知道我们不仅要确保自身的平安，还要确保大家的平安，确保××的平安。从我做起，从小事做起，突出团队意识，树立全局观念，形成齐抓共管的安全管理模式。

二、坚持一个"强"字，也就是安全意识要强。要充分利用晨会、车间横幅、黑板报等形式，积极参与安全培训、知识竞赛、消防演习、观看电影等活动，增强员工的安全意识，时时处处绷紧安全这根弦。

三、立足一个"防"字，也就做好预防工作。安全生产，重在预防。通过电气线路、机械设备、消防设施的检修和维护，重点加强老化、走字班组的用电安全及拼打、装配班组的设备和工具操作使用安全，加强包装组仓库的消防安全管理，将安全隐患消灭于萌芽状态，防患于未然。

四、狠抓一个"严"字，也就是执行制度要严、检查要严、整改要严。结合"安全生产十不准"，严格贯彻执行生产安全、消防安全、交通安全等规章制度，坚决杜绝各类违规行为。组织不定期的安全检查，做到严格、全面、彻底，对违规、违纪行为严厉处罚，并对管理上的薄弱环节和安全事故隐患，明确责任、明确要求、明确时间，决不让安全检查流于形式。

五、强调一个"实"字，也就是将"安全月"的各项活动落到实处。我们生产一中心全体员工不仅要在思想上高度重视，做到警钟长鸣，更要在行动上积极务实，做到防微杜渐。反违章，除隐患，保安全，促生产，不搞形式主义，不搞"走过场、一阵风"，真诚对待，真心去做，确保本企业平安发展。

愚者用鲜血换来教训，智者用教训避免事故。安全生产无小事，我们决心遵守技术规范、操作规程，正确使用劳保用品，从身边的点点滴滴做起，让安全创造财富，让安全之花盛开在生产线的每个角落。

××××全体员工
××××年×月×日

四、求职信

求职信是一种自我推荐的信件，目的是让对方了解自己、相信自己、录用自己。

（一）写作格式

（1）标题、称呼和问候。通常直书"求职信"三个字；称呼顶格书写，一般可泛称"领导同志"或"×××先生"，对特定的对象，如老者、有特殊声誉的可加"尊敬的"之类的词，求职信不同于一般私人书信，受信人未曾见过面，称谓要恰当，郑重其事；根据称呼选用问候语。

（2）正文。这是求职信的中心部分，其形式多种多样，一般要求说明求职信息的来源，应聘岗位，本人基本情况，工作成绩等内容。

第一，简要介绍求职者的自然情况，如姓名、年龄、性别等。接着要写清楚拟求的工作。目的要明确、具体。这段是正文的开端，介绍有关情况要简明扼要，对所求的工作，态度要明朗。而且要吸引受信者有兴趣将你的信读下去，因此开头要有吸引力。有些求职信，说了许多，但自己是男是女都未介绍，未免给人以粗枝大叶之感。

第二，展示自己的才能和特长，这是求职的关键。自己的专业、学习成绩、工作能力、社交能力、业余爱好与专长、曾获得的各种奖励与荣誉、受过何种专业培训，自学过什么技能，有何特长等，都应具体介绍，并通过具体事例或数字加以说明。因为这些恰恰是用人单位最为关心的。要着重介绍自己应聘的有利条件，要特别突出自己的优势和"闪光点"，力求写出自我特色，以使对方信服。这段文字要有说服力。要给受信者留下深刻印象，进而相信求职者有能力胜任此项工作。

第三，提出希望和要求。向受信者提出希望和要求。如："希望您能为我安排一个与您见面的机会"或"非常希望能到贵公司任职，请您惠予考虑"或"渴望领导能给我一个在贵厂发展的机会"或"盼望您的答复"或"敬候佳音"之类的语言。要适可而止，不要啰唆，勿苛求对方。有些人写求职信，一式多份，广为复印，到处投递，信中只介绍自己的情况，对对方是否录用，似乎不抱什么希望，似乎也不太关心。这种"广种薄收"的做法，往往很难收到好的效果。

（3）结束语、落款及附件。一般以希望对方给予答复，并盼望能有机会参加面试及简短的表示敬意、祝愿之类的祝词作结。如"祝贵公司兴旺发达"、"顺候安康"、"深表谢意"等，也可以用"此致敬礼"之类的通用词。落款与一般书信相同，姓名前面不必加任何谦称的限定语，以免有阿谀之感，或让对方轻看你的能力。在信的结尾处注明附件。如"附件 1. 获奖复印件5份；2. 英语四级证书复印件1份"。附件的复印件单独订在一起。附件不需太多，但必须有分量，足以证明你的才华和能力。

（三）写作注意事项

求职信除了要观点鲜明、内容充实、结构严谨、语言通顺之外，还要求作者注意以下几点：

第一，广泛收集招聘信息，从中选取适合自己的专业和感兴趣的职业。可以同时多选几个自己喜欢的单位，多方发信，以创造多个择业机会。但发出的求职信，要根据职业、单位的性质不同而拟定信的内容。要主动地去找机会，"求"发展，勇于表现自我，展露自己的才华，赢得人家的接纳。

第二，有的放矢推销自己。自我介绍中，对于与应聘岗位有关系的工作经历和资历等要系统翔实地具体说明，关系不大的则可一笔带过。如，应聘秘书，就应详细介绍身材、容貌、性格、口才、交际能力、应变本领及有关业绩等，而如果竞聘电脑维修师，上述这些介绍则关系不大，但电脑专业知识水平、操作经历和维修业绩却不可忽视。

第三，介绍的情况务必真实，不能夸大其词。诚实是为人之本，每个用人单位都喜欢诚实的人，而不喜欢夸夸其谈、言过其实的人。写求职信，一定要实事求是，不能为达到被聘用的目的而采取欺骗手段。

第四，沟通感情。要想使求职信打动招聘者，感情沟通是不可忽视的重要方面。应在自荐信中对招聘单位予以中肯的评价和恰如其分的称赞，赞扬其精神、魄力和见识，赞扬其奉献品格和美好未来……这样，就把你与用人单位在感情上的距离大大拉近了。当然，这需要你对招聘单位做充分的调查研究，否则，很难有好效果。

第五，态度端正，认识明确。求职信写作还要体现出求职者较高的思想境界和对工作的明确认识。虽然不必在求职信中长篇累牍地论述某一职业的意义、作用和求职者的思想觉悟，但是，对所应聘的岗位没有认识，或只为了"挣钱多""待遇好""轻闲自在""能出国"……这样是不能被聘用的。任何一个招聘者，都希望任用思想境界高，对工作有明确认识，愿意竭诚为单位效力，具有奉献精神的人。

第六，措辞要讲究分寸，语气要自信而不浮躁，要给人一种实力感；谦虚而不妄自菲薄，给人一种稳重感。过分自信，目空一切，会使受信者对你不信任、甚至反感，而一味地谦逊则可能使对方怀疑你的能力。

第七，行文要简洁、通俗、长短适宜，标点符号要准确无误。求职信如果写得太短，一来难以介绍清楚自己，难以表达自己的认识和感情，二来显得不够认真，不够郑重。但写得太长，又会耽误对方的时间，使人望而生厌，看而腻烦。因此，求职信要言简意赅，文约事丰，长短适宜，以千字左右为好。整个信的行文要给人一种干净、利落之感。标点符号虽小却也反映出一个人的语文水平和修养，所以有一处标点符号用错或用之不当，都可能会降低用人单位对你的信任。

五、聘　书

聘书是聘请书的简称。它是用于聘请某些有专业特长或有名望权威的人完成某项任务或担任某种职务时的文书。

聘书一般由标题、称呼、正文、落款构成。有的聘书按照书信格式印制好，中心内容由发文者填写即可，有的由聘请单位写作。标题可写"聘书"二字或"聘请书"；正文一般要写明聘请受聘对象的原因、目的，聘任的职务或工作以及时限，聘任待遇等，以"特颁发此聘书"或以"此聘"作结；落款与一般书信格式相同。

六、祝贺词

祝贺词是祝贺喜庆之事的礼仪文书。以函件形式送达的贺词通常叫作贺信，借助电报发出的贺词通常称作贺电。贺年片也属贺词范畴。在喜庆的仪式上所说的表示祝贺的话，适用于正式场。

祝贺词的篇幅可长可短。少则几个字，多则几百字甚至上千字。祝贺词种类繁多，风格多种多样。根据祝贺的内容不同可以划分为祝事业、祝酒、祝寿、祝婚、祝节日等类型；从表达形式上划分有韵文（诗、词）体和散文体两种类型。

贺词要求感情真挚，切合身份，用语准确可靠。

必须有祝贺的文字内容，一般是在一行的开头即首先表示向对方的祝贺。

散文体祝贺词的写作格式一般由标题、称呼、正文、结束语、落款五部分组成。

1. 标　题

通常有两种写法：一是直接写"祝辞"；二是写出具体祝贺的内容，如《××市长在×××市××晚宴上的祝辞》。

2. 称　呼

与一般书信相同。

3. 正　文

是祝贺词核心，写法比较灵活，针对不同的祝贺对象，不同的祝贺动机，写出相应的祝贺内容。但总的来说，都应包含下面几层意思：首先应向受祝贺的单位或人员表示祝贺、感谢或问候，或者说明写祝辞的理由或原因；其次常常对已做出的成就进行适当评价或指出其意义，最后写表示祝愿、希望、祝贺之语，也可以给被祝者以鼓励。

4. 结束语

正文结束后常用一句礼节性的祝颂语结束全文。

5. 落　款

与一般书信相同。

例　文

在××煤矿建矿40周年庆典大会上的讲话

尊敬的各位领导、各位来宾、广大矿友和全矿职工家属同志们：

今天，我们在这里隆重集会，庆祝王庄煤矿建矿40周年。首先，我代表王庄煤矿党政以及全矿干部职工和家属，向应邀前来参加庆典大会的各位领导、专家学者、广大矿友、地方政府、科研单位、用户单位、合作单位、新闻单位和兄弟单位等表示衷心的感谢！向为王庄煤矿改革、发展和现代化建设做出贡献的各级领导、各位朋友、社会各界人士和一代代矿工表示崇高的敬意！

40年前，在这片土地上，王庄煤矿，这座由我国自行设计、自行施工建设的大型矿井胜利建成投产，从此，伴随着时代前进的步伐，一代代优秀的王庄儿女励精图治，继往开来，在中国煤炭工业史上写下了浓墨重彩的一笔。

40年来，我们靠艰苦创业、敢为人先，举起了"中国煤炭战线上的一盏明灯"；

40年来，我们靠博采众长、开拓创新，勇当了"矿井现代化建设的排头兵"；

40年来，我们靠激流勇进、攻坚克难，赢得了"中国煤矿全面发展的典范"；

40年来，我们靠科技兴矿、挖潜改造，开垦了"中国煤矿国产设备的试验田"；

40年来，我们靠实干进取、勇创一流，开启了"中国煤炭工业品牌矿"的新里程。

40年风正帆扬，40年凯歌高奏。

40年自强不息，40年创新超越。

40年岁月如歌，40年风华正茂。

40年栉风沐雨，40年一脉相承。

40年开拓的伟业是我们前进的基石，40年积淀的精神是我们奋进的动力。

各位领导、各位来宾、同志们、朋友们，缅怀40年光辉历程，我们豪情满怀；展望"十一五"锦绣前程，我们信心倍增。我坚信，有集团公司、股份公司的正确领导，有全矿干部的共同努力，有地方政府、广大矿友和社会各界的大力支持和帮助，英雄的王庄人一定能够继承光荣传统，以实干进取、勇创一流的时代精神，继续为"中国潞安"能化大集团建设，为中国煤炭工业的发展做出新的更大的贡献！

让这盏璀璨的明灯在煤炭战线上永远明亮！

让这面光辉的旗帜在中国大地上高高飘扬！

最后，衷心地祝愿各位领导和同志们身体健康，工作顺利，万事如意！

谢谢大家！

矿长×××
××××年×月×日

七、致　词

致词亦作"致辞"，在迎送宾客或隆重集会时，具有一定身份的发表的礼仪性讲话，统称为"致词"。致词主要包括欢迎词、欢送词、祝酒词、答谢词和告别词等。各类致词的写作格式基本相同，由标题、称呼、结尾、落款组成。可标题、称呼、结尾、落款参考祝贺词的写法。正文的开头根据场合表达或欢送或惜别、或感谢等情意；正文的中间部分从实际出发选择恰当的内容，或畅叙友谊或发表对国内外重大问题表明立场与看法等；结尾主要是致以良好的祝愿。

致词表达情感要真诚，语言要精练，语气热情、友好、温和、礼貌。

例　文

祝酒词

各位团长、朋友们：

我代表中国政府，欢迎各位来北京参加六方会谈，祝贺会谈的举行。

钓鱼台曾是中国清朝一位年轻皇帝送给他一位老师的礼物，是一个充满善意和可能给这里的人带来好运气的地方。

身处此地，一种历史感会油然而生。

这座花园目睹过许多重大外交事件。在这里，通过对话，冰山可以消融，敌意可以化解，信任可以培育。钓鱼台历史的最好启迪就是：和平最可贵，通过对话争取和维护和平最可靠。

进入新世纪，各国人民更加渴望和平与发展、友谊与合作。但东北亚地区仍未完全摆脱冷战阴影。

朝鲜半岛核问题的发生，在使我们面临挑战的同时，也为有关各方尽释前嫌，实现东北亚持久和平与稳定提供了机遇。

今天的会谈就是各方求同存异、增进互信和和解的难得契机，值得珍惜。

中国古诗曰："任凭风浪起，稳坐钓鱼台。"这里的钓鱼台泛指世界各国的钓鱼台，也包括我们所在的这个钓鱼台。希望并相信各位同事将以自己的远见、智慧、耐心、勇气和对和平事业的诚意寻求共赢。为此，我提议，为北京六方会谈成功，为大家在钓鱼台"稳坐"愉快，为和平、健康干杯！

中华人民共和国外交部长×××
二〇××年十二月十日

八、讣告、悼词

（一）讣　告

讣告，又叫讣闻或讣文，就是将死讯报告亲友和众人。普通人去世后使用普通式讣告；党和国家最高领导人或在国际、国内享有崇高威望的知名人士去世采用公告式讣告；有一定地位和广泛社会影响的重要人物，或有特殊贡献者去世用新闻式讣告，即以发消息的形式在报纸、电视等媒体上公布。

讣告的写作一般以简单明了为原则，起到报丧的目的即可。

讣告主要内容应包括标题、简介死者姓名、身份，因何逝世，逝世时间、地点，终年岁数、生平、通知吊唁和开追悼会（或遗体告别仪式）的时间、地点、交通工具及候车地点等，最后署明发讣告者的名称及时间。

（二）悼　词

悼词是对死者表示哀悼的话或文章。它有广义和狭义之分。广义的悼词指向死者表示哀悼、缅怀与敬意的一切形式的悼念性文章，狭义的悼词专指在追悼大会上对死者表示敬意与哀思的宣读式的专用哀悼的文体。这里指后者。

悼词由标题、正文、落款组成。标题可直书"悼词"，亦可由死者姓名和文种构成，如"在×××同志追悼会上的悼词"。正文的开头说明召开或参加此次追悼会的目的及死者生前的职务、职称和称呼、简要概述死者逝世的病因、时间、地点、治疗或抢救情况、终年岁数。中段是悼词的主体部分，扼要介绍死者生平事迹恰如其分地评价其一生；结尾主要是勉励生者化悲痛为力量,以实际行动做好工作来纪念逝者;最后用哀悼词"永垂不朽""×××精神长存"等作结。

××××××××××××××××××××××××××××××××

习　题

一、单项选择题

1. 通常所说的设想、打算、安排、方案、要点、意见、纲要、规划等都属于计划的范畴,但它们也有部分的差异,体现在(　　)。
   A. "设想""打算"是初步的计划,"设想"涉及的时间较短,而"打算"较长
   B. "安排""方案"是领导机关布置工作、传达政策和意图的计划
   C. "要点""意见"是某项具体工作的计划,"意见"的专业性较强,周密具体
   D. "纲要""规划"是长远计划,方向性、指导性强,内容全面

2. 下列各项属于计划特点的是(　　)。
   A. 理论性、灵活性、指导性、时间性
   B. 指导性、客观性、时间性、科学性
   C. 时间性、科学性、指导性、目的性
   D. 目的性、指导性、灵活性、科学性

3. 计划中的"系统计划"划分标准是(　　)。
   A. 内容　　B. 范围　　C. 性质　　D. 时间

4. 计划如果只是初步拟成,可以在标题下加以注明,以下注明不合适的是(　　)。
   A. 写上"供讨论用"字样　　B. 冠以"草稿"或"初稿"字样
   C. 冠以"草案"字样　　D. 写上"征求意见稿"字样

5. 下列有关计划的描述中,正确的是(　　)。
   A. 计划事项的写作一般以每段主句为领句
   B. 每一份计划都必须包含前言、中段、结尾、落款四部分
   C. 计划在落款处一般都要加盖印章
   D. 具体的实施步骤是计划的灵魂

6. 下列关于总结含义的说法中,正确的是(　　)。
   A. 总结就是对以往参与的实践活动的罗列与概括
   B. 总结要上升到理论的高度,引出规律性的东西
   C. 总结要少些优点,多谈不足,查找原因,以明确改正方向
   D. 总结只是事后对工作的概括补充,对当前起不到太大作用

7. 以下不属于总结特点的是(　　)。
   A. 自我性　　B. 客观性　　C. 主观性　　D. 理论性

8. "全面总结"这种类型的总结划分的标准是(　　)。

A. 性质　　　B. 表现形式　　　C. 规模　　　D. 时间

9. 在总结的正文中将主要的成绩、收获以及引出的经验单独列项的写法只用于（　　）。

A. 专题总结　　　B. 历史性总结　　　C. 小结　　　D. 全面总结

10. 属于总结正文的核心部分的是（　　）。

A. 基本情况概述

B. 主要的成绩、收获，并引出经验

C. 存在的问题与不足，并找出教训

D. 论述经验体会

11. 介绍信的作用不包括（　　）。

A. 增进情感　　　B. 介绍情况　　　C. 联络双方　　　D. 证明身份

12. 正规场合下常用的介绍信形式是（　　）。

A. 表格式　　　B. 印刷式　　　C. 条文式　　　D. 图表式

13. 下列材料不适合写慰问信的是（　　）。

A. 汶川地震中某武警官兵排险救人，连续作战

B. 春节来临，战斗在第一线的工人，坚守岗位

C. 李某重感冒一周

D. 地震灾区人民战胜困难，重建家园

14. 以下关于求职信的写作中，说法正确的是（　　）。

A. 为引起对方的兴趣，开头应直接表达求职者真诚热切的态度及决心

B. 求职者具备的基本条件，可以从思想素质和业务素质两方面去写

C. 求职者应充分展现自己各项有利条件，给对方"多能"的印象

D. 为了简洁，求职信应多用简称

15. 在写作聘书时，人们普遍使用的形式是（　　）。

A. 直陈式　　　B. 表格式　　　C. 书信式　　　D. 条文式

16. 下列材料不适合写祝贺词的是（　　）。

A. 全国残奥会开幕

B. 某学校建校100周年纪念

C. 国家某体育队在国际大赛中取得好成绩

D. 某省副省长晋升省长

17. 下列说法中正确的是（　　）。

A. 跟公务文书一样，事务文书也有固定的格式规范和固定的惯用语，不可更改

B. 计划的含义非常宽泛，设想、打算、安排、方案、要点、意见、纲要等都属于计划的范畴

C. 总结的特点包括自我性、指导性、理论性、时间性

D. 写作求职信时，一定要将自己的优点和长处全部突出地表现出来，以使用人单位能够对自己有一个良好的印象

18. 下列说法中错误的是（　　）。

A. 决心书可在为开展某项有一定难度的工作而向组织或社会表示决心时使用

B. 写作致词时要做到不卑不亢，既热情有礼，又不媚俗轻浮

C. 在写作聘书时一定要将为什么聘请、聘请谁、所聘职务以及期限、条件、待遇等一一

交代清楚，缺一不可，以免引起误会
D. 介绍信分手写式和印刷式，在正规场合，为了防止被人伪造，一般多使用印刷式介绍信

19. 下列标题中正确的是（   ）。
A. 给××地区受灾人民的慰问信
B. 给××单位的介绍信
C. 四川××广告有限公司20××年工作草案计划
D. ××校长在20××年元旦晚会上的致词

20. 下列说法中正确的是（   ）。
A. 写作求职信时，要尽力说明自身对所竞争的岗位或职务已具备的基本条件，强调自身对于此职位的有利条件
B. 计划制订后一定要严格执行，维护计划的严肃性和稳定性，因此一旦提出计划就不可更改
C. 写作总结时，为了鼓舞士气，应尽量突出成绩而回避问题
D. 所有的事务文书，计划、总结、慰问信、感谢信、介绍信、欢迎词、聘书、求职信、祝贺词、讣告等，其标题都可以只写明文种即可

二、多项选择题

1. 日常事务文书的特点有（   ）。
A. 广泛性   B. 实用性   C. 简洁性
D. 体式性   E. 灵活性

2. 日常事务文书可分为四类（   ）。
A. 计划文书   B. 总结文书   C. 书信文书
D. 礼仪文书   E. 证明文书

3. 对《××企业20××年×业务工作计划》分类正确的有（   ）。
A. 从职属上说，是行业计划   B. 从性质上说，是专题计划
C. 从范围上说，是单位计划   D. 从时间上说，是年度计划
E. 从内容上说，是工作计划

4. "计划"这一名称，根据不同写作内容又可写成（   ）。
A. 意见   B. 设想   C. 方案
D. 规划   E. 纲要

5. 计划的正文写作方式有（   ）。
A. 章节式   B. 框架式
C. 条文式   D. 表格加文字说明式
E. 条文和表格结合式

6. 以下关于计划写作要求的描述中，正确的是（   ）。
A. 制订计划要切合实际，考虑主客观因素，留有余地
B. 制订计划不能一味追求高标准，指标最好订得低一点，以达到鼓励群众积极性的目的
C. 制订计划应有具体明确的规定和要求，切忌抽象笼统、空话套话
D. 计划一旦实施便具有了强制约束力，不轻易修改、调整
E. 计划重在说明，要少用描写和记叙，不用议论和抒情

7.《××院系大学生十月份社会实践总结》在分类上涉及这些类型的总结（   ）。

A. 专题总结　　　　B. 工作总结　　　　C. 月份总结

D. 单位总结　　　　E. 全面总结

8. 下列各项可用于总结结构形式的是（　　）。

A. 金字塔式　　　　B. 小标题式

C. 全文贯通式　　　D. 总分式

E. 条列式

9. 下列各项中属于总结写作要求的有（　　）。

A. 要掌握分寸，恰如其分

B. 要切合实际，明确具体

C. 重点突出，寻找规律，切忌写成流水账

D. 实事求是，材料丰富，不能文过饰非

E. 要有新意，不能老生常谈

10. 以下情况不适宜使用介绍信是（　　）。

A. 学生到外单位实习或搞活动

B. 某单位向另一单位党组织出示某人的情况说明

C. 某商业单位派业务员到别的单位推销宣传自己的产品

D. 某案件目击者向公安机关提供案发情况

E. 国家机关人员外出其他单位调查商讨事件时

11. 以下关于感谢信的说法中，错误的是（　　）。

A. 关键部分要突出，为了表达感激之情，可对对方进行适当拔高的评价

B. 内容要求真实性，叙述事迹中的人、时、地等情况要绝对准确

C. 可以直接以文种为标题

D. 情感要充沛丰富，为达到以情感人的目的，应多用惊人的词藻，避免平铺直叙

E. 格式符合一般书信要求，篇幅短小，语言精练

12. 如有某国家领导人去世，不适用于（　　）讣告。

A. 张贴式　　　B. 普通式　　　C. 公告式　　　D. 一般式

13. 悼词中应包含的内容是（　　）。

A. 追悼会的时间地点　　　　B. 逝者姓名、年龄

C. 逝者生平业绩　　　　　　D. 对逝者的评价、总结

E. 对逝者的哀悼怀念之情

14. 日常事务文书在具体事务活动中用来（　　）。

A. 沟通信息　　　B. 总结经验　　　C. 探究问题

D. 指导工作　　　E. 发布指示

15. 下列各项中用语正确的有（　　）。

A. 给老人祝寿时用"福如东海，寿比南山"

B. 聘书用"特聘"作结

C. 求职信用"等你的好信息"作结

D. 感谢信用"再次致以最诚挚的谢意"作结

E. 总结用"特此总结"作结

三、判断说明题

（一）判断分析（判断正误，正确的在题后的括号内画"√"，错误的画"×"，并简述理由）

1. 慰问信是慰问，不能表彰；若表彰用通报。（　　）
2. 证明信一般由单位或熟悉情况的人来写。（　　）
3. 贺信祝贺的事项，感谢信感谢的事项不能言过其实。（　　）
4. 欢迎词、欢送词、答谢词使用的适用范围没有区别。（　　）
5. 求职信应简洁，忌卖弄文笔。（　　）

（二）判断改错（正确的在题后的括号内画"√"，错误的画"×"，并改正错误）

1. 《××20××年三月份学习计划》是一份工作计划、单位计划、综合计划、年度计划。（　　）
2. 介绍信和证明信都能用于证明身份。（　　）
3. 欢迎词应当客套话连篇。（　　）
4. 求职信只表明求职意向，不应有个人兴趣与爱好的内容。（　　）
5. 求职信应多用"我觉得""我真的喜欢"等字眼来说明自己的观点。（　　）

四、简答题

1. 计划的写作要求是什么？
2. 总结的写作要求是什么？
3. 求职信写作中应该注意些什么？
4. 祝贺词需要在什么情况下使用？
5. 致词的写作要求是什么？

五、阅读分析题

1. 指出下则工作计划（节选）在结构上存在的问题。

××区政协文史工作委员会关于继续征集
中华人民共和国成立后文史资料的工作计划

20××年，我们要继续高举爱国主义旗帜，在继续挖掘中华人民共和国成立前史料的基础上，重点开展征集和选编中华人民共和国成立后史料的工作。

一、大力宣传征集中华人民共和国成立后文史资料的意义

可以为后来者所借鉴，为研究历史提供资料，为对广大群众，特别是对青年进行国情教育、历史知识教育、爱国主义和社会主义教育提供翔实生动的材料……为此决定：1. 年底以前召开政协文史委员会和撰写员座谈会，传达贯彻……2. ××××年全会前以"致全体政协委员的一封信"的形式，宣传市文史工作会议精神，继续发动全体政协委员撰写史料，提供线索，推荐知情人。

二、结合我区的实际情况，召开各系统老同志座谈会……

三、物色新的撰写人员，充实扩大撰写队伍……

四、发动文史委员会和撰写员点题点将，推荐撰写员……

五、与撰写史志部门加强联系和协作……

六、撰写中华人民共和国成立史料的要求……
　　七、征集史料的内容……
2. 提炼下则工作计划各要点的领句。

××市科技局20××年工作计划

　　20××年的工作思路是：在市委、市政府的领导下，遵循"创新、产业化"的科技工作方针，根据"一条主线，二个重点，三大载体，四项职能，五个突破"的总体工作思路，积极行动起来，勇做发展先进生产力的先锋、先进文化建设的模范、知识造福人民的使者，努力开创科技工作新局面，全面推进科技八大工程和十大工作体系建设，提高我市科技发展水平，为经济发展和社会进步作出积极贡献。

　　（1）建立科技进步考核指标体系，对科技创先进行动态管理。会同有关部门继续推行县（市、区）党政领导干部科技进步任期目标责任制。

　　_____

　　（2）组织实施各级各类科技计划项目150项，其中新上市级以上项目50项，争取科技三项经费1 200万元；组织各级科技成果鉴定（评审）与验收20项。

　　_____

　　（3）强化××市生产力促进中心的机制改革，导入ISO9000质量管理体系，力争通过审核与认证；实施创名牌战略，建立100家市级技术创新示范企业，并实行动态管理；再聘一批××市技术创新顾问团专家，使其总数达到100人，并实行与产业结构调整相适应的动态管理方法，充分发挥顾问团的作用，多形式地开展专家顾问团活动：全年召开4次专家座谈会，1~2次的企业技术难题招标调研活动，2次科技知识讲座；与××市政府驻沪办合作在上海举行1~2次科技招商活动；继续搞好与福州大学、华侨大学、天津大学、上海交大等高校、科研院（所）的科技合作；编写《泉州市技术创新简报》24期，组织申报各级中小企业创新基金（资金）项目15项。

　　（4）要以创建国家级孵化基地建设为动力，加快运用高新技术，特别是运用信息化技术提升与改造传统产业，积极参与"数字泉州"建设，建设好××市科技信息网，使之成为国民经济信息化的一个重要组成部分，为我市中小企业提供信息化服务。坚持"有所为、有所不为"的原则，大力发展电子信息技术、生物工程技术、新材料等高新技术产业。高质量地建设好××市高新技术企业孵化基地，充分发挥其研究与开发、创业与服务、试验与中试的三大功能，与清濛科技工业区管委会密切配合，建设好博士后科研工作站、留学生创业园和高校创业园；力争新引进5~8项高新技术成果进行孵化，通过三个层次与三个层面的培植与孵化，累计在孵企业40家；新获批省级以上高新技术企业5~8家，累计达到91~94家，力争100家；建设好"××雷克微波通信中试基地"与"高技术陶瓷中试基地"，力争××市华辰科技有限公司"陶瓷无机膜超滤技术"通过省科技厅鉴定，雷克公司的"智能天线"等项目产值达到5 000万元，加大投资力度，建设好泉州市生产力促进中心陶瓷原料分析与检验室、××市现代制造技术加工中心，积极开展陶瓷企业的原料标准与改善企业的管理，为50家企业服务；积极开展中小企业的三维CAD造型设计与来样加工，推广激光快速成型与激光三维扫描技术。

（5）重点是以创建××湾国家星火技术产业带为抓手，组织实施"10713"工程：创建10个省级星火技术密集区（其中国家级1~2个），创建3个省级星火区域性支柱产业，争取创建省级海峡农业科技合作实验区，创建6个重点支持的省级科技型企业星火龙头企业，创建13个以星火龙头企业承担的行业技术开发中心。

（6）贯彻落实《××市知识产权管理保护暂行规定》，加强培训工作，力争与省专利局联合举办1~2期专利保护知识的讲座，出台专利申请资金的补助办法，争取全市新获专利授权500件以上。

（7）积极创造条件，参与实施国际科技合作项目和跨省市科技合作。力争创建省级科技对台交流示范基地。

（8）加大科技宣传力度，继续办好《侨乡科技报》，积极开展科技宣传周、科技下乡和其他群众性科技活动，在全市普及科技知识、传播科学思想、弘扬科学精神、提倡科学方法，努力在全社会形成爱科学、学科学、用科学的浓厚风气，提高公众的科学文化素质和科技意识，建立健全科技工作联席会议制度，建议召开全市科技工作会。

（9）认真开展理想、宗旨教育和党风党纪教育，强化管理，落实党建工作和党风廉政建设责任制，推行政务公开，加大科技项目和经费管理的透明度，加强干部培训与交流，提高科技管理干部队伍素质和办事效率，积极围绕我市经济和社会发展的重大战略目标开展工作，加强与相关部门的协调和沟通，共同推动全市科技进步。

（10）为中小企业培养CAD/CAM、CNC/CAE人才，培养一批会经营懂管理的企业家与管理人员，培训300~400人次；积极开展各县（区、市）农村星火技术的培训，全年培训农村星火技术人员8 000人次。

（11）把科技拥军列入科技兴市整体规划和年度计划，优先安排部队的科技攻关项目，并鼓励驻军申报科技进步奖，为驻军举办2~3期现代科技知识讲座，无偿为驻军团以上单位寄发科技报刊，帮助驻军开展电脑操作员培训，及时、准确地为部队提供有关信息与咨询服务。

3.阅读下则工作总结（节选），指出其在结构安排上的特点。

××县××乡人民政府20××年工作总结

今年我乡在党中央的领导下，积极贯彻党的《中共中央关于加强农业和农村工作的决定》的精神，努力深化农村改革，一年来取得了显著成果，开创了我乡工作的新局面。

一

一年来，我们主要抓了如下几项工作：

（一）开展了社会主义教育，增强了社会主义信念

今年我乡按照县委的统一部署，开展了社会主义教育。在全乡15个村中有5个进驻了县委社教工作队，其他10个村由乡组织力量开展社教活动。通过开展学习"三建设"（建设党的基层组织和村委会领导班子；建设村办企业和农业社会服务体系；建设精神文明阵地）、"一整顿"（整顿社会治安秩序）活动，全乡农村面貌发生了巨大变化，坚定了广大干部、群众的社会主义信念，加强了基层组织的凝聚力和战斗力，促进了生产长足发展，改善了农村的社会治安状况。开展社教活动以来，全乡有813名青年向党组织递交了入党申请书，一类党支部由5个增加到12个，占基层支部的75%；全体共产党员都增强了为人民服务的观念，发挥了先锋模范作用；全乡干部群众为发展壮大集体经济献计献策1 118条，集资215万元，公物还家415件，价值3.5万元，收回拖欠集体的提留款85万元；民事、刑事发案率比去年同期下降了57%。红山村干部、群众为发展集体经济集资1.1万元，投入义务工2 700多个，修筑了1 500米长的水渠，引来了青龙河水，栽上了7 000棵苹果树，使红山村变成了绿山庄，群众高兴地把这条水渠命名为"社教渠"。青风店村五名承包果园的党员主动提出增加承包金，完善承包合同，在他们的带动下，全村鱼塘、果园等集体设施的承包合同都得到完善，使集体增加收入2.1万元。东山村三名退休干部、教师义务组成民事调解组，走家串户宣传道德和法制，使全村树立起尊老爱幼、邻里和睦的良好社会风尚。

（二）发展乡村工副业，壮大了集体经济

我乡工副业生产基础比较薄弱，在全乡15个村中，没有集体工副业的"空壳村"就有7个，全乡年工副业产值仅有83.5万元。群众感叹地说："集体经济无实力，社会服务无能力，村级组织无引力，干部说话无气力。"今年，在邓小平南方讲话精神的鼓舞下，我们解放了思想，打开了山门，内引外联，把发展乡村集体工副业作为本乡脱贫致富的基本途径来抓。今年全乡共建起乡、村级工副业17处，消灭了"空壳村"，年产值505.2万元，纯收入103.7万元，大大增强了集体经济的实力。红山村利用本地果品资源，集资30万元，与×市幸福食品厂合资兴建果茶厂，所产同楂蜜果茶一举打入国际市场，行销6个国家和地区以及国内11个省市，年获利22.5万元。黄冈村利用本地红薯资源，创办黄冈粉丝厂，年产量585吨，产品全部销售国外，一年便全部回收投资，还赢利20.8万元。一些村还完善了承包合同，调整了承包额过低的承包金，增加了集体收入，调动了群众的积极性。

（三）增加了科技投入，发展了农业生产

今年全乡重点推广了水稻旱育稀植、小麦模式栽培、粮菜立体种植薄膜覆盖、果树环剥经控、秸秆氧化养牛等项技术，使农、果、菜、牧各业获得空前丰收。全乡20 000亩耕地，平均亩产964.5公斤，亩收入952.4元，初步实现了高产高效。果品产量1 000万公斤，收入1 010万元，人均500元。牧业由于实行"减猪增牛"的方针，减少了饲料投入，增加了产值和利润，收入突破千万元大关。生产条件较差、水源不足的红山村，仅推广水稻稀植、节水栽培一项，每亩水稻就增收81.5公斤，节支49.2元。青甸村利用丰富的玉米秸秆进行青贮、氨化处理饲养黄牛，年出栏肉牛1 500头，收入300万元。由于秸秆过腹还田，增加了有机肥，促进了农田增产，玉米亩产从450公斤提高到512公斤。

（四）狠抓了计划生育，控制了人口增长（略）

二

一年来，我们在工作中深切体会到：

（一）必须强化改革意识

改革以来，我乡面貌有了很大变化，解决了群众的温饱问题，在这种情况下，我们小富即安，不想有更大的突破，因此与荷花湾等先进乡拉大了距离。今年学习了"三个代表"讲话，经过了社会主义教育，我们思想得到了解放，胆子也大了起来。乡政府组织乡、村主要干部到本县荷花湾、亮甲桥等先进村镇参观，干部眼界大开。在思想解放的基础上，乡政府派人南下广州，北上漠河，内引外联，牵线搭桥，签订了13项联合开发的合同或意向书，经过论证确定开发项目后，又发动群众集股投资，不到一个月便集资300万元。一年里建起了17家村办企业，其中10家当年建厂、当年投产、当年获利。青甸村还是×市外贸易公司的肉牛和芦笋生产基地。一年的实践使我们深刻体会到：要深化农村改革，必须先增强改革意识，思想解放一分，则生产猛进一寸。

（二）必须执行科技兴农的方针

今年我乡农业生产得到长足发展，一条重要的经验是坚持了科技兴农的方针，得益于科学技术的进步。我们在科技兴农中采取了三条措施：一是大力开发科技人才……二是抓住中心环节，推广关键技术……三是加强科技领导……庆丰村在500亩棉田中套种西瓜、甜瓜，他们请来了省农校高级讲师李凌云作技术指导，李老师科学设计种植样式，引来高产优种，采用薄膜育苗，配方施肥，喷施生长素、增糖素等新技术，使瓜果早10天上市，亩产达4 500公斤，而且个大味甜，每亩瓜收入达650多元；棉花也高产优质，亩产皮棉70.5公斤，亩收入500多元，创全县棉花亩产高效新纪录。群众高兴地说："邓小平说科技是第一生产力，这真是千真万确。科技这玩意儿，可比我们单单起早贪黑、一味苦干蛮干来劲多了！"实践使我们深深认识到：要提高土地的产量，必须增加科技含量，向科技要高产、要高效。

（三）必须完善农业社会化服务体系（略）

三

一年来，我们虽然取得了一些成绩，积累了一些经验，但还存在一些不容忽视的问题。主要是：（略）

4. 评析下面总结的前言。

第一稿的开头是这样的：像跃出东海的一轮红日，像喜马拉雅山傲然盛开的雪莲，像茫茫戈壁上悠然而现的清泉，像草原上铺锦刺绣的格桑，在科技强国、科技强军的号角感召下，我们迎来了部队科学文化教育的明媚春光……

第二稿：五年来，我分区科学文化教育工作在中央军委总部和军区党委机关的正确领导下，在军区政治部的直接帮助下，在军区政治部的直接帮助下，在分区党委和司政后机关的高度重视下，认真贯彻党的各项方针政策，以全军政治工作会议精神为动力，经过部队各级党委和广大指战员的共同动力，取得了很大成绩……

几易其稿之后，最后的定稿是这样的：我分区下属各部驻守在喜马拉雅山麓×××公里的边防线上，这里平均海拔4 500多米，空气稀薄，气候寒冷，许多地方曾被地质学家判为"永冻层"，被生物学家划为生命禁区。然而，正是在这样艰苦的环境里，在科技强国、科技强军的号角感召下，在总部和司政后党委的高度重视下，科学文化教育活动兴旺发达。各基层单位普遍建立学习俱乐部，开设军地两用人才培训班××个，共举办×届战士高考补习班……永冻层上热气腾腾，生命禁区里生机盎然。分区文化活动多次受到军区表彰，200×年被评为××先进单位，受到三总部通令嘉奖。我们的主要做法如下：……

5. 请分析下列总结存在的问题。

××区邮电局20××年邮政营销工作总结
（摘　要）

20××年，我局全面落实布局关于邮政营销方面的指标分解计划，全体员工能过征订报刊、吸纳存款、广揽商包（函）和特快专递等渠道，全面提高了邮政服务质量，创造了×××万元的营销利润，取得了社会效益和经济效益双丰收的良好业绩。

现将全年邮政营销情况总结如下：

一、报刊发行方面

为更广泛地拓展发行渠道，我局组织有关人员到区内各企事业单位调查订阅意向，摸清征订情况，对订阅种类及数量较多的单位，派专人上门办理订阅手续，妥收款项，尽最大可能向用户提供便利。截至20××年底，已收订报刊×××种，合计订费×××万元。此项收入较去年增加25%。

（以下具体事例略）

二、吸储存款方面

20××年度，我局柜台营业人员和业务科室人员，在保证正常营业时间和效率的前提下，尽可能多地抽出人力，下到企事业单位和街道广泛宣传邮政储蓄的便利和快捷的特点，力争让储户在家中即能享受到邮政服务。对零散的老弱病残储户，在保证安全和维护储户权益的前提下，代填有关单据；对大额储户，经其同意，局里派专车接送到就近支局（所），并为他们优先办理存款手续。（具体事项略）

经过全员努力，截止到20××年底，存款（一年期以上的）余额为××××万元，超额160%完成年初市局下达给我局的计划。

三、开展商包（函）和特快专递业务方面

随着现代化通讯手段的日益普及，信函业务大幅萎缩，但商包（函），特别是商业广告信函数量明显增加，而且发展潜力极大。我们充分利用驻区企业、商家众多的有利条件，广泛深入地宣传邮政商业包裹、信函和特快专递业务，定期上门揽收，当场办理手续，对大宗邮件，免费代为运送至处理中心。（以下具体事例略）

本年度此项业务收入为××万元，比上年增长30%。

虽然我局取得了较为显著的社会效益和经济效益，但在整个邮政营销生产过程中，也出现了一些较为严重的事件和问题：

出现一次大额保价邮包丢失和三起邮包损毁事件，给邮政信誉造成严重影响。（具体情况介绍略）

个别员工劳动纪律松弛，特别是各支局投递人员的懒散作风一直未能从根本上得以消除，以致多次出现邮件逾限、用户投诉的情况。（具体情况介绍略）

20××年，我局根据市局下达的计划分解指标要求，并经过职代会讨论通过，在邮政营销方面拟采取以下具体做法并完成相应经济指标，力争经济效益全面超过2007年。

（以下具体做法和数字略）

6. 阅读下面几例材料，请指出它们属于哪一种公务书信。

（1）

……我们这次在你校毕业实习期间，得到你们无微不至的关怀。领导亲自为我们安排住宿，并多次来寝室问寒问暖，指导实习的老师为我们修改教案到深夜。初二年级的同学为配合我们的实习，踊跃参加我们的教研活动……

应属_____

（2）

西南××大学中文系关于安排李××到中国人民大学联系聘请兼职教师有关事宜。

应属_____

（3）

××市××局财务处张××同志1995年曾在××××××大学班干部专修班读书，学制二年，情况属实。

应属_____

7. 下列求职信内容或句子存在哪些主要问题？

（1）

尊敬的先生（女士）：

您好！

感谢您在百忙之中抽空一览我的求职材料。您求才若渴的眼睛与我求知若遇的心也许在这一瞬间就能碰撞出耀眼的火花。因为我始终相信，机会转瞬即逝，只有抓住它，机会才会成为机遇。

四年全面系统的专业知识学习，使我不仅对财税金融、证券保险等经济领域产生了浓厚的兴趣，还努力把所学运用于各种应用知识，能熟练使用计算机、英语，并具有初步日语听说能力。

谦虚谨慎，乐观真诚，吃苦耐劳，是我的性格特征，精力充沛，适应性强，富有开拓进取精神。这一切都有助于我勤奋工作，在事业上有所建树。

我也许不是最好的，但一定是最真的。凭我对财税金融的热爱，对事业执着的追求，必不辜负您的期望。

若能成为你们中的一员，对我而言，荣幸之至。

您的选择就是我的机遇。相信我们都能得到满意的结果。

最后，衷心祝愿贵单位事业蒸蒸日上、前途无量。

×××

××××年×月×日

（2）

从踏进校门起，我始终是一名品学兼优的学生。这不仅使我有着扎实的知识基础，也使我树立起了正确的人生观、价值观和道德观；同时，在学校工作中多次担任不同的职务，锻炼出了我良好的组织协调能力和人际交往能力，使我成为一个正直、自信、团结、上进而又办事高效的人。……数年风雨兼程，铸就了果断与稳重、勇敢与沉着的我，尽管苦读钻研、实践探索、跋涉坎坷、奋斗艰辛，然而，我无悔追求。一次又一次地付出，一次又一次地挑战，也有了一份沉甸甸的收获。"征途漫漫"中从不轻言放弃，执着的我用智慧谱写了生命最辉煌的篇章。

（3）

我是一名经历过坎坷，品尝过酸甜苦辣的××体育学院2008级体育系本科毕业生，然而这正好锻炼了我作为贵单位备选人员所必须具有的信心、勇气、成熟和内涵。

我的过去,是一种准备、蕴积和熔炼。

我的未来,希望能在您的领导下奋斗、拼搏和奉献!

此刻,在您招兵选将之时,我不想仅是锦上添花,坐享其成,我只想勇敢地拼闯,去奋斗、去丰富人生!

曾记得,搞学习、抓训练、当裁判、为人师、搞管理、从实践……大学几年的锻炼、磨砺,使我自信、自尊、自强、自立,我希冀走出变幻,用永不停息的追求与探索完善自己。

良禽择木而栖,士为知己者"容"。

伯乐慧眼识宝马,毛遂荐成报王君。

像曾经的您一样,正视可能的逆流,等待智慧和胆识的决断!

我相信,当您浩大的棋局上多一过河卒子冲锋陷阵时,您会欣慰!

(4)

"宝剑锋从磨砺出,梅花香自苦寒来"。在四年的大学生活中,我有着丰富的蓄积:为人正直,治学严谨,做事踏实……反复地学习、积累、酝酿和沉淀,造就了一个自信、乐观、干练的我。

艰苦的学习和生活环境,使我养成了勤俭节约、艰苦朴素的生活作风,更铸造了我坦诚、自信、坚强的性格。大学期间,我关心国际、国内时事,了解社会动态,我更严于律己。我热爱生活和工作,热爱祖国的教育事业,并愿为之献出自己的一切。

我对自己充满信心。我已具备了作为一名跨世纪人才所应有的良好素质,加之我讲究效率、吃苦耐劳、兢兢业业、谦虚好学的工作态度,我坚信自己有决心、也有能力胜任贵单位提供的工作。

我,性格活泼,诚实待人,善于处理人际关系,在同学中人缘佳。同时,思想成熟,纪律性强,时刻以高标准严要求约束自己的言行。

您作为贵单位的领导,一定在极力物色精明强干、朝气蓬勃并且踏实忠诚的部下,而我正是这样的人选。

请相信,我是您真正的选择!

(5)感谢您在百忙之中抽出时间打开这封自荐信,也非常希望您能耐心地读完它,不要错过一名优秀的人才。

(6)您作为贵单位的领导,一定在极力物色精明强干、朝气蓬勃并且踏实忠诚的部下,而我正是这样的人选。

(7)请相信,我是您真正的选择!

(8)本人谨以诚挚的心情应聘贵单位,盼望得到贵单位的尊重、考虑和录用。

(9)期望您能于××××年××月×日之前给我一个答复,不胜感激!

(10)现在已有多家单位有意接收我,如贵单位录用,请从速答复。

六、写作题

1. 母校要举行建校××周年庆祝活动,你不能亲自回母校参加,请你写一封"庆祝母校建立××周年"的贺信。

2. 教师节快到了,请你执笔以××学院学生会的名义给全校教师写一封慰问信。要做到内容充实、感情真挚、格式对路、语句简练。全信1 000字左右。

3. 请写一封求职信。

第七章　大学生实用文书

第一节　概　述

一、教案、毕业论文和申论训练的意义

近年来，不少大学生在教学实践、写毕业论文以及报考国家公务员考试时遇到一些具体困难，应他们的要求，我们增加了这一章的内容。大学生实用文体范围很广，由于篇幅所限，本章仅阐述教案、毕业论文和申论。

本章所指的大学生实用文体是指在校大学生在教学实习中根据教学需要而撰写的教学方案、毕业前按有关规定撰写的毕业论文和为了提高自身综合素质、准备参加有关部门组织的考试、取得某种资格而撰写的应用文。

撰写教案、毕业论文和申论是学生运用在校学习的基本知识和基础理论，去分析、解决实际问题的实践锻炼，对培养学生制订教学计划、进行科学研究、提高其综合运用所学知识分析问题和解决问题的能力有重要意义。

二、教案、毕业论文和申论训练的基本原则

（一）关心时事

作为当代大学生，不能"两耳不闻窗外事"，要"家事、国事、天下事，事事关心"。关心国家大事，领略世界风云，把我们每个人的命运和祖国的命运紧紧联系在一起，提高责任意识，这样，无论是写教案、做毕业论文还是准备申论考试，才会"站得高，看得远"，提高自身多角度、多层次思考问题、解决问题的能力。例如，申论考试要求考生具有比较丰富的常识，但不会对某种专业知识特别倾斜。由于考生来自各个方面，所学专业很不相同，所以在申论考试中让考生处理加工的材料必须具有普遍性。申论测试所提供的一般都是社会性较强的背景材料，对政治、经济、法律、文化均有所涉及。试题现实性强，要求考生密切关注社会热点问题，关心时事，做到"耳聪目明"，耳要多听，眼要多看，心要多记。

（二）理论联系实际

教案、毕业论文和申论的训练如果脱离实际空讲理论是不行的。理论联系实际，一方面，这种训练必须面向实践，必须解决实际问题；另一方面，实践问题的研究也必须运用理论的工具来分析问题，揭示问题的本质。理论作为人类的理性的产物，它揭示事物规律、重建事物的秩序，理论秩序就是事物本身的秩序，理论逻辑就是事物本身的逻辑。理论联系实际的

真谛，不是简单的理论加事例。理论和实际的联系，是有着具体的指向性的联系。在具体的训练中只有把握理论和实际的内在联系，选好结合点，才有可能收到好的效果。

第二节 教 案

一、教案的含义

教案，是教师授课前针对教学内容、自身教学计划、学生实际知识结构设计出的教学方案，是对教学活动设计和安排的记录。教案是教师常用的一种文体，是教师对教材和参考资料思考研究的结果，也是教师的备忘录。

教案不同于教材分析和教学笔记。它不能照搬照抄教材的内容，也不能单纯地记录教师在研究教材过程中的心得体会，而是需要将体会融会贯通到教学诸环节的设计当中。一般来说，教案写作的详略，具体的设计风格，多是按照教师自己的习惯和自身教学特点，因人而异。当然，教案的写作也和教材的内容息息相关，任何教案的写作都不能脱离教材的内容，否则就失去了教案的根本。判断教案的优劣，并不是单看教案的长短、详略，用词的准确，条理的清晰和文采的浓淡，重要的是看教案是否切实有用，能否最好地协助教师的教学活动。对于一些记忆力强，课堂经验丰富，现场发挥能力强的教师，教案可以写得简单易懂，只要教师自己可以心领神会即可，而经验较少的教师，尤其是参加教学实习的同学，教案就需要写得详细一些。作为参加教学实习的学生来说，由于缺少教学实战经验，因此，是否准备好教案就成为教学实践成败的关键。

教案在教师教学活动中起着至关重要的作用，优秀的教案可以使教师有计划地完成课程内容，增强教学的目的性和条理性。有了教案的指导，教师就可以在课堂上有序地、主次分明地讲解教材内容，这样就能有效地减少教学过程中出现的"跑题"和"东拉西扯"现象，可在一定程度上避免了教学的随意性。更重要的是，教师在教案编写的过程中，研究教材、收集资料、设计教学步骤和教学方法，不断扩充自己的知识面，并在教学实践中总结教案编写的不足之处，改进教学，并形成自己的教学风格。

二、教案的分类

在电子教案出现之前，教师的教案一般都是以纸为介质的书写文本，再结合条框清楚的板书设计，就构成了课堂教学的教案。随着信息科学技术的发展，计算机在我们的生活中占据越来越重要的位置，伴随着多媒体技术在教学实践过程中的普遍应用，电子教案出现了。电子教案的出现一定程度上丰富了教学活动，也提高了教学质量。但是长期教学实践证明，电子教案仍然不能取代纸介质教案，因而参加教学实习的学生在编写实习教案时，要同时掌握纸介质教案和电子教案，以适应不同的教学环境。

（一）纸介质教案

纸介质教案（传统的教案）在教学过程中主要是针对教师自身教课所用，更多的是服务于教课者本人。传统的教案和其他的文章不一样，它不是写给大家看的，它更多的是写给教师自己看的，是用于指导教师的课堂教学活动所用的。当然，并不是说这样的教案就只适用于教师自己，它有时可以成为学生们预习、复习、完成练习和作业的参考资料，优秀的教案还可作为教师之间相互交流、相互借鉴的样本，供教师们学习。

传统的教案一般主要是以文字为主，辅之以简单的图案和表格。在教学实践的过程当中，为了便于学生的理解，教师还需要运用幻灯仪，将一些图、数据表格、公式等展示给学生。纸介质教案一般很少在课堂中全部展示给学生，它只是作为教师在教学过程中的指示，更多地为教师教学服务。

（二）电子教案

电子教案是运用信息技术制作出的多媒体化的教案，它是在传统纸介质教案的基础上，对各种教学资源进行组合的教案。电子教案中包括了传统教案文字部分的内容，并将多媒体、超链接等现代化技术结合起来，形成了有别于纸介质教案的多媒体课堂。它能够更好地体现教学者精心设计的结晶，简单的展示和方便的切换使得教师的教学步骤游刃有余。同时，电子教案也是教师和学生可以共同享用的资源，更重要的是，电子教案的出现使得教学环境发生了本质上的变化，师生之间的互动由被动变为主动，活跃了课堂气氛，帮助学生更深刻、更容易地掌握知识。

电子教案与传统的教案有很大的不同,电子教案不仅可将传统教案的全部内容容纳其中，同时它还可将声音和一些用语言难以表达的动感情景融入教学过程中，使得教学内容更加形象和生动。电子教案不仅是教师教课的备忘录，同时，电子教案也可以将全部内容投影到屏幕上，让学生也能看，这样它就为学生们建立了生动的知识框架和笔记样本。用电子教案上课，可以增大课堂容量，节约教师书写板书的时间，并让学生在动静结合的环境中学习知识，提高学习质量。

诚然，利用信息技术制作出的电子教案变革了传统的教学模式，为教学质量的提高作出了不可磨灭的贡献。但是，这并不等于说电子教案就是十全十美的，它也存在一些问题。比如说，因为只有一个版面，那么固定版面和活动版面之间怎样协调；由于教学容量的增大，应该怎样设定教学内容，以适应学生的可接受知识范围；学生过度依赖教师所提供的知识结构而减弱了自己思考和分析问题的能力等。不管怎样，电子教案在教学过程中起着重要的作用，因而，对于教师，尤其是参加教学实习的学生而言，做好电子教案是教学过程中的环节之一。

电子教案的形成是建立在精心备课的基础上，也是对教材深入研究的结果。只有做好了基础工作，才能提高教学水平，教案才具有互动的价值。电子教案虽然形式多样，内容丰富，但是多样的形式不能和教学内容脱节。形式和内容相统一是对电子教案制作的基本要求，电子教案一定要围绕教学内容来选取素材，不能单纯追求形式上的美观和引起同学的注意，如果形式脱离了教学内容，就本末倒置了。

电子教案具有科技性、趣味性以及以内容和学生为主体的特点。

电子教案集成工具主要有 Frontpage、PPT 等，它的素材制作工具有 Photoshop、ACDsee 等图像处理软件，Flash 等二维动画制作软件，超级解霸等视频音频处理软件。这些工具使得电子教案具有科技性的特点。

电子教案的趣味性在于电子教案的形式。在电子教案中除了文字部分外，可以根据教师自身教学的风格、教学内容和教授学生的情况，选择适当的动画、音乐等，使得教学更具有吸引力。对于年龄较小的学生来说，一些可爱生动的动画、图片、声音等更能帮助他们理解和记忆，同时也能缓解他们在听课过程中出现的"走神"现象，提高教学质量。

电子教案的形式起到了促进学生学习的作用，但是，编制电子教案却也忌讳过度重视形式，而遮盖了教学的本质目的。虽然电子教案是新的技术，但是不能以此哗众取宠。重视电子教案的内容设计，全面考虑学习的目的和任务，制作内容和形式统一的电子教案才能促进教学。这是电子教案以内容为主体的特点。

电子教案要以学生为主体。教案的内容不能仅仅用教材知识来塞满，还要充分调动学生学习的热情，培养学生独立思考、自主学习的能力，也要在电子教案的设计环节中有所体现。教师教学并不是从头讲到尾，学生的发言、讨论、互动也是十分重要的。同时，电子教案的制作还要考虑学生的学习能力、知识基础、班级特征等诸多方面，进行多层次的差异性教学。

三、备 课

所谓备课，主要是指教师理解教材掌握教材、领会作者的意图、确定教材的目的和要求、选择适当的教学方法的过程。备课是教师教学前的准备工作，是编写教案的前提，是教学活动得以顺利完成的基础。任何教师都不能不备课，也不能忽视备课的作用，即便是有多年教学经验的教师，或是对某一课程了如指掌的教师，也要在课前通过备课来巩固知识和创新方法。对于参加教学实习的学生而言，备课尤为重要。

（一）钻研教材

钻研教材，首先要熟悉教学大纲的要求，明确了教学大纲的要求就能从整体上把握住课程的全局。其次要大体掌握教材的体系，熟悉每个单元、每个章节的安排，研究其安排的目的，避免在教学过程中出现脱节的现象。

在总体了解了教材之后，要逐渐深入挖掘教材中的疑难字、词、句和重要的概念、命题等。这项工作的顺利完成需要工具书的辅助，如果单凭教师自己对字、词、句的理解和习得的经验，就容易出现断章取义、片面不全的错误。参加教学实习的学生在对字、词、句和概念、命题的把握上不能做到全面和准确时，就要充分利用工具书和参考资料，并结合上下文的内容，做确切的解释，不能因为麻烦而马虎对待。在此基础上，教师应理清文章的思路，明确教材的主要观点，以及说明这些观点的论据、公式、定理和推导方式等。明确文章的脉络，有助于教师层次分明地把握文章的内在联系。而抓住文章的主要观点就抓住了文章的中心，教师可以以点带面地逐步展开，以适应学生的学习习惯。

教师在了解教材的基础上，要设定对教材的处理办法。教师在备课时，都要认真研究教学大纲，以此来确定教学目标、重点、难点和教学课时，并安排教学的步骤和选择教学方法。在确定教材的处理方法时，要明确教学目的，合理安排课时，把握好新旧知识的衔接，同时考虑学生的实际情况，选择科学的教学方法。

备课、写教案和讲课的每个环节都离不开参考资料的帮助。对于参加教学实习的学生来说，并不是手中有了很多参考资料就能讲好课，并不是所有的资料都适用于教材的内容，而且也不能将参考资料作为讲课的重点，更不能将教材的内容与参考资料的观点生搬硬套。

（二）了解学生的实际情况

教学是一项师生之间互动的活动，教师所做的努力都是为了能教好学生，让学生更好地掌握知识。教师教学的对象是学生，所以要十分了解学生的实际情况。学生的知识基础，认知能力和理解能力，对教材的熟悉程度，能够接受知识的深广度，包括学生的兴趣所在，等等，这些都在教师了解的范围之内。如果教师对所教的学生并不了解，那么在讲课的过程中，难免会因为按照自己的兴趣、意愿和方式讲课，而造成学生"不知所云"的结果。这样不仅教师的教学失败，而且教师课前所做的一切努力也将没有任何意义。

同一个班级的学生必定会有学习能力强和学习能力弱之分。教师在了解了学生的实际情况后，不仅对整个班级学生的实际知识掌握状况有了一个把握，而且要做到在教学实践过程中区别对待，不能因为部分学生学习能力强而只设计适合他的教学方法和进程，也不能仅仅考虑学习能力弱的同学而拖住全班同学的学习步伐。教师可以选择课后帮助辅导的方法，使成绩较差的学生尽快赶上来。

教师在了解了学生的实际情况后，应该总结出哪些问题对学生来说是应重点讲解的，哪些问题应该反复练习，哪些问题是可以一带而过的，并根据情况提炼出一般性问题和个别性问题，这样可以让同学们在重、难点问题中清晰地把握教材的内容和教师的教学思路。

（三）备教学步骤和方法

教学方法和步骤是进行讲课的基础。简单地说，教学步骤就是指教师在讲课过程中先讲哪些内容后讲哪些内容，练习题在哪里设置，讨论环节在什么时候进行等。教学方法是指教师运用各种理论、逻辑思维方法，或者用其他教具辅助等来帮助提高课堂教学质量的方式和手段。

在选择教学步骤和方法时，教师应该根据教学目的、教学内容和学生的实际情况确定。再合理的教学步骤和方法，脱离了教学目的和内容，都会失去教学的意义。不能让学生学到应学的知识，这样就等于是在做"无用功"。教学步骤和方法还应该根据学生的实际情况来设计，采用从简到难逐渐深入的方法，较容易被学生接受。

（四）备艺术的教学语言

其实，教师在课堂上所讲授的内容都是通过教师的语言来完成的，优秀的教师往往十分注重艺术地组织语言，通过对教学语言技巧的运用，生动、形象、精确地传达要讲授的内容。艺术的教学语言并不是现场发挥就可得到的，而是需要在备课的过程中反复推敲、反复思考而得出。对于参加教学实习的学生来说，艺术的语言是个较难攻克的问题，实习的学生有时会因为初涉讲台而紧张得语无伦次，有时会因为缺乏经验而不知所云。鉴于是教学的新手，参加教学实习的学生可以将自己事先设计好的讲课语言记录在本子上，然后在课前不断地试讲（就是自己讲给自己听），直到自己能够将组织好的语言脱口而出，充分展现自己的语言风格，才算是备好教学语言这一环节。参加教学实习的学生在不断地考究艺术的教学语言的过程中，也可总结和培养出适合自己的教学语言的风格。

（五）备教学的感情和仪态

备教学的感情和仪态，就是指教师在讲课之前要调整好自己的情绪和采用与教材内容符合的表情、体态等。经验丰富的教师都会有这样的体会：讲课时的情绪会直接影响到教师讲课的效果。教师讲课时，情绪低落、有气无力，或者时不时流露出自己是满腹心事，学生就会跟着教师变得郁郁寡欢、无精打采。如果教师走进教室给同学的印象是精神饱满、心情舒畅、信心十足，那么学生也会情绪高昂，学习起来也会精神焕发。所以，教师在课前不管有怎样的情绪，都应该调整好自己的情绪，很好地带动学生的学习情绪。教学的仪态是要求教师在讲课时要姿势优美、不做作、自然大方，表情要按照教学的内容而有所变化。

（六）备教学设备

备教学设备，是指教师在备课的同时要考虑好各种教学设备的应用。如何应用、何时用何种设备，都要写进教案。随着教学设备的不断丰富，多媒体进入了课堂，传统的教学设备不断更新，变得更有益于教育事业的发展。教师们都十分注重合理利用教学设备。对于参加教学实习的学生而言，对教学设备还较为陌生，所以在备课的同时，要不断地演示运用教学设备。怎样用幻灯仪、转换电子教案，什么时候该用黑板等都是备课的内容。尤其是对那些需要做实验的课程，教师更应该透彻地了解教学设备的情况，并反复演示，做到轻车熟路。对于有一定危险性的实验，教师在上课之前要仔细检查实验设备，避免危险事件发生。

备课是教学过程中至关重要的环节。对于参加教学实习的学生来说，备课不仅仅是备好教材就可以了，实习学生应该全面考虑自己在讲课过程中的一举一动。全面备课可以做到有备无患，这对于培养自身的备课习惯和教学方法都十分有益。

四、教案的编写和制作

（一）编写和制作教案的原则

1. 符合科学性的原则

符合科学性，是指教师要认真贯彻大纲精神，依照教材的内在规律和特点，结合学生实际情况来制订教学目标、重点、难点以及设计教学步骤和教学方法。教案要依纲扣本，有科学性。

2. 基调要健康向上

教案中不能用不雅的字眼，电子教案也不能采用内容不健康的音乐和图片。教师在教案中所展示的都应该是鼓励学生积极向上、乐观进取的精神。同时，教案的基调也要明朗，不能让学生造成云里雾里的感觉。明确的基调可以帮助学生更好地掌握教材的宗旨。

3. 强调可操作性

教案是教师上课时的教学方案，是教师的指示灯，与此同时，电子教案也是学生们的课堂笔记。教师在上课的时候，要按照实际情况，归纳总结内容，该简洁的地方要一目了然，该重点阐述的地方要丰富多彩，这样教师教着方便，学生学得明白。

4. 体现创新性

教案的写作和制作都要体现教师自身的风格和特点。教师应该在吸取他人经验的同时，通过对教材的研究、参考资料的整理，再结合自身的特点，精心地安排，细致地构思，创造出具有自己风格的教案。在制作电子教案的时候，要求教师体现自己独特的风格。电子教案的模板多样，而且教师也可以根据自己的教学需要设计不同的形式，体现创新色彩。

5. 体现差异性

在准备教案时，教师应全方面地考虑课堂中可能出现的问题，比如学生会在什么问题上被难住；教学过程中出现了预想以外的事情怎么办；学生跟不上教师的步伐怎么办等。教师应该仔细思考以上可能出现的问题的解决方案，在头脑中准备几套教学方案，这样才能有备无患、因势利导，顺利完成教学任务。

（二）纸介质教案的写作

纸介质教案是用文字在纸上写出备课的主要内容。在写作教案的时候，教师应该根据自己的情况和教学的内容来决定教案篇幅的长短和繁简。前面已经说明了纸介质教案主要是针对教师的教学指导而写的，因而，教师只要自己看得明白，再结合板书，这样就可以达到预期的效果。如果是针对公开课、实验课等教学实践，教师应在自己看得懂的基础上，周密地设计教案，策划出结构明晰的板书，让他人也能够学习和借鉴。

纸介质教案一般包括以下几个内容：

1. 题　目

如果教师所讲的内容是专题内容，那么课题就应该是专题的题目。

2. 教学目的

教学目的要以教学大纲为依据，以教材的内容为根本，并考虑学生的实际情况，来确定某阶段的教学目的。教学目的，是教学实践的纲领，因而教学的重点、难点要在这一目的范围之内，并且教师要根据教学目的确定教学步骤，使用合适的教学方法和避免随意教学的错误情况出现。

教学目的由知识目标、能力目标和德育目标三个部分组成。

知识目标是指对基础知识的掌握。基础知识包括基本概念、基本理论、基本公式、基本定理、基本观点等。

能力目标，是指学生通过对基础知识的学习和研究，能够运用所学知识的程度。也就是说，学生所学的知识并不单局限在课本的范围之内，学生可以在实践中灵活运用知识，并逐渐巩固已获得知识，不断提高学生的分析能力和动手能力。对于这项能力目标的培养，要求教师的教案包含学生动口、动手、独立思考的部分。在课堂教学中，通过学习，使学生的知识从理论的掌握上升到实践的操作，全方面锻炼学生的能力。

德育目标是指通过学习让学生树立正确的观点和思想，培养良好的情操，提高学生的综合素养。

3. 教学重点

教学重点是指教学内容的关键之处，是最基本也是最重要的知识。在教学实践中，教师要在教学重点上仔细讲解，反复强调和练习，让学生透彻地掌握重点，然后触类旁通、举一反三。学生了解了重点内容，其他的问题就会迎刃而解。对于教师来说，如何抓住教学内容的重点，并在教材中显著体现是至关重要的。

4. 教学难点

教学难点是指学生对教学内容中不能理解，或者不容易掌握的知识和方法。出现教学难点的原因有很多，如教材有部分内容十分抽象难懂，或是教师没有深入地了解学生，而使得教案中没有充分体现对难点的解决，还有可能因为教师选择教学方法的不得当，造成学生听不懂，进入误区而形成的难点等。教学难点之所以难，主要是因为对于学生来讲，内容是比较陌生、复杂、抽象的。面对这样的情况，教师就应该在编写教案之前着重了解学生现有的知识水平，把握好什么样的问题才是难点，节省对普通问题的讲解时间，将难点问题攻克。

教学难点也是教学的一个主要矛盾。在解决了教学的重点问题和难点问题后，教学活动已经成功了一大半。对于那些自学能力较强的学生，只要重、难点解决了，就可以自己学习完整个教学内容。有的时候，教学重点和难点合二为一，有时二者分离。当重点和难点分离的时候，教师应该明确二者的主次关系，同时两手都要抓，两手都要硬。

5. 教学课时

教学课时是指教完一个章节或一篇课文所需要的时间。一般来说，教学课时以一课时为基本单位，对于一讲课有 2~3 个课时的课程，可以以一讲课为单位。在写作教案的时候，教师要以一课时或者一讲课所讲授的内容分别编写。

6. 教学步骤和方法

教学步骤和方法是为了达到教学目的而设计的教学进程和采用的教学方案。教学步骤和方法应该在每部分教学内容中都有所体现。教学步骤和方法的确立，首先要对备课内容进行梳理，然后安排教授的先后次序，除了注重讲授内容的衔接以外，还要把精心设计的练习题或者是讨论题适当地穿插在教学过程当中。一般来说，教学步骤分为预习、讲解、复习、练习四个部分。每个部分的详略各有不同，需要的时间也应该合理安排。教学方法是贯穿在整个教学实践的过程中的，教学方法应灵活多样，有时一份教案要涉及几种方法。

7. 板书的设计

板书的应用对于纸介质教案来说是十分必要的，板书设计也是教案的重要组成部分。为了让学生明确教学内容的思路，教师应在板书设计上多花心思。教师可以将教学内容的核心、线索、结构层次关系，通过板书展示给学生，这样可以提纲挈领地帮助学生整体把握教材的内容。

在编写纸介质教案的时候，教师应该注意的就是，字迹要工整清晰，条理要清楚，内容的难易程度要视情况而定。

（三）电子教案的制作

电子教案的制作相对于纸介质教案来说要复杂些。电子教案要求教师有一定的计算机应用知识，同时可以熟练运用各种软件和网络资源。虽然说电子教案的制作较为复杂，但是却很容易上手，对于一些技能的掌握，只要勤练就可以运用自如。对于教师来说，电子教案更有利于备课和课堂讲授；对于学生来说，电子教案是吸引他们上课注意力、丰富他们想象力和开发他们智力的好帮手。

1. 电子教案的内容

电子教案应包括课题、教学目的、教学重点、教学难点、教学课时、教学步骤和方法、板书设计等内容，此外，电子教案还应该体现教学评价和教学资源利用（即网络资源利用）等部分，同时，不可缺少的是在电子教案中插入动画、影音等内容。

电子教案在教学课题、目的要求、重难点、教学课时、教学步骤方法、板书设计的内容上，与纸介质教案基本上是一致的。略有不同的是在教学课时的安排上，因为电子教案的教学容量较大，因而在课程的安排上也应该根据实际情况做调整。一般来说，一份电子教案的制作应该是以一篇课文或一个小节的内容为单位，这样可以全面地将内容展示给学生，并将下一课时要讲授的内容提前让学生有所了解，以便做好预习工作。板书的设计在电子教案中也是重要的部分，教师可以不将这部分内容写在黑板上，但在电子教案上的板书应该是条理清晰，并能起到提纲挈领的作用，这样才能与正常的板书达到同样的效果。

电子教案中的教学评价，一般是根据教案的制作和教学实践的完成情况来制作的。这部分内容可根据其他教师或教研组对电子教案的评价、教师自己对教学实践的体会和学生对教学的满意程度，实事求是地撰写。对于参加教学实习的学生而言，教学评价是十分必要的。实习学生的教学评价中还有指导老师的评语，实习学生根据这些评价来总结经验教训，逐渐提高自己制作教案的能力。

在电子教案中，教学资源的利用主要是指对超链接技术的使用，是对网络资源的合理利用。教师在讲授完课程时，可以通过超链接的形式，帮助同学查找一些相关文章或研究成果，供学生参考和扩充知识。

电子教案中动画和影音的穿插，是电子教案的最大特色。这些内容可以帮助学生更好地理解教学内容。有时一个影片的片段可以帮助学生更好地掌握人物的心理和性格，一首歌曲可以带学生们进入所讲授的时代之中。所以，动画和影音部分的内容是教师应该精心构思和选择的部分。

2. 电子教案的制作

第一，要根据教学目的要求对电子教案进行整体的构思。电子教案的构思要符合教学大纲的要求和教学内容的安排。在构思成熟之后，就要收集素材。素材的来源较广，我们可以把已有的图片作为素材，也可以从各种图书中获取，还可以选取光碟上和网络上合适的材料。素材收集的种类繁多，不仅仅局限在图片的收集上。音乐、影视、动画等材料也是素材的组成部分。素材收集好后，通过筛选，去粗取精，留下适合教学要求和教学内容的材料，并加工整理，以备应用。

第二，选择合适的模板。模板的形式不易太复杂，要符合可操作性原则。模板确定之后就是文本的输入。在输入文字的同时，还可以根据页面的颜色和图片等的设计，调整字的颜色和大小，以达到和谐的视觉效果。

第三，插入表格、图片和影音文件。教师可以根据自己的教学需要制作一些简单的表格，也可以通过软件直接插入复杂的表格。图片和影音文件的插入是在内容输入完整之后，根据不同页面的内容，穿插在与内容相符的图片和影音文件中。

第四，设置练习题、讨论题和作业。科学地设置练习题和讨论题，会使学生及时巩固所学的知识，并在解答问题中发现更多的问题。作业的布置应该是在电子教案课程内容结束之后体现。

第五，电子教案的第一遍制作结束时，教师还应对电子教案进行检查。检查教案的内容是否突出重点和主题，检查教学步骤和方法是否得当，检查文字中是否有错字和别字，检查图片的效果,检查影音文件的画面或声音是否清晰,还要检查表格中数据的准确性,等等。只有通过细致的检查,发现电子教案中存在的不足,并及时改正,才能逐渐加强制作电子教案的能力,也只有这样,一篇优秀的电子教案才算是真正出炉。

对于参加教学实习的学生来说,不管是写作纸介质教案,还是制作电子教案,自始至终都要在指导老师的指导和帮助下完成。对于写好和做好的教案,应该在授课前拿给指导老师审阅,并吸取好的建议和方法,反复地修改,在定稿之后,才可以作为教案在课堂教学过程中使用。

五、优秀纸介质教案实例

《药》

一、教学目的
1. 了解小说所反映的辛亥革命时期的中国社会。
2. 了解小说明、暗两条线索。
3. 认识小说中鲜明生动的人物形象。
4. 深刻认识小说主题。
二、教学重点
小说的情节、人物和主题。
三、教学难点
小说主题的深刻认识。
四、教学方法
以导读、研讨为主,辅之以点拨、释疑。
五、教学设想
因时代较远,加之高一学生要真正读懂《药》相对困难,因而安排四课时。

第一课时在初读文意的基础上着重了解时代背景,第二课时着重理清情节和读懂小说内容,第三课时着重分析人物形象和把握主题,第四课时着重研讨场面描写、景物描写及其作用,以及"设疑探微"、课后练习等内容。(本教案的教学问题均可制作成教学多媒体。)

第一课时

教学重点:1. 了解课文内容,训练概括能力。
    2. 了解时代背景。
一、由"单元导读"—介绍鲁迅—导入新课
1. 专心初读(默读)课文,获取初读感知(有条件也可让学生在预习课文的基础上观看《药》的故事片),四部分内容分别用4~5个字概括:一、老栓"买"药;二、小栓"吃"药;三、茶客谈"药";四、华大妈上坟。
2. 请学生谈谈读后(或观后)的初感。交谈后明确:《药》是出悲剧(悲剧是将人生有价值的东西毁灭给人看)—悲在何处(脱离群众)—怎样写悲的(《药》是以小说这种体裁形式表现辛亥革命脱离群众这出深刻悲剧的)。

二、了解小说知识

1. 小说是一种怎样的文学体裁？

（小说是一种用完整的故事情节、具体的环境描写，以及人物形象的塑造来反映社会生活的叙事性文学体裁。因此，"情节、环境、人物"是小说的三要素。）

2. 阅读小说有哪些基本方法？

（了解背景—把握主题—厘清情节—分析人物）

三、了解背景（环境）

1.《药》反映了怎样的社会现实？

（小说反映了辛亥革命时期的中国社会现实：封建专制，贫穷落后，民众愚昧、麻木、不觉悟。）

2.《药》哪些地方描写了民众的愚昧、麻木、不觉悟？

（指出并明确："老栓买药""刑场看客""茶客谈药"，尤其是"二十多岁"的青年人对夏瑜狱中英勇表现的"气愤"、夏四奶奶的"羞愧"，以及两位母亲对儿子死因不理解，毫不醒悟的描写，都深刻反映了民众的愚昧、麻木、不觉悟，也层层深入地揭示了悲剧的最悲处。）

四、布置作业

结合课后第一题，阅读思考小说的情节是怎样展开的？

第二课时

教学重点：1. 厘清小说情节。
          2. 读懂小说内容。

一、研讨情节

《药》是围绕明、暗两条线索展开情节的。

明线：老栓买药→小栓吃药→茶客议药→药的效果（华大妈上坟）（四个场面分别写了时间、地点）。

暗线：夏瑜被害→夏瑜血被吃→夏瑜被议→血的悲剧。

二、理解各部分内容

1. 开头的时令描写勾勒出了黎明前的什么特征？

（阴暗、凄清，还有几分恐怖——暗示当时的时代特征。）

2. 华老栓走到街上，天气本来比屋里"冷得多"，为什么"倒觉爽快"？在这以前心情怎样？在这以后心情又怎样？

（在"爽快"之前的心情是沉重的；在"爽快"之后的心情则是由"发冷"吃惊—"慌忙""跨踌"—精神兴奋。）

3. 第三部分"中间开花"，贯通前后。

（1）华老栓的两个眼眶为什么"都围着一圈黑线"？是因连夜买"药"所致。）

（2）康大叔接连嚷了八个"包好"，分别包含了什么意思？（前四个标榜这人血馒头"与众不同"，因是革命者的鲜血染成；后四个是针对小栓"不住的咳嗽"而发，自我嘲弄这人血馒头治病无效。）

（3）康大叔同茶客说了些什么？说明什么？（他讲的是夏瑜被捕的原因和在狱中的表现，说明了革命者的英勇、刽子手的凶残、奸细的卑劣、群众的愚昧——点明了悲剧根源。）

4. 第四部分夏四奶奶为什么"现出些羞愧的颜色"？又为什么"瞪着眼只是发怔"？华大妈两次提出"我们还是回去吧"，各包含着怎样的意思？

（总的写出两位母亲对儿子死因不理解，毫不醒悟，进一步点名了悲剧的最悲处。）

5. 小说结尾夏瑜坟上为什么"凭空"添上了一个"花环"？

（这表明了有人怀念夏瑜，革命的火种并没有被扑灭，革命后继有人。这花环添得"凭空"，但很有必要，很有深意。）

三、布置作业

找出课文中描写华老栓、夏瑜、康大叔等人物的文字内容，概括他们的性格特征，并思考小说主题。

第三课时

教学重点：1. 分析人物性格特征。
　　　　　　2. 把握小说主题。

一、分析人物

1. 人物形象：华老栓：一个既勤劳善良又愚昧麻木的劳动人民。（哀其不幸，怒其不争）

夏瑜：一个既英勇不屈又严重脱离群众的年轻的资产阶级民主革命者。

康大叔：一个凶狠贪婪为统治阶级效劳、屠杀革命者的刽子手。

2. 人物描写：通过对华大妈、华老栓、康大叔、夏四奶奶、刑场看客等的描写，栩栩如生而又入木三分地刻画了人物群像。（文中有六处人物描写）

二、明确标题含义

1. 小说标题有何意义？

（明确："药"是人血馒头。但它蘸的是一个旧民主主义革命者的鲜血，故就有了其特殊的意义：人血馒头医不好群众肉体上的病；资产阶级革命者的鲜血也治不了群众精神上的病——迷信、落后、愚昧、麻木、不觉悟。）

2. 那么什么是治疗中国社会的良药？

（进行一场真正由民众参加的改造旧中国的革命。）

3. 如果给《药》这个标题加上标点，可以怎么加？

"药"（蘸有革命者鲜血的人血馒头绝不是治疗人体疾病的药。）

药？（什么是治疗中国社会的良药？）

药！（脱离群众的资产阶级革命不是治疗中国社会的良药。）

三、深刻认识主题

补发资料《干粗活的人和双手白净的人》，研讨明确：

1. 两个作品有哪些不同点？

（A. 国别不同：一个是中国作品，另一个是俄国作品。B. 一个反映的是"秀才革命"与农民的问题；另一个反映的是"秀才革命"与工人的问题。C. 一个去买"人血馒头"治病；另一个要去把绞死他的那根绳子搞到手，希望带来"好运"。）

2. 两个作品反映的主题有什么共同点？

（A. 两者都反映了民众的"精神病"：迷信、落后、愚昧、麻木、不觉悟。B. 两者都揭示了资产阶级革命脱离群众的弊病。C. 夏瑜和"白手的人"都是"秀才革命"的牺牲品。）

3. 由此可按"人血馒头"→"药"→"药效"→"什么是真正的药？"的过程研讨揭示主题：《药》通过华、夏两家的悲剧，揭露了封建统治阶级镇压革命和愚弄人民的反动本质，指出唤醒民众、摆脱封建社会精神毒害的重要性，启示人们去探究救中国病态社会的良药。

4. "药"也是小说的悬念（老栓要人血馒头干什么？如此残酷而血腥的药，其药效到底如何？什么才是改造中国社会的真正良药？这一个个同"药"有关的悬念也正是该小说引人入胜、发人深省之处）。

四、布置作业

找出小说的场面描写、景物描写的内容，并思考其表达作用。

第四课时

教学重点：1. 研讨场面描写、景物描写及其作用。
　　　　　2. 研讨"设疑探微"等内容。

一、研讨场面描写及其作用

老栓买"药"、小栓吃"药"、茶客谈"药"、华大妈上坟四个场面，推动了小说情节的发展。

二、研讨景物描写及其作用

1. 华老栓去刑场途中的景物描写（渲染了夏瑜就义时沉寂而肃杀的气氛，反衬华老栓"爽快"和充满希望的心情）。

2. 华老栓刑场归来的景物描写（这是在兴奋中表现他的愚昧麻木，越兴奋越愚昧麻木）。

3. 墓地丛冢的描写（揭露反动派血腥镇压革命者的罪行）。

4. 结尾坟地的景物描写（更是渲染了悲凉、死寂的气氛，也增强白发人送黑发人的悲哀和母亲不知儿子死因、不理解儿子的悲哀）。

三、设疑探微

《药》作为名篇，还有不少内容可"设疑探微"，这对学生学习小说很有帮助。

1. 华老栓买"药"前有没有同华大妈合计过？何以见得？

（合计过。可从"你就去"、"你给我吧"简洁、含蓄而深沉的对话中而知。）

2. 华老栓为什么话少？茶客议"药"时为什么又一言不发？

（从中更显华老栓勤劳朴实、老实憨厚和愚昧麻木的性格特征。）

3. 小栓为什么没说话，只是咳嗽？一共咳了几次嗽？各有什么作用？

（这也是作者的精心安排，"无言胜有言"。小栓一共咳了六次嗽：第一部分咳了二次嗽，第二部分咳了一次嗽，第三部分咳了三次嗽，不仅点明了病情的日益严重，而且是对"包好"的"药"层层深入的揭露和讽刺。）

4. 为什么茶客中还写了一位"二十多岁的人"？他的"气愤"、"恍然大悟"又说明了什么？

（这仍是作者的精心安排：说明当时民众对革命的不理解，不单是中年、老年，而且还有青年。这也是《药》这出悲剧的最悲处的表现之一。）

5. 《药》"画"了多少次眼睛？这对刻画人物有什么作用？

（共画了九次之多，如对华老栓夫妇画了三次，对康大叔画了两次，对夏四奶奶画了两次等，从中进一步体会这些人物的性格或心情。）

四、研讨概念间的同一关系（见教材 P76）

五、学习交流

谈学了《药》后的收获（谈感受最深的或提出还有什么不懂，讨论解决）。

六、布置作业

完成课后练习题一至五题和"逻辑"练习1、2题。

附　板书设计

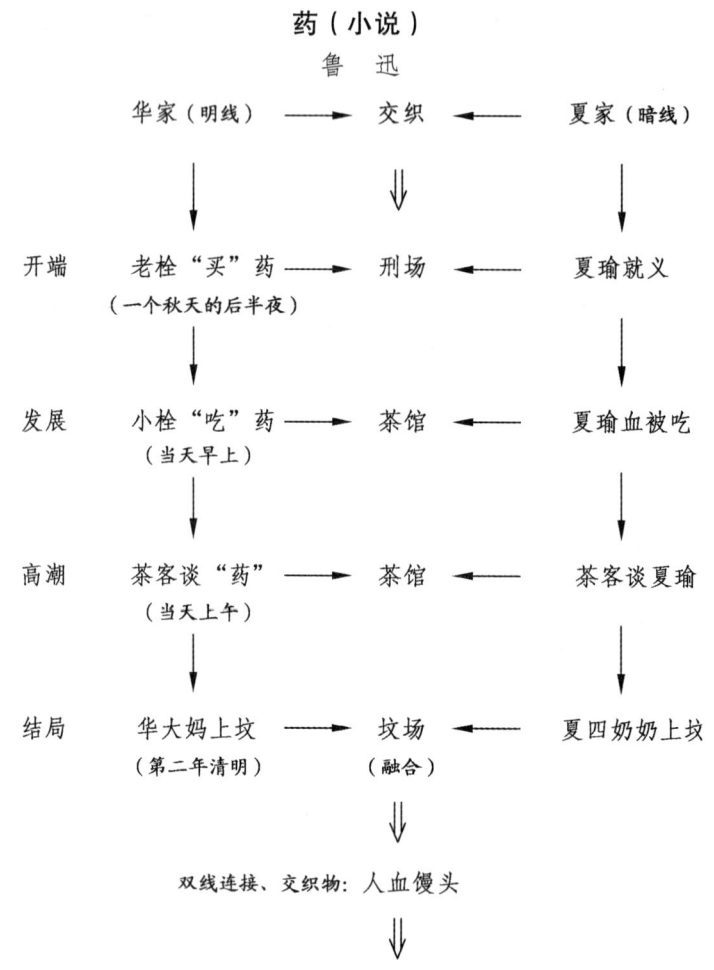

第三节　毕业论文

一、毕业论文的含义

毕业论文是大学本科生、硕士研究生和博士研究生毕业时必须撰写的文章，也称学位论文。它是作者作为提出申请授予相应的学位时评审用的学术论文。

学士论文应能表明作者确已较好地掌握了本门学科的基础理论、专门知识和基本技能，并具有从事科学研究工作或担负专门技术工作的初步能力。

硕士论文应能表明作者确已在本门学科上掌握了坚实的基础理论和系统的专门知识，并对所研究课题有新的见解，有从事科学研究工作或独立担负专门技术工作的能力。

博士论文应能表明作者确已在本门学科上掌握了坚实宽广的基础理论和系统深入的专门知识，并具有独立从事科学研究工作的能力，在科学或专门技术上做出了创造性的成果。

本节仅讨论学士论文。

二、毕业论文的主要特点

（一）专业性和规定性

这里所说的专业性是指毕业论文的选题、内容、知识及语言的运用等，都要围绕自己所学的专业范围来写，具有本专业的特点。毕业论文应反映出作者能够准确地掌握大学阶段所学的专业基础知识，基本学会综合运用所学知识进行科学研究的方法，对所研究的题目有一定的心得体会。论文题目的范围不宜过宽，一般选择本学科某一重要问题的一个侧面。当然，有时涉及一些跨学科的知识，这是可以的，但不能完全抛开本专业知识，否则就无法检查学生的专业知识情况。除此之外，在毕业论文的语言运用上，也具有专业性的特点，各门类学科均有自己的专业术语（如法律专业的诉讼、刑事公诉案件、民事案件、物权体系、行政赔偿等，计算机专业的数据库、编程语言、局域网、防火墙、服务器等），在具体应用时，要遵循专业术语的规范化要求，不可生造、误用术语，否则无法在专业范围内进行有效交流。

而规定性是指凡是高等院校的毕业生必须完成毕业论文，否则无法毕业。在教学计划中，毕业论文是必修科目之一，因而具有学业的规定性。

（二）理论性和创见性

理论是人们对事物本质联系的认识，它揭示事物的内部结构、内部规律、内部矛盾，揭示事物发生发展的条件、方式、特点和规律。一句话，它解释事物"是什么"。理论不仅有指导实践的功能，它还有对实践的解释功能、对实践的预测功能、对实践研究的工具功能。毕业论文不是简单地描述某种现象、某种属性或某种发现，而是要具有理论的、学术的价值。

毕业论文是高等学校应届毕业生总结性的独立作业，是学生在校学习期间学习成果的综合性总结。毕业论文和学术论文一样，要具有创见性。它要求作者对选定的论题要有自己的独特发现或独到的见解，不能人云亦云。当然，大多数学生第一次从事学术论文写作，要求要有多少创见性，也是不现实的，但毕业论文一定要有自己的见解，运用有关的专业知识、原理，科学地剖析客观事物的本质或现象的现状、历史、前因后果等，从而揭示事物的本质及其发展的客观规律。

三、毕业论文的写作

（一）选题应遵循的原则

万丈高楼平地起，只有目的明确、正确，才能使事情事半功倍。毕业论文的选题十分重要，选题选得好，论文就有价值，否则写出来的东西没有实际应用和交流的意义。那么，在选题时应遵循什么原则呢？

1. 应在本专业范围内选题

毕业论文应反映出作者能够准确地掌握大学阶段所学的专业基础知识，基本学会综合运用所学知识进行科学研究的方法，对所研究的题目有一定的心得体会，论文题目的范围不宜过宽，一般选择本学科某一重要问题的一个侧面。如果学生只是对某一选题感兴趣，却对此知之甚少又不在专业范围内，或者根本不涉及专业知识的论文题目，最好放弃。否则，很难有始有终，最后只能中途放弃。

2. 内容要具有价值性

对于拿学位的人来说，写论文不单单是完成任务，更主要的是论文的内容要具有价值性。要根据社会的需要，选择有价值的课题。在选题中，要优先选择那些对当前建设有重要意义、密切联系实际、易于发挥效用的课题。除了考虑直接的实用价值，还要考虑学术价值，不要忽视那些表面上看来没有多少现实意义和实用价值、但对理论研究和专业建设的发展有较高的学术价值的选题。

3. 掌握难易适中的原则

选题时要充分考虑主、客观条件，即要选择那些客观上需要，主观上又有能力完成的题目。所谓客观条件，主要是写作的时间、地点、环境；主观条件包括个人的才能、学识和所掌握的材料等。要在自己力所能及的范围内选题，量力而行。在这里试举一例，如学金融专业的学生，可以选题的范围非常广，你可以从银行独立制度入手，从股权改革、上市公司风险管理方法、股票市场效率、股市发展趋势等方面入手。一般来说，要根据完成论文时间的长短、掌握材料的多少、实验的条件以及个人目前的写作能力来选择合适的题目。题目应难易适中，如《论社会保障基金》与《中国社会保障基金投资分析》两个论题相比，前者题目就大，涉及社会保障基金的各个方面，内容多，材料复杂，写起来就很难；而后者只涉及中国社会保障基金的投资方面，材料相应就少得多，写起来就容易一些。

（二）填写毕业论文任务书

确定选题之后，就得填写毕业论文任务书、搜集资料、调查、研究、实验，然后开始写作。毕业论文写作，从选题到答辩，都有一定的时间限制，为了确保毕业论文按时、按质完成，写作前，必须明确论文的目的和意义、学生应完成的任务、论文各部分的内容及时间分配，制订的写作计划应切实可行。

（三）搜集、整理、分析和研究材料，提炼观点

毕业论文的资料搜集，可以从两方面着手：一是从图书馆、资料室、网络查找有关资料，把它们汇聚在一起，并在阅读中了解前人对此问题的研究成果和见解，了解选题的学术状况，在此基础上有所发现和突破。当然，在阅读中做笔记是个事半功倍的好办法，这样当你在回头想起什么时，不会海里寻针。最后，最好在阅读前了解毕业论文对于文献的数目量和来源要求，这样在查找时可以准备充足，才不至于最后手忙脚乱。二是直接通过社会实践来搜集

材料。在有些毕业论文的写作中，学校要求学生亲自做一些调查和采访、实验，这样得来的材料就是一手材料，那么上面所提到的第一种途径可以称之为二手材料。工科学生的毕业设计多是在工厂实习的基础上完成的，所以毕业论文指导教师很强调学生在毕业实习中从选题出发选择实习单位，广泛地搜集资料，并通过相关的社会调查来获取材料。

在广泛搜集材料的基础上，要整理、分析和研究材料，经过归纳、概括，找出具有规律性的东西，提炼出一个与论文选题相适应的论点，借以统帅全文的写作。论点的提炼，涉及作者的研究能力、思维能力、学识水平，等等，这是写作论文较难且又十分重要的一个环节。作为大学生来说，首先要把分散的、表象的材料进行整理、分类，然后把它们联系起来。分类是一种找联系、寻关系的逻辑方法，是作者独立思考、产生创见的基础。经过对分类的材料进行比较、研究，形成一个对事物较为完整的本质规律的认识，并从中找出突破口，发现没有被认识的新问题。通常采用的分析研究方法有：哲学思维方法（这是对可以作为世界观和一般方法论起作用的哲学基本范畴的理解和运用，如形式和内容、可能和现实、一般和个别、必然和偶然、原因和结果等）、逻辑方法（运用形式逻辑如概念、判断、推理和辩证思维如抽象、具体、分析、综合所揭示的一般思维规律寻找和把握事物的内在联系，完成从现象到本质、个别到一般的抽象和概括工作）、历史方法（通过各种具体材料的印证和分析、比较，探求影响、决定事物生成与发展变化的各种原因或客观规律）等。

（四）拟定提纲

毕业论文的提纲犹如工程的蓝图，是作者构思谋篇的具体体现。写作提纲能使作者易于掌握论文结构的全局，层次清楚，重点明确，简明扼要，一目了然。一个好的提纲，能纲举目张，提纲挈领，掌握全篇论文的基本构架，使论文的结构完整统一；可以帮助作者树立全局观念，从整体出发，安排、组织、利用资料，决定取舍，最大限度地发挥资料的作用，很好地为表达论文的内容服务；有利于及时调整，避免不必要的返工。另外，初写论文的学生，如果把自己的思路先写成提纲，再去请教他人，人家一看就能懂，并容易提出一些修改补充的意见，使自己得到有效的指导。毕业论文的提纲必须经过指导教师审阅，提出意见修改后才能动笔写初稿。

毕业论文提纲可分为简单提纲和详细提纲两种。简单提纲是高度概括的，只提示论文的要点，如何展开则不涉及。这种提纲虽然简单，但由于它是经过深思熟虑构成的，写作时能顺利进行。没有这种准备，边想边写很难顺利地写下去。详细提纲，是把论文的主要论点和展开部分较为详细地列出来。如果在写作之前准备了详细提纲，那么，执笔时就能更顺利。采用什么方式拟定提纲，应根据学生自己的习惯和毕业论文写作的要求。而否则，很难写出合格的毕业论文。总之，在动手撰写毕业论文之前拟好提纲，写起来就会方便得多。

（五）撰写初稿

提纲经过修改确定以后就要进入初稿写作，这是毕业论文制作的重要阶段。在初稿的写作中，要从中心论点出发，决定材料的取舍，把与主题无关或关系不大的材料毫不可惜地舍弃。尽管这些材料是煞费苦心费了不少劳动搜集来的，但是，必须时刻牢记材料只是为形成自己论文的论点服务的，离开了这一点，无论是多好的材料都必须舍得抛弃。初学撰写论文的人常犯论点和论据没有必然联系的毛病，有的只限于反复阐述论点，而缺乏切实有力的论据；有的材料一大堆，论点不明确；有的各部分之间没有形成有机的逻辑关系，这样的毕业论文都是不合乎要求的。为了有说服力，必须有虚有实，有论点有例证，理论和实际相结合，论证过程有严密的逻辑性。

语言是思想的载体。毕业论文的写作，要注意语言的运用，努力使论文语言简洁、准确，专业术语规范化。

（六）修改定稿

好文章都是改出来的，没有哪一个作者可以写完就定稿，修改是无论什么写作都必须经过的程序。对初学写论文的同学来说，反复修改毕业论文就更有必要。毕业论文的修改可以从以下方面入手：

1. 检查主题

主题是文章的价值所在。主题要正确、鲜明、深刻、集中、新颖。主题如果有问题，就非改不可。

2. 核实、增删材料

（1）引用材料的地方是否恰当，是否可以说明问题。
（2）看是否有还需要增、删材料的地方。
（3）全文引用材料比例是否合适，一般来说不宜过多，当然太少也不会有说服力。
（4）材料引用出处是否完整、正确。

3. 调整结构

仔细检查论文的结构从局部到整体是否协调，层次、段落、开头、结尾、过渡、照应安排是否恰当，以及结构的布局是否清晰，要有条理地体现论文的内在逻辑性。如有不妥之处，还需要进一步调整。

4. 锤炼语言

初稿写成后，首先要交指导教师审阅，请其提出意见和建议。然后根据指导教师的意见仔细分析，从中得到某种启迪和认识，也可征求同学们的意见，以获得不同的见解和认识，这样，有利于论文的修改、完善。经多次修改、征得指导教师的审定后，方能定稿。定稿要求打印，做到字迹清楚、工整、规范，标点符号和毕业论文的格式都要符合要求。

四、毕业论文的一般格式

目前我国高等院校对毕业论文的格式要求大同小异，基本上是按照国家标准局制定的GB 7713—87《科学技术报告、学位论文和学术论文的编写格式》要求学生撰写。论文格式一般包括标题、著者、目录、摘要、关键词、正文、注释、参考书目这几部分。

（一）标　题

毕业论文的标题要求明确、简练。应以最准确、最简明的词语来反映论文中最重要的特定内容和逻辑组合，反对用笼统、空泛、冗长的标题。如《论我国国家赔偿法的特色》《家庭暴力的原因及法律对策》《企业内部审计的作用、问题及对策》等标题都很简明。一看这些标题，便可知文章论述的内容。这类论文标题便于归类、存档、检索。而像《不可思议的问题》《关于医疗制度改革》之类的标题就过泛过大。如果标题语意未尽，可用副标题补充说明论文中的特定内容，以使标题更明确、具体。如《媚雅还是媚俗？——论中国当代小说审美的倾斜》。标题一般不宜超过20字。

（二）署　名

目前大部分学校统一印制了毕业论文的封面，包括论文的题目、作者、系别、论文的导师、日期，须按规定填写。

（三）目　录

目录要按论文的顺序，写清楚论文内容的每一个章节所在的页码，它由序号、章节标题、页码号组成。目录上的章节标题要和文中的章节标题在文字上完全相同，章节的页码要仔细核对，不要写错。页码号和序号一般用小括号标明。

（四）摘　要

摘要是论文的内容不加注释和评论的简短陈述。为了国际交流，还应有外文（多用英文）摘要。毕业论文一般都要写内容摘要附在正文的前面，把主要内容和观点揭示出来。摘要应具有独立性和自含性，即不阅读论文的全文，就能获得必要的信息。摘要中有数据、有结论，是一篇完整的短文。摘要的内容应包含与论文同等量的主要信息，以便于指导教师、答辩教师或其他读者很快地了解论文的主要观点和内容。摘要要写得简明、概括，中文摘要以200~300字为宜；外文摘要不宜超过250个实词。如遇特殊需要，字数可以略多。

（五）关键词

关键词是为了文献标引工作从论文中选取出来用以表示全文主题内容信息款目的单词或术语。每篇论文选取3~8个词作为关键词，以显著的字符另起一行，排在摘要的左下方。如有可能，尽量用《汉语主题词表》等词表提供的规范词。为了便于国际交流，应标注与中文对应的英文关键词。

（六）正　文

正文是毕业论文的主体部分，它包括绪论、本论、结论三部分。

绪论，是毕业论文的开头部分，有的用序言、前言、引言、引论等不同称谓。这部分简要说明研究工作的目的、范围、相关领域的前人工作和知识空白、理论基础和分析、研究设想、研究方法和实验设计、预期结果和意义等，或者提出问题、摆出论点，以引起下文。绪论应言简意赅，不要与摘要雷同，不要成为摘要的注释。一般教科书中有的知识，在绪论中不必赘述。

本论，是论文的核心部分，它包括调查对象、实验和观测方法、仪器设备、材料原料、实验和观测结果、计算方法和编程原理、数据资料、经过加工整理的图表、形成的论点和导出的结论等。在论述中,要做到论据真实、充分,论证严密,结构安排要有逻辑性。篇幅较长的论文,可分成几个部分,并命以小标题,分别加以阐述。

由于论文涉及的学科、选题、研究方法、工作进程、结果表达方式等有很大的差异,对正文内容不能作统一的规定。本论根据不同内容和论证方法,常常采用不同的结构方式。但是,必须实事求是,客观真切,准确完备,合乎逻辑,层次分明,简练可读。

结论,是毕业论文的结尾部分,是最终的、总体的结论,不是正文中各段的小结的简单重复。作者的意图在结论里得到最后的体现。结论既要收束全文,又要考虑和本论的承接,和绪论的照应。论文的结论应该准确、完整、明确、精练。

如果不可能导出应有的结论,也可以没有结论而进行必要的讨论。

可以在结论或讨论中提出建议、研究设想、仪器设备改进意见、尚待解决的问题等,供大家一起探讨、研究。

(七) 致 谢

可以在正文后对下列组织和个人致谢:

协助完成研究工作和提供便利条件的组织或个人;在研究工作中提出建议和提供帮助的人;给予转载和引用权的资料、图片、文献、研究思想和设想的所有者;其他应感谢的组织或个人。

(八) 参考文献

一篇论文的参考文献是将论文在研究和写作中可参考或引证的主要文献资料,列于论文的末尾。参考文献应另起一页,标注方式按 GB 7714—2015《文后参考文献著录规则》进行。

中文:标题—作者—出版物信息(版地、版者、版期)。

英文:作者—标题—出版物信息。

所列参考文献的要求是:

(1) 所列参考文献应是正式出版物,以便读者考证。

(2) 所列举的参考文献要标明序号、著作或文章的标题、作者、出版物信息。

五、毕业论文的答辩

毕业论文答辩是高校毕业生学习实践的最后一个环节,是检查学生毕业论文和知识情况的一种补充形式。它不仅是一种有组织、有准备、有计划、有鉴定的比较正规的审查论文的重要形式,而且是对毕业生理论水平和研究能力的综合考核,并成为学位授予的主要依据。

(一) 答辩的准备

第一,要写好毕业论文的简介,主要内容应包括论文的题目,指导教师姓名,选择该题目的动机,论文的主要论点、论据和写作体会以及本议题的理论意义和实践意义。

第二,要熟悉自己所写论文的全文,尤其是要熟悉主体部分和结论部分的内容,明确论文的基本观点和主论的基本依据;弄懂弄通论文中所使用的主要概念的确切含义,所运用的基本原理的主要内容;同时还要仔细审查、反复推敲文章中有无自相矛盾、谬误、片面或模糊不清的地方,有无与党的政策方针相冲突之处,等等。

第三,要了解和掌握与自己所写论文相关联的知识和材料。如自己所研究的这个论题学术界的研究已经达到了什么程度,前人对此有哪些研究、论述,目前,存在着哪些争议,自己倾向哪种观点及理由,自己的新观点、新见解是怎么形成的;重要引文的出处和版本;论证材料的来源渠道等。

第四,论文还有哪些应该涉及或解决,但因力所不及而未能接触的问题;还有哪些在论文中未涉及或涉及很少,而研究过程中确已接触到了并有一定的见解,只是由于觉得与论文表述的中心关联不大而没有写入等。

有条件的可制作幻灯片。

(二)答 辩

答辩学生向老师就毕业论文的内容作概述。概述一般介绍主要观点、选题理由、论题价值、结论如何,以及主要内容。概述要简明、扼要,不必将原文照念。

答辩学生概述说明之后,便是答辩教师提问。答辩学生要注意听清楚老师提的每一个问题,对有质疑的问题,可请老师复述一遍。回答时,要针对所提的问题审慎阐述,实事求是地回答,没有把握的,不可以辩解,不可答非所问。

例 文

毕业设计(论文)任务书

班　　级_____　学生姓名_____　学　　号_____
发题日期:　　年　　月　　日　　完成日期:　　月　　日
题　　目:《东方快车谋杀案》写作技巧探寻

一、本论文的目的、意义

阿加莎·克里斯蒂被誉为"侦探小说女王",也是欧美侦探小说黄金时代的代表性人物。她在创作手法上独创一格,将侦探小说推向一个新的高度。本文旨在以《东方快车谋杀案》为对象研究阿加莎·克里斯蒂的写作技巧,从而探寻其作品经久不衰的原因。

侦探小说作为一种另类而通俗的文学方式,娱乐公众的性质使之在学术界受到业内人士的长期排挤,因而很少有关于侦探小说的深入研究。但实际上侦探小说所创造的辉煌,所反映的文学智慧的发展,是不容小觑的。国内对于侦探女王阿加莎·克里斯蒂的研究也仅仅集中于美学、人性论等方面,缺乏对其具体作品的深入剖析。所以从《东方快车谋杀案》探寻阿加莎·克里斯蒂的写作技巧一定程度上来说也反映出了欧美侦探小说在鼎盛时期的创作特点,在创作技术上的发展和成熟。同时,也能深入的挖掘出阿加莎·克里斯蒂侦探小说的内在精髓,赋予侦探小说阅读更高层次的意义。

二、学生应完成的任务

① 完成论文创作需要的相关资料的收集、整理工作。
② 撰写论文提纲和文献综述。
③ 完成摘要、关键词和论文正文的写作。

④ 完成论文所需要的注释，并附上资料索引。
⑤ 将摘要和关键词译为英文。

三、论文各部分内容及时间分配（共12周）

第一部分　资料收集整理、外文资料翻译（3周）
第二部分　提纲、文献综述（1周）
第三部分　论文主体写作（5周）
第四部分　修改、定稿（2周）
第五部分　文整、打印（0.5周）
评阅及答辩（0.5周）
备　　注_____

指导教师：_____年　月　日
审批人：_____年　月　日

摘　要

　　侦探小说作为一种另类而通俗的文学方式，给无数读者带来了阅读的乐趣，却因其娱乐公众的性质，长期以来在学术界备受冷落。但不可否认的是，侦探小说所创造的辉煌，所反映的文学智慧的发展是不容小觑的。阿加莎·克里斯蒂被誉为"侦探小说女王"，手法上的独创一格和技术上的纯熟革新，将侦探小说推向一个新的高度。本文旨在通过对《东方快车谋杀案》写作技巧的研究，探寻阿加莎·克里斯蒂作品经久不衰的原因，挖掘出小说内在的精髓，探讨侦探小说更深层次的意义。

　　绪论部分，介绍阿加莎·克里斯蒂的生平和创作，《东方快车谋杀案》的主要内容；分析了本论文的创作理论和现实意义，阐述选取《东方快车谋杀案》为研究对象的缘由。

　　第一章研究小说的情节建构策略。以罪犯设置技巧为核心，从"最没有嫌疑策略""最有嫌疑策略"和"人人有嫌疑策略"三方面展现阿加莎·克里斯蒂笔下波谲云诡的丰富情节。

　　第二章剖析小说的悬念设置技巧。阿加莎通常利用"逻辑时间差"、"密室谋杀"及"完美不在场证明"三个手段来增强作品的悬念效果，推迟结局的揭晓，以此勾起读者的探索欲。

　　第三章介绍了两种精妙的人物设计方法（直接定义和间接呈现）在小说中的运用。直接定义多用于塑造配角，而间接呈现则集中在中心人物侦探的身上，给人以深刻的印象和强有力的说服力。

　　第四章主要揭开阿加莎语言的神秘面纱。对话的频繁使用自然顺畅地道出案情，同时也制造线索和隐匿信息；语言的多义性在激起读者的好奇的同时，给读者留下想象的空间；在营造氛围真实性的同时，也发挥了制造悬念的巨大作用。

　　结论部分总结上述技巧的运用对突出小说主题的意义,进而使读者进一步理解阿加莎·克里斯蒂的侦探小说写作艺术。

关键词：阿加莎·克里斯蒂　东方快车谋杀案　写作技巧

Abstract（略）

key words：（略）

第四节 申 论

一、申论的含义

"申",即说明、引申、申述;"论"为议论、论证,申论,即对材料、事件或问题有所说明、有所申述,从而发表见解、进行论证的文体。

申论考试,是针对给定材料,从自身的观点立场出发进行应对表达的一种考查语言表达能力、分析问题和解决问题能力的考试。

申论第一次进入公务员考试,是在2000年中央国家机关公务员录用考试中。当年公务员考试的笔试由"公共基础知识"、"行政职业能力测验"和"申论"三部分构成。其中"申论"部分是新增加的内容,因此也更为广大考生所关注。2001年中央国家机关公务员考试中,申论再一次出现。经过多年的实践,以及专家学者们的改进与完善,申论现已成为国家公务员录用考试的一门基本科目,日益受到人们的重视。

二、申论写作的要求

(一)认真阅读材料,善于把握事物的本质

申论与作文有些类似,但又与传统的作文不同,从一定程度上来说,它应比作文难度更大一些。但申论的载体还是文字,考生在反复阅读试卷上所给出的材料和提出的有关问题后,应对此用心分析,然后根据涉及的主要线索、主要问题进行阐述和论证。

申论考试所要求的阅读理解能力与平时的阅读理解有很大区别。平时阅读,读的大多是完整的文章作品,而申论考试要求阅读的给定资料却不是什么完整的文章作品,只是些略经整理的"半成品"。申论考试要求考生认真阅读材料,对各种材料和复杂问题进行综合分析,分清主要问题和次要问题,分清有关联的问题和无关联的问题,分清可解决的问题和不可解决的问题,把握事物的本质,由事实上升到观点、由具体问题上升到本质属性、把一堆材料划分为几类材料、把分散事物综合为具有一定内在联系的事物、由给定资料内的事物联系到以外的其他事物,把对材料的分析用语言表述出来,做到言之有据,而不是简单地就事论事或无中生有。

(二)对策方案应切实可行,能够反映出作者具有远见卓识

提出对策方案是申论的关键环节,重点考查应试者思维的开阔程度、探索创新意识、应变能力和解决问题的能力。它给应试者提供了充分发挥的自由空间,表现了公务员独立解决问题的能力。如果在"文章"中抛开"测试材料"所反映的问题,一味写联想、发感叹,那就偏离了撰写申论的目的。申论写作要求所提对策建议及方案等,要具体翔实,具有可行性和可操作性,并要论证表达这样实施的充分理由。应试者可根据各自的知识阅历,对同一问题各抒己见,见仁见智。需要注意的是,必须结合给定资料所涉及的范围和条件,才可能提出切实可行的对策方案。申论写作切忌坐而论道,学究气十足,提一些不现实的、笼统的方案。

（三）做到表达顺畅，语言富有表现力

申论在语言表达上必须做到准确、简明、生动，必须善于透彻、全面、清晰地说理，善于根据需要采用恰当的行文方式。它的基本要求是准确、简明、有条理、有层次、有说服力。用语要特别注意"度"，要得体、郑重，说过了头，反而不能把问题搞清楚。遣词造句应当准确、简明、规范；联句成文应当条理清晰，理、据相谐。

准确—— 传输的信息绝不能有歧义。时间、地点、人员、范围、性质、程度……必须明确，解释唯一；赞同、反对，肯定、否定，必须鲜明，不能含糊。

简明—— 剔除一切冗余信息，凸现主要信息。力求用最精要的文字符号实现预定的表达目的。

规范—— 一是使用的语言符合言者身份，适于审阅者需要；二是语出有据，勿用方言，尽避俗语。总之，要得体、郑重。

条理清晰—— 把握主次，识别因果，从表达目的出发，安排句序、段次；语句之间、段落之间都要体现合理的逻辑关系。

理、据相谐—— 理，是观点、意见；据，是材料、实际情况。后者是对前者的支撑，二者要有必然的、内在的联系。"理"之正确与"据"之充实，相辅为用。

三、申论写作中的注意事项

（一）认真阅读材料

阅读材料的时候要先理清资料的逻辑联系，总结出材料所反映的主要问题，同时还要把握住给定材料所反映的事件的环境和条件，这种既定的条件是提出的对策是否具有可行性的重要依据。在阅读的过程中，要随时对材料进行横向和纵向的分析整合、"碰撞"联系，进行发散性思考、联翩思考及收束性思考等。

（二）注意题目的限制性要求

申论考试一般有三方面的限制：题目具体要求的限制、"虚拟身份"限制和字数限制。考生应仔细审题，看清题目要求，命题者为你设定的身份，个人定位要准确。例如，2012年国家公务员录用考试"申论测试"中有道题是："'给定资料1'中反映的问题需要妥善处理，假定你是某市政府职能部门的一名工作人员，领导安排你处理此事，请你提出解决问题的具体措施。要求：条理清楚，所提措施具体、有针对性。不超过400字。"要求表明考生应以"某市政府职能部门的一名工作人员"的身份提出解决试题中所反映问题的方案。这就是说，你只是作为市级政府的一般工作人员，而不是承担专项职能并有独立解决问题的权力的决策人员。你提出的"方案"是供市政府领导机关或市级职能部门在决策时参考的。

（三）方案要具有可操作性

申论测试的主要功能是考查应试者解决实际问题的能力，这种能力反映在答题中便是要求考生提出的对策建议及方案等要切实可行，具体翔实，具有可行性和可操作性。这表现了公务员独立解决问题的能力。要论证实施的充分理由。申论测试切忌模糊、脱离实际，学究

气十足，提一些不现实的、笼统的方案，坐而论道。

例　文

就红星新村5号楼居民H状告某印刷总公司一案所反映的问题，我们提出以下的解决方案：

第一，鉴于此案已入二审程序，故市中级法院应依法予以审理。

我国法律中有集体诉讼的制度，故多方利益可以在法定的程序中予以协调（另外法院考虑：此案的审理会对其他案件造成影响，这是必要的，但因为我国不实行判例法，故法院所考虑的影响并不是绝对的）。

第二，此案若经二审仍未解决，双方继续向上反映，可依我国法律的有关规定，走申诉或人大监督的程序（在此之前，二审法院尚未判决时，不宜由政府或其他机关插手此事）。

此时，可以设立类似于听证的程序来予以解决，具体步骤如下：① 当事人申请。② 由主管机关公布此申请，并规定期限，让与申请事项有利害关系的各方申请参加，逾期未申请者视为放弃权利。③ 主管机关公布涉及此问题的当事人及各方参加人，并公布解决问题的日期。④ 各方陈述自己的态度及理由。⑤ 主管机关综合各方利益对此做出处理决定。

简析：这是国家公务员考试中某考生答题卷中其所提的"方案"内容。该应试者没有按照给定的"省政府调研室工作人员的身份"去提出解决"某省某市红星新村居民H状告某印刷总公司"所反映问题的方案，没有向政府机关提供解决问题的参考意见，而是陷进了给定材料中的一场具体官司之中不能自拔。应试者完全抛开了自己的虚拟身份，另起炉灶对有关法律问题加以解释，对法院如何审理案件进行评议，已经完全偏离了申论考试的基本要求。

××

习　题

一、单项选择题

1. 判断教案优劣的标准是（　　）。
   A. 教案是否长短、详略得当　　B. 教案是否用词准确、条理清晰
   C. 教案是否文采精妙　　　　　D. 教案是否切实有用

2. 对于参加教学实践的学生来说，教学实践成功的关键是（　　）。
   A. 准备好教案　　　　　　　　B. 与学生的默契配合
   C. 字迹工整、条理清晰的板书　D. 课后良好的教学评价

3. 下列说法中错误的是（　　）。
   A. 纸介质教案主要针对教师自己使用，很少全部展示给学生
   B. 纸介质教案也可作为学生预习、复习、完成作业的参考资料
   C. 电子教案的形式多样，为了吸引学生的注意，应尽量多放些动画、音乐、图片等

D. 电子教案是教师和学生共同享用的资源，使师生互动更为主动

4. 电子教案制作的基本要求是（　　）。

A. 熟练掌握各种相关的计算机软件

B. 教学内容生动丰富

C. 充分体现现代科技带来的形式多样性

D. 形式和内容相统一

5. 电子教案使得教师的教学步骤游刃有余，主要表现在（　　）。

A. 简单的展示和方便的切换

B. 动静结合的教学环境

C. 动画和影音的穿插

D. 增大课堂信息容量

6. 用电子教案上课，（　　）。

A. 老师不用讲课　　　　　　B. 节约教师板书时间

C. 教学十全十美　　　　　　D. 重在引起学生的注意

7. 下列各项中不属于备课步骤的是（　　）。

A. 备教学参考资料　　　　　B. 备教学设备

C. 了解学生的实际情况　　　D. 备教学的感情和仪态

8. 钻研教材，首先要（　　）。

A. 掌握教材体系　　　　　　B. 挖掘教材重难点

C. 熟悉教学大纲要求　　　　D. 设定教材的处理办法

9. 既是最基本最重要的知识，也是教学内容关键所在的是（　　）。

A. 教学目标　　　　　　　　B. 教学重点

C. 教学难点　　　　　　　　D. 教学方法

10. 下列各项中不属于毕业论文选题原则的是（　　）。

A. 掌握难易适中的原则　　　B. 课题要突显学生能力与个性

C. 应在本专业范围内选题　　D. 课题内容要具有价值性

11. （　　）不是论文修改的内容。

A. 提炼论点　　B. 核实材料　　C. 调整结构　　D. 锤炼语言

12. 毕业论文的标题要求（　　）。

A. 简洁、概括　　　　　　　B. 新颖、醒目

C. 明确、简练　　　　　　　D. 短小、精干

13. 下列本科毕业论文的标题中，正确的是（　　）。

A. 荒原中的独行者——卡夫卡中长篇小说研究

B. 关于三农问题的研究

C. 物理界神秘现象研究

D. 医学界最新成果研究

14. 毕业论文目录中的页码和序号一般用（　　）标明。

A. 大括号　　B. 中括号　　C. 小括号　　D. 书名号

15. 下列叙述不符合摘要写作要求的是（　　）。

A. 摘要应具有独立性和自含性

B. 摘要内容应简明、概括，以略少于论文主要信息为宜

C. 摘要中有数据、有结论，是一篇完整的短文

D. 中文摘要不宜超过 200~300 字，外文摘要不宜超过 250 个实词

16. 下列关于毕业论文的说法中，正确的是（　　）。

A. 毕业论文的绪论部分就是对摘要的扩充和注释

B. 毕业论文的正文部分可以采用不同的结构方式

C. 毕业论文的结论部分就是前面各部分小结的集合

D. 毕业论文最终必须导出应有的结论，不能做没有结论的讨论

17. 毕业论文参考文献的英文格式是（　　）。

A. 标题—作者—出版物信 　　　B. 作者—出版物信息—标题

C. 版地—版者—版期 　　　　　D. 作者—标题—出版物信息

18. 下列说法中正确的是（　　）。

A. 申论类似于传统的议论文，所以可以议论文的写作方式来写

B. 在提出方案时，应尽量与专业知识、理论相结合，以体现应试者的专业水准

C. 申论是对材料、事件或问题有所说明、有所申述，从而发表见解、进行论证的文体

D. 申论考试所给的材料很散，空间余地很大，应该充分利用这点进行联想和发挥

19. 下列各项中不属于申论语言表达要求的是（　　）。

A. 生动活泼 　　　　　　　　　B. 理、据相谐

C. 条理清晰 　　　　　　　　　D. 准确、简明

20. 下列说法中正确的是（　　）。

A. 申论对专业知识的要求特别高，所以大学生平时一定要加强专业知识训练

B. 毕业论文和学术论文不一样，不必选那些有很高学术价值的选题

C. 教案就是教师在结合教材思考时所得到的心得体会

D. 无论是写作教案、毕业论文还是申论，都要注意理论联系实际

二、多项选择题

1. 教案在教师教学活动中的重要作用体现在（　　）。

A. 增强教学的目的性和条理性

B. 有效减少跑题现象

C. 完全避免教学的随意性

D. 扩充教师的知识面

E. 帮助教师改进教学，形成自己的教学风格

2. 电子教案的特点有（　　）。

A. 信息海量性、教学活跃性

B. 科技性、趣味性 　　　　　C. 灵活性、新颖性

D. 形式主体性、风格多样性

E. 内容主体性、学生主体性

3. 电子教案与纸介质教案的区别体现在（　　）。

A. 载体不同，纸介质教案的载体是纸张，而电子教案的载体是多媒体

B. 内容不同，电子教案不仅包含了纸介质教案的全部内容，还融入了声音、影像等动态情景
C. 使用者不同，纸介质教案仅限于教师教学使用，而电子教案是教师和学生共同享用的资源
D. 效果不同，电子教案的出现使教学环境发生了本质的改变，师生间的互动由被动变为主动
E. 难易程度不同，电子教案的制作较纸介质教案复杂，需要教师掌握一定的计算机技能和熟悉相关软件操作

4. 电子教案仍存在问题，如（　　）。
A. 学生过度依赖教师所提供的知识
B. 固定版面和活动版面之间怎样协调
C. 素材的选取　　　D. 教学内容怎样设定
E. 追求形式美

5. 选择教学步骤和方法时，应依据（　　）。
A. 教学目的　　B. 教学要求　　C. 教学内容
D. 教学的基本经验　　E. 学生的实际情况

6. 下列各项中属于教案编写、制作原则的是（　　）。
A. 符合科学性的原则　　B. 基调要健康向上
C. 强调可操作性　　D. 体现创新性　　E. 体现差异性

7. 教学目的一般包括（　　）。
A. 技能目标　　B. 知识目标　　C. 操作目标
D. 德育目标　　E. 能力目标

8. 下列说法中错误的是（　　）。
A. 教学目的要以教学大纲为依据，以教材为根本
B. 教学重点和教学难点经常重合，所以只要着重准备其中一项即可
C. 一般来说，教学步骤分为预习、讲解、复习、练习四个部分
D. 电子教案可以直接展示给学生看，所以不用在电子教案中特意安排板书设计
E. 电子教案中的教学评价，一般是根据教案的制作和教学实践的完成情况来制作的

9. 毕业论文的主要特点有（　　）。
A. 专业性　　B. 理论性　　C. 创见性
D. 独立性　　E. 规定性

10. 下列说法中正确的是（　　）。
A. 毕业论文不是简单地描述某种现象、某种属性或某种发现，而是要具有理论的、学术的价值
B. 鉴于大部分学生第一次从事学术论文写作，所以对毕业论文的创新性并不做要求
C. 为了让论文有充实的证据支撑，一定要进行各种调查、采访、实验等
D. 在写作毕业论文之前一定要拟定论文提纲，使作者易于掌握论文结构的全局
E. 写作毕业论文时一定要充分利用收集到的各种材料和证据，不可舍弃

11. 拟订提纲是毕业论文写作中十分关键的一步，其重要作用体现在（　　）。
A. 便于他人看懂，提出修改补充意见
B. 从全局出发决定资料的取舍
C. 方便写作者行文，不必调整写作思路

D. 掌握全篇基本框架，使其结构完整统一

E. 便于及时修改，避免不必要的返工

12. 毕业论文的初稿拟定后，调整结构包括（　　）。

A. 局部到整体是否协调

B. 层次、段落、开头、结尾、过渡、照应安排是否恰当

C. 结构的布局是否清晰

D. 主题是否集中　　　E. 核实、增删材料

13. 毕业论文修改要检查材料使用的正确性，就是要看（　　）。

A. 引用材料的地方是否恰当

B. 引用的材料是否可以说明问题

C. 材料是否还有需要增、删的地方

D. 全文应用材料的比例是否合适

E. 材料引用出处是否完整、正确

14. 下列关于毕业论文所列参考文献的要求是（　　）。

A. 著作或文章的标题

B. 中文格式：作者—标题—出版物信息

C. 英文格式：标题—作者—出版物信息

D. 要标明序号

E. 所列文献是正式出版物

15. 毕业论文答辩前应准备（　　）。

A. 收集与论文相关的各类材料

B. 了解和掌握与自己所写论文相关联的知识和材料

C. 论文的不足之处

D. 熟悉自己所写论文的全文，尤其是主体部分和结论部分

E. 准备好毕业论文的简介

16. 提出对策方案是申论的关键环节，它重点考查应试者怎样的能力（　　）。

A. 思维的开阔程度　　　　B. 团队合作的精神

C. 探索创新的意识　　　　D. 应变能力

E. 解决问题的能力

17. 申论写作对所提对策方案的要求是（　　）。

A. 具体翔实　　　B. 简明概括　　　C. 具有可行性

D. 具有学术性　　E. 论证表达这样实施的理由

18. 申论的写作要求是（　　）。

A. 言简意赅，把握重点

B. 认真阅读材料，善于把握事物本质

C. 理论结合实际

D. 对策方案切实可行

E. 表达顺畅，语言富有表现力

19. 申论写作中应注意的事项包括（　　）。

A. 语言要简练有力　　　　B. 书写格式要规范
C. 认真阅读材料　　　　　D. 注意题目的限制性要求
E. 方案要具有可操作性

20. 申论考试一般有三方面的限制：（　　　）。
A. 题目具体要求的限制　　B. 内容的限制
C. "虚拟身份"的限制　　　D. 字数的限制
E. 用语的限制

三、判断说明题

（一）判断分析（判断正误，正确的在题后的括号内画"√"，错误的画"×"，并简述理由）

1. 教案其实就是教师对教材的分析加上自己的教学笔记。（　　）
2. 备课是教师从事教学前的准备工作，是编写教案的前提，任何教师都不能不备课，即使是有多年丰富教学经验的老教师。（　　）
3. 论文标题：
（1）《企业内部审计的作用、问题及对策》（　　）
（2）《一个惊人的发现》（　　）
（3）《形式的消解与意义的重建——论先锋派小说的历史转型》（　　）
4. 结论是毕业论文的结尾部分，作者的意图在结论中得以最后的体现，因此一定要做出一个准确、鲜明、完整、精练的结论。（　　）
5. 申论考试既要求考生具有比较丰富的常识，又要求掌握扎实的基础专业知识。（　　）

（二）判断改错（正确的在题后的括号内画"√"，错误的画"×"，并改正错误）

1. 教学目的由知识目标、能力目标和德育目标三部分组成，其中，知识目标考查的是学生通过对基础知识的学习和研究，能够运用所学知识的程度。（　　）
2. 教学难点是教学内容的关键之处，也是最基本最重要的知识。（　　）
3. 毕业论文的格式一般包括标题、摘要、关键词、正文、注释这几个部分。（　　）
4. 毕业论文的选题一般选择本学科某一重要问题的一个侧面，如果学生只是对某一选题感兴趣，却对此知之甚少又不在本专业内，最好放弃此选题。（　　）
5. 申论考试的题目常有限制性要求，如其中要求考生以"市政府调研室工作人员的身份"提出解决问题的方案，就是说考生应该从一个承担专项职能并拥有独立解决问题的权力的决策人员的角度出发考虑问题。（　　）

四、简答题

1. 电子教案有怎样的优点和缺点？
2. 毕业论文的选题应遵循哪些原则？
3. 申论测试中，需要注意些什么？

五、阅读分析题

1. 下列题名是否符合毕业论文的要求，为什么？
（1）现代化不是西方化
（2）我国核能的发展道路
（3）现代科学技术与精神文明

（4）一个新的思路

（5）对农村合理的人畜机动力组合的探讨

（6）全民经商是造成通货膨胀生产萎缩

（7）突破"常规思维"

（8）奔向生产时代——浅谈生物技术

（9）光、声、像——充满活力的新世界

（10）一个发人深思的秘密

2. 下则毕业论文提纲是否合适？

题目：我国证人缺席的根源分析

一、绪言

二、证人出庭之现状

三、证人缺席的危害

四、证人缺席的根源分析

（1）我国法律在实体方面和程序方面对证人出庭的规范都存在一定的缺陷。

（2）各诉讼主体的实践意志也在妨碍证人出庭。

五、对策

（1）完善相应法律法规，限制书面证言的使用。

（2）针对各自诉讼角色的不同，制定相应的法律措施促使证人出庭。

3. 请指出下面几则摘要是否符合国家标准规定的要求。

（1）题名：CTM-1 型汽车拖拉机综合测试仪制动实验误差分析

摘要：本文以 ST-130A，CA/GD343 两种型号汽车制动试验为例。详细分析了使用 CTM-1 汽车拖拉机综合测试仪进行汽车制动实验时，制动脱离，制动时间试验误差的大小和产生原因。制动终了汽车本身的纵向晃动和判断制动结束的方式不当是造成试验误差的主要原因。不同车型、不同制动初速度试验误差的大小也不相同。一般制动距离相对误差 2%～5%，制作时间相对误差 20%～100%。

本文还提出使用该仪器进行制动试验时，如何减少试验误差的方法和措施。

（2）题名：关于齐线性微分方程降阶定理的证明

摘要：本文以变量代换为工具，利用高等代数的知识，证明了齐线性微分方程组的降阶定理，给出了一种实际的解题方法。因此，这个结论的证明不仅具有一定的理论意义，而且在解题过程中也具有重要的指导意义。

（3）题名：分类指导重点突破加速农机化步伐

摘要：农机化是农业生产力发展到一定阶段的必然过程，是现代化农业的产物，在我国它的发展只能与农村经济发展水平相适应。因此，分类指导即根据不同经济力、生产组织形式和现实物质技术条件，进行有效地指导、协调、组织带层次性的农机化生产。重点突破即在提高经济效益的前提下，在"化"的水平上有所突破……

六、写作题

1. 根据材料回答问题。

某省某市红星新村 5 号楼居民 H 状告××印刷公司的事情，历时一年多，始终难以妥善解决，人们议论纷纷。这件事，关系到居民切身利益，涉及方方面面，引起人们广泛关注。

省政府调研室经反复调查，全面了解各方面的情况，整理出如下材料：

（1）20××年10月17日，50多岁的H，在家中突发脑溢血，虽经抢救，但还是留下了严重后遗症。市医学院法医学鉴定：H的后遗症达一级伤残，超标噪音是导致其脑溢血的诱因之一。于是，与红星新村大门距离不远的××印刷公司，便成了众矢之的，红星新村居民原有的不满越来越强烈。

（2）红星新村，位于该市的城乡接合部。近十年来，这里日益成为人口密集的繁华地区。新村院内的5号楼，与××印刷公司的车间大楼平行，相距仅18米，而且只隔一道砖墙。20××年2月，车间引进安装了四台最新设备，投产后，经济效益大幅度提高；但从那以后，沉重、刺耳的机器轰鸣声便令小区居民不堪忍受。

（3）在机器开动时，居民们多次向110报警。干警对居民们的烦恼非常同情，多次制止车间夜间作业。但干警们也表示，对此类纠纷，实在爱莫能助。一些住户纷纷想办法搬走。其中有的还是××印刷公司的职工家属。

（4）大多数搬不走的居民，只好求助于环保部门，不断向区环保局反映情况。区环保局在20××年6月和20××年9月两次实地勘测，都表明其噪音严重超标。于是正式向××印刷公司发出限期整改的通知，并限定其夜22时至晨时6时不得进行作业。

（5）××印刷公司很快将车间临近新村的窗户全部砌砖封闭，并提交了一份设置隔音墙的设想，但居民并不满意。他们反映噪音没有减少，车间生产还常持续到凌晨两三点，也一直没见过建什么隔音墙，噪音仍是每夜的噩梦之源。

（6）20××年12月，H经抢救终于脱险，便与其爱人向市环保局提交了《环境污染损害赔偿处理申请书》，提出要求印刷公司依照环保法赔偿其各项损失12万元的申请。环保局作出处理决定，认定印刷公司应承担部分责任，赔偿H夫妇直接经济损失的30%，即21 500元。但H夫妇迄今未拿到任何赔偿。

（7）由于不服环保局的决定，印刷公司于20××年6月首先诉诸该区法院，认为环保局的决定无事实论据，应予撤销。紧接着H夫妇也将诉讼状递到区法院，要求印刷公司赔偿各种经济损失74 000元。

（8）经过四个月的调查，区法院于20××年10月对H一案做出一审判决：印刷公司的噪音影响周边住户是客观事实，但被告已经有所整改，而噪音也只是原告生病的诱因之一，两者没有直接因果关系，故决定驳回诉讼请求。

（9）H夫妇不服，立即上诉。他们的律师认为，区法院的判决是错误的。因为一个结果可能由多种原因造成，H的脑溢血就属于这种情况，所以环保局的决定是合乎情理的；而区法院的判决存在矛盾，不能体现法律对公民的保护。

（10）印刷公司请的律师认为，红星新村地处市区，抛开印刷公司来说，其他噪音有的也已超标。没有直接证据可以证明印刷公司的噪音与H的疾病有直接因果关系。要严格按照法律办事，就不能让居民只从印刷公司一方找原因。该公司属国有大型企业，是经济改革的重中之重，需要全社会的关心和支持。

（11）H案判决时，合议庭考虑到，如果H胜诉，住在××印刷公司附近的住户会纷纷效仿，雪片般的经济赔偿要求可能会把该公司逼上绝路。该法院正受理一起小区住户状告小区内建停车场，影响他们生活的案子，H案如胜诉，市区汽车停到哪里的问题可能立即带来更大麻烦。

（12）自20××年10月H夫妇向市中级法院提出上诉以来，又过去3个多月。市中级法院感到此案难度很大，至今没有开庭审理。

要求：

① 用不超过150字的篇幅，概括出给定资料所反映的主要问题。

② 以省政府调研员的身份，用不超过350字的篇幅，提出解决给定资料所反映问题的方案。要有条理的说明，要体现针对性和可操作性。

③ 就给定资料所反映的主要问题，用1 200字左右的篇幅，自拟标题进行论述。要求中心明确，内容充实，论述深刻，有说服力。

2. 指出下列答题语言方面的问题。

（1）根据上述材料第①题作答：

A. 城市建设规划不好，居民住宅区与××印刷总公司毗连就是个错误。工厂，或对环境对居民生活干扰性强的企业不应建设在人口密集的繁华地带。环保局、区法院、中级人民法院并未作出对双方来说较妥善的处理，相互矛盾。市中级人民法院的不敢轻易断案则反映了当前市区建设的混乱性及带来的严重后果。市区国有大型企业带来严重环保问题。

B. 某省某市红星新村5号楼居民H状告××印刷总公司一事，法院欠拖难决。具体情况是：该村5号楼与该印刷总公司车间仅距1.8米，车间内机器噪声严重超标，令附近居民不堪忍受。区环保局曾责令其限期整改，但无效。居民H患脑溢血，经查，超标噪声是致病诱因之一。H遂以此为由将××印刷总公司告上法庭。一审H败诉，H上诉，但市中院因各种原因久未判决。

（2）根据上述材料第②题作答：

因为此事影响较大，又较为典型，且事实已经发生，H身心受到损害，责成市政府督促环保局处理：印刷总公司承担部分责任，赔偿H夫妇人民币21 500元。

总体方案如下：第一，政府制定关于目前许多相关问题的解决办法的条例，健全法律规范，以强制执行；第二，明确政府机构职能，加快进行机构改革的力度，明确划分政府机构职能；第三，提高办事效率，说办就办，马上就办，办就办好；第四，树立改革的长期性的信心，要求宣传部门作好宣传，得到人民的支持和理解；第五，法院内部要提高执法力度；第六，国有企业自身在布局上进行调整，要与环境保护相协调。

（3）根据上述材料第③题作答：

经济发展！环境污染？

三十年，弹指一挥间，我国的改革开放已经走过了三十年的历程。在这三十年中，我们经济建设取得了前所未有的发展，人民的生活水平不断提高，整个社会发生了翻天覆地的变化。这一切，都让我们自豪。

但从另一方面看，却是我们赖以生存的生态环境遭到了毁灭性的打击。工厂喷吐出的浓烟、排出的污水，污染着天空、湖泊、河流和土壤。城市中各种各样的噪声、粉尘、汽车废气，无时无刻不在侵蚀着人们的健康。难道经济发展一定要以环境污染为代价吗？答案当然是否定的。经济发展固然重要，但这一片明净的天空更值得我们去珍惜。

有些地方的领导对环境保护不重视，认为用环境被破坏来换取经济快速发展是值得的。岂不知这样正是在重蹈发达国家20世纪五六十年代先污染后治理的覆辙，其结果只能使以后的环境治理与保护难上加难。发达国家曾为了经济快速发展而破坏了生态环境，当他们意识到这一点时，又对环境下大力气予以整治，树立全民环保意识，甚至不惜放弃一部分经济利益。既然发达国家已为我们提供了经验教训，我们又为什么要重走这条老路，不从一开始就对环保工作给予足够的重视呢？经济利益只是暂时的，好的生态环境才是人类永远的利益所在，也是我们可以留给予孙后代的一份最好的遗产。

经济发展与环境保护，这两者难道没有办法共存，必须舍弃其中的一个吗？当然不是，党和政府对环境保护给予了高度重视，把环境保护作为工业发展的前提条件来抓。这从政府下大力气治理淮河、太湖的举措上就可以清楚地看到。淮河流域的小造纸厂也为本地经济的发展作出了贡献，有可观的经济效益，但它们生产工艺差，未经处理的污水直接排入淮河，造成严重污染。政府没有局限于经济利益上，而是从环保的角度出发，坚决关停淮河流域没有污水处理能力的小造纸厂，还淮河一片清澈。这一举措，体现了党和政府边发展、边治理的决心。所以说，经济发展和环境保护完全可以同步进行，而且环境保护应该处于较之经济发展更为重要的地位，必要时还应不惜牺牲一定的经济利益。

值得欣慰的是，我们已经认识到了环保的重要性，世界各国政府都把环保工作列为政府工作中重要的事务而给予足够的重视。人民的环保意识也在不断增强，如今任何破坏生态环境的行为都会遭到社会的谴责、法律的制裁，这在客观上对环境保护也起到了积极的促进作用。

一边发展经济，一边保护环境，这才是我国能够长期快速发展的根本之所在。邓小平同志提出的可持续发展战略可以说是对这一关系的最好诠释。我们要的是可持续性的快速发展而不是毁灭性的开发。我们只有正确处理好经济发展与环境保护的相互关系，真正重视对环境的保护，把对环境的保护放在第一位，这样我们的经济发展才有意义，才有可能实现可持续发展战略。如果我们片面追求经济效益，忽视环境保护，我们就必须为此付出沉重的代价！

3. 阅读下则材料，然后按照后面提出的"申论要求"依次作答。要求：联系实际，观点鲜明，条理清楚，语言流畅。

（1）请用不超过150字的篇幅，概括出给定资料所反映的主要问题。

（2）以省科学研究调研室工作人员的身份，用不超过350字的篇幅，提出解决给定资料所反映问题的方案。要有条理地说明，要体现针对性和可操作性。

（3）就给定资料所反映的主要问题，用1 000字左右的篇幅，自拟标题进行论述。要求中心明确，内容充实，论述深刻，有说服力。

时隔21年　聂树斌改判无罪

① 2016年12月2日，最高人民法院第二巡回法庭对原审被告人聂树斌故意杀人、强奸妇女再审案公开宣判，宣告撤销原审判决，改判聂树斌无罪。

② 1994年8月10日上午，康某某父亲康孟东向公安机关报案称其女儿失踪。同日下午，康孟东和康某某同事余秀琴等人，在石家庄市郊区孔寨村西玉米地边发现被杂草掩埋的康某某连衣裙和内裤。8月11日11时30分许，康某某尸体在孔寨村西玉米地里被发现。经公安机关侦查，认定康某某系被聂树斌强奸杀害。1995年4月27日，聂树斌被执行死刑。

③ 案情回顾　聂树斌21年前被枪决　10年后发现真凶

1994年8月5日，河北省石家庄市液压件厂女工康某某在该市西郊孔寨村附近一块玉米地里被强奸杀害。一个月后，原鹿泉市综合职业技校校办工厂工人聂树斌被警方以该案嫌犯名义抓捕。

1995年3月15日，石家庄中院作出一审判决，以故意杀人罪及强奸妇女罪判处聂树斌死刑。聂树斌提出上诉。

1995年4月25日，河北高院作出二审判决：聂树斌犯故意杀人罪，判处死刑；犯强奸妇女罪，改判15年，合并执行死刑。两天后，聂树斌被枪决。

2005年1月18日，河南省荥阳市公安局索河路派出所干警抓获河北省公安厅网上通缉逃犯王书金。王书金供述称多次强奸、杀人，并称石家庄西郊玉米地的奸杀案是他所为。

2006年，邯郸市中院开庭审理了王书金一案，但起诉书内只字未提与聂树斌案关联的石家庄西郊玉米地奸杀案。

2007年3月，邯郸市中院作出一审判决，以故意杀人罪、强奸罪判处王书金死刑。王书金提出上诉，坚称石家庄西郊玉米地奸杀案是其所为。

河北省高级法院于2013年9月27日对王书金案二审宣判：驳回上诉，维持原判。

2014年12月12日，最高人民法院指令山东省高级人民法院复查河北省高级人民法院终审的聂树斌故意杀人、强奸妇女一案。2015年6月、9月和12月，聂树斌案复查期限先后延期三个月。

山东省高级人民法院在2016年2月发布消息称，由于申诉代理律师又提交了新材料，经报请最高人民法院批准，决定再次延长聂树斌案复查期限三个月，至2016年6月15日。

2016年6月6日，最高法院决定重审聂案，并于6月8日向聂树斌的母亲张焕枝送达再审决定书。

④ 改判理由　缺乏能够锁定原审被告人作案的客观证据

最高人民法院鉴于原审被告人聂树斌已经被执行死刑，根据刑事诉讼法和有关司法解释规定，决定对本案不开庭审理，并依法作出上述判决。判决主要理由是：原判认定聂树斌犯故意杀人罪、强奸妇女罪的主要依据是聂树斌的有罪供述与在案其他证据印证一致。但是，综观全案，本案缺乏能够锁定原审被告人聂树斌作案的客观证据，聂树斌作案时间不能确认，作案工具花上衣来源不能确认，被害人死亡时间和死亡原因不能确认；聂树斌被抓获之后前5天讯问笔录缺失，案发之后前50天内多名重要证人询问笔录缺失，重要原始书证考勤表缺失；聂树斌有罪供述的真实性、合法性存疑，有罪供述与在卷其他证据供证一致的真实性、可靠性存疑，是否另有他人作案存疑；原判据以定案的证据没有形成完整锁链，没有达到证据确实、充分的证明标准，也没有达到基本事实清楚、基本证据确凿的定罪要求。

⑤ 该案宣判后，合议庭向申诉人及其代理人、最高人民检察院出席公开宣判的检察人员送达了判决书，并就有关问题作了释明。据悉，该案后续的国家赔偿、司法救助、追责等工作将依法启动。

⑥ 改判详情　聂树斌有罪供述真实性合法性存疑

最高法再审改判聂树斌无罪的主要依据是什么？人民法院审判刑事案件，无论认定被告人有罪还是宣告被告人无罪，都必须坚持以事实为根据、以法律为准绳原则，坚持证据裁判原则，坚持疑罪从无原则，没有证据或者证据不足就不认定犯罪。本案再审也是如此。经全面细致审查原审认定的事实、采信的证据、适用的法律和诉讼程序等，本案再审合议庭一致意见认为，原判认定聂树斌故意杀人、强奸妇女的事实不清、证据不足，决定改判聂树斌无罪。一是聂树斌的作案时间、作案工具来源以及被害人死亡时间和死亡原因这些基本事实不能确认。

二是聂树斌被抓获之后前5天的讯问笔录、案发之后前50天内多名重要证人的询问笔录，以及可以证明聂树斌有无作案时间的重要原始书证考勤表缺失，导致聂树斌原在卷有罪供述的真实性、合法性存疑，有罪供述与在卷其他证据供证一致的真实性、可靠性存疑，本案是否另有他人作案存疑。

三是原判据以定案的证据没有形成完整锁链，没有达到证据确实、充分的证明标准，也没有达到基本事实清楚、基本证据确凿的定罪要求。

四是在原审有关重要证据缺失的情况下，充分运用了"常理"这个重要的裁判理念。再审判决在评判本案原办案人员当年的行为和事后的解释时多次使用了"不合常理"这一表述，具有重要导向作用。这里的常理，就是普通老百姓都懂得、普遍认同的道理，就是人民群众的公平正义观，人民法院在作出裁判时，应当考量人民群众的公平正义观。

⑦ 再审判决认为原审判决没有达到"两个基本"的要求。"两个基本"是指认定有罪必须达到"基本事实清楚，基本证据确凿"。其中基本事实是指按照刑事法律规定足以影响定罪量刑的事实，即决定被告人的行为是否构成犯罪、构成何罪、罪行轻重的事实；基本证据是指对案件的基本事实起决定性证明作用的证据，即直接关涉定罪量刑的证据。

"两个基本"旨在强调，办案不要纠缠案件事实证据的细枝末节，而要卡死案件的基本事实和基本证据。这是对证明对象的缩小，不是证明标准的降低。"两个基本"与1979年刑事诉讼法实施以来我国一贯坚持的"证据确实、充分"的证明标准并无实质差异，只要准确理解、严格把握，同样能够防止发生错案，实现司法公正。

具体到本案，原判定案的主要依据是，聂树斌的认罪供述与其他证据一致。但是，由于相关讯问笔录、询问笔录及重要原始书证缺失，相关辨认过程的不规范，尸体检验报告的结论不具有确定性，导致聂树斌认罪供述的真实性存在重大疑问，供证一致的可靠性明显不足，作案具体日期、作案工具来源、被害人死亡时间和死亡原因等关键事实均无法确定。

在这些足以影响对聂树斌定罪的基本事实、基本证据存在重大疑问的情况下，认定聂树斌犯罪，根本不符合"两个基本"的要求，未达到1979年刑事诉讼法规定的"证据确实、充分"的法定证明标准。

依法纠正本案，不存在否定"两个基本"问题，不存在所谓的以现行标准评价历史案件的问题。

⑧ 聂树斌案后续的国家赔偿、司法救助、追责等工作将依法启动。其中追责问题，引人关注。

附 录

ICS 35.240.20
A 13

GB

中华人民共和国国家标准

GB/T 9704—2012
代替 GB/T 9704—1999

党政机关公文格式

Layout key for official document of Party and government organs

2012-06-29 发布

2012-07-01 实施

中华人民共和国国家质量监督检验检疫总局
中国国家标准化管理委员会 发布

目　次

前　言
1　范围
2　规范性引用文件
3　术语和定义
4　公文用纸主要技术指标
5　公文用纸幅面尺寸及版面要求
　5.1　幅面尺寸
　5.2　版面
　　5.2.1　页边与版心尺寸
　　5.2.2　字体和字号
　　5.2.3　行数和字数
　　5.2.4　文字的颜色
6　印制装订要求
　6.1　制版要求
　6.2　印刷要求
　6.3　装订要求
7　公文格式各要素编排规则
　7.1　公文格式各要素的划分
　7.2　版头
　　7.2.1　份号
　　7.2.2　密级和保密期限
　　7.2.3　紧急程度
　　7.2.4　发文机关标志
　　7.2.5　发文字号
　　7.2.6　签发人
　　7.2.7　版头中的分隔线
　7.3　主体
　　7.3.1　标题
　　7.3.2　主送机关
　　7.3.3　正文
　　7.3.4　附件说明
　　7.3.5　发文机关署名、成文日期和印章
　　　7.3.5.1　加盖印章的公文
　　　7.3.5.2　不加盖印章的公文

  7.3.5.3 加盖签发人签名章的公文

  7.3.5.4 成文日期中的数字

  7.3.5.5 特殊情况说明

 7.3.6 附注

 7.3.7 附件

7.4 版记

 7.4.1 版记中的分隔线

 7.4.2 抄送机关

 7.4.3 印发机关和印发日期

7.5 页码

8 公文中的横排表格

9 公文中计量单位、标点符号和数字的用法

10 公文的特定格式

 10.1 信函格式

 10.2 命令（令）格式

 10.3 纪要格式

11 式样

前 言

本标准按照 GB/T 1.1—2009 给出的规则起草。

本标准根据中共中央办公厅、国务院办公厅印发的《党政机关公文处理工作条例》的有关规定对 GB/T 9704—1999《国家行政机关公文格式》进行修订。本标准相对 GB/T 9704—1999 主要作如下修订：

　　a）标准名称改为《党政机关公文格式》，标准英文名称也作相应修改；
　　b）适用范围扩展到各级党政机关制发的公文；
　　c）对标准结构进行适当调整；
　　d）对公文装订要求进行适当调整；
　　e）增加发文机关署名和页码两个公文格式要素，删除主题词格式要素，并对公文格式各要素的编排进行较大调整；
　　f）进一步细化特定格式公文的编排要求；
　　g）新增联合行文公文首页版式、信函格式首页、命令（令）格式首页版式等式样。

本标准中公文用语与《党政机关公文处理工作条例》中的用语一致。

本标准为第二次修订。

本标准由中共中央办公厅和国务院办公厅提出。

本标准由中国标准化研究院归口。

本标准起草单位：中国标准化研究院、中共中央办公厅秘书局、国务院办公厅秘书局、中国标准出版社。

本标准主要起草人：房庆、杨雯、郭道锋、孙维、马慧、张书杰、徐成华、范一乔、李玲。

本标准代替了 GB/T 9704—1999。

GB/T 9704—1999 的历次版本发布情况为：
　　——GB/T 9704—1988。

党政机关公文格式

1 范围

本标准规定了党政机关公文通用的纸张要求、排版和印制装订要求、公文格式各要素的编排规则,并给出了公文的式样。

本标准适用于各级党政机关制发的公文。其他机关和单位的公文可以参照执行。

使用少数民族文字印制的公文,其用纸、幅面尺寸及版面、印制等要求按照本标准执行,其余可以参照本标准并按照有关规定执行。

2 规范性引用文件

下列文件对于本标准的应用是必不可少的。凡是注日期的引用文件,仅所注日期的版本适用于本标准。凡是不注日期的引用文件,其最新版本(包括所有的修改单)适用于本标准。

GB/T 148 印刷、书写和绘图纸幅面尺寸

GB 3100 国际单位制及其应用

GB 3101 有关量、单位和符号的一般原则

GB 3102(所有部分)量和单位

GB/T 15834 标点符号用法

GB/T 15835 出版物上数字用法

3 术语和定义

下列术语和定义适用于本标准。

3.1

字 word

标示公文中横向距离的长度单位。在本标准中,一字指一个汉字宽度的距离。

3.2

行 line

标示公文中纵向距离的长度单位。在本标准中,一行指一个汉字的高度加 3 号汉字高度的 7/8 的距离。

4 公文用纸主要技术指标

公文用纸一般使用纸张定量为 60 g/m^2 ~ 80 g/m^2 的胶版印刷纸或复印纸。纸张白度 80% ~ 90%,横向耐折度≥15 次,不透明度≥85%,pH 值为 7.5 ~ 9.5。

5 公文用纸幅面尺寸及版面要求

5.1 幅面尺寸

公文用纸采用 GB/T 148 中规定的 A4 型纸,其成品幅面尺寸为:210 mm × 297 mm。

5.2 版面

5.2.1 页边与版心尺寸

公文用纸天头(上白边)为 37 mm ± 1 mm,公文用纸订口(左白边)为 28mm ± 1mm,版心尺寸为 156 mm × 225 mm。

5.2.2 字体和字号

如无特殊说明,公文格式各要素一般用 3 号仿宋体字。特定情况可以作适当调整。

5.2.3 行数和字数

一般每面排 22 行，每行排 28 个字，并撑满版心。特定情况可以作适当调整。

5.2.4 文字的颜色

如无特殊说明，公文中文字的颜色均为黑色。

6 印制装订要求

6.1 制版要求

版面干净无底灰，字迹清楚无断划，尺寸标准，版心不斜，误差不超过 1 mm。

6.2 印刷要求

双面印刷；页码套正，两面误差不超过 2 mm。黑色油墨应当达到色谱所标 BL100%，红色油墨应当达到色谱所标 Y80%、M80%。印品着墨实、均匀；字面不花、不白、无断划。

6.3 装订要求

公文应当左侧装订，不掉页，两页页码之间误差不超过 4 mm，裁切后的成品尺寸允许误差 ± 2 mm，四角成 90°，无毛茬或缺损。

骑马订或平订的公文应当：

a）订位为两钉外订眼距版面上下边缘各 70 mm 处，允许误差 ± 4 mm；

b）无坏钉、漏钉、重钉，钉脚平伏牢固；

c）骑马订钉锯均订在折缝线上，平订钉锯与书脊间的距离为 3 mm ~ 5 mm。

包本装订公文的封皮（封面、书脊、封底）与书芯应吻合、包紧、包平、不脱落。

7 公文格式各要素编排规则

7.1 公文格式各要素的划分

本标准将版心内的公文格式各要素划分为版头、主体、版记三部分。公文首页红色分隔线以上的部分称为版头；公文首页红色分隔线（不含）以下、公文末页首条分隔线（不含）以上的部分称为主体；公文末页首条分隔线以下、末条分隔线以上的部分称为版记。页码位于版心外。

7.2 版头

7.2.1 份号

如需标注份号，一般用 6 位 3 号阿拉伯数字，顶格编排在版心左上角第一行。

7.2.2 密级和保密期限

如需标注密级和保密期限，一般用 3 号黑体字，顶格编排在版心左上角第二行；保密期限中的数字用阿拉伯数字标注。

7.2.3 紧急程度

如需标注紧急程度，一般用 3 号黑体字，顶格编排在版心左上角；如需同时标注份号、密级和保密期限、紧急程度，按照份号、密级和保密期限、紧急程度的顺序自上而下分行排列。

7.2.4 发文机关标志

由发文机关全称或者规范化简称加"文件"二字组成，也可以使用发文机关全称或者规范化简称。

发文机关标志居中排布，上边缘至版心上边缘为 35 mm，推荐使用小标宋体字，颜色为红色，以醒目、美观、庄重为原则。

联合行文时，如需同时标注联署发文机关名称，一般应当将主办机关名称排列在前；如有"文件"二字，应当置于发文机关名称右侧，以联署发文机关名称为准上下居中排布。

7.2.5 发文字号

编排在发文机关标志下空二行位置,居中排布。年份、发文顺序号用阿拉伯数字标注;年份应标全称,用六角括号"〔〕"括入;发文顺序号不加"第"字,不编虚位(即1不编为01),在阿拉伯数字后加"号"字。

上行文的发文字号居左空一字编排,与最后一个签发人姓名处在同一行。

7.2.6 签发人

由"签发人"三字加全角冒号和签发人姓名组成,居右空一字,编排在发文机关标志下空二行位置。"签发人"三字用3号仿宋体字,签发人姓名用3号楷体字。

如有多个签发人,签发人姓名按照发文机关的排列顺序从左到右、自上而下依次均匀编排,一般每行排两个姓名,回行时与上一行第一个签发人姓名对齐。

7.2.7 版头中的分隔线

发文字号之下4 mm处居中印一条与版心等宽的红色分隔线。

7.3 主体

7.3.1 标题

一般用2号小标宋体字,编排于红色分隔线下空二行位置,分一行或多行居中排布;回行时,要做到词意完整,排列对称,长短适宜,间距恰当,标题排列应当使用梯形或菱形。

7.3.2 主送机关

编排于标题下空一行位置,居左顶格,回行时仍顶格,最后一个机关名称后标全角冒号。如主送机关名称过多导致公文首页不能显示正文时,应当将主送机关名称移至版记,标注方法见7.4.2。

7.3.3 正文

公文首页必须显示正文。一般用3号仿宋体字,编排于主送机关名称下一行,每个自然段左空二字,回行顶格。文中结构层次序数依次可以用"一、""(一)""1.""(1)"标注;一般第一层用黑体字、第二层用楷体字、第三层和第四层用仿宋体字标注。

7.3.4 附件说明

如有附件,在正文下空一行左空二字编排"附件"二字,后标全角冒号和附件名称。如有多个附件,使用阿拉伯数字标注附件顺序号(如"附件:1.××××× ");附件名称后不加标点符号。附件名称较长需回行时,应当与上一行附件名称的首字对齐。

7.3.5 发文机关署名、成文日期和印章

7.3.5.1 加盖印章的公文

成文日期一般右空四字编排,印章用红色,,不得出现空白印章。

单一机关行文时,一般在成文日期之上、以成文日期为准居中编排发文机关署名,印章端正、居中下压发文机关署名和成文日期,使发文机关署名和成文日期居印章中心偏下位置,印章顶端应当上距正文(或附件说明)一行之内。

联合行文时,一般将各发文机关署名按照发文机关顺序整齐排列在相应位置,并将印章一一对应、端正、居中下压发文机关署名,最后一个印章端正、居中下压发文机关署名和成文日期,印章之间排列整齐、互不相交或相切,每排印章两端不得超出版心,首排印章顶端应当上距正文(或附件说明)一行之内。

7.3.5.2 不加盖印章的公文

单一机关行文时,在正文(或附件说明)下空一行右空二字编排发文机关署名,在发文

机关署名下一行编排成文日期，首字比发文机关署名首字右移二字，如成文日期长于发文机关署名，应当使成文日期右空二字编排，并相应增加发文机关署名右空字数。

联合行文时，应当先编排主办机关署名，其余发文机关署名依次向下编排。

7.3.5.3　加盖签发人签名章的公文

单一机关制发的公文加盖签发人签名章时，在正文（或附件说明）下空二行右空四字加盖签发人签名章，签名章左空二字标注签发人职务，以签名章为准上下居中排布。在签发人签名章下空一行右空四字编排成文日期。

联合行文时，应当先编排主办机关签发人职务、签名章，其余机关签发人职务、签名章依次向下编排，与主办机关签发人职务、签名章上下对齐；每行只编排一个机关的签发人职务、签名章；签发人职务应当标注全称。签名章一般用红色。

7.3.5.4　成文日期中的数字

用阿拉伯数字将年、月、日标全，年份应标全称，月、日不编虚位（即 1 不编为 01）。

7.3.5.5　特殊情况说明

当公文排版后所剩空白处不能容下印章或签发人签名章、成文日期时，可以采取调整行距、字距的措施解决。

7.3.6　附注

如有附注，居左空二字加圆括号编排在成文日期下一行。

7.3.7　附件

附件应当另面编排，并在版记之前，与公文正文一起装订。"附件"二字及附件顺序号用 3 号黑体字顶格编排在版心左上角第一行。附件标题居中编排在版心第三行。附件顺序号和附件标题应当与附件说明的表述一致。附件格式要求同正文。

如附件与正文不能一起装订，应当在附件左上角第一行顶格编排公文的发文字号并在其后标注"附件"二字及附件顺序号。

7.4　版记

7.4.1　版记中的分隔线

版记中的分隔线与版心等宽，首条分隔线和末条分隔线用粗线（推荐高度为 0.35 mm），中间的分隔线用细线（推荐高度为 0.25 mm）。首条分隔线位于版记中第一个要素之上，末条分隔线与公文最后一面的版心下边缘重合。

7.4.2　抄送机关

如有抄送机关，一般用 4 号仿宋体字，在印发机关和印发日期之上一行、左右各空一字编排。"抄送"二字后加全角冒号和抄送机关名称，回行时与冒号后的首字对齐，最后一个抄送机关名称后标句号。

如需把主送机关移至版记，除将"抄送"二字改为"主送"外，编排方法同抄送机关。既有主送机关又有抄送机关时，应当将主送机关置于抄送机关之上一行，之间不加分隔线。

7.4.3　印发机关和印发日期

印发机关和印发日期一般用 4 号仿宋体字，编排在末条分隔线之上，印发机关左空一字，印发日期右空一字，用阿拉伯数字将年、月、日标全，年份应标全称，月、日不编虚位（即 1 不编为 01），后加"印发"二字。

版记中如有其他要素，应当将其与印发机关和印发日期用一条细分隔线隔开。

7.5 页码

一般用4号半角宋体阿拉伯数字，编排在公文版心下边缘之下，数字左右各放一条一字线；一字线上距版心下边缘7 mm。单页码居右空一字，双页码居左空一字。公文的版记页前有空白页的，空白页和版记页均不编排页码。公文的附件与正文一起装订时，页码应当连续编排。

8 公文中的横排表格

A4纸型的表格横排时，页码位置与公文其他页码保持一致，单页码表头在订口一边，双页码表头在切口一边。

9 公文中计量单位、标点符号和数字的用法

公文中计量单位的用法应当符合GB 3100、GB 3101和GB 3102（所有部分），标点符号的用法应当符合GB/T 15834，数字用法应当符合GB/T 15835。

10 公文的特定格式

10.1 信函格式

发文机关标志使用发文机关全称或者规范化简称，居中排布，上边缘至上页边为30 mm，推荐使用红色小标宋体字。联合行文时，使用主办机关标志。

发文机关标志下4 mm处印一条红色双线（上粗下细），距下页边20 mm处印一条红色双线（上细下粗），线长均为170 mm，居中排布。

如需标注份号、密级和保密期限、紧急程度，应当顶格居版心左边缘编排在第一条红色双线下，按照份号、密级和保密期限、紧急程度的顺序自上而下分行排列，第一个要素与该线的距离为3号汉字高度的7/8。

发文字号顶格居版心右边缘编排在第一条红色双线下，与该线的距离为3号汉字高度的7/8。

标题居中编排，与其上最后一个要素相距二行。

第二条红色双线上一行如有文字，与该线的距离为3号汉字高度的7/8。

首页不显示页码。

版记不加印发机关和印发日期、分隔线，位于公文最后一面版心内最下方。

10.2 命令（令）格式

发文机关标志由发文机关全称加"命令"或"令"字组成，居中排布，上边缘至版心上边缘为20 mm，推荐使用红色小标宋体字。

发文机关标志下空二行居中编排令号，令号下空二行编排正文。

签发人职务、签名章和成文日期的编排见7.3.5.3。

10.3 纪要格式

纪要标志由"××××纪要"组成，居中排布，上边缘至版心上边缘为35 mm，推荐使用红色小标宋体字。

标注出席人员名单，一般用3号黑体字，在正文或附件说明下空一行左空二字编排"出席"二字，后标全角冒号，冒号后用3号仿宋体字标注出席人单位、姓名，回行时与冒号后的首字对齐。

标注请假和列席人员名单，除依次另起一行并将"出席"二字改为"请假"或"列席"外，编排方法同出席人员名单。

纪要格式可以根据实际制定。

11 式样

A4 型公文用纸页边及版心尺寸见图 1；公文首页版式见图 2；联合行文公文首页版式 1 见图 3；联合行文公文首页版式 2 见图 4；公文末页版式 1 见图 5；公文末页版式 2 见图 6；联合行文公文末页版式 1 见图 7；联合行文公文末页版式 2 见图 8；附件说明页版式见图 9；带附件公文末页版式见图 10；信函格式首页版式见图 11；命令（令）格式首页版式见图 12。

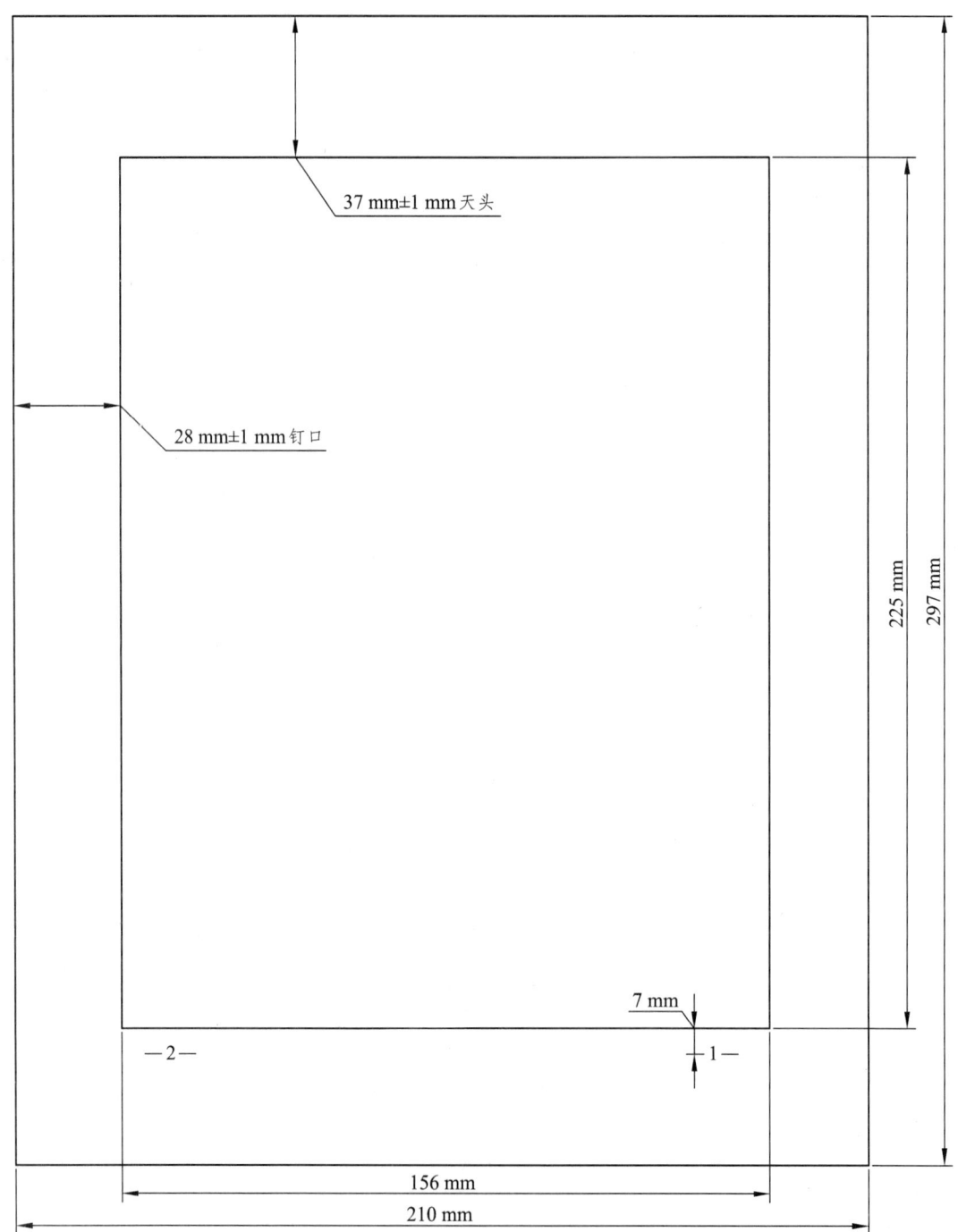

图 1　A4 型公文用纸页边及版心尺寸

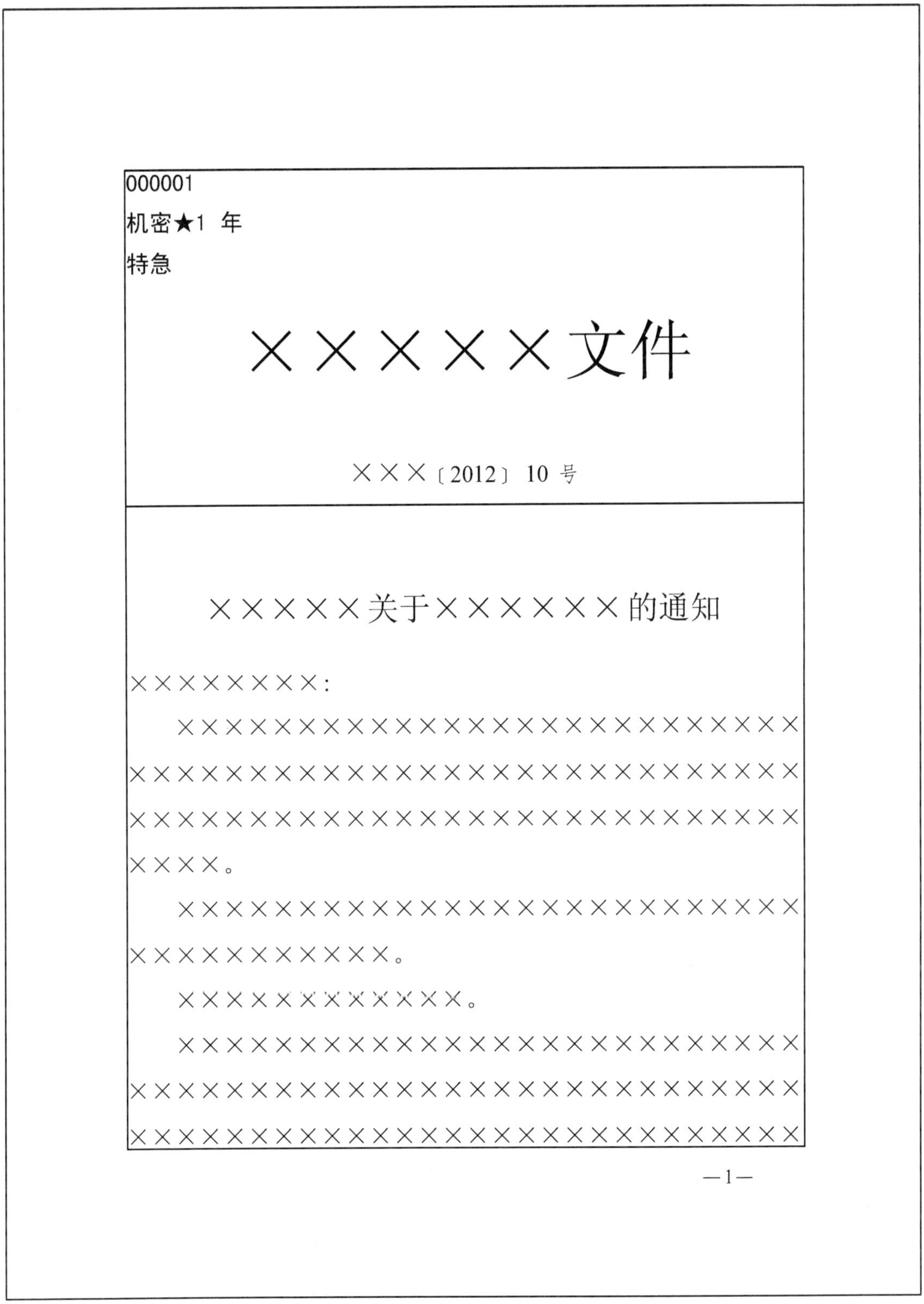

附 录

```
000001
机密★1 年
特急
```

×××××文件

×××〔2012〕10 号

×××××关于××××××的通知

×××××××××:
　　××××××××××××××××××××××××××××
××××××××××××××××××××××××××××××××
××××××××××××××××××××××××××××××××
××××。
　　××××××××××××××××××××××××××××
××××××××××。
　　××××××××××。
　　××××××××××××××××××××××××××××
××××××××××××××××××××××××××××××××
××××××××××××××××××××××××××××××××
××××××××××××××××××××××××××××××××

—1—

图 2　公文首页版式
注：版心实线框仅为示意，在印制公文时并不印出

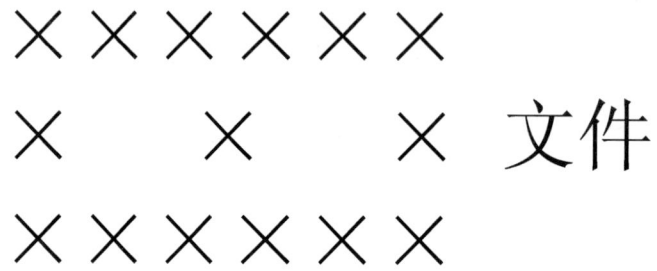

图3 联合行文公文首页版式1
注：版心实线框仅为示意，在印制公文时并不印出

附　录

```
000001
机　密
特　急
```

××××××
×　　×　　×
××××××

签发人：×××　×××

×××〔2012〕10 号　　　　　　　　　×××

××××××关于×××××××的请示

×××××××××：
　　××××××××××××××××××××××××××××××
××××××××××××××××××××××××××××××××
××××××××××××××××××××××××××××××××
××××。
　　××××××××××××××××××××××××××××××

—1—

图 4　联合行文公文首页版式 2

注：版心实线框仅为示意，在印制公文时并不印出

×××××××××××××。
　×××。

2012 年 7 月 1 日

（×××××）

抄送：××××××××，××××××，×××××，×××××，
　　　×××××。
××××××××　　　　　　　　　　　　2012年7月1日印发

图5　公文末页版式1
注：版心实线框仅为示意，在印制公文时并不印出

附 录

```
××××××××××××××××。
    ××××××××××××××××××××
××××××××××××××××××××××
×××××××。


                              ××××××××
                          2012 年 7 月 1 日
（×××××）
```

抄送：××××××××，××××××，×××××，×××××，
×××××。

×××××××××   2012年7月1日印发

—2—

图 6　公文末页版式 1

注：版心实线框仅为示意，在印制公文时并不印出

××××××××××××××。
　　××。

2012 年 7 月 1 日

（×××××）

抄送：×××××××，××××××，×××××，×××××，×××××。

×××××××××　　　　　　　　　2012年7月1日印发

图7　联合行文公文末页版式1

注：版心实线框仅为示意，在印制公文时并不印出

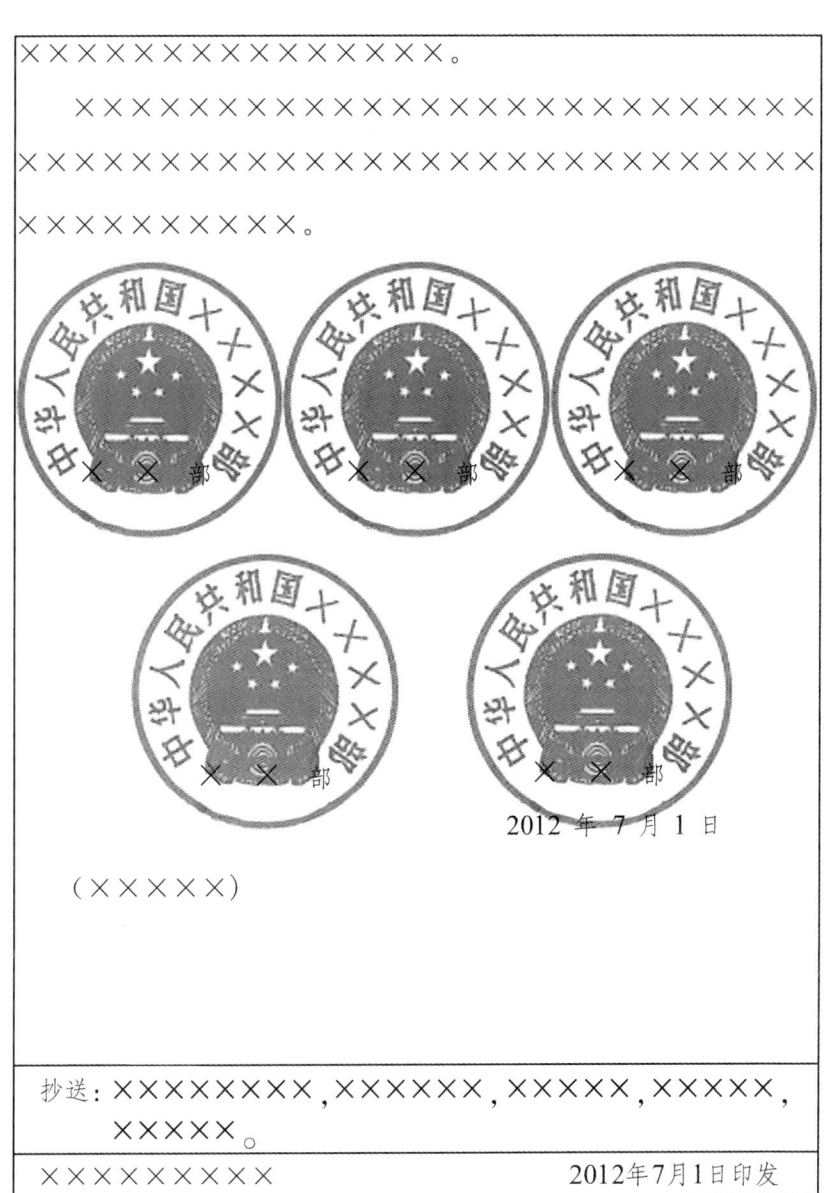

图 8　联合行文公文末页版式 2

注：版心实线框仅为示意，在印制公文时并不印出

×××××××××××××××。
　　××。

　　附件：1. ××××××××××××××××××××
　　　　　×××××
　　　　2. ××××××××××××

　　　　　　　　　　　　　　　×××××××
　　　　　　　　　　　　　　　× × × ×
　　　　　　　　　　　　　　2012 年 7 月 1 日
（×××××）

—2—

图 9　附件说明页版式 1

注：版心实线框仅为示意，在印制公文时并不印出

附件2

　　×××××××××××

　　××××××××××××××××××××
××××××××××××××××××××××××
×××。
　　××××××××××××××××××××
××××××××××××××××××××××××
××××××××××××××××××××××××
××××××××××××××××××××××××
××××××××××××××。

抄送：××××××××，××××××，×××××，×××××，
　　　×××××。
×××××××××　　　　　　　　　2012年7月1日印发

—4—

图10　带附件公文末页版式

注：版心实线框仅为示意，在印制公文时并不印出

中华人民共和国×××××部

000001　　　　　　　　　　　　　　×××〔2012〕10 号

机　密

特　急

×××××关于×××××××的通知

×××××××××：

　　××××××××××××××××××××××××××
××××××××××××××××××××××××××××
××××××××××××××××××××××××××××
××××××××××××××××××××。
　　××××××××××××××××××××××××××
××××××××××××××××××××××××××××
××××××××××××××××××××××××××××
××××××××××××××××××××。
　　××××××××××××××××××××××××××
××××××××××××××××××××××××××××
××××××××××××××××××××××××××××
××××××××××××××××××××××××××××
××××××××××××××××××××××××××××
××××××××××××××××××××××××××××
××××××××××××××××××××。

图 11　信函格式首页版式

注：版心实线框仅为示意，在印制公文时并不印出

附 录

×××××× 令

第×××号

×××××××××××××××××××××××
×××××××××××××××××××××××。
×××××××××××××××××××××××
×××××××××××××××××××××××。

部　长　

2012 年 7 月 1 日

— 1 —

图 12　命令（令）格式首页版式
注：版心实线框仅为示意，在印制公文时并不印出

参考文献

[1] 叶黔达. 应用写作[M]. 成都：四川人民出版社，2002.
[2] 《新编应用写作》编委会. 新编应用写作[M]. 汕头：汕头大学出版社，2001.
[3] 党政机关公文格式国家标准（GB/T 9704—2012）[EB/OL], http://baike.baidu.com/view/8961857.htm.
[4] 党政机关公文处理工作条例[EB/OL], http://wenku.baidu.com/view/d833c0ff0242a8956bece420.html.
[5] 中国政府网，http://www.gov.cn/gjjg/2005-08/01/content_18608.htm.
[6] 四川省人民政府网，http://www.sc.gov.cn/.
[7] 中国上海，http://www.shanghai.gov.cn/shanghai/node2314/index.html.
[8] 中华人民共和最高人民法院，http://www.court.gov.cn/.
[9] 国家电网，http://www.china-188.net/news/shownews.asp?id=16020.